まえがき

　一口に英語の勉強と言っても、攻略する領域（語彙・文法・リーディング・リスニングなど）によってアプローチは結構違います。たとえば文法の基本は「正しい形」を知ることですから、基本的に先生や本から「習う」イメージですね。リーディングもやはり「この英文はこういう構造でこういう意味だ」と先生や本から習い、リスニングならばなおさら、「今皆さんが聴いたのは実はこういう英文だったんですよ」という先生や指南役の存在が必要です。

　その点、英単語は違います。とりあえず正解は辞書にあるので、ひとりで学び、蓄積していくことが可能です。ここが単語学習の楽しさでもあるし、しんどさでもあります。先生要らずという点では自分の好きなように学べる一方、ただひとりでコツコツ積み上げていくのはしんどかったりします。

　では、何が単語学習の成否を分けるのでしょうか？
　それは、どれだけ英単語ワールドを「面白がれるか？」です。

　ここ大事です。どれだけ英単語を「覚えられるか？」ではありません。そもそも記憶力に頼る、根性に頼る、義務感に訴えるから、学習が辛くなるのです。実は必要性に訴えるのもそれほど決め手にはなりません。勉強を怠りがちな子供や大人に「将来役立つから」「キャリアにプラスになるから」と訴えても、その効果はなかなか持続しません。

　そこでもう１つのポイントが、「**なるべく今につなげる**」です。

　今興味を持っていること、今一生懸命なこと。学生なら今の専攻、社会人なら今の仕事や業界、"推し"の動向、子女の教育などなど。とにかく今心が向いている領域に英単語を結びつけるのです。
　仕事でいつも費用対効果が求められている人ならば、　費用対効果　英語
で **cost performance**（カスト　パフォーマンス＝いわゆるコスパ）という表現を見

3

つけ「へぇそうなんだ」で OK。**忘れることなど気にせず、また気になったらネット検索**。今度は **cost effectiveness**（エフェクティブネス＝有効性）という別表現に遭遇するかもしれませんが、そんなときでもその表現バリエーションを面白がっていればいいのです。

　そもそも現実世界では、**「覚えること」のウエイトが著しく低下**しています。ネットの英文記事で知らない単語があったら、そこをコピペして検索すれば辞書は不要。電子書籍も同様です。「これ英語で何て言うんだろう？」と思ったら、自動翻訳サイトで解決。つまり、これまでのように必死に単語の暗記をしなくても、興味の赴くままにネットサーフィンや電子読書をしながら、ごくごく自然に語彙力は上げられるのです。

　この本は、単語を面白がるヒントをいろいろと集めました。コロンビア大学大学院で学んだ各種英語習得理論や教授法も織り交ぜています。私自身が法学部出身の純国産人間であることから、そういう「英語にまつわる特別なバックグラウンド」を持ち合わせていない日本人の心理や習慣も考慮しながら筆を進めました。

　最後にこの本のボリューム感についてフォローしておきます。
　英単語を学ぶのに順番はありません。この本のコンセプトがざっくりとわかる「第 1 章」あたりを読んだら、あとは**パラパラめくる**なり目次を見て、**気になる UNIT から読み始めて**構いません。こんなふうに虫食い的に進められるのも、英単語学習ならではの気楽さです。

　英単語を今 10 個覚えるより、自分の中に眠っていた「へぇそうなんだ」、「えっ？そうなの？」「私はこう思うけどな…」を目覚めさせましょう。そのためにも、本書の膨大なアルファベットや英単語にたじろぐことなく、通常の「日本語の読書」感覚で本書を楽しんでもらえたらうれしいです。

令和 3 年 5 月吉日
安達洋

●──単語のカタカナ表記について

単語の理解はざっくり言うと、「**つづり**」+「**読み方**」+「**意味**」の３つから構成されています。この２番目の要素が不明な状態で、「つづり」と「意味」だけを暗記することは難しいものです。

たとえば、「伊尹負鼎」という四字熟語で考えてみましょう。

ここで「大きな望みを達成するために卑しい身分に身を落とすこと」という意味がわかっても、読み方がわからなければ、この表現は腹落ちしないのではないでしょうか。でもここで「いいんふてい」という読みがわかると、記憶化に一歩近づきます。さらにこの故事成語の由来を知れば、いっそう記憶化しやすくなります。ちなみに「伊尹負鼎」は、まずは料理人として仕え、やがて殷王朝を成立させたという伝説の宰相"伊尹"が由来で、鼎は調理器具を表しています。

同様に英単語 adjective で考えてみましょう。

「アジェクティブ」という「読み」がわかり、「ad（向かう）+ ject（投げる）で"名詞に向けて投げられたもの"だから"形容詞"」ということもわかれば、この単語をモノにできそうな感じになってきませんか？

言語理解の基本は「**音声化**」です。小さな子供に本を読ませると、黙読ではなく音読をするのも、このためです。大人の（初級）学習者も、英文を黙読していて「読みがわからない単語」に遭遇すると、そこで黙読が止まってしまうことがよくあります。

こうしたことから、本書では、扱う単語に発音を表記してあります。

なお、パッと読んで発音がイメージできるように、カタカナ表記としてあります。現在、英語を話す人の中で非ネイティブ話者の率は約７割。カタカナを含む国訛りもある程度許容されているので、カタカナ読みでもほぼ大丈夫です。ただしアクセントは重要なので、赤字（赤字の文章内では黒字）としました。

第3章 **英単語の学び方は十人十色・多種多様**

第1章
第2章
第3章
第4章
第5章
第6章
第7章
第8章

第4章　新出単語も怖くない！ アルファベットは意味のイメージセンサー❶

第1章
第2章
第3章
第4章
第5章
第6章
第7章
第8章

第7章　新出単語は切り分けて切り抜けろ！部品分解による単語の解読❷

第1章
第2章
第3章
第4章
第5章
第6章
第7章
第8章

第8章 **よくしゃべる人は能動語彙の稼働率が高い！
基本語彙を掘り下げる**

カバーデザイン：krran　西垂水 敦・市川 さつき
本文イラスト　：末吉 喜美

第1章
第2章
第3章
第4章
第5章
第6章
第7章
第8章

13

JN079675

英単語の

TESOLと
最新学習理論で
効率的に身につける

鬼100則

安達 洋 Hiroshi Adachi

明日香出版社

第1章

英単語【5つの常識】
を疑え

常識①【英単語は暗記が基本】
⇔「暗記」は結果に過ぎない

▶「へぇそうなんだ」という印象や興味こそが記憶のフックとなる

Q kind （**カ**インド：種類）と語源が違うものはどれでしょう？

A) king	B) kindle	C) akin	D) kin

A まずはそれぞれの意味を確認しましょう。
king（キング：王）、**kindle**（キンドル：火をつける）、**akin**（アキン：同種の）、**kin**（キン：種族）ですね。意味を比較すると、仲間外れが見えてきます。king も akin も kin も、「出自」「生まれ」「血筋」「種」のイメージがあります。これらの語源をたどると「生まれ」にたどり着きます。「生まれ」という語源とは関係ない B) kindle が正解です。

ところで、kind には、「種類」の他に「親切な」という意味があります。実はこちらも「生まれが良い」から「親切な」という意味へと転じていったものだとわかります。
同じ単語なのにまったく違う意味を持つものとして、**spring**（スプリング：跳躍する、バネ、泉、春）がありますが、こちらは「跳躍する」が原義です。バネは跳躍するイメージそのものですが、「跳躍する→水源→泉」、「跳躍する→季節の始まり→春」のように意味が変化していきました。
他にも **suit**（スート：スーツ、訴訟、懇願、一組、似合う）があります。この単語の原義は「後に続く」で、「後に続く→追い求める→訴訟」、「後に続く→一連のもの→一組」、「後に続く→適合させる」といろいろな意味へと発展しました。

─ 暗記は動機ではなく結果

　　上記で紹介した、kind、spring、suit はどれも受験英語必出、TOEIC 必出単語です。テスト対策的には、「suit は①スーツ　②訴訟　③一組　④似合う、この 4 つの意味を絶対覚えること」と言われることでしょう。

右から左へ
抜けてゆく―

　ただ、このアプローチがうまくいくのはせいぜい大学受験を控えた高校生ぐらいまで。なぜ彼らに暗記ができるかというと、年齢はもちろんとして、受験という切羽詰まった目標があるからです。

　大人の場合、この「切羽詰まった目標」を持つことが案外難しいのです。

　企業研修の現場でもこれは実感します。「TOEIC ●●点を年内取得しなければ降格」という強硬策に出た企業もありましたが、社員の多くは「英語の勉強に費やす時間」と「英語をあきらめて被る数万程度の給料減」を天秤にかけ、結局後者を選びます。勤勉な日本人は、自分の仕事に不可欠であれば努力を惜しみませんが、現業でほとんど使うことのない英語のために自分の時間を費やすことにモチベーションは生まれないのです。

　このように「切羽詰まった目標」が定まっていない状態で、暗記という根性を必要とする作業がうまく機能するわけがありません。

　ではどうすればよいか？

　せっかく「切羽詰まっていない」のですから、ただ面白がっていればよいのです。

暗記　面白い

　ところで人は年齢によって得意な記憶が違います。たとえば「"りんご"は英語では apple と言う」というような「A＝B」のような知識を**意味記憶**と言います。意味記憶はとりわけ子供が得意とする記憶です。ですから九九（2×2＝4）のような意味記憶を小学生の低学年で徹底的にするのは非常に合理的なのです。一方、中学生以降になると、時間や場所・感情などの情報を持った個々の経験に関する**エピソード記憶**が得意となり、論理だった記憶力が発達していきます。

　本書で「result（リザルト）＝結果」というような機械的な単語の暗記（意味記憶）よりも、単語の由来、背景など、単語にいろいろなエピソードのウエイトを高くしたのも、エピソード記憶を得意とする大人を想定しているためです。

「ためにならないもの」への罪悪感を捨てる

　今すぐ英語を必要としないのに、「これは、ためになるから覚えておきなさい」と言われてもあまりモチベーションは上がりませんよね。

　しかし学校時代、勉強とは関係ない先生の雑談だとか、先生の外見や癖だとか、どうでもよいことばかり記憶に残った経験はありませんか？　テストや受験にまったく役に立たない、すなわち「ためにならないもの」のほうが案外記憶に残りやすいものです。

　試しに「ためにならない単語」を紹介しましょう。「そんな単語を使う機会など一生のうち1回あるかどうかもわからない」「せっかく頑張って覚えて使ったとしても、相手のほうが理解できない可能性が高い」単語たちです。

ためにならない単語ベスト5

① **penultimate**（ペナルティマト：最後から2番目の）：こんな単語を使う場面が人生であるのかどうかはなはだ疑問ですね。まさに「ためにならない単語」の代表です。一方で、**ultimate**（アルティマト：最後の、究極的な）はTOEICでもビジネスでも必須単語です。これに pen（ほとんど）をつけ、「pen＋ultimate＝ほとんど最後→最後そのものではない→最後から2番目」という意味となりました。

② **epitaph**（エピタフ：墓碑銘）：こちらも一体いつ使う機会に出会えるのか皆目見当がつきません。「ためになる」情報がもしあるとすれば、epi（エピ）が「上」という意味を持っていることぐらい。**epidemic**（エピデミック：病気の流行）は、epi（上）＋dem（人）で、人の上にとどまっているイメージです。これよりも深刻なのが、pan（すべて）＋dem（人）の**pandemic**（パンデミック：世界的流行病）です。

③ **comeuppance**（カマパンス：天罰）：まず「つづり」がやっかいです。しかしよく見ると、come＋up（やってくる）から、「やってくるもの→天罰」とイメージ化はできそうですね。

④ **exuberant**（イグズーベラント：熱狂的な、喜びにあふれた）：同じ意味の**exciting**（エキサイティング）を使えば用を足せるので、わざわざこんな単語を覚えようとするモチベーションが生まれません。ただ、この単語が ex（強調）＋uber（実りある）からできていることを知れば、ウーバーイーツのUberを思い出すかもしれません。

⑤ **simian**（シミアン：猿顔の）：私たちはすでにmonkeyという単語を知っているので、わざわざこんな単語を暗記しようというモチベーションは生まれにくいでしょう。

　いかがでしたか？　「頑張って覚え」なくてもいい単語。ただ、わずかに接

頭辞(単語の冒頭に置かれる部品)や、有名な会社名なども出てきたので、「ためにならないことをやってしまった罪悪感」はそれほど感じられなかったのではないでしょうか?

　「ためになるかどうか」や「役立つかどうか」という枠をいったん取り外す。代わりに、自分の好奇心に従って英単語ワールドを覗いてみる。そのためにも、この本との出会いをきっかけに、「ためにならないものへの罪悪感」をいったん脇に置いてみましょう。

●──想起作業を少し入れてみる

　「暗記不要と言われても、英単語の本を読むからには英単語知識を増やしたい」という方は、「**想起作業**」[*1]を少し入れるとよいでしょう。この本では各項の終わりにミニ復習テストを設けていますから、ぜひお試しください。なお想起作業のタイミングは、1回目はユニット読了直後、2回目は翌日、3回目は1週間後が目安です。ただし、「3回テストやったから暗記は完璧!」「3回もテストしたのに、また忘れている自分が情けない」などとは考えず、「記憶はゆっくりと定着していく」[*2]ことを踏まえ、気長に取り組みましょう。

復　習　問　題

❶ suit の意味として不適切なものを選びましょう。

A スーツ	B 暑い	C 懇願	D　似合う
E 一連のもの	F 台無しにする	G 訴訟	

❷次の単語と意味を組み合わせましょう。

①penultimate	②ultimate	③simian	④exuberant
⑤epidemic	⑥comeuppance	⑦epitaph	

A　墓碑銘	B 究極の	C 天罰	D 熱狂的な
E 猿顔の	F 病気の流行	G 最後から2番目の	

A ❶B、F．　❷①G　②B　③E　④D　⑤F　⑥C　⑦A

※1　思い起こす作業のこと
※2　「学習継続のヒント1:復習のタイミング」参照(p.367)

常識②【日本人は英語が苦手】 ⇔「日本語」から見えてくる 英単語ワールド

▶三刀流の日本語から一刀流の英語へ下るのはたやすい

Q いわゆるスマホアプリなどの「アプリ」は、アプリケーションソフトウエアの略称ですが、英語での略称はどれでしょうか?

A) app	B) AS	C) apli	D) appli

A 「アプリケーション」のつづりが、application であることを知っていれば、C)が真っ先に除外されます。

次に、「application software」を AS と略している B)が考えられますが、実際にこういう略され方はされていないようなので、こちらも消去。

カタカナのアプリに最も近いのが D) appli ですが、英語圏ではこういう略され方はされていません。

したがって正解は A)の「**app**（アプ）」です。

ちなみに **application**（アプリケイション）には、「応用、妥当性、申込書、応募、塗ること、打ち込むこと」など多様な意味があります。
アプリに似たものとして「サプリ」がありますが、こちらは英語ではどんなふうに略されるのでしょうか?「アプリ」が app だから、「サプリ」も sup でしょうか?
残念ながら **supplements**「サプリメンツ」で英語での略称はありません。 どうやら「アプリ」も「サプリ」も日本人が独自に生み出した略語のようです。

日本語は世界でもまれな言語！?

英語、中国語、韓国語。これらの言語には共通点があります。それは、<u>1</u>

つの文字システムで構成されているということです。英語はアルファベット、中国語は漢字、韓国語はハングル文字という具合に、どの言語も1つの文字システムを使っています。確かに、韓国では以前漢字も使われていましたが、今はほとんどハングル一色のようです。一方日本語は、漢字、ひらがな、カタカナの3つの文字システムを持っています。

　先述のアプリの定義「スマホなどに入れて使えるさまざまなソフトウェア」の中にも、漢字、ひらがな、カタカナの3つの文字システムが含まれていることがわかります。このことは日本語話者にとって大きなメリットがあると同時に、単一文字システムの外国語を学ぶ際の1つの障壁にもなっています。

●──3つの文字システムを持つメリット

　ある中国人によれば、中国語には漢字しかないため、外来語をいちいち漢字に翻訳しなければならず、カタカナのようにそのまま取り入れることができないのが不便なのだそうです。先述の application も、日本語であれば「アプリケーション」のようにカタカナでそのまま取り込めるのに、中国語では「応用軟件」と英語オリジナルの面影がないものに変わってしまいます。コンピュータ（電脳）しかり、グローバル（全球）しかりです。つまり日本語のメリットは、外国由来の言葉をそのままカタカナでどんどん取り込んでしまえることです。

●──3つの文字システムを持つデメリット

　私たちは、漢字・ひらがな・カタカナが混ざっている文、すなわち3つの文字システムの混合形に目が慣れていて、カタカナだけの文、ひらがなだけの文、漢字だけの文を非常に読みにくく感じます。

　「カレノシュミハトザンデス。」「かれのしゅみはとざんです。」「彼の趣味は登山です。」を比べれば一目瞭然ですね。英文を読むのは、カタカナ文やひらがな文を読む感覚に似ていて、アルファベット一色というだけで視覚的に日本人にはつらいのです。

●──足し算より引き算のほうが楽！？

　とはいえ、文字システムを1つしか持たない外国人が、日本語の3つの文字体系をマスターする苦労と、我々がアルファベットだけの英語をマスターする苦労を比較すれば、少なくとも文字ベースでは我々日本人のほうが優位です。ここをしっかり認識しておけば、わずか26文字しかない英語は、征服可能な世界だとイメージできるのではないでしょうか？　言い換えると、三刀流の日本語から一刀流の英語に下ることはなんら恐るるに足らないということです。リスニングやスピーキングの難しさはさておき、英単語を覚える、英文を読み書きできるようになる、という点では、英語話者が日本語の文字を覚えることよりも優位だと言えるでしょう。

●──英語ワールドにおける漢字・ひらがなとは？

　「漢字・ひらがな・カタカナ」に慣れ切った私たちが英単語ワールドをマスターする上でのコツがあります。それは、英単語も日本語同様に、漢字・ひらがなにあえて分類してみることです。

　たとえば私たちにとっての漢字は「フォーマル、形式ばった、格調の高い印象を与える」、「文中に漢字が多過ぎると、仰々しい印象を与える」、「漢字が多いと知的な印象を与える」イメージがあります。

　一方、ひらがなには「カジュアル、うちとけた、庶民的な印象を与える」、「文中にひらがなが多いと、平易で、きさくな印象を与える」、「ひらがなが多いとこどもっぽい印象を与える」といったイメージがあります。

　これを英単語で表現してみましょう。

　日本語のひらがなに近い英単語は、中学校で習うような英語古来の単語です。たとえば ask（アスク：尋ねる）は昔からある英語で、ひらがな寄りのイメージです。これに対して、日本語の漢字に近いのは、フランス語・ラテン語・ギリシャ語からの借用語です。接頭辞・接尾辞などで構成され、つづりもやや長めの単語ですね。ask の類語として、**inquire**（インクワイア：質問する）、**interrogate**（インテロゲイト：質問する）, **catechize**（カタカイズ：詰問する）などがあります。こうした単語ばかりが並ぶと、ちょっと手ごわい感じがしますね。inquire には in（中の）、interrogate には inter（間の）のような接頭辞がついていますし、catechize はギリシャ語からの借用です。

以下に**ひらがな(古英語)** VS **漢語(借用語)**を紹介しておきます。

ひらがなっぽい英単語 / 漢字っぽい英単語

┌ くすりや(**drug store**：ドラッグストア)
└ 薬局(**pharmacy**：ファーマシー)←ギリシャ語からの借用

┌ くるま(**car**：カー)
└ 自動車(**automobile**：アートモビール)←フランス語からの借用で auto「自ら」＋mobile「動く」

┌ ことば(**word**：ワード)
├ 語彙(**vocabulary**：ボキャブラリー)←ラテン語からの借用
└ 語彙 (**lexicon**：レキシカン)←ギリシャ語からの借用

┌ はらわた(**guts**：ガッツ)
├ 内臓(**entrails**：エントレイルズ)←フランス語からの借用
└ 腸(**intestines**：インテスティンズ)←ラテン語からの借用

┌ みやげ(**gift**：ギフト)
├ 贈り物(**present**：プレゼント)←フランス語からの借用
└ 寄贈品(**donation**：ドネイション)←ラテン語からの借用

┌ 心温まる(**hearty**：ハーティ)
└ 誠心誠意の(**cordial**：コーディアル)←ラテン語からの借用で、cord「心」＋ial「の」

┌ 火事(**fire**：ファイア)
└ 火災(**conflagration**：コンフラグレイション)←ラテン語からの借用で、con「完全に」＋
flagr「燃える」

復習問題

❶次の単語と意味を組み合わせましょう。

① cordial	② conflagration	③ donation	④ entrails
⑤ vocabulary	⑥ automobile	⑦ catechize	

A 内臓	B 語彙	C 火災	D 誠心誠意の
E 寄贈品	F 自動車	G 詰問する	

❷次の単語と意味を組み合わせましょう。

① interrogate	② pharmacy	③ hearty	④ intestines
⑤ lexicon	⑥ gift	⑦ application	

A 応用	B 質問する	C みやげ	D 薬局
E 語彙	F 腸	G 心温まる	

常識③【つづりの長い単語は難しい】⇔分かるは「分ける」

▶「前部＋中央＋後部」3大部品で英単語を分けてみよう

Q 「緩和」という意味の appeasement は、どのように分解するのが一般的でしょうか？

A) a/ppeasem/ent　B) app/ease/ment　　C) appea/sement　　D) ap/pease/ment

A これは簡単過ぎましたか？ でも侮ってはいけません。世の中にあまたある難しいことを理解する基本は、すべて「理解可能な最小限の情報単位に分解すること」にあるのですから。このクイズで正解を出せたら、英語理解の素養の第一歩クリアということで、素直に喜んでくださいね。正解は **D** です。

カメレオン ad

　ところで、なぜ appeasement の p は 2 個ついているのでしょうか？ その答えは、「**カメレオン ad**（環境に合わせて色を変えるカメレオンのごとく、つづりを変える）」※にあります。この ad は**接頭辞**で「～へ」という方向を表します。ただ、子音 b,c,f,g,k,l,n,p,q,r,s,t の前につくと、ad の d はその子音と同化し、ab、ac、af のようになります。

　appeasement も、本来は ad + pease + ment なのですが、ad の d は次にくる p に同化し、ap + pease + ment となったわけです。動詞 **appease**（アピーズ）は、ap（～へ）+ pease（peace ＝平和）で、「平和の方向に持って行く→なだめる」という意味となり、これに名詞化の ment を加え、**appeasement**（アピーズメント：緩和）となるのです。

....

※　参照 **UNIT** 66（p.291~）

この「カメレオン ad」の性質を知っておくと、「会計は確かアカウンティングだったよな、つづりは acounting、それとも accounting ？」と迷うことが減ります。「もしかして、ad（〜へ）+ count（数える）かな？だとしたら、カメレオン ad を出動させて、ac + count で、accounting と推測してみよう」というように、自分で正しいつづりを推測することも可能になります。

他にも **accelerate**（アクセレレイト：加速する）、**arrest**（アレスト：逮捕する）、**assign**（アサイン：割り当てる）、**advertisement**（アドバータイズメント：広告）、**attach**（アタッチ：取りつける）などもカメレオン ad の事例だとわかれば、つづりの迷いもだいぶなくなるかもしれませんね。

まぁ今の時代、キーボード入力の際、明らかにおかしいつづりの場合には、赤い下線で教えてくれますから、つづりは頑張って覚える必要もそれほどないかもしれませんが。

つづりの長い単語の特徴〜前部＋中央＋後部

先述の appeasement は、「ap（前部）+ pease（中央）+ ment（後部）に分けられます。単語の頭に置かれる**前部は主に方向性**（上・下、外・中、前・後など）を示すことが多く、**中央は**その単語の**意味の中枢**を担います。**後部は**主に**品詞**を表し、単語の末尾に置かれます。

専門用語を使うならば、前部は**接頭辞**、中央は**語根**、後部は**接尾辞**がそれぞれ該当します。ただ必ずしも単語の頭にあるのが接頭辞とは限らないし、いつでも後部が接尾辞とも限らないため、本書ではざっくりと、前部、中央、後部としました。

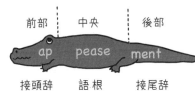

実用面で言うと、remind（リマインド）の re を「接頭辞」として理解するよりも、「反復や後ろ」という意味の方さえ押さえておけば十分だということです。

長いつづりの単語分解例

rewritable（リーライタブル：書き換え可能な）：re（再び）+write（書く）+able（「できる」という意味の形容詞）= 書き換え可能な →ちなみにCD-RW（compact disc rewritable）は書き換え可能なCDのことですね。ableといえば、なんとかリバブルという不動産会社がありますが、live（住む）+ableで、「住むのに適している」という意味になります。

25

disarmament（ディスアーマメント）：dis（離）＋arm（武器）＋ment（名詞化）＝武装解除
interactive（インタラクティブ）：inter（互いに）＋act（動く）＋ive（形容詞）＝相互に作用する
representative（レプリゼンタティブ）：re（再び）＋present（述べる）＋ative（形容詞化）＝代表の　→**sales representative**（販売員）や、**the House of Representatives**（衆議院）のように使われます。ちなみに参議院は**the House of Councilors**です。
subjective（サブジェクティブ）：sub（下）＋ject（投げる）＋ive（形容詞化）＝主観的な
　「下に投げられた」→「支配下にある」→「対象を自分のものとしてとらえる」→「主観的な」
　ちなみに subject は名詞「主題、学科」、動詞「支配する」、形容詞「支配されている」です。
objective（オブジェクティブ）：ob（反対）＋ject（投げる）＋ive（形容詞化）＝客観的な
　「反対して投げだされた」→「反対する」→「対象を遠巻きにとらえる」→「客観的な」
　ちなみに object は名詞「物体、目標」、動詞「反対する」です。

　私自身、subjective（主観的な）と objective（客観的な）を混同しがちでした。そこで、いわゆる SVO に関連づけて、「subject ＝主語」だから subjective は「主観的な」、「object ＝目的語」だから objective は「客観的な」として判別していました。

「分かる」は「分ける」から

　英語の長文を読むときに、S や V に分けて解読していくように、覚えにくそうな単語は、どんな構成なのか推測してみるとよいでしょう。
　英単語を分解するメリットとして、以下があります。

＜英単語を分解するメリット＞
①単語の成り立ちがわかり、その単語に対して興味や親しみが持てる。
②分解作業をしている間に、気がつくと結果として「暗記」でき、丸暗記の苦しさから解放される。
③単語の成り立ちを知ると、つい誰かに教えたくなり、他人に教えることでその知識が自分にも定着していく。
④数学が好きな人であれば、数学のようにルールを当てはめて解答していくのに似た快感を味わえる。

●── 「分ける」とスゴイが、万能ではない

ところで「分解作業は万能か?」という問いに対する私の答えは No です。
理由は3つあります。

❶**古英語**(中学などで習う、なじみのある単語)の場合、ほとんど分解不能
だからです。中学時代、eat は eat(イート:食べる)、book は book(ブック:本)
として習いますよね。ここに理屈や分解が入る余地はありません。
❷接頭辞をはじめとする部品の数が膨大であるため、その数に圧倒されて
しまうこと。圧倒されて、英単語の世界から足が遠のいてしまうのはもった
いないことです。「**語源散策もほどほどに**」ということでしょうか。
❸私たちの脳は「Aの方法でやれば大丈夫」というほどシンプルにはできて
いないということ。重要なのは、世の中にあふれている方法から、そのとき
そのときの気分や状況に合わせてうまく使い分けることです。

理屈は便利なツールですが、しょせんこれも人間の思考という狭い枠で生
み出されたものに過ぎません。思考を脇において、ただ目の前の英文や英単
語を味わう時間があってもよいでしょう。

復習問題

❶次の単語と意味を組み合わせましょう。

① subject	② object	③ disarmament	④ rewritable
⑤ interactive	⑥ appeasement	⑦ advertisement	

A 書き換え可能な	B 反対する	C 支配する	D 武装解除
E 広告	F 緩和	G 相互に作用する	

❷次の単語と意味を組み合わせましょう。

① subjective	② accounting	③ arrest	④ attach
⑤ accelerate	⑥ assign	⑦ remind	

A 思い出させる	B 会計	C 逮捕する	D 取りつける
E 主観的な	F 割り当てる	G 加速する	

❷ ①—E ②—B ③—C ④—D ⑤—G ⑥—F ⑦—A
❶ ①—C ②—B ③—D ④—A ⑤—G ⑥—F ⑦—E

27

常識④【語彙力不足で英文が読めない】⇔鍛えるべきは「文脈力」

▶ AI が人間にかなわない、文脈からメッセージを嗅ぎ取る能力

Q 次の英文を読み、下線部の言い換えとして適切なものを選びましょう。

Life insurance is intended to ensure that your <u>dependents</u> have sufficient resources to replace your income after you die.

A) boss	B) student	C) subordinate	D) family

A まずはこの英文の主語が **life insurance**（ライフインシュランス：生命保険）であることを確認しましょう。

仮にこの単語がわからなくても、文末の your income after you die（あなたが亡くなってからの収入）から推測可能ですね。

次に dependents ですが、B) student（スチューデント：生徒）や **resident**（レジデント：住民）のように ent が人を表すことを知っていれば、「あなたが亡くなってからの収入に関係する人たち」、つまりは生命保険の受取人だとわかります。一般的に、あなたの生命保険金をあなたの上司(A) **boss**：ボス）や、あなたの部下(C) **subordinate**：サボーディネイト）が受け取ることは考えられません。正解は D) family（ファミリー：家族）ですね。ちなみに **dependent**（ディペンダント：扶養家族、居候）は、動詞 depend（ディペンド：頼る）の派生語です。

Life insurance と your dependents がわかれば、他の単語をそう知らなくても「生命保険は、あなたの死亡後、家族に支払われるお金です」とだいたいの推測はできるでしょう。丁寧に理解したければ、**intend**（インテンド：意図する）、**ensure**（エンシュア：確かなものにする）、**sufficient**（サフィシャント：十分な）　**resource**（リソース：財源、資源）、**replace**（リプレイス：置き換える）、**income**（インカム：収入）などの語彙から「生命保険は、あなたの死亡後、あなたの収入に代わる収入源を扶養家族のために確保することを目的としています」と訳せますね。

AI が苦手とする「文脈力」

　AI は文脈を読み取るのが苦手です。英語を AI に任せる時代になっても、行間や文脈の読み取りはこれからも人間が担っていくのでしょう。

　文脈のやっかいなところは絶対的正解がないし、人によって文脈の解釈に開きがあることです。ただ、英文読解という限定された世界においては、文脈力を鍛えることは可能です。数学のように、100 人中 100 人が同じ正解を出せるものではありませんが、「9 割の人たちがそう考える」というレベルにまでは持っていけます。これを英語の「文脈力」と定義しておきます。

●──「文脈」から入ると単語の素顔が見えてくる

　以下の英文を、まずは辞書を使わずに読んでみましょう。

例文 TenCell announced today that it has made an agreement with Toyama Pharma to jointly develop a new vaccine for infectious diseases.

　ここで目につく単語について、**イメージを膨らませてみましょう。**

　まず TenCell は会社だと推測されます。その会社が announce している場面を想像します。新聞の記事に掲載されているのか、あるいは記者会見などの場面なのか？いずれにせよ、友人に何かを伝えるより、もっと公的な場面が浮かぶことでしょう。Ten Cell の cell は細胞、相手先の Toyama Pharma の pharma は製薬会社で、この両社の社名からも、製薬業界のニュースであることが嗅ぎ取れます。

　次に agreement ですが、「明日スタバ朝 10 時ね」「了解」というような軽いノリではなく、「両社合意へ」という新聞の見出しのような硬いイメージが浮かびますね。develop は、その目的語に a new vaccine とありますから、研究室で日夜開発に勤しむ研究スタッフなどの姿が浮かびます。最後の

infectious disease は、その前に vaccine があるので、infectious は感染という意味だと推測可能ですし、in（中）という部品から、次から次へと人間の体内へ入り込んでいく恐ろしさを想像する人もいるかもしれません。

こうやって十分に想像を楽しんだあと、**仕上げは辞書でチェック**します。**announce**（アナウンス：告知する）、**agreement**（アグリーメント：合意）、**jointly**（ジョイントリー：ともに）、**develop**（ディベロップ：開発する）、**infectious**（インフェクシャス：感染の）、**disease**（ディジーズ：病気)をもとに、文にしていきます。

（ちなみに全訳は「テンセルは、感染症用新型ワクチン共同開発で、この度富山ファーマとの契約に合意したと発表しました。」）

単語を調べて訳すスタイルと比べると、想像力を動員するため、それぞれの単語が記憶に残りやすくなります。そして何より、これらの単語は「文脈」の中でそれぞれ息づいているのも感じられるでしょう。

知らない単語は「推理小説の犯人」

私たちは「知らない単語→即調べる」という癖が身についています。でも推理小説ですぐに犯人がわかったら、もうその小説を読み進めたいとは思いませんよね？ 知らない単語も、いわば推理小説の犯人のようなもの。めいっぱい文脈の力を借りて、単語の意味を推理してみましょう。

先ほどの英文の続きを読んでみましょう。カッコ内は先述の英文です。

例文（TenCell announced today that it has made an agreement with ToyamaPharma to jointly develop a new vaccine for infectious diseases.）They will utilize TenCell's existing intravenous injection device as the delivery mechanism.

まず共同開発の合意をした両社は、テンセル社の device を utilize すると言っています。この device はテンセル社の製品と推測すると、utilize は「使う」となりますね。つまり共同開発といっても、すでにどちらかが持っているも

のはうまく利用しよう、ということです。そこから existing は「現存の」とい
う推測が可能。intravenous injection は、どちらの単語にも in（中）がついて
いるので、何か体内に注入するイメージが浮かびますね。体内に入れる方法
として、飲むとか食べるとか言っていないので、何らかの注射と推測してお
きます。最後の as the delivery mechanism の **mechanism**（メカニズム：機械、
仕組み）はおなじみですね。ピザのデリバリーなどに登場するあの delivery を
製薬業界に応用すると、delivery は「投与」になります。

> delivery はまさに文脈で意味が変わりますが、基本はデリバリーと押さえておけば大丈夫。つ
> まり商品のデリバリーだから「受け渡し」、赤ちゃんのデリバリーだから「分娩」、お話のデリバリー
> だから「話しぶり」、ボールのデリバリーだから「投げ方」。

　こうして文脈力トレーニングをしたあとで、**utilize**（ユーティライズ：利用する）、
existing（イグジスティング：現行の、従来の）、**intravenous**（イントラビーナス：
静脈内の）、**injection**（インジェクション：注射）、**device**（デバイス：機器）、
delivery（デリバリー：配達、供給）などそれぞれの単語を調べると、「両社は、
投与形態として、テンセル社の静脈注射器を従来通り使用する予定です。」という文に
なります。

　「文脈から入るのはちょっと回りくどい」方は、復習クイズでシンプルな勉
強に戻りましょう。

復　習　問　題

❶次の単語と意味を組み合わせましょう。

① delivery	② injection	③ intravenous	④ existing
⑤ develop	⑥ jointly	⑦ infectious	

A 静脈内の	B 感染の	C 現行の	D 受け渡し
E ともに	F 注射	G 開発する	

❷次の単語と意味を組み合わせましょう。

① insurance	② dependent	③ agreement	④ ensure
⑤ replace	⑥ resource	⑦ utilize	

A 確かなものにする	B 保険	C 利用する	D 置き換える
E 財源	F 合意	G 扶養家族	

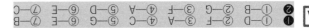

❷ ①—B ②—G ③—F ④—A ⑤—D ⑥—E ⑦—C
❶ ①—D ②—F ③—A ④—C ⑤—G ⑥—E ⑦—B

常識⑤【英語は毎日の積み重ね】
⇔目的から学習を逆算する

▶探求領域の設定次第で学習方法も変わる

Q 次の英文を読んだあとで、英文と同じ内容には○を、違う内容には×をつけましょう。

For weightlifting, you do not need to use real dumbbells : you can use bottles of water instead. Sit up straight in a chair with your feet flat on the floor. Hold a bottle in each hand, with your arms at your sides, and then slowly lift the bottles above your head. Hold them there for three seconds, and then slowly bring the bottles back down.

A)この運動には、本物のダンベルが必要です。
B)この運動は、両手に1本ずつボトルを持って行います。
C)この運動では、ボトルを持った両脇の腕を頭上にゆっくりと上げたあと、10秒ほど静止してからゆっくり戻していきます。

A A)×　「you do not need to use real dumbbells」から。

B)○　「Hold a bottle in each hand」から。

C)×　「Hold them there for three seconds」から。

訳)ウエイトトレーニングには、本物のダンベルを使う必要はありません。代わりに水を満タンにしたペットボトルを使います。足をぴたりと床につけて、椅子にまっすぐに座ってください。手を脇に下げた状態で、両手にボトルを1本ずつ持ってください。そのあと、ゆっくりとボトルを頭の上まで持ち上げます。その状態を3秒保持してから、ボトルをゆっくりと降ろします。

■語彙リスト■

instead（インステッド）：その代わりに→　instead of 〜：〜の代わりに
straight（ストレイト）：まっすぐに、まっすぐな
flat（フラット）：ひらたい、ぴったり接して
hold（ホールド）：つかむ
lift（リフト）：持ち上げる
bring back（ブリングバック）：戻す
second（セカンド）：秒　→他に「第二の」という意味もあります

読む目的が明確だと必要な単語が浮き彫りになる

　英文を素早く読むには、ちょっとしたコツがあります。最初に英文を読む目的を確認することです。

　オープニングクイズの英文ならば、目的は「自宅でできるウエイトリフティングのやりかたについて知ること」でしょう。目的が決まったら、次にその英文から取り込みたい情報を想定しておきます。自宅でのウエイトリフティングの場合、「使う道具」「運動のやりかた」が必要ですよね。あとはこれらの情報を探すことを念頭に読み進めます。言い換えると、この2つと関係ない単語は読み飛ばしてもよいということになります。

　オープニングクイズの英文でこれらに関する単語に下線を引いてみました。

For weightlifting, you do <u>not</u> need to use <u>real dumbbells</u>： you can use bottles of water instead. <u>Sit up straight</u> in a <u>chair</u> with <u>your feet flat on the floor</u>. <u>Hold a bottle</u> in <u>each hand</u>, with <u>your arms at your sides</u>, and then <u>slowly lift the bottles above your head</u>. <u>Hold them</u> there for <u>three seconds</u>, and then <u>slowly bring the bottles back down</u>.

　もしも下線部で知らない語彙が見つかったら、それは情報収集する上で重要な単語ということになるので、辞書などでチェックしましょう。

　一方で、下線部以外で知らない単語があっても、さらっと読み飛ばしても結構です。このように、目的が定まるとリーディングスピードが上がるように、英語学習においても目的が定まると、効率は大幅に向上していくことでしょう。

英語学習の目的と戦略

それでは、考えられる英語学習の目的とそれに
応じた学習戦略について見ていきましょう。

●——①ビジネス目的（普段の業務）

ビジネス英語というとハードルが高いイメージ
がありますが、業務が定型化していたり、専門分
野で働いている限り、一般的な英語と比べると、守備範囲が限定されている
のが特徴です。「最低限、仕事での用を英語で足せるレベル」ということであ
れば、市販のビジネス英語教本をざっと読んでおくことや、専門分野を扱う
サイトをまずは読んでみることをお勧めです。

●——②ビジネス目的（競合との差別化）

どんな業界でも、積極的に英語情報にアクセスする日本の同業者はそれほ
どいないはずです。日本は翻訳大国ですから。ただ、業界によっては海外の
方に高品質な製品や高度な技術があることもあります。私が働いていた医療
機器業界がまさにそうでした。昨今では、見つけた英文情報を自動翻訳にか
ければ大意はつかめるので、英語力はあまり気にせずに情報収集が可能です。

●——③ビジネスパーソンの雑談力養成

相手からどんな話題を振られるのかわからないので、英語での雑談はビジ
ネスそのものよりも難しいかもしれません。少なくとも、相手国のことを語
れなくても、わが国日本について語れるようになっておきたいものです。日
本語のサイトでもよいので、「外国人が不思議に感じる日本の文化」のような
タイトルで検索して、その説明の仕方を参考にしてもよいでしょう。

●——④英会話

具体的に英語を話す相手がいない段階では、日本ネタについての語彙を増
やしておくことをお勧めします。やり方はシンプル。和英辞書を使い、「コタ

ツ」、「おでん」のようにチェックしておきましょう。

●──⑤英語での読書

　日本語の翻訳本が出版されている場合には、先にそちらを一読し、頭の中に内容が入っている状態で原書を読むと、多少知らない単語が出てきても、内容から推測して読み進めることができます。

語彙力がつくと見つかる学習目的や課題もある

　勉強は、目的から入る人もいれば、勉強しているうちに新たな目的や課題を見つける人もいます。個人的な印象として後者の方が多いようです。

　まずは本書で、英単語ワールドを堪能していただき、そこから英語学習を発展させていくのもよいと思います。私の場合も、英語学習＆指導（学ぶことと教えることは密接につながっています）を通して、他の業界や科目へ興味を広げていきました。たとえば、某自動車メーカーで英語を教えているうちに、自動車業界に興味が出てきて、モーターショーに出かけてみたこともありましたよ。

復習問題　　　　(第１章の総合復習です)

❶次の単語と意味を組み合わせましょう。

① kindle	② akin	③ kin	④ application
⑤ pharmacy	⑥ automobile	⑦ donation	

A 薬局　B 応用　C 寄贈品　D 自動車　E 火をつける　F 同種の　G 種族

❷次の単語と意味を組み合わせましょう。

① intend	② injection	③ sufficient	④ rewritable
⑤ disarmament	⑥ subjective	⑦ objective	

A 武装解除	B 注射	C 十分な	D 書き換え可能な
E 客観的な	F 主観的な	G 意図する	

❷ ①-G ②-B ③-C ④-D ⑤-A ⑥-F ⑦-E
❶ ①-E ②-F ③-G ④-B ⑤-A ⑥-D ⑦-C

第2章

個々の単語を学ぶ前に
「英単語の全体像」を
持っておこう

「品詞」は英単語の看板！？
～名詞編

▶ 単語のつづりから品詞（名詞・形容詞・動詞・副詞）を見抜く

Q 単語の区分けを品詞と言います。主な品詞に名詞、形容詞、副詞、動詞、前置詞などがあります。down は以下のどの品詞でしょうか？

A）名詞　B）動詞　C）形容詞　D）副詞　E）前置詞　F）AからEまでのすべて

A まずは主な品詞について働き・形・位置をざっと確認しておきましょう。

品詞	働き	形	位置
名詞	物・事・人の名称	複数形には s が付く場合が多い	主語・補語・目的語
動詞	主に動作を表す	現在や過去など時制によって形が変わる場合が多い	主語の後に置かれる
形容詞	名詞の説明	beautiful や active の ful や ive のように単語末尾に特徴がある	名詞付近に置かれる
副詞	名詞以外（動詞、形容詞、副詞）の説明	beautifully や actively の ly のように単語末尾に特徴がある	動詞、形容詞、副詞付近に置かれる
前置詞	～に、～へ、～の など	in, on, to, of のようにつづりが短いものが多い	名詞前に置かれる

※目的語は行為の対象。例「I bought a car.」の「a car」。
※補語は主語とイコールの関係になるもの。例「He is a student.」の「a student」。

down で最も馴染みのある形の「lie down（ライ・ダウン：横になる）」の down（下へ）は、動詞 lie（ライ：横になる）を説明しているので**副詞**と言えます。

次に「fall down the stairs.（フォール・ダウン・ザステアーズ：階段を転げ落ちる）」の down（～の下へ）は名詞 the stairs の前に置かれているので、**前置詞**と言えます。

「a down escalator（ア・ダウン・エスカレーター：下りのエスカレーター）の down（下の）は名詞 escalator を説明しているので、**形容詞**と言えます。

「Mike downed his opponent.（マイク・ダウンド・ヒズ・オポウネント：マイクは相手を倒した。）」の down（倒す）は、行為を表しているので**動詞**です。

「the ups and downs of life（ジ・アプス・アンド・ダウンズ・オブ・ライフ：人生の浮き沈み）の downs（下降）は事の名称なので**名詞**です。

ということで、クイズの正解は **F** でした。

品詞は英単語の看板

　クイズで扱った down ですが、私がこの単語でパッと浮かぶのは「下へ」という意味であり、品詞としては副詞ぐらいしか意識しませんでした。同様に dog といえば、まずは「犬」であり、品詞としては名詞しか意識しません。

　このようにほとんどの単語は、<u>何か1つの意味＝イメージと、1つの品詞＝看板だけが意識され</u>ています。辞書で調べれば、down にも dog にもたくさんの意味があります。だからといって1つの単語につき、2つも3つも看板を覚えるのは大変。ですから<u>「down の代表看板は副詞"下へ"」「dog の代表看板は名詞"犬"」と1つだけ覚えておけばよしとしておきましょう。</u>

●——名詞を表す記号

　今回は名詞について扱います。名詞を素早く見抜けるとよいことがあります。たとえばこんな英文があるとしましょう。

頭の体操　以下の英文の名詞に下線を引きましょう。

English was added to the elementary school curriculum because the government deemed it necessary.

　名詞である **English**（イングリッシュ：英語）、**elementary school**（エレメンタリースクール：小学校）、**curriculum**（カリキュラム：教育課程）、**government**（ガバメント：政府）に素早く線が引ければ、なんとなく言わんとしていることは推測できます。

　つまり、長文を読んだり聞いたりする際、名詞部分がわかれば、メインメッセージやテーマがわかるのです。

　（ちなみに全訳は「政府が必要と考えたため、英語は小学校の教育課程に追加されました。」です。）

「見た目」でわかる名詞

●──「人」編

「目の前の単語が名詞なのかどうなのか判断できない」ときに役立つのが、英単語の末尾のつづり、すなわち**接尾辞**です。

たとえば、**manage**（マネージ：管理する）は動詞ですが、**management**（マネジメント：管理）は行為を表す名詞、**manager**（マネジャー：管理職)は人を表す名詞です。この判断を助けてくれるのが、末尾の-ment（動詞の名詞化）、-er（人を表す)です。まずは人を表すつづりから見ていきましょう。

ate＝集団　**senate**（セナト：上院）
electorate（エレクトレイト：一選挙区の全有権者）

er/ar/or＝するもの（人、機械など）
walker（ウォーカー：歩行者）、**cutter**（カッター：刃物）、**auditor**（アーディター：会計検査官）→「ɔ」の実際の音は「ア」と「オ」の中間ですが、日本語では**autoclave**（アートクレイブ：医療器具消毒用の加圧滅菌器）であれば「オートクレイブ」のように表記されることが多いです。将来、アメリカ英語とイギリス英語の違いに興味が出てきたとき、微妙な地域間の相違はさておき、たとえば**jaw**(dʒɔː)「あご」を「ジャー」と言うとアメリカっぽく、「ジョー」と言うとイギリスっぽくなります。

eer＝する人、関係者
auctioneer（アークショニーア：競売人）、**electioneer**（エレクショニーア：選挙運動員）

an/ian/eian＝に属する人
historian（ヒスタリアン：歴史家）、**Christian**（クリスチャン：キリスト教徒）。→中には**European**（ユアラピーアン：ヨーロッパの）、**Mediterranean**（メディタレイニアン：地中海の）のように主に形容詞としても使われるものもあります。

ist＝主義者、従事者
pianist（ピアニスト：ピアノ演奏家）、**socialist**（ソウシャリスト：社会主義者）

ee＝～される人
employee（エンプロイー：被雇用者）、**examinee**（エグザミニー：受験者）

●──「行為」「概念」編

age＝状態など
bondage（バンデイジ：束縛）、**leakage**（リーケージ：漏れ）

al＝動詞から名詞を作る
remove（リムーブ：取り除く）→ **removal**（リムーバル：除去）
refuse（リフューズ：拒否する）→ **refusal**（リフューザル：拒否）
revive（リバイブ：回復する）→ **revival**（リバイバル：回復）

ation＝動詞から名詞を作る

decorate（デコレイト：飾る）→ **decoration**（デコレイション：飾り）

examine（エグザミン：検査する）→**examination**（エグザミネイション：検査）

ance/ence＝形容詞から名詞を作る

distant（ディスタント：遠い）→ **distance**（ディスタンス：距離）

excellent（エクセレント：卓越した）→**excellence**（エクセレンス：卓越）

cy＝形容詞や動詞から名詞を作る

adequate（アデクエイト：妥当な）→ **adequacy**（アデクエイシー：妥当性）

dom＝地位など

kingdom（キングダム：王国）、**stardom**（スターダム：スターの身分）

hood＝時代や集団など

childhood（チャイルドフード：幼年時代）、**neighborhood**（ネイバーフード：近隣の人々）

ice＝状態など

justice（ジャスティス：正義）、**service**（サービス：接客）

ics＝学問

physics（フィジクス：物理学）、**politics**（ポリティックス：政治学）

ism＝主義

populism（ポピュリズム：民衆主義）、**realism**（リアリズム：現実主義）

ment＝動詞から名詞を作る

adorn（アダーン：装飾する）→ **adornment**（アダーンメント：装飾）

pave（ペイブ:舗装する）→ **pavement**（ペイブメント：舗装）

ness＝形容詞から名詞を作る

happy（ハッピー：幸せな）→ **happiness**（ハピネス：幸せ）

sad（サッド：悲しい）→ **sadness**（サドネス：悲しみ）

復 習 問 題

❶次の単語と意味を組み合わせましょう。

①senate	② electorate	③ socialist	④ examinee
⑤leakage	⑥examination	⑦ kingdom	

A一選挙区の全有権者　B 社会主義者　C 王国　D 上院　E 検査　F 受験者　G 漏れ

❷次の単語と意味を組み合わせましょう。

① electioneer	② justice	③ physics	④ sadness
⑤ pavement	⑥ adequacy	⑦ neighborhood	

A 物理学　B 近隣の人々　C 悲しみ　D 選挙運動員　E 正義　F 舗装　G 妥当性

「品詞」は英単語の看板！？〜形容詞編

▶ 単語のつづりから品詞（名詞・形容詞・動詞・副詞）を見抜く

Q 次の単語の中で形容詞はどれでしょうか？

A）educate　　　B）education　　　C）educator　　　D）educable

A A）の **educate**（エデュケイト）は動詞「教育する」です。動詞を名詞化する tion をつけると **education**（エデュケイション：教育）という名詞になり、人を表す or をつけると、**educator**（エデュケイター：教育者）となります。「〜できる」という意味で動詞を形容詞化する able をつけると、**educable**（エデュカブル：教育可能な）となります。したがって、正解は D）educable です。

ところで「教育娯楽番組」のことを **edutainment**（エデュテインメント）と言います。これは教育（education）と娯楽（エンターテイメント：**entertainment**）の合成語ですね。

「見た目」でわかる形容詞

能力（able ＝〜できる）

adaptable（アダプタブル：適応できる）
→動詞は **adapt**（アダプト：適応させる）
reliable（リライアブル：信頼できる）
→動詞は **rely**（リライ：信頼する）
sensible（センシブル：賢明な）→動詞は **sense**（センス：理解する）
　　sense がベースの主要な形容詞は3つ。**sensible**（センシブル：賢明な）、**sensitive**（センシティブ：敏感な）、**sensual**（センシュアル：官能的な）。

豊富（ful ＝〜いっぱいの）

beautiful（ビューティフル：美しい）→美（**beauty**：ビューティー）がいっぱいの
careful（ケアフル：注意深い）→注意（**care**：ケア）がいっぱいの

painful（ペインフル：苦痛を感じる）→苦痛（**pain**：ペイン）がいっぱいの
successful（サクセスフル：成功した）→成功（**success**：サクセス）がいっぱいの

風合い（esque ＝〜風の、〜様式の）

arabesque（アラベスク：アラビア模様の）→アラブ（**Arab**：アラブ）のような
grotesque（グロウテスク：怪奇な）
　→小洞窟（**grotto**：グラートウ）に描かれていた奇妙な壁画のような
picturesque（ピクチャレスク：絵のような）→絵（**picture**：ピクチャー）のような
statuesque（スタチュレスク：均整のとれた）→彫像（**statue**：スタチュー）のような

欠落（less ＝〜がない）

endless（エンドレス：終わりのない）
→ **end**（エンド：終わり）がない
hopeless（ホープレス：絶望的な）
→ **hope**（ホープ：希望）がない
pointless（ポイントレス：意味がない、無駄な）
→ **point**（ポイント：要点）がない
stainless（ステンレス：さびない）→ **stain**（ステイン：変色）がない

性質（ish 〜っぽい）

boyish（ボーイッシュ：男の子みたいな）→ **boy**（ボーイ：男の子）っぽい
monkish（マンキッシュ：修道院めいた）→ **monk**（マンク：修道院）
coquettish（コケティッシュ：なまめかしい）
　→ **coquette**（コウケット：なまめかしい女）っぽい
childish（チャイルディッシュ：子供っぽい）→ **child**（チャイルド；：子供）っぽい
　childish は「子供っぽい」で悪いニュアンスですが、**childlike**（チャイルドライク）は（子供らしい）
でポジティブなニュアンスです。

そのほか

al	**actual**（アクチュアル：実際の）、**sensational**（センセイショナル：人騒がせな）
ant	**brilliant**（ブリリアント：見事な）、**significant**（シグニフィカント：重要な）
ar	**bare**（ベア：裸の）、**familiar**（ファミリア：親しみのある）
ent	**apparent**（アパレント：表面上の）、**convenient**（コンビーニエント：便利な）
ic	**academic**（アカデミック：学問の）、**economic**（エコノミック：経済の）
ical	**economical**（エコノミカル：経済的な）、**medical**（メディカル：医学の）

　economic と economical の違いは、economic growth（経済成長）と economical car（燃費の良い車）でイメージを分けておきましょう。「軽（cal）い自動車は燃費が良い」。

ive	**aggressive**（アグレシブ：攻撃的な）、**massive**（マシブ：大きい）
ory	**preparatory**（プレパラトリー：予備の）、**sensory**（センソリー：感覚の）
ous	**anxious**（アンクシャス：心配な、切望して）、**generous**（ジェネラス：寛大な）
y	**easy**（イージー：易しい）、**noisy**（ノイジー：うるさい）

動詞がベースの形容詞

英語には「人に感情を与える動詞」がたくさんあり、それらに ing をつけると「人に感情を与える」、ed をつけると「人が感情をもらった」という意味になります。

たとえば **bore**（ボア：退屈にさせる）であれば、**boring**（ボアリング）が「人に退屈を与える」で、**bored**（ボアード）は「人が退屈をもらった」です。a boring story（退屈な話）なら「人に退屈を与える話」であり、bored students（退屈した生徒たち）なら「退屈をもらった生徒たち」と考えられます。

satisfy（サティスファイ：満足させる）であれば、**satisfying**（サティスファイング）が「人に満足を与える」、**satisfied**（サティスファイド）は「人が満足をもらった＝満足した」です。a satisfying result（満足のいく結果）なら「人に満足を与える結果」であり、satisfied customers なら「満足をもらった顧客たち」と考えられます。

bore＝人に退屈を与える

形容詞 boring＝人に退屈を与えている

形容詞 bored＝人が退屈をもらった

satisfy＝人に満足を与える

形容詞 satisfying＝人に満足を与えている

形容詞 satisfied＝人が満足をもらった

他にもこんな動詞が形容詞に変化します。動詞の原義は「人に感情を与える」です。

excite（エキサイト：興奮させる）
exciting（エキサイティング：人に興奮を与える）：an exciting book（ワクワクする本）
excited（エキサイティッド：人が興奮をもらった）：an excited mob（興奮した群衆）

interest（インタレスト：興味を持たせる）
interesting（インタレスティング：人に興味を与える）
：an interesting book（興味深い本）
interested（インタレスティッド：人が興味をもらった）
：an interested audience（興味深く聞いている聴衆）

surprise（サプライズ：驚かせる）
surprising（サプライジング：人に驚きを与える）：surprising progress（目覚ましい進歩）
surprised（サプライズド：人が驚きをもらった）：a surprised look（驚いた表情）

形容詞を並べる順番

名詞の前に２つ以上の形容詞を並べる際のおおまかな基準があります。

頭の体操　「黄色いドイツ製大型ビアマグ」と言いたいとき、mug の前に yellow/German/big/beer をどう並べたらよいでしょうか？

判断基準として ①**主観はなるべく左、客観情報はなるべく右** ②**目的・用途は名詞に一番近く置く** ③**客観情報の目安は色→起源→材料** などがあります。

最も主観的な「大きさ」から一番左側に big、次に客観情報の中でやや主観的な「色」の yellow から右に German（起源）、最後に用途の beer を置いて a big yellow German beer mug となります。「おしゃれな中国製のガラス花瓶」ならば、a stylish Chinese glass flower vase ですね。

主観的情報	客観的情報			用途	名詞
	色	起源	材料		
a big	yellow	German		beer	mug
a stylish		Chinese	glass	flower	vase

もちろんこれは絶対的なものではありません。そもそもこんなにたくさんの形容詞を並べることもないと思いますので、参考程度としておきましょう。

復習問題

❶次の単語と意味を組み合わせましょう。

① reliable	② sensible	③ sensual	④ painful
⑤ monkish	⑥ childish	⑦ childlike	

A 苦痛を感じる	B 信頼できる	C 官能的な	D 賢明な
E 子供っぽい	F 子供らしい	G 修道院めいた	

❷次の単語と意味を組み合わせましょう。

① satisfied	② sensitive	③ satisfying	④ picturesque
⑤ monk	⑥ preparatory	⑦ generous	

A 寛大な	B 満足した	C 満足を与える	D 予備の
E 修道院	F 絵のような	G 敏感な	

❷ ①—B ②—G ③—C ④—F ⑤—E ⑥—D ⑦—A
❶ ①—B ②—D ③—C ④—A ⑤—G ⑥—E ⑦—F

「品詞」は英単語の看板！？
〜副詞編❶

▶ 単語のつづりから品詞（名詞・形容詞・動詞・副詞）を見抜く

Q 副詞の説明で適切なものはどれですか？

A）物・事・人の名称を示し、英文中の主語・補語・目的語の位置に置かれる。
B）主に動作を表し、主語の直後に置かれる。
C）名詞を説明する。
D）名詞以外（動詞、形容詞、副詞）を説明する。

A A）は**名詞**の、B）は**動詞**の、C）は**形容詞**の説明です。
D）は**副詞**の説明なので、**D）が正解**です。

副詞の「見た目」

●──形容詞＋ ly

副詞の形としては最も多いです。

> **頭の体操** 前チャプターの形容詞の中には ly を加えると副詞になるものもたくさんあ
> ります。たとえば、**removably**（リムーバブリー：取り外し可能で）から形
> 容詞 removable（リムーバブル：取り外し可能な）を思い出す要領で、以下
> の副詞から形容詞をそれぞれイメージしてみましょう。
>
> **sensibly**（センシブリー：賢く）、**beautifully**（ビューティフリー：美しく）、
> **carefully**（ケアフリー：注意深く）、**painfully**（ペインフリー：ひどく）、
> **successfully**（サクセスフリー：首尾よく）、**hopelessly**（ホープレスリー：どうしよう
> もなく）、**sluggishly**（スラギッシュリー：のろのろと）、
> **actually**（アクチュアリー：実際に）、**significantly**（シグニフィカントリー：相当に）、
> **apparently**（アパレントリー：外見上）、**conveniently**（コンビーニエントリー：都合よく）、
> **aggressively**（アグレシブリー：積極的に）

●──名詞＋ ly

この場合、副詞の他に形容詞の用法があることが多いです。

monthly（マンスリー）：month「月」＋ly→ 形容詞 「毎月の」、 副詞 「毎月」

weekly（ウィークリー）：week「週」＋ly→ 形容詞 「毎週の」、 副詞 「毎週」

yearly（イヤリー）：year「年」＋ly→ 形容詞 「毎年の」、 副詞 「毎年」

motherly（マザーリー）：mother「母」＋ly→ 形容詞 母のような、 副詞 母のように

orderly（オーダーリー）：order「規律」＋ly→ 形容詞 「規則正しい」、 副詞 「規則正しく」

「名詞＋ly」の中には、**timely**（タイムリー：折良い）や **friendly**（フレンドリー：親しい）のようにほとんど形容詞としてしか使われていないものもあります。

●──名詞＋ ward

方向を表す副詞には ward がつくことが多いです。副詞と形容詞の用法があります。

inward（インワード）： 形容詞 「内側の」、 副詞 「内側に」

outward（アウトワード） 形容詞 「外側の」、 副詞 「外側に」

forward（フォワード）： 形容詞 「前方の」、 副詞 「前方に」

backward（バックワード）： 形容詞 「後方の」、 副詞 「後方に」

southward（サウスワード）： 形容詞 「南方への、南向きの」、 副詞 「南方へ」

homeward（ホームワード）： 形容詞 「帰途の」、 副詞 「自宅へ」

afterward（アフターファード）： 副詞 「あとで」

riverward（リバーワード）： 形容詞 「川の方角への」、 副詞 「川に向かって」

skyward（スカイワード）： 形容詞 「空への」、 副詞 「空へ」

●──名詞＋ wise：

一部の単語には形容詞の用法もあります。

likewise（ライクワイズ：同様に）

otherwise（アザーワイズ）： 形容詞 「別の」、 副詞 「そうでなければ」

clockwise（クロックワイズ）： 形容詞 「時計回りの、右回りの」、 副詞 「時計回りに、右回りに」 ⇔**counterclockwise**（カウンタークロックワイズ： 形容詞 反時計回りの、 副詞 反時計回りに）

crosswise（クロスワイズ）： 形容詞 「横の」、 副詞 「横に」

副詞の意味

●──時を表す副詞

ago（アゴウ：〜 前に）、already（オールレディー：すでに）
before（ビフォー：前に）、
early（アーリー：早く）、ever（エバー：かつて）、first（ファースト：最初に）、
last（ラスト：最近）、late（レイト：遅れて）、next（ネクスト：次に）、now（ナウ：今）
once（ワンス：かつて）、soon（スーン：まもなく）、**recently**（リセントリー：最近）、
formerly（フォーマリー：以前に）、**lately**（レイトリー：最近）

●──場所を表す副詞

inward、outward など先述の「名詞 + ward」が該当します。他には、
here（ヒア：ここに）、there（ゼア：そこに）、**somewhere**（サムウエア：どこかに）
near（ニア：近くに）、far（ファー：遠くに）

●──頻度・程度を表す副詞

「名詞 + ly」の中の monthly、weekly、daily、yearly の他に、以下などがあ
ります。

always（アールウエイズ：いつも）、almost（アールモスト：ほとんど）、
frequently（フレクエントリー：頻繁に）、**occasionally**（オケージョナリー：時折）、
often（アフン：度々）、usually（ユージュアリー：通常）,
very（ベリー：とても）、quite（クワイト：完全に）、
rather（ラザー：かなり）、most（モースト：もっとも）

●──態様を表す副詞

この項はじめの「形容詞 + ly」の副詞がほぼ該当します。態様を表す形容詞
に ly をつけて作ります。たとえば、silent（サイレント）という形容詞に ly を
つければ、**silently**（サイレントリー：静かに）という副詞になります。なお -ly
という形以外の副詞としては、fast（ファースト：急いで）、well（ウェル：上手に）、
hard（ハード：懸命に）などがあります。

●──話の流れ

　前の文と後ろの文との意味的なつながりを表すものです。主なものとして、**besides**（ビサイズ：そのうえ）、**however**（ハウエバー：しかし）、**namely**（ネイムリー：つまり）、**nonetheless**（ナンザレス：それにもかかわらず）、**meanwhile**（ミーンホワイル：その間）、**therefore**（ゼアフォー：それゆえに）などがあります。

　副詞を本格的に使いこなしたければ、**consequently**（カンセクエントリー：その結果として）、**subsequently**（サブセクエントリー：その後）、**furthermore**（ファーザーモア：そのうえ）なども押さえておけば万全ですね。なお、英文契約書など限定された場面では、**hereto**（ヒアトゥ：これに）、**hereby**（ヒアバイ：これにより）、**thereafter**（ゼアアフター：それ以来）のような副詞もよく使われます。仰々しい表現に遭遇しても、「これは話の流れを示す副詞」と知っておけば落ち着いて解読できますね。

●──否定

not（ノット：〜でない）、**never**（ネバー：決してない）、**hardly**（ハードリー：ほとんどない）、**seldom**（セルダム：めったに〜ない）、**rarely**（レアリー：めったに〜しない）

　否定の副詞はあまりレパートリーがありません。それゆえに、がんばって**barely**（ベアリー：ほとんど〜ない）、**scarcely**（スケアスリー：ほとんど〜ない）などを使ってみると、少し上級者オーラを演出できますね。

復　習　問　題

❶次の単語と意味を組み合わせましょう。

① hopelessly	② scarcely	③ actually	④ consequently
⑤ conveniently	⑥ monthly	⑦ besides	

A そのうえ	B どうしようもなく	C 都合よく	D 実際に
E その結果として	F ほとんど〜ない	G 毎月	

❷次の単語と意味を組み合わせましょう。

① homeward	② frequently	③ outward	④ rarely
⑤ formerly	⑥ likewise	⑦ recently	

A 同様に	B 頻繁に	C 自宅へ	D 外側に
E めったに〜ない	F 最近	G 以前に	

❷ ①-C ②-B ③-D ④-E ⑤-G ⑥-A ⑦-F
❶ ①-B ②-F ③-D ④-E ⑤-C ⑥-G ⑦-A

「品詞」は英単語の看板！？
〜副詞編❷

▶ 副詞の置かれる場所は、話し手の意図次第

Q 次の英文のカッコ内に入る単語を選びましょう。

・(①) Japan started teaching English classes in public elementary schools.
・(②), an effective English curriculum for elementary students hasn't (③) been established.
・There are (④) few class hours.
・The elementary school English education program needs help (⑤).

A) too	B) recently	C) urgently	D) yet	E) Unfortunately

A ・(Recently) Japan started teaching English classes in public elementary schools.

　　日本の公立小学校では、最近英語の授業が始まりました。

・(Unfortunately), an effective English curriculum for elementary students hasn't (yet) been established.

　　残念ながら、小学生向けの効果的な英語教育課程はまだ確立されていません。

・There are (too) few class hours.

　　授業時間が少な過ぎます。

・The elementary school English education program needs help (urgently).

　　小学校での英語教育プログラムへの支援が急務です。

カッコ内はすべて副詞ですが、場所がそれぞれ違います。
① recently は、「最近」という**時**に関する副詞で冒頭に置かれています。②
unfortunately は「残念ながら」という**話の流れ**を伝える副詞でこれも冒頭です。③ yet
は「まだ」という意味の副詞で**否定表現**の近くに置かれています。④ too は「〜過ぎる」
という意味で、few「少ない」の直近に置かれ、too few で「少な過ぎる」という意味を形
成しています。⑤ urgently は「至急」という**態様**を表し、文末に置かれています。

答えは①—B　②—E　③—D　④—A　⑤—C

副詞が置かれる場所

オープニングクイズのように、副詞は性質によって置かれる場所が違うようです。

副詞は「副える詞（ことば）」というだけあって、影の立役者として割と自由に文中に置かれます。しかしそ

概要的		動詞の説明			具体的
話の流れ 時 程度	主語	助動詞	程度 否定	動詞	目的語	時 場所 態様

れでもおおよその場所の目安はあるのです。

英文には、伝える情報によって大まかな場所が用意されています。**概要的**な情報になるほど**文頭**、**具体的**な情報になるほど**文末**が選ばれる傾向があります。概要的な情報はなるべく早めに受け手に伝え、受け手にこれから話す内容を印象づけておきたいという心理が話し手に働きます。一方、具体的情報はなるべく最後に伝え、受け手の記憶に残したいという心理が話し手に働きます。これらをルールとして覚えるより、「**副詞は話し手の意図によって場所が決まる**」としておきましょう。

●──副詞が置かれる場所：文頭

文頭には「話の流れ」「時」「程度」などを示す副詞が置かれることが多いです。「話の流れ」を示す副詞として、クイズの例文を見てみましょう。

Unfortunately, an effective English curriculum for elementary students hasn't yet been established. において、文頭に Unfortunately を置くことで、「これから伝える文は残念な内容である」という話の流れを話し手は伝えています。

また、「時を表す副詞」は文末に来ることも多いです。ここが副詞の場所のファジーなところですね。あくまでも話し手が「概要的情報」として伝えたいときに文頭に置かれると考えておくとよいで

ココ！

概要的		動詞の説明			具体的
話の流れ 時 程度	主語	助動詞	程度 否定	動詞	目的語	時 場所 態様

話の流れ	However,（しかし）
時	Yestereday morning,（昨朝）
程度	Maybe,（おそらく）

概要的に伝えたい情報は文頭に来る傾向がある

51

しょう。

　このように**副詞の場所には「ゆれ」があります**。たとえば however（しかしながら）も常時文頭にあるわけではありません。話し手が概要としてではなく、動詞について説明したいという意図を持っているときは、She did not, however, play the piano.（しかし彼女はピアノを弾かなかった。）のように文中に置くこともできます。

●──副詞が置かれる場所：文中

　動詞について、それを**否定**したり、その**程度**をあらわしたりしたいときは文中に置かれることが多いです。

　たとえば、He can not swim.（彼は泳げません。）のように、swim という動詞や助動詞を否定したいのですから、文中に置かれるのは当然ですね。

　先述の Unfortunately, an effective English curriculum for elementary students hasn't yet been established. において、副詞 yet（まだ）と副詞 not（〜ない）のどちらも、動詞の近くに置かれ、hasn't yet been established（まだ確立されていない）という意味を形成しています。

　There are too few class hours.（授業時間が少な過ぎます。）における too は形容詞 few（少ない）に「**程度情報**」を添えているので、few の直前に置かれています。

●──副詞が置かれる場所：文末

　文末には具体的な情報、あるいは話し手が受け手に優先的に伝えたい情報が集中します。いずれにせよ、副詞の置かれる場所は絶対的なものではなく、話し手の意図次第でいろいろ変わることを押さえておきましょう。

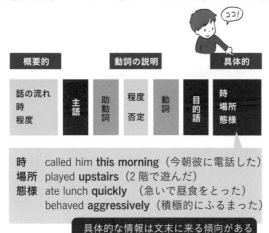

時	called him **this morning**（今朝彼に電話した）
場所	played **upstairs**（2階で遊んだ）
態様	ate lunch **quickly**（急いで昼食をとった）
	behaved **aggressively**（積極的にふるまった）

具体的な情報は文末に来る傾向がある

復習問題

❶次の単語と意味を組み合わせましょう。

| ① recently | ② unfortunately | ③ too | ④ upstairs |
| ⑤ quickly | ⑥ few | ⑦ establish | |

| A　確立する | B　2階で | C　残念ながら | D　最近 |
| E　〜過ぎる | F　急いで | G　少ない | |

❷次の単語と意味を組み合わせましょう。

| ① public | ② effective | ③ curriculum | ④ maybe |
| ⑤ aggressively | ⑥ urgently | ⑦ however | |

| A　公共の・公立の | B　しかしながら | C　おそらく | D　効率的な |
| E　教育課程 | F　至急 | G　積極的に | |

A　❷①—A　②—D　③—E　④—C　⑤—G　⑥—F　⑦—B
　　❶①—D　②—C　③—E　④—B　⑤—F　⑥—G　⑦—A

53

「品詞」は英単語の看板！？
〜動詞編❶

▶知らなくても「見た目」で動詞と判別する

Q crab（クラブ）の意味は名詞では「カニ」です。動詞ではどんな意味になるでしょうか？

A) ハサミでつかむ
B) 泡を吹く
C) 横に動く
D) 散髪する

A 正解は C)です。実はこの単語のようにメインは名詞でありながらも、動詞の看板も持っているものがあります。正解を逃したとしても、その名詞から連想される動詞をいろいろと考えることは、頭の体操にもなりますね。

ところで星座の「かに座」は「**Cancer**（キャンサー）」ですが、cancer は「癌」も意味しますね。カニ座と癌との間には何かつながりがあるのでしょうか？
まずは、かに座の「カニ」はカニを意味するラテン語の cancer を由来としています。
一方、「癌」は、腫瘍とその周辺の血管その他の組織が作り出す形状がカニに似ていることから、こちらもラテン語の「cancer（カニ）」から引用されました。
つまり「かに座」も「癌」も、ラテン語の cancer ＝カニからきているのですね。

動詞がわかるメリット

　動詞がわかるメリットはまず、1つの動詞を知ると、その派生語の意味もおよそ推測できること。たとえば **conclude**（コンクルード：結論づける）を知っていれば、**conclusive**（コンクルーシブ）が「終局的な」「確定的な」、**conclusion**（コンクルージョン）が「結論」「終局」ということは想像できます。
　もう1つのメリットは、長文読解の際、動詞が素早く見つかれば、動詞の

左が主語、右が補語や目的語、というような判断が素早くでき、速読力の下地にもなることです。

　それではさっそく「頭の体操」をしてみましょう。

頭の体操　　　以下の英文の中にある動詞をなるべく素早く見つけましょう。

The law firm located in the north of the Kanto area urgently requires a secretary with skills such as shorthand and knowledge of Excel.

　次ページに、動詞に下線を引いた英文を載せておきます。

　この **requires**（リクワイヤー：求める）の左が The law firm（ラーファーム：法律事務所）という主語、右が **a secretary**（セクレタリー：秘書）という目的語だという判断ができますね。何はさておき「この法律事務所は秘書を募集している」という一番大事なメッセージが素早くつかめます。まずは The law firm requires a secretary. という主要メッセージを押さえ、もし余裕があれば、主語 The law firm の脚色部分(located in the north of the Kanto area)、動詞 requires の脚色部分(urgently)、目的語 a secretary の脚色部分(with skills such as shorthand and knowledge of Excel)をあとでゆっくり読めばよいのです。ちょっと大げさですが、「動詞を制するものは英語を制す！」です。

「見た目」でわかる動詞

-en

　形容詞または名詞の後ろにつけて動詞化。「〜の状態にする」「〜の状態になる」

widen（ワイデン：広げる、広がる）：wide（広い）＋en
harden（ハーデン：固くする、固まる）：hard（固い）＋en
soften（サフン：柔らかくする）：soft（柔らかい）＋en
whiten（ホワイテン：白くする、白くなる）：white（白い）＋en
lighten（ライテン：明るくする、明るくなる）：light（明るい）＋en
　lighten にさらに en をつけると、enlighten（啓発する）となります。

hard ＋ en
‖
harden
固くする、固まる

→The law firm located in the north of the Kanto area urgently <u>requires</u> a secretary with skills such as shorthand and knowledge of Excel. （全訳：関東の北部にあるその法律事務所は、速記とエクセルの知識などの技術を持った秘書を今すぐに必要としている。）

接頭辞 en/em

名詞または形容詞の前につけて動詞化し、「〜の中に入れる」「〜の状態にする」の意味を表します。

enshrine（エンシュライン：祭る）：en＋shrine（神社）

enrich（エンリッチ：裕福にする）：en＋rich（豊かな）

encourage（インカレジ：勇気づける）：en＋courage（勇気）

embody（エンボディー：具体化する）：em＋body（体）

enlarge（エンラージ：増大する）：en＋large（大きい）

fy

「〜にする」、「〜化する」。fy 系動詞は、**beautify**（ビューティファイ：飾る）のように形容詞や名詞が推測できるものが多いですが、**mort<u>ify</u>**（モーティファイ：屈辱を感じさせる）のように元になる名詞や形容詞が現在の単語では推測できないものもあります。

liquefy（リキファイ：液化する）：liquid（液体）＋fy

terrify（テリファイ：恐れさせる）：terrific（恐ろしい）＋fy

　　→ちなみに現在、形容詞 **terrific**（テリフィック）は主に「すごい」「すごくいい」という意味で使われます。

simplify（シンプリファイ：単純化する）：simple（単純な）＋fy

purify（ピューリファイ：純化する）：pure（純粋な）＋fy

beautify（ビューティファイ：美化する）：beauty（美）＋fy

ize、ise

形容詞または名詞につけて「〜する」「〜化する」という意味の動詞にします。

specialize（スペシャライズ：専攻する）：special（専門の）＋ize

realize（リアライズ：実現する）：real（実在の）＋ize

actualize（アクチャライズ：実現する）：actual（実際の）＋ize

hospitalize（ホスピタライズ：入院させる）：hospital（病院）＋ize

monetize（マネタイズ：収益化する）：money（金）＋ize

ate

「する」「させる」の意味。

negotiate（ネゴシエイト：交渉する）　**terminate**（ターミネイト：終わらせる）
appreciate（アプリシエイト：価値を認める/感謝する）
migrate（マイグレイト：移住する）　　**calculate**（カルキュレイト：計算する）

　化学や医学分野では「～を加える」「～で処理する」という意味になることもあり、**sulfate**（サルフェイト：硫酸で処理する、硫酸塩）、**chlorinate**（クローリネイト：塩素で消毒する）、**camphorate**（カンフォレイト：樟脳で処理をする…樟脳（**camphor**：カンファ）は興奮剤、防虫剤、防臭剤などに使われる）などがあります。

動詞としても使われる名詞かチェックする

　これから名詞を辞書で調べる際、動詞の用法もあるかチェックすると有益です。たとえば head なら、まず「頭」というイメージを持っておくのは当然として、「先頭に立つ」という動詞用法もチェックするようにします。こうした作業を通して、「品詞」の窓が開き始めると、eye を見たとき、いつもの名詞「目」だけではなく、動詞「じっと見る」にも想像が及び、nose を見たときも名詞「鼻」に加え動詞「嗅ぐ」にも想像が及ぶようになるでしょう。

復習問題

❶次の単語と意味を組み合わせましょう。

① crab	② conclude	③ require	④soften
⑤ enlighten	⑥ enlarge	⑦ liquefy	

A 液化する	B 増大する	C 横に動く	D 求める
E 結論づける	F 柔らかにする	G 啓発する	

❷次の単語と意味を組み合わせましょう。

① hospitalize	② whiten	③ enrich	④ embody
⑤ simplify	⑥ specialize	⑦ migrate	

A 入院させる	B 白くする	C 裕福にする	D 単純化する
E 具体化する	F 専攻する	G 移住する	

❷ ①－A ②－B ③－C ④－E ⑤－D ⑥－F ⑦－G
❶ ①－C ②－E ③－D ④－F ⑤－G ⑥－B ⑦－A

「品詞」は英単語の看板！？
〜動詞編❷

▶動詞を機能とクセで「分けて」みよう

Q 動詞には「自動詞」「他動詞」「状態動詞」「動作動詞」の機能があります。動詞 stand が持っている機能はどれでしょうか？

A）自動詞　B）他動詞　C）状態動詞　D）動作動詞　E）上記全て

A 正解は E です。

動詞を「分けて」見る

まずは動詞の機能の定義と stand の例文を見ていきましょう。

自動詞　**動詞の後ろに名詞（目的語）を伴わない動詞。**

The statute stands in the park.（その銅像がその公園に立っている）

→後ろに目的語がないので" stand は自動詞。動詞の後ろには目的語ではなく前置詞 in が来ています。

他動詞　**動詞の後ろに名詞（目的語）を伴う動詞。**

He stood the ladder against the fence.（彼は塀にはしごを立てかけた）

→後ろに名詞 the latter があるので" stand は他動詞。

状態動詞　**同じ状況の継続を表す動詞。**

The vase stands on the sideboard.（花瓶はサイドボードの上に置いてある）

→「置いてある」状態が続いているので" stand は状態動詞。

| 動作動詞 | １回のまとまった動作を表す動詞。 |

Bill stood up.（ビルは立ち上がった）

→「立ち上がる」は1回のまとまった動作なので" stand は動作動詞。

　私たちは知らない単語を辞書で調べますが、実はこの４つの判別は一筋縄ではいきません。

　そもそも多くの辞書では状態動詞と動作動詞の区別がなされていません。一方で、ほとんどの辞書では自動詞と他動詞の区別はなされているものの、圧倒的多数の動詞がその両方の顔を持っています。さらに厄介なのは、複数の辞書を比べてみると、同じ単語なのに、ある辞書には他動詞用法だけしか記載されていないのに他の辞書では自動詞用法も記載されているという辞書間の相違もあります。

　こうした実情から、「この動詞は他動詞だ」「この動詞は状態動詞だ」と判別することよりも、英文を読みながら、「この文ではこの動詞は他動詞として扱われているようだ」と観察する程度に留めておくほうが現実的です。

　とはいえ、ざっくりとした動詞の傾向はあるのでお話ししましょう。

動詞のクセ

●──①初級学習者に馴染みのなさそうな動詞ほど用法はシンプル

　初級者向けの教材ではあまり見かけないような、難度が高そうな単語に限って、その用法はシンプルだったりします。（逆に第 8 章であつかう get のような基本動詞の方が用法は多岐にわたります。）

| 自動詞機能しかない動詞例 |

persist（パーシスト：主張する）　　**collaborate**（コラボレイト：共同して働く）
dissent（ディセント：意見が違う）　　**retrogress**（レトログレス：後退する）
mountaineer（マウンティニア：登山する）

| 他動詞機能しかない動詞例 |

contraindicate（コントラインディケイト：禁忌を示す）

→名詞「禁忌」は **contraindication**（コントラインディケイション）です。禁忌とは「治療や薬剤使用の際にやってはいけないこと」です。

privatize(プライバタイズ：民営化する)
　　→名詞「民営化」は **privatization**（プライバタイゼイション）
nationalize(ナショナライズ：国有化する)
　　→名詞「国有化」は **nationalization**（ナショナリゼイション）
bewilder(ビウィルダー：困らせる)　　**devastate**(デバステイト：荒廃させる)
disparage(ディスパリジ：けなす)　　**emancipate**(エマンシペイト：解放する)
perplex(ポープレクス：当惑させる)　**vindicate**(ビンディケイト：正当化する)
dismantle(ディスマントル：分解する)

　見慣れない、難度の高そうな単語ほど意味の多様性は狭く、自動詞か他動詞に限定されたものが多いことがわかります。これらはさしずめ１つだけ意味を知っておけば十分な受動語彙(リーディングやリスニングに必要な単語)だと言えます。**correlate**（カレレイト：関係する・関係づける)や**precipitate**（プリシピテイト：沈殿する・沈殿させる)のように自動詞・他動詞の両機能を持つものもありますが、あくまで大まかな傾向としてとらえておいてください。

●──②増減に関する動詞は自動詞・他動詞両機能を持つ

　日本語で考えても、私たちは「減る」と「減らす」をだいたい同じぐらいの比率で使っているように思いますが、英語の増減に関する動詞も「減る(自動詞)・減らす(他動詞)」、「増える(自動詞)・増やす(他動詞)」のように両機能を持つ傾向が見られます。

　減る・減らす系
diminish(ディミニッシュ：減る・減らす)
dwindle(ドゥウィンドル：しだいに減る・しだいに減らす)
shrink(シュリンク：縮む・縮ませる)　　　　**abate**(アベイト：和らぐ・和らげる)
mitigate(ミティゲイト：和らぐ・和らげる)

　増える・増やす系
augment(アーグメント：増す・増やす)　　　**expand**(イクスパンド：広がる・広げる)
escalate(エスカレイト：段階的に拡大する・段階的に拡大させる)
accumulate(アキュームレイト：たまる・ためる)
swell(スウェル：ふくらむ・ふくらませる)

●──③思考を表す動詞の右には that SV が来ることが多い！

　believe（ビリーブ：考える)、consider（コンシダー：みなす)、 find（ファインド：気づく)、think（シンク：思う)のように、思考を表す動詞の右にはよく that が

来て I believe that she is honest.（彼女は正直だと思う）、I found that she was a kind woman.（彼女は親切な女性だとわかった）のように使われることが多いです。

　以上はあくまでも大まかな傾向です。あとは実際の文で「この動詞はこの英文では自動詞として使われている」「この動詞の右に目的語があるから、ここでは他動詞として使われている」と個々に観察していくとよいでしょう。

---

valuable information

【本書での動詞に関する意味表記】

　先述の通り、動詞には他動詞と自動詞があり、他動詞は前置詞不要なので意味には「〜に」「〜を」が含まれています。一方自動詞の方は単独では「〜に」「〜を」が含まれていないため、この意味を補うために前置詞が必要となります。したがって厳密には claim であれば「〜を要求する（他動詞）」と「要求する（自動詞）」両方の日本語訳を記す必要があります。ただ、このように他動詞と自動詞の両方の機能を持つ動詞が圧倒的に多く、実用性と学習者の記憶負担を最小限にとどめる目的から、「claim ＝要求する」というシンプルな表記が適切だと考え、**本書では動詞の意味に「〜に」「〜を」を入れない**ことにしました。

復習問題

❶次の単語と意味を組み合わせましょう。

① accumulate	② dwindle	③ mitigate	④ swell
⑤ dismantle	⑥ vindicate	⑦ perplex	

A 当惑させる	B しだいに減る	C 和らげる	D ふくらむ
E たまる	F 正当化する	G 分解する	

❷次の単語と意味を組み合わせましょう。

① persist	② dissent	③ collaborate	④ retrogress
⑤ contraindicate	⑥ bewilder	⑦ mountaineer	

A 共同して働く	B 意見が違う	C 主張する	D 登山する
E 後退する	F 困らせる	G 禁忌を示す	

A ❶①—E ②—B ③—C ④—D ⑤—G ⑥—F ⑦—A
❷①—C ②—B ③—A ④—E ⑤—G ⑥—F ⑦—D

動詞の不規則変化は
「大人の教養テスト」?

▶ went の親は go じゃなかった?

Q 動詞 **go**(ゴウウ:行く)の過去形 went の語源となった動詞はどれでしょうか?

A) wind　　　　B) get　　　　C) wonder　　　　D) wend

A まずは、それぞれの動詞の意味を確認しましょう。

A) **wind**（ワインド）:「巻く」という意味。過去形は wound（ワウンド）です。

B) **get**（ゲット）:「得る」という意味ですね。過去形は got です。

C) **wonder**（ワンダー）:「不思議に思う」という意味で、過去形は wondered です。

D) **wend**（ウェンド）:「進む」という意味の古英語です。過去は went、すなわち go の
　　過去形としても用いられています。

ということで、D)が正解です。

wind—wound—wound、get—got—got、wonder—wondered—wondered など微妙な違
いはあるものの、どれも原形の面影をとどめているのがわかります。しかし、なぜか
go の過去形 went だけは、原形の片鱗すらありません。

go と went の関係はこんな風に考えてください。
go は「行く」、wend は「進む」でほぼ同じ意味。そして wend の過去形は went。そんな
こともあり、go の過去形にいつの日か went が混じり込んでしまった。結果、過去形
だけは go の片鱗がまったくないものが紛れ込んだ今の形になってしまった——。

なぜ不便な不規則変化動詞が維持されているのか

　　現代の英語では**規則動詞**（原形 + ed 型）が圧倒的に多い中にあって、なぜ
go は go—goed—goed にならず、go—went—gone のまま残っているのでしょ
うか?

　私たち外国語話者にとって、英語はなるべく規則正しい変化をしてくれた
ほうが習得しやすいもの。また母語話者にとっても、規則正しい変化ができ
るとたくさんの新語を吸収できるメリットがあります。たとえばフランス語
からの借用語 **denounce**（デナウンス：非難する）であれば denounce—
denounced—denounced。ラテン語からの借用語 **congest**（コンジェスト：混
雑させる）であれば、congest—congested—congested と変化します。このよ
うに借用語の動詞のほとんどが ed をつけるだけだったので、たくさん英語
に取り込まれました。これは「メールする」「チャットする」「ツイートする」
のように「〜する」をつければどんな新語でも取り込める日本語と同じですね。

　にも関わらず、go が goed とならない背景はいくつかあります。1つ目は、
go のような基本動詞は頻繁に使用されるため、不規則変化に母語話者が何
ら不便を感じていないこと。あるいは規則動詞に変えていくタイミングが訪
れなかった可能性が考えられます。今からわざわざ goed を普及させるより、
went のままでいいじゃないか、という
感じですね。

規則動詞
三姉妹

denounce　　denounced　　denounced

　2つ目は、その複雑性を使いこなせる
ことで、英語話者集団のルールに従って
いるとアピールできることです。ネイ
ティブスピーカーにおいても、子供は
goed というステージを経て went に到達

不規則動詞
三姉妹

go　　　　　went　　　　gone

するので、went が使いこなせるのは大人の証明にもなるということですね。

不規則変化を使いこなす

●──不規則動詞の中でもっとも覚えやすいパターン：put-put-put

　このグループは put（プット：置く）：put-put-put のように面倒な動詞変化
がないので、一気にまとめてしまいましょう。特徴の1つ目は、単語末尾が
d か t で終わっていること。2つ目の特徴は母音が**短母音**（アー、エー、と伸
ばさない母音）の場合が多いことです。

bet（ベット：賭ける）：bet—bet—bet

cast（キャスト：投げる）：cast—cast—cast

let（レット：させる）：let—let—let

set（セット：置く）：set—set—set

shed（シェッド：流す）：shed—shed—shed

shut（シャット：閉じる）：shut—shut—shut

slit（スリット：切込みを入れる）：slit—slit—slit

split（スプリット：裂く）：split—split—split

　なお、read（読む）のつづりは read—read—read ですが、発音は（リード　レッド　レッド）です。

●──不規則動詞の画期的な覚え方

　私たちは、現在形—過去形—過去分詞、という3点セットで覚えてきました。しかし実際のところ現在形と過去形さえ知っていればほとんど用を足せます。過去分詞が必要なのは、現在完了形か受動態を使うときぐらいですが、まず現在完了形は、多く

まずは現在形と過去形。
過去分詞は次のステップで。

現在形　過去形　　　過去分詞形

の場合過去形で代用できます。「B は A によって〜された」という受動態は、「A は B を〜した」という能動態で代用できます。

　つまり、不規則動詞の変化形は、**現在形と過去形だけを覚えてしまえば**コミュニケーション上支障がないということです。将来的に、微妙なニュアンスを伝えたくなってきたら、そのときに過去分詞を後づけで覚えればよいのです。

　ということで、ここでは現在形と過去形のセットを見ていきましょう。日常使用されることが多い基本動詞ですから、見覚えのあるものもきっとあるはずです。まずは過去形と過去分詞が同じ形のものを集めてみました。

　これらは、わざわざ bring—brought—brought と覚える必要はありません。「bring の過去形は brought」とだけ覚えておけば十分です。

過去形と過去分詞が同じ形の主な動詞

bring（ブリング；持ってくる）→brought（ブロート：買った）
build（ビルド：建てる）→built（ビルト：建てた）
buy（バイ：買う）→bought（ボート：買った）
catch（キャッチ：つかまえる）→caught（コート：つかまえた）
feel（フィール：感じる）→felt（フェルト：感じた）
fight（ファイト：戦う）→fought（フォート：戦った）
find（ファインド：見つける）→found（ファウンド：見つけた）
tell（テル：言う）→told（トールド：言った）
think（シンク：思う）→thought（ソート：思った）

過去形と過去分詞が違う形の主な動詞

　こちらは、draw-drew-drawn のように過去形と過去分詞が違うものを集めました。しかし go-went-gone のような、原形の面影がまったくないパターンはほとんどありません。たとえば begin であれば begin-began-begun という変化なので、将来、現在完了形を使いたくなったときに過去分詞 begun を覚えれば十分だと思います。

begin（ビギン：始める）→began（ビガン：始めた）（過去分詞はbegun）
break（ブレイク：壊す）→broke（ブロウク：壊した）（過去分詞はbroken）
choose（チューズ：選ぶ）→chose（チョウズ：選んだ）（過去分詞はchosen）
draw（ドロー：描く）→drew（ドゥリュー：描いた）（過去分詞はdrawn）
drink（ドリンク；飲む）→drank（ドランク：飲んだ）（過去分詞はdrunk）
drive（ドライブ：運転する）→drove（ドロウブ：運転した）（過去分詞はdriven）
eat（イート：食べる）→ate（エイト：食べた）（過去分詞はeaten）

　「リスト化して動詞の活用形を丸暗記する」のが苦手な方は、ぜひこの「過去形だけを知る」アプローチも試してみてくださいね。

復習問題

次の動詞（現在形）と過去形を組み合わせましょう。

① set	A set	B setted	C sat
② drive	A drived	B drove	C drive
③ think	A thought	B thinked	C think

「eye」で見よ、「nose」で嗅げ！

▶英単語の多義性とその処し方

Q tongue（タング：舌）の動詞の意味として適切なものはどれでしょうか？

A）あかんべーをする
B）舌打ちをする
C）おいしいものを食べる（舌鼓を打つ）
D）タンギングして演奏する

A 4択のすべてが、舌から日本人が連想する行為ですね。しかし日本語の感覚と英語の感覚は完全に一致しているわけではありません。

A）「あかんべーをする」は、人を侮辱するしぐさで、英語の場合、**thumb one's nose**（サム・ワンズ・ノーズ）や **cock a snook**（コック・ア・スヌーク）が該当します。どちらも、親指を鼻先に当て他の4本の指を広げてみせる行為で、「バカにする」という意味です。「彼は教師をバカにするのが好きだ」なら He likes thumbing his nose at teachers. や He likes cocking a snook at teachers. のように言います。

B）「ちょっと舌打ちする」という意味の動詞として **tut**（タット）があります。
C）**savor**（セイボー：味わう）や **eat**（イート：食べる）で伝えられます。
この中で tongue の動詞用法は、「D　タンギングして演奏する」です。タンギング（**tonguing**：タンギング）とは舌を使って息の流れを中断する管楽器の演奏技術のことです。よって D が正解。

─簡単な単語ほど、いろいろな品詞になる

　大まかな傾向として、つづりの短い単語ほど複数の品詞機能を持ち、つづ

りが長い単語、専門性の高い単語ほど品詞機能が限定されるものです。

たとえば、**cancel**（キャンセル）には動詞「取り消す」と名詞「取り消し」、2つの品詞機能があるのに対して、**cancellation**（キャンセレイション：取り消し）には名詞機能しかありません。同様に、move（ムーブ）には動詞「動く」「動かす」と名詞「動き」、2つの顔があるのに対して、**movement**（ムーブメント：運動）には名詞機能しかありません。dog に至っては、名詞「犬」、動詞「人につきまとう」、形容詞「イヌ科の」「くだらない」、副詞「ひどく」まであるのに対して、**canine**（ケイナイン）のほうは、名詞「犬」と形容詞「イヌ科の」しかありません。

● ──簡単な単語ほど、いろいろな意味を持つ

dog には、「犬」以外にも 10 種類以上も別の意味があるのに対して、canine のほうは、基本的に「犬」、「イヌ科」という意味だけです。つまり身近な単語ほど多義的で、見慣れない単語の方は意味が限定される傾向があります。

これらはあくまでも傾向の話ですが、身近な単語については、多少想像を柔軟にしておいたほうが良いでしょう。

ほんの一例ですが、ここに紹介しておきますね。

`head`

まずこの単語を象徴する意味は「頭」。そこから「知力」「理性」「理解力」のような意味へと発展します。また頭は体の先端についているので、その位置から「首位」「先頭」「首領」「支配者」「長官」という意味になります。こうした「頭」「先頭」のイメージを動詞にすると、「先頭に立つ」「〜の方向へ進む」という意味になります。

`hand`

象徴的な意味は「手」。そこから時計の手は「時計の針」、バナナの手なら「バナナの房」、働く人の手なら「労働」、手を差し伸べる人の手なら「手助け」、手さばきなら「手法」となります。「手」のイメージの行為なら「手渡す」、「配る」、手が行ったものが「筆跡」となります。

`ear`

象徴的な意味は「耳」。そこからまず「耳の機能」に注目すると「聴覚」。「耳

の形」に注目すると「水差しなどの取っ手」「家具の脚の上部の飾り」「新聞の小さな囲み記事」など。動詞では「聴く」となります。

`eye`

象徴的な意味は「目」。機能に着目すると「視力」「観察力」「目的」「意図」など。形に注目すると「ボタン穴」、「ジャガイモなどの芽」、「台風の目」など。

`nose`

象徴的な意味は「鼻」。機能に着目すると、「嗅覚」「感知能力」「直観力」「勘」など。形に着目すると、「先端」「突出部」「（飛行機の）機首」など。動詞であれば、「嗅ぐ」「嗅ぎ出す」「（自動車などの鼻先を）ゆっくり進める」など。

多義語をどう押さえるか

英文にはたくさん多義語があるので、「nose ＝鼻」という単純化された理解では処理しきれないことも多々あります。基本知識から「連想できる名詞は？」、「連想できる行為は？」と想像を膨らませることを日々の学習で意識していきましょう。以下に、多義語への対処法を３つにまとめました。

１）基本イメージを１つ持っておく　　例 nose ＝鼻

２）具象的な意味[※1]**から抽象的な意味**[※2]**・メタファー**[※3]**（比喩）的な意味へと想像を膨らませる**

例 名詞としてのnose：具象的意味＝鼻、嗅覚　　抽象的な意味＝直観力

例 動詞としてのnose：具象的意味＝嗅ぐ　　抽象的な意味＝嗅ぎ出す

３）実際の英文に当たるときに、基本イメージからいろいろ解釈を試みる

たとえば "Don't stick your nose into my affairs." や "Keep your nose out of this." に遭遇したときに「nose ＝鼻」からいろいろと想像を膨らませれば、前者なら「私のことに干渉するな」、後者なら「これには口出しないでおきなさい」のようなメッセージが浮かんでくることでしょう。

※**具象的意味**：たとえば「鼻」なら人間についている鼻のように実体そのもの。「嗅ぐ」なら鼻を使って匂いをかぐような実体的な行為。

※**抽象的意味**：たとえば「鼻」なら、飛行機の機首のようなたとえ。「証拠を嗅ぎつける」のように、実際に鼻で匂いを嗅ぐわけではなく、「たとえ」としての行為。

※**メタファー**：ある単語の元の意味から、よく似てはいるが別の概念に変えて、その単語を使う比喩的表現。たとえば「朝の来ない夜はない」は、当たり前の自然現象を表したものですが、言いたいのは「つらいことには必ずいつか終わりがある」ということで、つらいことを夜、つらいことの終わりを朝にたとえていると考えられます。

valuable information

本書での多義語の扱い

　本書に登場する単語にも多義語が多くあります。しかし辞書に掲載されてある意味をすべて掲載していたのでは、その単語のイメージがぼやけてしまいます。

　ですから、たとえばある単語に名詞的機能と動詞的機能がある場合は、なるべく名詞から１つ、動詞から１つを選んで掲載するようにしてあります。あるいは皆さんにとってあまりなじみのない単語の場合、１つの意味を知るだけでも十分な学習効果が期待できるので、そういう場合には、複数ある品詞機能からどれか１つだけを選んで記述するようにしてあります。皆さんも新しい単語を覚えるときは、どれか品詞を１つに絞りましょう。たとえば、推理小説を読んでいて**detective**（ディテクティブ）という単語に遭遇したとしましょう。この単語には形容詞「探知用の」と名詞「探偵」と２つの品詞があるのですが、さしずめ名詞「探偵」の方を押さえておけば十分です。

　このような単語の多義性は、専門性が高い単語になるほど薄らぎます。たとえば**membrane**（メンブレイン：膜）、**chromosome**（クロウモサム：染色体）、**antibody**（アンティボディ：抗体）などは、どれも名詞機能しかありませんし、意味も原則１つだけ押さえておけば十分です。確かに**incubation**（インキュベイション：孵化、培養、潜伏期、思案）のように専門性が高く、かつ多義的な単語もないわけではありませんが、「incubation＝孵化」という基本ができていれば、「インキュベーションセンター⇒起業や創業する人たちを支援する施設⇒新しいビジネスの卵の孵化を応援する場所」と連想することは十分可能だと思います。

復習問題

❶ hand の意味として適切なものをすべて選びましょう。

A 時計の針	B 自動車の先端	C バナナの房	D 視覚
E 手助け	F 筆跡	G 手法	

❷ nose の意味として適切なものをすべて選びましょう。

A 嗅覚	B 直観力	C 突出部	D 機首
E 沈黙する	F 目をそらす	G 耳を澄ます	

コンテントワード
＆ファンクションワード

▶意味を把握する上で優先すべき単語とそうでない単語

Q | Tom said that that "that" that that student used was correct. | を和訳してみましょう。

A that が5つ並んでいますが、そのことはいったん無視してください。
明らかに意味がわかる部分だけに下線を引きます。

Tom said that that "that" that that student used was correct.
　①　　　 a　b　 ②　　 c　　 ③　　　　　　 ④

①から④はこんな意味になります。
　　①＝トムが言いました
　　②＝ "that" → "apple"や"Hiroshi"と同じです。つまり文字としての that です。
　　③＝あの学生が使った　→ここの that は「あの」という意味
　　　　で、that boy「あの少年」の that と同じですね。
　　④＝～は正しかった
①から④を総合するだけでも、「あの学生が使った "that"
は正しかったとトムは言った」という文意がわかりますね。
これでもう8割正解です。
まだ解明されていない that が3つあります。

a ＝ Tom said that ～で、この that は「～ということ」とい
　　う意味の接続詞です。I think that Tom is right.（トムは正しいと私は思う）の that
　　ですね。
b ＝ that "that"で、「あの that」という意味になります。③の that と同じですね。
c ＝ that（that student used）で、「あの学生が使ったという」の「という」です。a pen
　　that that student used（あの学生が使ったというペン）と同じ that です。この that
　　は which にも置き換えられ、which that student used と表現することもできます。

以上から正解は、「あの学生が使った "that" は正しかったとトムは言った。」となります。

文に不可欠な言葉とそうでない言葉

　クイズに登場した5つの that を文法用語で表すとこうなります。

例文 Tom said <u>that</u>　【<u>that</u> "that" <u>that</u>　（<u>that</u> student used）　was correct.】
　　　　　　 イ　　　 ロ　　　 ハ　　　 ニ　　　　　　　　 ホ

> イ）**接続詞**（～ということ）→【　】の部分と said をつなげています。
> ロ）指示代名詞　（あの＋名詞）→「that bus（あのバス）」の that と同じ。
> ハ）that という文字
> ニ）**関係詞**（～という＋名詞）→（ ）の部分と that "that"をつなげています。
> ホ）指示代名詞（あの＋名詞）→「that bus（あのバス）」の that と同じ。

　単語学習で頻繁に登場する名詞、形容詞、動詞のように、文の意味を理解する上で欠かせない単語を**コンテントワード**（**内容語**）と呼びます。content＝内容、ですね。

　一方、今回の that のように、読み飛ばしても大意を把握する上で支障のないものを**ファンクションワード**（**機能語**）と呼びます。function＝機能、ですね。

　今回の5つの that のうち、意味把握上欠かせないのはハの"that"だけです。これさえわかれば、「学生が使った that は正しかったとトムは言った」と大意はつかめてしまうからです。

　したがって、英文をスピーディに処理するためには、<u>コンテントワードを中心に読み、ファンクションワードは読み飛ばしていくのも効果的</u>です。

　本書は基本的にコンテントワード（名詞・形容詞・副詞・動詞）を中心に扱います。なぜならば英文リーディングの際、<u>意味理解の決め手となるのがコンテントワード</u>だからです。一方、ファンクションワードは、文法用語が多いので、文法教本を使って学習していると自然に身につくものが多いです。

　ということで、語彙力増強を目指すときは、ファンクションワードはいったん脇において、コンテントワードに特化して学習するのが効果的です。

●──コンテントワードとファンクションワードのボリューム感

　本書でコンテントワード中心に扱う理由がもう１つあります。それは、覚えるべき単語量をファンクションワードと比較すると、圧倒的にコンテントワードのほうが多いからです。

　厳密な比較データはありませんが、私のこれまでの学習肌感覚からしますと、英文に占めるコンテントワード比率は７〜８割、ファンクションワードは２〜３割といったところでしょうか。

	コンテントワード	ファンクションワード
働き	大意を把握する上で重要	正確な理解には必要だが、大意を把握する上では割愛できる
該当するもの	名詞 形容詞 副詞 動詞 否定の意味を持つ単語 話の流れを示す単語など	冠詞 代名詞 接続詞 関係詞 前置詞など
ボリューム感	英文中７-８割を占める	英文中２-３割のみ
習得ポイント	多読などで自然定着を待つ	文法学習で自然定着を待つ

●──コンテントワードリーディング

> **頭の体操**　以下の英文を、コンテントワードだけを拾って読んでみましょう。
>
> I would like to apologize again for our delayed departure from Narita airport due to fog. We are expecting to arrive in Hawaii approximately ten minutes behind schedule.

　いかがでしたか？下線部分がコンテントワード例です。

→ I would like to apologize again for our delayed departure from Narita airport due to fog. We are expecting to arrive in Hawaii approximately ten minutes behind schedule.

下線部だけを拾って読むと、こうなります。

「霧で遅れた成田空港出発を謝ります。ハワイ到着は10分遅れです」。

ファンクションワードが多いため長文に仕上がってはいますが、わずかながらのコンテントワードを拾えば大意把握は可能であることがおわかりいただけたかと思います。参考までに全訳をつけておきますが、上記の理解は全訳にそれほど見劣りしないのがわかります。

全訳「霧により、成田空港からの出発が遅れましたことを、再度お詫び申し上げます。ハワイに約10分遅れで到着の予定です。」

コンテントワードリーディングは、急いで内容を把握したいときに役立ちます。この読み方であれば、仮に **approximately**（アプロキシメトリー：おおよそ）の意味がわからなくても読み進めることができます。I'd like to や We are expecting to のような定型表現も外せば、さらに読むスピードは向上します。つまり、意味理解上不可欠な単語に絞って速読するのがコンテントワードリーディングです。like や expect のような動詞、approximately のような副詞も速読の際には外してもかまいません。大意把握上支障がないならば、名詞・形容詞・副詞・動詞でも読み飛ばしてもかまわないのです。

ファンクションワード、すなわち、冠詞、代名詞、前置詞、接続詞、関係詞などを学びなおしたい方は「英文法の鬼100則（時吉秀弥著　明日香出版社刊）」を参考にしてください。

復習問題

❶次の単語と意味を組み合わせましょう。

| ① approximately | ② apologize | ③ delayed | ④ departure |
| ⑤ arrive | ⑥ correct | ⑦ due to | |

| A のために | B 遅れた | C 到着する | D 正しい |
| E 出発 | F おおよそ | G 謝る | |

❷次の単語と意味を組み合わせましょう。

| ① content | ② function | ③ expect | ④ again |
| ⑤ fog | ⑥ behind | ⑦ minute | |

| A 分　B 機能　C 内容　D 霧　　E 再び　F 遅れて　G 〜しそうに思う |

❷ ①-C ②-B ③-G ④-E ⑤-D ⑥-F ⑦-A
❶ ①-F ②-G ③-B ④-E ⑤-C ⑥-D ⑦-A

つづりが短いほど直感的・長いほど分析的

▶ 音や語源から意味を推測する

Q ❶cock-a-doodle-dooの意味はどれでしょうか？

A調理器具	B 麺	C 落書き	Dおんどりの鳴き声

❷pneumonoultramicroscopicsilicovolcanoconiosisの意味はどれでしょうか？

A塵肺症	B肺炎	C火山灰	D顕微鏡

A ❶は D「おんどりの鳴き声」が正解です。「カッカドゥードゥルドゥー」と発音します。

これは日本語の「コケコッコー」と同じような擬音語ですね。

A)の「調理器具」は **cooker**（クッカー）、

B)の「麺」は **noodle**（ヌードル）、

C)の「落書き」は **doodle**（ドゥードゥル）です。

❷は A の「塵肺症」が正解です※。以下の部品から構成されています。

pneumo（ニューモウ：肺）：「気胸」は **pneumothorax**（ニューモサラクス）→「気胸」：胸膜腔内に空気のたまった状態。

ultra（アルトラ：極端な）：「極左主義者」は **ultraleftist**（アルトラレフティスト）。

microscopic（マイクロスコーピック：顕微鏡の）：「顕微鏡」は **microscope**（マイクロスコープ）。

silico（シリコ：ケイ素）：「シリコン」「ケイ素」は **silicon**（シリコン）

volcano（ボルケイノ：火山）：「火山灰」は **volcanic ash**（ボルカニック・アッシュ）

conio（コニオ：塵埃）：**coniology**（koniology：コニオロジー）は塵埃学

osis（オウシス：病気）：「昏睡状態」は **narcosis**（ナルコウシス）。「神経症」は

neurosis（ニューロウシス）、「結核」は **tuberculosis**（トュバキュロウシス）。

※この単語は辞書によって扱い方が違います。研究社「新英和大辞典　第六版」によれば「塵肺症《顕微鏡で見えないほど微細なケイ粉末・石英粉末を絶えず吸収するために起こるもので pneumoconiosis の一種；鉱夫などに多い》」とあります。一方、Oxford Dictionary of English Second Edition Revised によると「an artificial long word said to mean a lung disease caused by inhaling very fine ash and sand dust.（微細な灰や砂塵を吸うことでもたらされる肺の病気を意味すると言われている、長いつづりの人工的な単語）」とあります。いずれにせよ私たちが使う場面はほとんどなさそうですね。

直感に訴える phonosemantics 的アプローチ

　クイズの1問目は、擬音語や、個々のアルファベットが持つ音のイメージ
から単語の意味を探るアプローチで、**phonosemantics**（フォノセマンティック
ス）と呼ばれています。phono（フォノ）は「音」、**semantics**（セマンティクス）は
「意味（論）」、つまり「音声から意味を推測する」アプローチです。いわゆる「**擬
態語 onomatopoeia**（アノマトピア）」もこの中に含まれます。

　ここでは英語のつづりから音を想像しながら、語彙センサーを磨いていき
ましょう。

頭の体操　以下の単語はどんな意味なのか、つづりから生成される音から推測してみ
ましょう。

A. bowwow　　　　B. cuckoo　　　　C. crash　　　　D.clash

→　A .は犬の吠え声（バウワウ）、B .はカッコウの鳴き声（ククー）、C .は衝突の音（ガシャ
　　ン）、D .も衝突の音（ガシャン）。

　A. と B. は擬音語（擬声語）、C. と D. は擬態語と呼ばれているものですね。

● ── L と R のイメージの違い

　ところで、clash と crash はつづりが似ていますが、意味がかなり違います。
たとえば新英和大辞典　第六版で比較してみますと、clash は「（意見・利害
などの）**衝突**」や「がちゃん[じゃん]と鳴る音」に対して、crash は「（衝突・墜
落による）**破壊・衝撃**」です。同じぶつかる音でもかなり違いますね。

　カタカナにすると同じ発音になってしまいますが、**clash** は the clash of

75

cymbals（ザ・クラッシュ・オブ・シンバル：打楽器のシンバル）のイメージ、一方 **crash** は car crash（カークラッシュ：自動車衝突事故）のイメージです。

clack（クラック：カタッという音）は the clack of her high heels（彼女のハイヒールの音）、**crack**（クラック：バリッと裂ける音）は a loud crack of thunder（ア・ラウド・クラック・オブ・サンダー：大きな雷の音）で、音のイメージが違います。**clamp**（クランプ：留め金）と **cramp**（クランプ：拘束具・激痛・痙攣）に至っては完全に意味が違いますね。

日本語ではLとRの区別がほとんどないため、同じカタカナ表記になってしまうところが悩ましいですね。でも、Lの軽さ、Rの重さを知っておけば、読むときに想像が働くようになるでしょうし、話すときにも気持ちを入れやすくなります。

アルファベットの音声的な知識を持つことで、実際にその音を再生することは難しくても、そこに気持ちを載せたり、アルファベットから意味を推測したりすることで、コミュニケーションはこれまで以上に豊かなものになります。詳しくは第4・5章でお話しします。

ちなみにこのアプローチでカバーできる単語は、擬態語や生活に関連した単語、接頭辞などがない短めの単語などです。

分析的な etymology アプローチ

etymology（エティモロジー）は「語源学」で、語源とはいわゆる**接頭辞**（単語の前頭の部品）・**語根**（単語の真ん中の部品）・**接尾辞**（単語後尾の部品）のことです。re がついている単語からは「反復や戻る」意味を、pro がついている単語は「前」に関連した意味を推測していくようなアプローチですね。

こうした部品の知識を使うと、辞書を引く前に自分なりに意味を推測することが可能になります。たとえば「反復や戻る re」を使い、**resign**（リザイン：辞職する）はサインした雇用契約を返上するイメージ、**repress**（リプレス：抑制

する)は、圧力を戻すイメージ。**rebel**（リベル：反抗する)は、bell（戦い)に立ち向かうイメージを描くこともできます。

　このアプローチは、ラテン語起源、フランス語起源、ギリシャ語起源の単語に使えます。学術的・専門的な語彙、比較的抽象度の高い単語に多く、ビジネスでも頻度が高いものが多いです。詳しくは第6・7章で紹介します。

　これら2つのアプローチを比較するとこんな感じになります。

	phonosemantics （音から意味を推測）	etymology （接頭辞などから意味を推測）
アプローチ	音感的	分析的
分析対象	アルファベット	接頭辞・語根・接尾辞
属性	古英語・ドイツ語	ラテン語・フランス語・ギリシャ語など
対象語彙	生活用語や自然に関するものが多い	ビジネス用語や学術用語に多い
具体例	動物のうなり声の r は **rage**（激怒する)、**rail**（罵る)、**rave**（狂乱する）など攻撃的な意味	「再び」という意味の接頭辞 re の例として、**recover**（回復する)や**revert**（戻る）がある

復習問題

❶次の単語と意味を組み合わせましょう。

① ash	② ultraleftist	③ microscope	④ coniology
⑤ narcosis	⑥ neurosis	⑦ tuberculosis	

A 極左主義者	B 結核	C 神経症	D 顕微鏡
E 灰	F 昏睡状態	G 塵埃学	

❷次の単語と意味を組み合わせましょう。

① revert	② doodle	③ semantics	④ etymology
⑤ resign	⑥ rage	⑦ rebel	

A 語源学	B 落書き	C 戻る	D 意味論
E 反抗する	F 辞職する	G 激怒する	

❷ ①—C ②—B ③—D ④—A ⑤—F ⑥—G ⑦—E
❶ ①—E ②—A ③—D ④—G ⑤—F ⑥—C ⑦—B

英語の豊かな造語力❶

▶ 略語兄弟（アクロ・バクロ）と仲良しになろう

Q BATH は次のどれの略語でしょうか？

A　Baseball ／ American football ／ Triathlon ／ Hockey
B　Bangkok ／ Amoy ／ Taipei ／ Hongkong
C　Baidu ／ Alibaba ／ Tencent ／ Huawei
D　Bia ／ Apollo ／ Triton ／ Hermes

A どれも４つの単語の頭文字を並べると BATH（風呂）となりますが、ただ並べただけでは何ら意味がありません。**略語とは、なんらかの関連性のある単語の頭文字を並べ、その組み合わせから新たな意味を持たせるのが原則です。**
たとえば、馬場・阿部・田辺・堀という社員の頭文字をBATH と組み合わせただけでは略語として機能していません。でもこの４名がセールス上位４名ということであれば、「わが社トップセールス "BATH" ４人組！」のように使ったりできます。

以上を踏まえると、この中で新しい意味を生み出しているのは C です。BATH は中国の４大 IT 企業の総称で GAFA（巨大 IT 企業 Google/Amazon/Facebook/Apple の総称）にちなんで名づけられました。
C 以外は単に同じカテゴリーの単語を並べただけで、新しい意味は生まれていません。
A はスポーツ競技を、B はアジアの都市名を、D はギリシャ神話の神を並べただけです。

ちなみに **Bia**（バイア）は力・勇敢・暴力などの女神、**Apollo**（アポロ）は医術・音楽などの神、**Triton**（トライトン）は海神、**Hermes**（ハーミーズ）は通行・商業や発明の神です。

Acronym（アクロニム）

　英語には英語ならではの造語力があります。略語表現は英語の旺盛な造語力の代表例といえるでしょう。現代は「カテゴリーを次々生み出す時代」と言えます。日本でも「ゆとり世代（**cram-free education** クラム・フリー・エデュケイション＝脱・詰め込み世代）」「草食系（**metrosexual**＝メトロセクシャル：美容に心を注ぐ都会派の）」などがあります。ちなみに草食動物は **herbivore**（ハービバー）ですが、metrosexual の方が草食系男子のニュアンスは伝わりやすいでしょう。

　次々と新しい言葉が生まれ、英語学習者にとっては悩ましいところですが、新しい概念の略語化は、「これについてはこの略語でやり取りしましょう」とコミュニケーションの簡潔化を図ることもできます。

　オープニングクイズの解説で登場した GAFA のように、複数の単語の頭文字を並べて発音する略語を **acronym**（アクロニム＝頭字語法）と言います。ちなみに acro は「先端」、onym は「名前」を意味します。synonym「類義語」であれば、syn「共」＋ onym「名前」です。acronym の例として **NATO**（ネイトー：North Atlantic Treaty Organization 北大西洋条約機構）があります。**UFO**（ユーフォー：unidentified flying object 未確認飛行物体）もアクロニムですね。

　AIDS（エイズ）も「Acquired Immune Deficiency Syndrome（後天性免疫不全症候群）」の頭文字を並べたアクロニムですね。ちなみに **acquired**（アクワイヤード：後天性の）の反意語「先天性の」は、**congenital**（コンジェニタル）です。**immune**（イミューン：免疫の）からは **immunology**（イミュナロジー：免疫学）が連想できますね。この logy は（〜学）という意味です。「不足」を表す **deficiency**（ディフィシェンシー）の反義語は **sufficiency**（サフィシェンシー：充分）です。

　アクロニムの中でも、頭文字を１つずつ単独で発音する場合は initialism（イニシャリズム）と言い、**P D C A**（Plan Do Check Action）などがあります。UFO もユー・エフ・オーと発音するときはイニシャリズムと考えられます。

実はビジネスでのやりとりではアクロニムやイニシャリズムがたくさん
登場します。代表的なものを見ていきましょう。

ASAP：As soon as possible（できるだけ早く）

　アサップ（アクロニム）と呼ばれたり、エー・エス・エー・ピー
（イニシャリズム）と呼ばれたりします。私自身のビジネス経
験からすると、この表現が一番普及している略語のように思
います。

FAQ：Frequently asked question（よくある質問）

　こちらもホームページなどでよく見られますね。

FYI：For your information（ご参考までに）

　ASAP に次いで使用頻度が高い略語です。もともと英文ライティングであまり字数を稼げな
かった私は、少しでも文字数を稼ぐために、For your information とフルで書いておりまし
た（汗）。

FY：Fiscal year（会計年度）

　または financial year とも呼ばれています。FY 2020　のような使われ方をします。

MTD：Month to date（月内累計）

　月初から当日までの累計です。

YTD：Year to date（年内累計）

　年度初日から当日までの累計です。

N/A：Not applicable（該当なし）/Not available（利用なし）

Backronym（バクロニム）

　アクロニムの中でも、頭文字を合わせて既存の単語を作ったものはバク
ロニム（backronym）と呼ばれています。クイズにあった BATH は、バクロ
ニムの好例でしょう。それにしても GAFA はアメリカ・BATH は中国、
GAFA はアクロニム・BATH はバクロニムとは、見事な二極構造です。

　BATH 以外の例も見てみましょう。たとえば **SMART** の法則。ビジネス
目標の設定要素（S̲pecific ＝具体的な、M̲easurable ＝計測可能、A̲greed
upon ＝同意された、R̲ealistic ＝現実的な　T̲imely ＝期限が明確）を合わせ
て smart（賢い）という既存の単語を作っています。

氾濫する略語とのつき合い方

●──① 定義確認をする

　相手からのメールやビジネス文書に、自分の知らない略語が登場してきたら、ネットで調べておきましょう。

●──②相手に定義を確認する

　業界や企業特有の略語の場合、ネットで調べられないこともあるでしょう。そういうときは What does 略語 stand for?（〜は何の略称ですか?）と相手に尋ねてみましょう。

●──③自分のほうからの使用は最小限に抑える

　そもそも略語とは、関係者各位間でそれを知っているという前提が不可欠です。相手がその略語を知っているという前提がないときは、あまり多用しない方がよいでしょう。どうしても使いたければ、Social Networking Service（SNS）あるいは Social Networking Service（hereinafter SNS）のように略語の定義を最初に述べておいてから、次回以降略語を使えばよいでしょう。**hereinafter**（ヒアインアフター）は、「以下〜と呼ぶ」という意味です。

●──④略語に過剰反応しない

　これだけ略語が氾濫しているご時世なので、1つや2つ知らないものがあっても恥ずべきことではありません。会話中、突然耳慣れない略語が登場したら、その場で聞いてみましょう。ここで知ったかぶりすると、尋ねるタイミングを逸してしまいますので。

復　習　問　題

次の単語と意味を組み合わせましょう。

① specific	② synonym	③ acquired	④ deficiency
⑤ congenital	⑥ immune	⑦ sufficiency	

A 充分　B 不足　C 類義語　D 後天性の　E 具体的な　F 免疫の　G 先天性の

①─E ②─C ③─D ④─B ⑤─G ⑥─F ⑦─A **A**

英語の豊かな造語力❷

▶ニャンコ英語はニャンダフル！

Ｑ｜ let the cat out of the bag ｜ という英語表現は、どういう意味でしょうか？

A 虐待されているネコを保護する
B どんちゃんさわぎをする
C うっかり秘密を漏らす
D 手品をする

ニャー

Ａ｜ 正解は C の「うっかり秘密を漏らす」です。

袋に入れたネコを「豚が入っている」とうそをついて売ろうとしたら、袋を開けられて、秘密がばれてしまったという昔話が由来だそうです。Don't let the cat out of the bag.（秘密をばらすな。）みたいに使うことができます。

A の「虐待」について話題にするときは、**abuse**（アビューズ）を覚えておくとよいでしょう。これは人間動物どちらにも使えます。ab（離）＋ use（使用）から、本来の使用から離れる→虐待と覚えやすいです。

B「どんちゃんさわぎ」にぴったりな英語は party です。これは動詞としても使えて、「今夜はどんちゃんさわぎしよう」なら "Let's party tonight!" と言えますね。

D 「手品」は **magic**（マジック）です。「手品をする」は do magic。ちなみに magic はアメリカ英語で、イギリス英語で「手品」は **conjuring**（カンジャリング）です。

SNSは造語の宝庫

　海外のSNSを見ていると、辞書には載っていない単語がたくさん登場します。そんなときはその単語をネット上で調べてみるとよいでしょう。日本でも認知されている表現であれば、 ┌ purrfect　意味 ┐ などと検索もしくは画像検索すれば、だいたいのイメージはつかめるでしょう。

●──ネコに関する造語

　ちなみに、このpurrfectは、ネコの **purr**（パー：ネコなどがゴロゴロとのどを鳴らす）と **perfect**（パーフェクト：完璧な）が合わさったものです。さしずめ「ニャンダフル」みたいな感じですね。「私のネコはニャンダフル！」なら My cat is purrfect!。「ニャンともニャンともニャンダフル」と強調したいときには、Purrrrrrrrrrfect! とrを連打しましょう。Great（最高！）も、rをダーッと並べて、Grrrrrrrrrreat! みたいに使えます。

　ここでは、ネコに関する造語を見ていきましょう。

・pawsome（ポーサム：ニャンとも素晴らしい）
　　paw（ポー：ネコの手）+ **awesome**（オーサム：素晴らしい）SNS上の可愛いネコ画像へのコメントに"That is a pawsome selfie."（ニャンともすてきなセルフィー画像だね）というのを見つけました。ちなみに「肉球」は **pad**（パッド）と言います。

・A Happy <u>Mew</u> Year!（ア・ハッピー・ミューイヤー
：新ニャン　あけましておめでとうニャン）
　　new（ニュー：新しい）を **mew**（ミュー：ネコの鳴き声）に変えています。

・furriend（ファーリエンド：ニャン友）
　　fur（ファー：毛皮）+ friend（フレンド：友人）
・everypawdy（エブリパウディ：みんにゃ〜）
　　everybody（エブリバディ：みなさん）+ paw（パウ：ネコの手）。
　　Hi everypawdy! みたいに使えますね。
・catloaf（キャットローフ：ネコの香箱座り）
　　cat + **loaf**（ローフ：パンのひと塊）。ネコが箱型の食パンみたいに座っている姿ですね。
・catastic（キャッタスティック：ニャンタスティック）
　　cat + **fantastic**（ファンタスティック：素晴らしい）で「ニャンとも素晴らしい」。

catloaf

・feelin' feline（フィーリン　フィーライン：ネコを感じる、ネコまみれ）

ネコになりきったり、なんでもネコ、ネコ、ネコみたいな状態に使えます。feelin'は feeling（感じている）、**feline**（フィーライン）は「ネコの」です。

・Caturday（キャタデー：ネコの土曜日）：

cat + Saturday（サタディー：土曜日）の組み合わせ。昔、ジョン・トラボルタ主演の「Saturday Night Fever」という映画がありました。この映画のディスコシーンのように、ニャンコが身を起こしてはしゃいでいる姿は Caturday Night Fever と表現されています。

Caturday
Night Fever

●──さまざまな造語例

emoticon（エモティコン：顔文字）

emotion（エモーション：感情）＋**icon**（アイコン：肖像）を組み合わせた造語で、(;∀;) や☺ のようなマークのことです。

snail mail（スネイルメイル：普通郵便）

snail（スネイル：カタツムリ）＋**mail**（メール：郵便物）で、電子メールに対して、到着までに時間のかかる普通の郵便のことです。

この表現は、snail と mail とで、最後の ail が韻を踏んでいますね。「韻を踏む」は英語で**rhyme**（ライム：韻、韻を踏む）と言います。"Snail" and "mail" rhyme. で「スネイルとメイルは韻を踏んでいる。」の意味になります。

netizen（ネティズン：ネットワーク市民）

（**Inter**）**net**（インターネット）と **citizen**（シチズン：市民）を組み合わせた造語で、ネットの世界の住人、すなわちインターネットを頻繁に使う人のことを言います。

cellfish（セルフィッシュ：迷惑な携帯電話ユーザー）

cell phone（セルフォン：携帯電話）＋**selfish**（セルフィッシュ：自分本位の）で、周囲のことなど気にせずいつもスマホばかり見ている人のことを指します。

Pentagonese（ペンタゴニーズ：ペンタゴン語）

The Pentagon（ペンタゴン：米国国防省。単なるpentagonは「五角形」）＋**ese**（イーズ；言語、住民）でできています。新聞口調なら**journalese**（ジャーナリーズ）、お役所言葉（回りくどくて難解）なら**officialese**（オフィシャリーズ）です。「高橋さんらしい言い方」、「高橋節」なら、Takahashese（タカハシーズ）と新たに作ることもできますね。

英語の造語力とのつき合い方

　新語・造語はこれから先、辞書に掲載されるほど普及していくのか、あるいはすたれていくのかわかりません。たとえば、「キミ、ナウいねぇ（死語）」みたいに、自分では気がつかないうちに「浦島太郎状態」になっている可能性もあります。

　非ネイティブの私たちは、造語にチャンレンジするにはちょっと勇気が要りますが、ネットサーフィン中、辞書にも出てないような単語を見つけたら、造語を疑い、ネット検索してみるのも面白いですね。

　日本語の造語の中にも英語由来のものがたくさんありますので、日本語の造語から英単語ワールドを楽しんでみてもよいでしょう。たとえば、「ディスる」は英語の **disrespect**（ディスリスペクト：無礼、無礼な言葉を吐く）が由来です。ちなみに disrespect という英単語は dis（ディス：否定）＋ respect（リスペクト：尊敬、尊敬する）で構成されています。

復 習 問 題

❶次の単語と意味を組み合わせましょう。

① abuse	② paw	③ loaf	④ mew
⑤ fur	⑥ feline	⑦ emotion	

A パンのひと塊	B 毛皮	C ネコの	D 感情
E 虐待	F ネコの鳴き声	G ネコの手	

❷次の単語と意味を組み合わせましょう。

① icon	② snail	③ citizen	④ cell phone
⑤ selfish	⑥ pentagon	⑦ disrespect	

A 市民	B カタツムリ	C 五角形	D 無礼
E 携帯電話	F 自分本位の	G 肖像	

A **❷**①―G ②―B ③―A ④―E ⑤―F ⑥―C ⑦―D
❶①―E ②―G ③―A ④―F ⑤―B ⑥―C ⑦―D

UNIT
18

単語の意味は変化していく

▶ 元来男の子は girl に含まれていた？

Q boy の語源の説明として適切なものをすべて選びましょう。

> A 元来、「王様」という意味があった。
> B 元来、「年配の女性」という意味があった。
> C 元来、「男性の召使」という意味があった。
> D 元来、「男女の老人」という意味があった。

A 正解はC です。

男女、左右、上下、高低、新旧、南北、善悪、アメと鞭、父母、親子、などなど。世界は二極性にあふれています。たとえば、A さんが学級委員長、B さんが副委員長で、クラスをまとめているとします。A さんが厳しい父親役を引き受けると、B さんはそれをフォローする母親役を担います。イケイケで「売ってナンボ」の営業マン A さんにとって、利益率にうるさい B さんはよい調整役になっています。こんな風に、どちらかがどちらかの役割を担うと、片方は別の役割を担うようになっていきます。

英単語も似たようなところがあります。たとえば girl は本来、男女の子供を指していました。しかし、本来「男の召使」という意味だった boy が少年の意味を担い始めると、girl の守備範囲は少女に限定されていきました。それが現在の boy と girl の関係です。

86

役割分担化（specialization）

オープニングクイズの boy と girl のように、1つの意味についてどちらかの単語が担当すると、他の単語は別の意味を担当するようになっていきます。あるいは、1つのカテゴリー全般を担う単語が現れることによって、もう一方は限定した意味を帯びるようになっていきます。

hound と dog

元来、**hound**（ハウンド）が犬全般を示し、**dog**（ドッグ）は犬の一品種を示していました。しかし、dogが犬全体を指すようになり、houndは「猟犬」に特殊化していきました。ちなみに辞書を見ると、houndには「猟犬」の他に「犬」という意味もありましたが、dogには「猟犬」という意味は見つかりませんでした。

meat と food

meat（ミート）は古英語時代、「食べ物」を意味していましたが、同じく「食べ物」という意味を持つfoodに対して、meatは「食用肉」という意味に限定されていきました。

stool と chair

stool（ストゥール）は古英語で「椅子」を意味しましたが、途中でラテン語の chair（チェアー：椅子）が入ってきたことにより、「背もたれのない椅子」に限定されていきました。

fowl と bird

fowl（ファウル）も bird（バード）も、鳥全般を示していましたが、birdが鳥全般を担い、fowlは「家禽、鶏肉」を担うようになりました。

deer と beast

deer（ディアー：鹿）は古英語で、元来四つ足動物全般を指しましたが、鹿が持っている角、斑点でほかの動物たちとやがて区別されるようになりました。中英語時代にラテン語の **beast**（ビースト：獣）が入ってきたことにより、deerはいっそう「鹿」に限定されるようになりました。ちなみに、人間生活と縁の深い動物であればあるほど、その名称は細かく役割分担をしていくようです。鹿はまさに好例です。

stag（スタッグ：5歳以上の赤鹿の雄）、**buck**（バック：雄鹿）
hind（ハインド：3歳以上の赤鹿の雌）、**doe**（ドウ：雌鹿）
fawn（ファウン：子鹿）、**venison**（ベナサン：鹿肉）

日本の場合、魚の呼び名がこれに該当しますね。同じ魚でも「ハマチ→ブリ」とまったく名前が変わりますが、これを英訳する際には「同じ文化を共有していない」ことも配慮して、**young yellow tail**（ヤング・イエローテール：ブリの若魚＝ハマチ）→ **yellow tail**（イエローテイル：ブリ）とするのがよいでしょう。

一般化（generalization）

　当初は限定した意味しか持たなかったものの、普及につれ、限定した意味合いが薄れ、より一般化された意味を帯びていった単語があります。

arrive（アライブ：到着する）は、元来「水路で岸に着く」という意味でしたが、「到着する」という意味に一般化されていきました。

holiday（ホリデイ：休日）は、もともとは**holy**（ホリー：神聖な）+day（デイ：日）から、「神聖なる日」でした。そこから意味が一般化され、聖日や祝祭日は**holy day**（ホリデー）が担い、通常の休日はholidayが担うようになりました。

crisis（クライシス：危機）は、もともとは回復するのか死に至るのかを決定する病状の転換期、すなわち病気の峠を指していました。ここから転じて、社会経済などの危機や難局、人生の危機など、危機全般を示すようになりました。

carry（キャリー：運ぶ）は、ラテン語のcarrus（＝car）すなわち「車」を起源とし、もともとは「荷馬車で運ぶ」という意味でした。これが運送手段を車に限定せず、「運ぶ」全般を意味する単語になりました。

bird（バード：鳥）は、古英語では「若鳥」という意味でしたが、現在は「鳥」という意味に一般化されています。

意味の格下げ・格上げ

　今でこそ相手の罵り言葉である「オマエ」も「キサマ」も、漢字で書くと「御前」、「貴様」となり、敬う気持ちが見てとれます。しかしどちらも敬意の意味が薄れ、明治以降は同等や目下の者をさす語となりました。英語においても、本来の意味から悪い意味へと格下げされていったものがあります。この**語義の下落**のことを **pejoration**（ペジョレイション）と言います。

corpse（コープス：死体）は「身体」という意味でしたが、「身体」の意味はbody（ボディ）が担うようになり、corpseのほうは死体という意味を担うようになりました。ただ婉曲表現としてbodyは今でも「死体」の意味を持っています。

poison（ポワゾン）はラテン語で「飲み物」を意味していましたが、やがて毒物、毒薬に意味が格下げされていきました。

silly（シリー）は元来「おめでたい」でしたが、だんだん「頭がおめでたい」に向かい、「愚かな」という意味に格下げされていきました。

●──意味の格上げ

意味の格上げは **melioration**（ミーリオレイション：**語義の向上**）と言います。

knight（ナイト）は、「召使い」という意味の古英語でしたが、現在は「騎士」に格上げされています。

minister（ミニスター）は「召使い」という意味から「大臣」「公使」へと格上げされました。

nice（ナイス）は元来「無知な」でしたが、そこから「愚かな」→「浮わついた」→「態度のあいまいな」→「気難しい」→「厳密な」→「細かく配慮した」→「感じのいい」と格上げされていきました。

pretty（プリティ）は古英語で「狡猾な」という意味でしたが、「巧妙な」「熟練した」という良い意味となり、現在の「かわいい」「魅力的な」「きれいな」になりました。

格上げ

　こうして単語を深掘りしていくと、「ネイティブは普通その単語をそのような意味では使わない」などと指摘されたとき、あくまでも現在、あるいはそのネイティブが生きてきた国や地域での話だととらえられるようになります。単語の歴史を知ることは、ものごとを相対的にとらえ、他者からの助言や情報を相対化・客観化してとらえる力を鍛えることにもなりそうですね。

復習問題

❶次の単語と意味を組み合わせましょう。

① fowl	② hound	③ beast	④ fawn
⑤ minister	⑥ corpse	⑦ silly	

A 死体	B 獣	C 家禽	D 小鹿	E 猟犬	F 愚かな	G 大臣

❷次の単語と意味を組み合わせましょう。

① deer	② stool	③ venison	④ crisis
⑤ yellow tail	⑥ pejoration	⑦ melioration	

A 語義の向上	B 背もたれのない椅子	C 危機	D 語義の下落
E ブリ	F 鹿肉	G 鹿	

❷ ①—G ②—B ③—F ④—C ⑤—E ⑥—D ⑦—A
❶ ①—C ②—E ③—B ④—D ⑤—G ⑥—A ⑦—F

PC「ボタン」は慎重に押せ!?❶

▶ 議論の本質に迫るためにも、PC でつまずかない

Q ある天才心臓外科医が当直で深夜の病院にいたときのことでした。
救急車で男の子が運ばれてきました。
男の子は父親と深夜のドライブ中に事故に巻き込まれ運ばれてきたのです。
その心臓外科医は男の子を見て驚き、言葉を失いました。
なんと男の子は天才心臓外科医の息子でもあったのです。

問題です。この 3 人は一体どんな関係なのでしょう?

A まずはキーワードである「心臓外科医」は、**heart surgeon**（ハート サージョン）もしく
は **cardiac surgeon**（カーディアック サージョン）と言います。
cardio は心臓を意味するので、**cardiology**（カーディアロジー）なら「心臓学 (cardio：
心臓＋ logy：学問)」、**cardiac transplantation**（カーディアック・トランスプランテイ
ション）なら「心臓移植」です。

このクイズ、20 年前だったらうまくいったかもしれませんね。今の時代にはそぐわな
くなってきているかもしれません。即答できた方は立派な現代人です。
ということで正解は、**3 人は家族**という関係です。つまり、天才心臓外科医が母親で、
男の子を連れてきた父親とは夫婦ですね。そして男の子はこの夫婦の子供です。

「ビジネスマンはみな忙しい」という表現は危険

「ビジネスマンはみな忙しい」

この表現は危険です。

なぜなら、「ビジネスマン」には女性が含まれていません。正確に言うと、受け取る人次第で、女性が入ったり入らなかったりするのです。

世の中に働いている女性はたくさんいるので、男女を想定するのであればビジネスパーソン(business persons)、あるいはビジネスピープル(business people)というのが正解ですね。

このような言語的配慮のことを **political correctness**（ポリティカル コレクトネス、略して **PC**)と言います。これまでの白人・男性優位的価値観を反省し、女性、他民族などの社会的少数派にも配慮し、彼らを傷つけるような言動を排除しようという考え方です。もともとは欧米から始まったものですが、現在では世界で広く認められています。もちろん日本も例外ではありません。

話すときは、常に相手が伴います。これからは「その英語が正しいかどうか」だけでなく、「無意識にその英語で相手を傷つけていないか」にも配慮をしていきましょう。本ユニットタイトルは、「PC（ポリティカル コレクトネス。パソコンではありません）について意識をしていこう」ということ。副題は、「PC のことを忘れて、相手を不愉快にしてしまうと、本来したいはずの肝心の議論に支障が出るリスクもある」ということです。

ポリティカルコレクトネス習得のコツ

あなたが男性の場合、特に下記を意識してみてください。

● ①職業＝男女想定

職業について語るとき、原則、男女想定で話すこと。

●──②直訳の前にひと呼吸

　日本語に定着している「サラリーマン」「マンパワー」などを英語で伝えるときには、直訳せずにひと呼吸おきましょう。そうすれば、「サラリーマン　→ホワイトカラー　→ white-collar worker」や「マンパワー　→労働→ workforce」のように、男女想定型の表現にたどり着けます。

●──③男女より、その人個人に目を向ける

　普段から、「男だから」とか「女だから」という思考枠を可能な限り用いないこと。「女だから〜」、「男なのに〜」ではなく「あの人は〜」というマジックワードを使い、性別ではなくその人個人に意識を向けましょう。

●──④自覚的であること

　そもそもステレオタイプ的発言をしている自分をそのまま"観察的に"受け取る。この**観察的受け入れ**は、語学に限らずあらゆるものごとを円滑に進める上で有効です。たとえば、「アメリカ人てあんまり物怖じしないでストレートに言うよね〜」「東北人って我慢強いよね〜」とか、「大阪人はみな面白いことを言う」など、これらは「決めつけ」といえばそうなのですが、それを気にしていたら会話が窮屈になります。ですから、自覚しながら、相手次第で言葉を選んでいく。万が一不適切な発言をしたら、速やかに訂正すればよいということです。

●──⑤相手の受け止め方を尊重する

　中には「ちょっと過剰反応気味かなぁ」というケースもなくはないでしょう。でも、物事の受け止め方は人それぞれです。ハラスメント同様、受け取る側が不快と感じるかどうかがポイントなので、もしも指摘を受けたら、そこは素直に言い改めるのが賢明だと思います。

配慮できた表現

　日本語においても、看護婦→看護士、保母→保育士、のように PC の考えは浸透しつつあります。英語においても同様な配慮ができるよう、以下の具体例を見ておきましょう。

man（マン：人間）→**human being**（ヒューマンビーイング：人間）

mankind（マンカインド：人類）→**humankind**（ヒューマンカインド：人類）
fatherhood（ファーザーフード：父性）／ **motherhood**（マザーフード：母性）
→**parenthood**（ペアレントフード：親であること）
manhole（マンホール）→**utility hole**（ユーティリティホール：公益事業用の穴）
manpower（マンパワー：労働力）→**workforce**（ウォークフォース：労働力）
sportsman（スポーツマン：運動選手）→**athlete**（アスリート：運動選手）
workman（ウォークマン：労働者）→**worker**（ウォーカー：労働者）
chairman（チェアマン：議長）→**chairperson**（チェアパーソン：議長）
waiter（ウェイター）／ **waitress**（ウェイトレス）→**server**（サーバー：給仕）
stewardess（スチュワーデス：客室乗務員）
→**flight attendant**（フライトアテンダント：客室乗務員）
cameraman（カメラマン：写真家）→**photographer**（フォトグラファー：写真家）
policeman（ポリスマン：警察官）→**police officer**（ポリスオフィサー：警察官）
fireman（ファイヤーマン：消防士）→**firefighter**（ファイヤーファイター：消防士）
salesman（セールスマン：販売員）→**salesperson**（セールスパーソン：販売員）
spokesman（スポークスマン：広報担当者）
→**spokesperson**（スポークスパーソン：広報担当者）
housewife（ハウスワイフ：主婦）→**homemaker**（ホームメーカー：家事担当）

　中高年にはおなじみのカーペンターズ（Carpenters）の"プリーズミスターポストマン（Please Mr. Postman）"は、PC が生まれる以前の曲です。現代であれば、**postal worker**（ポスタルウォーカー：郵便配達人）だったでしょうね。

復 習 問 題

次の単語とポリティカルコレクトネスを配慮したものをつなげましょう。

① man	② fatherhood	③ manhole	④ manpower
⑤ workman	⑥ chairman	⑦ cameraman	

A photographer	B human being	C workforce	D parenthood
E chairperson	F worker	G utility hole	

❷次の単語とポリティカルコレクトネスを配慮したものをつなげましょう。

① motherhood	② policeman	③ fireman	④ sportsman
⑤ spokesman	⑥ salesman	⑦ housewife	

A firefighter	B homemaker	C parenthood	D police officer
E salesperson	F spokesperson	G athlete	

❷ ①—C ②—D ③—A ④—G ⑤—F ⑥—E ⑦—B
❶ ①—B ②—D ③—G ④—C ⑤—F ⑥—E ⑦—A

PC「ボタン」は慎重に押せ!?❷

▶ 議論の本質に迫るためにも、PC でつまずかない

Q あなたは Hager（ヘイガー）女史に初めてメールを差し上げなければなりません。あいにく女史が既婚なのか未婚なのかわかりません。以前、Hager 女史とお会いした時の印象では、40 代で既婚のようにも見えましたが、あくまであなたにとっての印象に過ぎません。このような場合、どのように対応すればよいでしょうか？

A）見た目の印象で、とりあえず出だしは Dear Mrs. Hager, として送信し、もし相手が訂正してきたらそれに従う。

B）Mrs. と Miss、どちらかといえば Miss を Mrs. とする間違いよりも、Mrs. を Miss とする間違いのほうが相手へのダメージが少ないと思われる。したがってとりあえず出だしは Dear Miss Hager, として送信し、相手が訂正してきたらそれに従う。

C）出だしは Dear Hager-san, として送信する。

D）未婚・既婚の区別をしない場合の敬称である Ms. を使い、出だしは Dear Ms. Hager, と送信する。

E）打ち解けた関係ではないが、取り急ぎファーストネームで、Dear Linda, としておく。

A 一番安全なのは D）です。男性が既婚未婚問わず Mr. で表せるのと同様、女性も Ms. を使えば問題ありません。

C）の「さんづけ」は、お互い「さんづけで呼び合う」という前提があるときは問題ありませんが、「さん」は対等な関係を示す記号でもあるので、相手との関係性をよく考えてから使うようにしましょう。たとえば博士号保持者が相手の場合、Dr. Brown のような尊称を暗に期待されることもあるので要注意です。

E）のファーストネームは、あらかじめお互いの関係が対等である場合、相手側からあなたのことをファーストネームで呼んできた場合などに限って使えます。私自身も商社時代、同じアメリカ人でも、ある人は「Brown-san」、ある人は「Mr.Brown」、ある人は「Dr.Brown」と、相手がそれとなく望む呼称を使い分けるようにしていました。

A）と B）のようなことは絶対にしないでくださいね。

PC 的配慮に有効な、仕事の「両性名詞」

　職業における性差別表現を回避する上で、覚えておきたい単語を紹介します。端的に言うと、これらの単語には man という部品がついていないので、もともと男性女性の区別がなかったものと言えますね。

男女にかかわらず使える職種名

artist（アーティスト：芸術家）
librarian（ライブレリアン：図書館司書）
professor（プロフェッサー：教授）
cook（クック：調理師）
novelist（ナーベリスト：小説家）
teacher（ティーチャー：教師）
doctor（ダクター：医師）
singer（シンガー：歌手）
typist（タイピスト）
writer（ライター：著述家）

ハンディキャップの表現

　PC（ポリティカルコレクトネス）は、性別以外の領域でも用いられます。公共性が高くなるほど、言葉選びの厳しさが増し、プライベートになるほど、ゆるくなるのは万国共通です。

　ただ、日頃の言葉選びは、いざというときにポロッと出てしまいがちなので、できればポリティカルコレクトネスに配慮した表現を日常ベースから心掛けることをお勧めします（以下では、通常「差別用語」として書籍等では使わない言葉を、対比のため敢えて使っています）。

●──言葉選びのコツ1　日本語と一緒に見る

　ポリティカルコレクトネスをマスターするコツは、まず日本語と一緒に観察することです。

　deaf（デフ）vs. **hearing impaired**（ヒアリング・インペアード）ではピンと来

なくても、「つんぼ」 vs.「聴覚障害者」とすれば、感覚的に右を選ぼうとすることでしょう。この **impair**（インペアー）は「害する」「損なう」の意味で、impaired は「害された」「損なわれた」という意味になります。

　blind（ブラインド）vs. **visually impaired**（ビジュアリー・インペアード）も、日本語で「めくら」vs.「視覚障害者」とすると、やはり右の表現を選ぼうとするのではないでしょうか？

　前者の単語を口にしようとするときの「ためらいの感覚」は、そのまま英語にも当てはまります。つづりの短い言葉には、「言い切り感」「ストレート感」がある一方、つづりの長い単語には「説明的」「婉曲的な感じ」があります。これは日英ほぼ同じです。

● ——言葉選びのコツ 2　言葉を置き換えて説明する

　2つ目のコツは、英英辞書を使って、少し説明的な表現を心掛けることです。たとえばオックスフォード米語辞典で blind を調べますと、people who are unable to see とあります（the blind と複数の人たちという想定なので people になっています）。この定義であれば、差別的ニュアンスはどこにも感じられません。配慮をするということは、それだけ言語は説明的になり、結果として言葉数も増えるということ。日本語においても「めくら」より「視覚障碍者」や「目の不自由な人」の方が説明的で語数も多くなっていますね。

　他にもこのような置き換え事例があります。

disabled（ディズエイブルド：不具の）

→ **physically challenged**（フィジカリー・チャレンジド：身体の不自由な）

　　→ challenged は handicapped と同じく「障害を持った」という意味です

old people（オールド・ピープル：老人）

→ **senior citizens**（シーニア・シチズンズ：高齢者、お年寄り）

　　→ senior は「古参の、先輩の、上級の、年上の」という意味で、あまり老人っぽさがない単語と言えます。citizen は「人民、国民、市民」という意味です

　日本で「痴呆症」といわれていた病気は現在、「認知症」と呼ばれるようになりました。ちなみに「認知症」は英語では **dementia**（ディメンシア）と言います。

valuable information

親子で楽しめる英語

わが子にはきれいな発音を身につけさせたいと願う親御さんは多いでしょう。

ただし「自分の日本人的な発音を子供に聞かせるのは、子供の英語には悪影響を及ぼすのではないか？」という迷いがあるとよく聞きます。

ご心配には及びません。

ネットのなかった時代なら、親が話す英語がその子の基準になってしまうわけですから、下手な英語を子供に聞かせない方がいいというのも一理ありました。しかし今、子供たちはネットで親御さんの読み聞かせの何倍ものリアルな英語を聞くことができます。しかも世界で英語を話す人口の7割が非ネイティブ。ざっくり言うと、「下手な英語」だらけなのです。

だからあなたの発音が子供に与える影響などはまったく気にする必要はありません。それよりも、どんな発音であれ、英語力のレベル関係なく、英語は大人も子供も一緒に楽しめるということを身をもって伝える方が、今後のお子さんの学習モチベーションには良い影響を与えることができるのです。

ぜひ一緒に英語の動画を観たり、英語の歌を歌ったり、英語の読み聞かせをしてあげましょう。お子さんから親御さんへ読み聞かせをしてくれる日を楽しみに。

復習問題

❶次の単語と意味を組み合わせましょう。

① librarian	② professor	③ cook	④ novelist
⑤ citizen	⑥ singer	⑦ senior	

A 市民	B 歌手	C 年上の	D 小説家
E 図書館司書	F 調理師	G 教授	

❷次の単語と意味を組み合わせましょう。

① typist	② physically	③ impair	④ visually
⑤ dementia	⑥ challenged	⑦ artist	

A タイピスト	B 身体的に	C 損なう	D 視覚的に
E 認知症	F 障害を持った	G 芸術家	

A
❷ ①—A ②—B ③—C ④—D ⑤—E ⑥—F ⑦—G
❶ ①—E ②—G ③—F ④—D ⑤—A ⑥—B ⑦—C

英単語のつづりは
なぜこうもややこしいのか

▶make を「マケ」とは読まず「メイク」と読む不思議

Q ghoti は何と読むのでしょうか? 該当するものすべてを選んでください。

A ゴーティ	B フィッシュ	C グホータイ	D 無音（発音されない）

A まずは以下の単語を読んでみましょう。
- ・cough （カフ：咳）
- ・women （ウィミン：woman の複数形）
- ・caution （コーション：警告）

それぞれ「gh」「o」「ti」を合わせると、フィッシュとなります。ちなみに caution の ti は「ʃ」という発音記号で表され、これが「シュ」と発音します。

次に、以下の単語も読んでみましょう。
- ・light （ライト：光、軽い）
- ・onomatopoeia （オノマトピーア：擬音語）
- ・listen （リッスン：聞く）
- ・business （ビズネス：ビジネス）

これらの単語の「gh」「o」「t」「i」の部分は無音です。

したがって、正解は B)と D)です。

英単語における「つづり」と「発音」のズレ

　make というつづりなのに、「マケ」ではなく、「メイク」。feel というつづりなのに「フェエル」ではなく、「フィール」。英語には、つづりと発音が一致しない単語が非常に多く存在します。

　そもそもなぜ、つづりと実際の音が違うのでしょうか?

●──考えられる理由1：話し言葉と書き言葉のギャップ

　まずは一般的な傾向として、書き言葉の変化は、話し言葉の変化よりも遅いと言われています。日本語でも、かつて「行きましょう」を「行きませう」と書いていた時代がありました。ただ英語の場合、そのギャップが非常に大きいのが特徴です。

●──考えられる理由2：活字とリアルな言葉のギャップ

　15世紀に活版印刷技術が発明されたことで、つづりが固定化されました。その一方で、15世紀から18世紀にかけて、話し言葉における母音の発音が変わっていきました（大母音推移と呼ばれています）。この2つの出来事が、今日のつづりと発音のギャップを作っていったと言われています。

●──考えられる理由3：整備・編集の手が追いつかないくらい世界に広まった

　そもそもなぜ大きく母音の発音が変化していったのか原因は解明されていません。ただ3世紀にもわたる長い期間であれば、英語に限らずどんな言語もそれなりに変化はします。日本でも明治時代に言文一致運動がありましたし、フランス語でも国家機関による言語整備はありました。お隣韓国ではハングルという音声と文字が合致する合理的な言葉が当時の為政者によって発明されました。英語の場合、地球上に広く普及したため、整備や編集の手が追いつかなくなってしまったことも考えられます。

> **valuable information**
>
> 　ちょっと脱線しますが、予言者が未来を正確に予言できない理由に、「予言者はその時の人々の精神状態や精神レベルから未来を予測するため」というのがあるそうです。たとえば2000年に行った予言はあくまでも当時の人々の意識レベルがそのままであれば2020年にはこうなる、というもの。2000年の意識をそのまま引きずって2020年を迎えることはまずないでしょうから、2000年に行った予言はどうしても外れてしまうのだとか。私たちが生き方や意識を変えていけば、予言者とはまた違う世界になっているかもしれませんね。

　話を英語に戻しますが、200～300年かけて発音が変わったということは、人々の意識も変わっていったのではないかと推察されます。英語の母音をあ

えてカタカナのアイウエオに超簡易化すると、こういう図式が見えてきます。

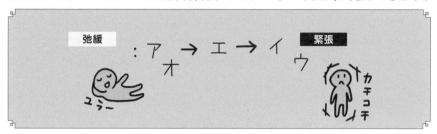

この図を見ながら以下の単語を照合しますと、皆、左の弛緩エリアから右の緊張エリアへ音が変化しているのがわかります。

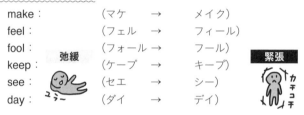

make :	（マケ	→	メイク）
feel :	（フェル	→	フィール）
fool :	（フォール	→	フール）
keep :	（ケープ	→	キープ）
see :	（セエ	→	シー）
day :	（ダイ	→	デイ）

　弛緩寄りの母音から緊張寄りの母音へ変化しているということは、良い面では人々の生活が活気を帯びていったと考えられますし、悪い面では厳しい生存競争などで緊張を強いられていったとも考えられます。この期間中、ペストの大流行(1720年頃)などもありましたので、人々の意識も生活も大激変した期間だったのかもしれませんね。

　もっともこれについては諸説あるので、大母音推移については学習者としていろいろ想像を楽しむことにしましょう。

つづりと発音のギャップの克服法

●──ネイティブの子供も苦労していることを知っておく

　実は英語圏の子供たちですら、つづりと発音のギャップには苦労しているようです。規則性が低く、仮に規則らしいものがあっても例外がたくさんあるため、なかなかスムーズには覚えられないようです。まして外国人である私たちが英語のつづりや発音に苦労するのは当たり前の話です。

●──黙字があることを知っておく

know の k のようにつづられているのに発音されないものを**黙字**と言います。
黙字を知っておくと発音の迷いが多少緩和されるかもしれませんね。

　黙字 b

debt（デット：負債）、**subtle**（サトル：微妙な）、**comb**（コーム：くし）

　黙字 gh

sight（サイト：視力）、**tight**（タイト：きつい）、**might**（マイト：実力、かもしれない）

　黙字 kn の k

knack（ナック：技巧、コツ）、**knock**（ナク：たたく）、
knapsack（ナップサック：リュックサック）

　その他

receipt（レシート：領収書）の p、**island**（アイランド：島）の s、
indict（インダイト：起訴する）の c など。

●──発音で恥をかかない秘策

　どうしても人前で恥はかきたくない！という方には秘策があります。人前
で話したい英文を用意して google 翻訳に張りつけ、音声ボタンを押してそ
の英文を PC や端末に読み上げてもらってください。それを聞きながら自分
でも声に出して練習しておけば万全です。

復　習　問　題

❶次の単語と意味を組み合わせましょう。

① cough	② caution	③ debt	④ subtle
⑤ sight	⑥ tight	⑦ might	

A　微妙な	B　負債	C　実力	D　視力
E　きつい	F　咳	G　警告	

❷次の単語と意味を組み合わせましょう。

① onomatopoeia	② knack	③ knock	④ knapsack
⑤ receipt	⑥ island	⑦ indict	

A　起訴する	B　領収書	C　島	D　リュックサック
E　たたく	F　技巧	G　擬音語	

❶ ①-F ②-G ③-B ④-A ⑤-D ⑥-E ⑦-C
❷ ①-G ②-F ③-E ④-D ⑤-B ⑥-C ⑦-A

単語の謎を解くグリムの法則

▶ paternity（父性）と father（父）、pedestrian（歩行者）と foot（足）

Q fraternity と意味的に似ている単語はどれでしょうか？

A eternity	B paternity	C father	D brother

A **fraternity**（フラタニティ）の意味は「兄弟関係」。したがって正解はDの brother（ブラザー：兄弟）です。

A **eternity**（エターニティ）の意味は「永遠」なので、意味的にはまったく関係がありませんね。唯一 ity という語尾が似ていますが、これは、**absurdity**（アブソーディティ：ばからしさ）や **reality**（リアリティ：現実）などのように、単語の末尾に置かれ、名詞であることを示す部品です※。

B の **paternity**（パターニティ）は「父性」なので、C の father（ファーザー：父）と意味が一緒です。ちなみに「母性」は maternity（マターニティ）です。

このように、英語には、「意味はほぼ一緒なのにつづりがまったく似ても似つかない」単語というものがあります。今回はそうした英単語の特性を探っていきます。

英語の歴史的分類

いよいよ第2章最後のユニットとなりました。この章の目的は、英単語が持っている性質について、ざっくりイメージできるようになっていただくことでした。**個々の英単語を「木」とするならば、この章は「英単語の森」に当てはまります。**

※ 参照 **UNIT** 74（p.323~）

「同じ意味の単語が2つあると、いずれ二者で意味を分担するようになる」
「良い意味の単語が悪い意味に変化したり、悪い意味の単語が良い意味になったりする」「基本動詞に限って不規則変化するものが多い」などいろいろな性質がありましたね。

こうした英単語の歴史を紐解く際に有効なのが、時代区分です。

英語においては**古英語**（**Old English**、略称 OE）、**中英語**（**Middle English**、略称 ME）、**近代英語**（**Modern English**、略称 ModE）、**現代英語**（**Present-day English**、略称 PDE）のような分類が使われます。

古英語は 450 年〜 1100 年頃で、この時期にラテン借用語が入り始めました。中英語は 1100 〜 1500 年頃で、フランス借用語が大量に入ります。近代英語は 1500 〜 1900 年頃で、ラテン語、フランス語、ギリシャ語、その他と借用語が多様化していき、この時期に標準語が確立していきました。現代英語は 1900 年以降に生まれたものです。

子音の推移

UNIT 21 でお話しした通り、活版印刷でつづりが固定されたあと、大母音推移が起こり、つづりと発音にギャップが生じ、複雑化していきました。

実は、母音だけでなく子音も、それなりに推移していたようです。発見者にちなみ「**グリムの法則**」と呼ばれています。あのグリム童話の作者ですね。

法則の詳細は専門書に譲るとして、一言でポイントを言うと**子音推移**です。

特定の子音がゲルマン系（ドイツ語、英語などの祖先）で変化する一方、ラテン語系では変化しなかったり、その逆だったりした結果、同じ意味でもゲルマン系とラテン語系では、つづりが異なるものが混在するようになりました。

ここで押さえたいポイントは2つです。

●──① F で始まる単語（ゲルマン系）と同じ意味の単語が P で始まる（ラテン語系）場合があること

　以下のようなラテン語系が英語に借用されました。私たちにとって身近なゲルマン系を左側に、借用語であるラテン語系を右に記しておきます。印欧祖語(ゲルマン系・ラテン語系共通の祖先)は p で始まったのですが、ゲルマン系では p が f に子音推移した一方、ラテン語系は p のまま残りました。

ゲルマン		ラテン語
father	→	paternity（パターニティ：父性）
fish	→	Pisces（パイシーズ：うお座）
foot	→	pedestrian（ペデストリアン：歩行者）
fee（フィー：料金）	→	pecuniary（ペキュニアリー：金銭の）
ferry（フェリー：船）	→	port（ポート：港）

　一見して、ゲルマン系は中学校で習うような基本単語が多く、借用語のほうは見慣れない単語が多いことがわかりますね。

●──② B で始まる単語（ゲルマン系）と同じ単語の意味が F で始まる（ラテン語系）場合があること

　以下のようなラテン語系が英語に借用されました。印欧祖語(ゲルマン系・ラテン語系共通の祖先)は b で始まったのですが、ゲルマン系では b のまま残った一方、ラテン語系では f に子音推移しました。

ゲルマン		ラテン語
brother（ブラザー：兄弟）	→	fraternity（フラターニティ：兄弟関係）
break（ブレイク：壊れる）	→	fragile（フラジャイル：壊れやすい）
bear（ベアー：産む）	→	fertile（ファータイル：肥沃な）

　図にまとめるとこんな感じになります。

ゲルマン系、ラテン語系共通の祖先である印欧祖語にbやpで始まる単語がありました。（図の最上段）

図の2段目、3段目では、ゲルマン系とラテン語系とでは、bやpで始まる単語の変化が異なり、似たような意味でも違う外見の単語に分かれ、かつそれらが入り乱れている現在の状態を示しています。

似た意味でまったくつづりの違う単語の付き合い方

　英語の大祖先であるゲルマン系と、途中から流入してきたラテン語系とを比較すると、ゲルマン系の単語には馴染みある基本単語が多いことがわかります。

　したがって、書いたり話したりする際には基本単語をメインで使い、なじみの薄いラテン語系は、参考程度に押さえておけば十分です。つまり、「兄弟」を表現したければ brother を使うことを第一に考え、余裕があれば fraternity （兄弟関係）にも意識をちょっとだけ向けてみればよいのです。

復習問題

❶次の単語と意味を組み合わせましょう。

| ① fraternity | ② fee | ③ absurdity | ④ reality |
| ⑤ paternity | ⑥ maternity | ⑦ fertile | |

| A 現実 | B 父性 | C 料金 | D ばからしさ | E 兄弟関係 | F 母性 | G 肥沃な |

❷次の単語と意味を組み合わせましょう。

| ① pedestrian | ② eternity | ③ pecuniary | ④ Pisces |
| ⑤ port | ⑥ fragile | ⑦ bear | |

| A 産む | B うお座 | C 歩行者 | D 壊れやすい | E 港 | F 金銭の | G 永遠 |

❶①-E ②-C ③-D ④-A ⑤-B ⑥-F ⑦-G
❷①-C ②-G ③-F ④-B ⑤-E ⑥-D ⑦-A

第3章

英単語の学び方は
十人十色・多種多様

バラバラ学習のススメ

▶ページは飛ばして読もう

Q 次の中であなた自身に当てはまるのものすべてを選びましょう。

> A) 横文字を見ていると頭が痛くなる。
> B) 英語に関する本のボリュームに圧倒されてしまう。
> C) 英語に限らずコツコツがんばるのが苦手だ。
> D) 英語は暗記科目だと思う。

A A) 横文字見ていると頭が痛くなる方の、この本の学び方

まずは日本語の本だと思って、英単語部分はほぼ無視して、日本語部分を読んでみましょう。この本は英単語を覚えること以上に、英単語の学び方を紹介していますから、日本語部分だけを読んでもまったく問題ありません。

B) 本のボリュームに圧倒されてしまう方へのアドバイス

「ページ順に読む」と「全ページ読破」この2つを手放して、興味があるページから読んでみましょう。気がついたら5割、6割程度読んでいた、というのが理想的です。一定の年月を経てふと手にしたとき、今度はスラスラと言葉が入ってくるものです。

C) 英語に限らずコツコツがんばるのが苦手な方へのアドバイス

どんなスキルや勉強も「コツコツやる」べきものと思っていませんか?でもそれはあくまでも結果ということがよくあります。最初から「毎日何時間やるぞー」ではなく、興味本位でやっているうちに日課になるのが理想的です。この本も「1日何ページ読む」などと決めずに、「気が向いたときにページを開く」としておきましょう。

D) 英語は暗記科目だと思う方へのアドバイス

暗記は結果です。興味があるページを繰り返し読んでみたり、実際の英文でもう一度出会ったり、そんなことを繰り返しながら、気がつくと記憶に定着していたりします。「来るもの拒まず去るもの追わず」の精神で、暗記の呪縛から自分を解放してあげましょう。そうすれば本当に必要なものだけがあなたに定着していきます。

バラバラ学習のススメ

世の中にはさまざまな英語学習法がありますが、その中でも一押しは「**バラバラ学習**」です。

やり方はいたってシンプル。教材の<u>目次を見て興味があるところから読み始める</u>、あるいは<u>ページをパラパラめくって、おもしろそうなところから読んでみる</u>。ただそれだけのことです。

好きなところから始めよう
今日はココから
この本はココ

やり方はシンプルであるものの、これまでの習性が案外このやり方を阻んだりします。「勉強は最初のページからコツコツやるもの」という思い込みですね。そんなものは取り払ってしまっていいのです。

確かに算数・数学は体系的に学ぶことが必須です。一次方程式が解けない人に、二次方程式は解けません。

その点日本では緻密な教育プログラムが組まれていて、私自身、中学レベルぐらいの数学までは、少し学び直すだけで、記憶が蘇りました。体系的に学んだことはどこかをつつくだけで記憶が芋づる式に蘇るようです。

しかし、言語系はちょっと違います。

自分の母国語習得プロセスを振り返るとわかるのですが、言語の場合、とにかく好き放題、気が向くままに、言語に触れながら自然に身に着けていくのが基本です。「カ行変格活用」を知らずに「サ行変格活用」へ進めないことはありません。こういう文法はすでに日常会話で日本語がほぼ話せる状態になったあとで、「後づけ」で学んでいるだけです。

英語も同様です。アルファベットの習得、I have a pen. や I am a boy. のような基本構文の習得という入り口さえ押さえておけば、そこから先は割と自由に学んでいけます。

つまり教科書の章立てはあくまで便宜上のものであって、「冠詞の知識なくして、関係代名詞は理解不能」ということはないのです。まして英単語本

第1章
第2章
第3章
第4章
第5章
第6章
第7章
第8章

ならば、チャプター順に読まなければならない理由など、どこにもありません。

学習の動機づけは、あなた次第。学習に楽しく自分を没入させるカギは、あなたしか知らないのです。

英単語学習法のまとめ１：バラバラ学習法

効　能 ページ順に読み進める際にありがちな途中挫折の回避
適応タイプ 英語の教科書を読んでいる途中で息切れがしてしまう方など

実施手順A STEP1　目次をざっと見る
　　　　　　STEP2　目次から興味が持てたチャプターを読む
　　　　　　　　　STEP3　読み疲れた時点で速やかにページを閉じる
実施手順B STEP1　本書をペラペラと早めくりする
　　　　　　STEP2　気になったUNITから読む
　　　　　　　　　STEP3　読み疲れた時点で速やかにページを閉じる

バラバラ学習の応用形：ビブリオマンシー

バラバラ学習の応用形としてビブリオマンシーを紹介します。

biblio（本）＋ mancy（占い）で **bibliomancy**（ビブリオマンシー：本占い）です。朝いちばんに本書をパッと開いて、そのページを今日あなたの英語学習テーマとするのです。

たとえば、R の部品の UNIT を開いたときは、re（再、戻、後ろ）で始まる単語をいろいろかき集めることを今日の学習メニューにします。身近なカタカナ縛りで、レポート（**report**：報告書）、リターン（**return**：戻る、利益）、リピート（**repeat**：反復数）、医療系縛りで　**reproduction**（リプロダクション：生殖）、**relapse**（リラプス：再発する）、**respirator**（レスピレーター：人工呼吸器)のようなものを集めてみてもよいでしょう。

英単語学習法のまとめ2：ビブリオマンシー

効　能	ページ順に読み進める際にありがちな途中挫折の回避
適応タイプ	英語の教科書を読んでいる途中で息切れがしてしまう方

実施手順	STEP1	目をつぶり、本書をペラペラと早めくりする
	STEP2	早めくりを止めたところのページを読む
	STEP3	そのページに書かれたことから今日の学習テーマを決める

　発達心理学では、小学高学年から中学にかけて、子供はそれまでの「意味記憶」中心の学習から、習得した知識を運用するのに必要な「認知能力」を身につけるとされています。つまり大人同様に、知識を体系的に学んでいく下地がこのあたりから培われていきます。この点から、中学辺りから体系的な英語の文法規則を学んでいくことは、理にかなっていると言えます。また私たち大人が単語の機械的暗記が苦手なのも、このような発達心理学的視点でとらえると、至極当然なことだとわかります。

　ビブリオマンシーで好きなページを見つけたら、掲載語彙の暗記より、語彙にまつわる由来、エピソード等「知識の運用」という視点で楽しみましょう。

　さて今回の確認テストは、社会人生活になじみのある単語を集めました。仕事の中で使ってないか、思い浮かべながら考えてみてください。

問　題

❶次の単語と意味を組み合わせましょう。

① explain	② overcome	③ register	④ experience
⑤ quality	⑥ overview	⑦ approach	

A 登録する	B 経験する	C 克服する	D 説明する
E 近づく	F 概観する	G 品質	

❷次の単語と意味を組み合わせましょう。

① mention	② confidential	③ review	④ delicious
⑤ purchaser	⑥ shorten	⑦ launch	

A 買い手	B 機密の	C 批評する	D 始める
E 言及する	F おいしい	G 短くする	

A ❶①-D ②-C ③-A ④-B ⑤-G ⑥-F ⑦-E ❷①-E ②-B ③-C ④-F ⑤-A ⑥-G ⑦-D

「語彙力」を再定義してみよう

▶一般論ではなく、あなたに必要な「語彙力」を！

Q 2人のビジネスパーソンがいます。AさんはTOEIC900点を持っていて、英字新聞も読みこなします。しかし実際に英語を使う機会がまったくないため、英会話となると中学レベルの単語もなかなか口から出てきません。一方BさんのTOEICスコアはAさんの半分の450点しかありません。しかしながら、中学レベルの単語を使い倒して、ガンガン商談をこなしています。

語彙力が高いと言えるのはAさん、Bさんどちらの方でしょうか？

A 語彙力は「話す・書くときに使える」**能動語彙**と、「読むとき・聞くときの理解を助ける」**受動語彙**に分けられます。

したがって「受動語彙においてはAさんの方が高いが、能動語彙においてはBさんの方が高い」、「AさんもBさんも、置かれている状況が違うので、求められる語彙力も違うため、単純に比較はできない」というあたりがこのクイズの答えと言えるでしょう。

ところで、「日本の学生は難しい単語は知っているが、簡単な単語を使って話すことが苦手だ」という指摘を聞くことがあります。これは能動語彙に注目した評価だと言えます。一方、TOEICやTOEFL受験者が語彙力不足を嘆くとき、リーディングやリスニング問題に必要な受動語彙を想定していると考えられます。

「語彙力」と言っても、このように学習者の状況や、リスニング・リーディング・スピーキング・ライティングのどのスキルに注目しているのかによって定義が違います。
あなたが今必要としている「語彙力」とはどんなものなのか、ここで一度再定義してみましょう。

当座の目標はどのあたりにすべきか？

オープニングタスクでお話ししたように、スピーキングやライティングの発信時に**＜使いたい＞単語数と＜読めるようになりたい＞単語の数は違います**。

たとえば、**intracellular**（イントラセリュラー：細胞内の）や**specimen**（スペシメン：標本）のような単語に遭遇したとしましょう。**能動語彙を伸ばしたい**人であれば、これらの単語はスルーするか、「intracellular は要するに"細胞の中"だから、in a cell で言えたら十分だし、specimen も sample で代用すれば十分」とパラフレーズ※して、膨大な新出単語の暗記を逃れることも可能です。一方で、**受動語彙を伸ばしたい**人であれば、ゴールは「読むときに意味が浮かべば十分」なので、口からスラスラ出るほど練習する必要はありません。

> ちなみに本書はどちらかというと「読める」単語を増やすことを想定しているため、一般的な英語学習者には馴染みの薄い単語もたくさん登場しますが、「うっすら知っておけばOK」ぐらいにとらえてください。一方、能動語彙の代表でもある基本的な動詞については、第8章であつかいますので、「基本動詞を使いこなしたい」という方はそちらも参考にしてください。

●── 一刻も早く語彙力アップしたい方の目標

仕事で英語が今すぐ必要な方の場合、頭を絞ってやっと出てくる高難度語よりも、**瞬間的に頭から出てくる基礎単語を増やす必要**があります。

このように見た瞬間に意味が浮かぶ単語のことを「視認語」と言います。つまり、受動語彙の中でも、climb のように「山を登るって意味だよね」という迷いがまったくないものを指します。

たとえば、一般的なビジネスの場面では、以下のようなものが視認語のイメージに近いかもしれません（中には視認語とは言えないものもあるかもし

climb

単語を見た瞬間に
イメージが浮かぶ

視認語

れませんが、「出会う回数が増えればそのうちに視認語になるだろう」と気楽に考えてください）。

頭の体操 以下の中で、単語を見てから3秒以内に、1つ以上の意味が頭に浮かぶ単語はいくつありますか？。

① agree　② gather　③ disagree　④ fall　⑤ obesity
⑥ hate　⑦ operate　⑧ engender　⑨ envelope　⑩ signature

※　参照 **UNIT** 27・28 （p.128~）

以下がそれぞれの単語の象徴的な意味です。実際のところ、これらの単語さまざまな意味があり、その中から代表的な意味を１つ任意で選んだため、「象徴的な意味」としてあります。

→ ① agree（アグリー：同意する）② gather（ギャザー：集める）③ **disagree**（ディサグリー：異議を唱える）④ fall（フォール：落ちる）⑤ obesity（オウビーシティ：肥満）⑥ **hate**（ヘイト：嫌う）⑦ **operate**（オペレイト：操作する）⑧ **engender**（インジェンダー：引き起こす）⑨ **envelope**（エンベロウプ：封筒）⑩ **signature**（シグナチャー：サイン）

　実際には、自動詞（動く）と他動詞（動かす）のような対となる意味、前置詞を伴うのかどうかという問題、類似した他の意味など、気にしようとすればいくらでも気になります。

　しかし、視認語を増やすときは、原則１つの単語につき１つの意味が浮かぶことを優先してください。なぜならば、１つの意味が浮かぶようになれば、それ以外の意味や用法にも意識を向ける余裕が生まれるからです。たとえば「gather＝集める」が瞬間的に浮かぶようになれば、gather に「集まる」という意味があることはゆくゆく推測できるようになります。

●──語彙力アップを焦って行う理由がない方の目標

　「主語＋動詞」など基本的な語順さえ気をつければ、大方伝わるのが英語の特徴です。ですから、語彙力アップを急ぐ差し迫った理由がないならば、今は細かな文法は気にせずに、**「見たことがある単語」**を増やしていきましょう。つまり視認語の手前の状態にある単語ですね。

　たとえば sluggish という単語に遭遇したとき、「生まれて初めて見た単語だ」という A さんと、「どこかで見たことがあるように思うが、思い出せない」という B さんでは、表面的にはどちらも「意味を知らない」状態です。

　ここで、「sluggish は"のろのろした"という意味ですよ」と伝えられると、A さんなら「ああそうなんですね」、B さんなら「あ、そうだった、そうだった、なんかそんなイメージの単語だった」という反応になるでしょう。

sluggish

そして少し日を置いて、今度は slug という単語に人生初めて遭遇した A さん、B さん。しかし、すでに sluggish (のろのろした)という単語に出合った2人は、「slug とはもしかして sluggish (のろのろした)と関係する単語かな？」と推測することでしょう。そうやって slug (なめくじ、怠け者)も自分のボキャブラリーに加わっていくのです。

切羽詰まった状況にないのであれば、気長に英単語ワールドを楽しみながら、「視認語予備軍」を増やすことを意識するとよいでしょう。

英単語学習法のまとめ3：視認語トレーニング

効　能　見た瞬間に意味がわかる単語を増やすことで、読解や聴解スピードを上げる。また発信におけるスピードも上げる

適応タイプ　必要に迫られており、すぐに使える語彙を早急に増やしたい方

実施手順　**STEP1**　市販単語教材を1冊用意し、「英単語＋意味」単位で一通り眺めておく

　　　　　STEP2　用意した単語帳を開き、英単語だけが見える状態にして、その意味を思い出す←単語によっては思い出すまでに数秒、数十秒要することもあるでしょうが、「完全に忘れた」「まったく覚えていない」ということでなければ、ここでぜひがんばって思い出そうと試みてください

　　　　　STEP3　隠してあった意味と照合する

英単語学習法のまとめ4：デジャブトレーニング

効　能　完全な暗記ではないが、単語を見た際に「どこかで見たことがある(デジャブ)」感覚を引き出し、あと一歩で視認語に到達する状態を作っておく

適応タイプ　今すぐ語彙力が必要ではない方全般

実施手順　**STEP1**　単語教材を1冊用意し、英単語だけ見える状態にする(意味を隠す)

　　　　　STEP2　「今回初めて出会う単語」なのか「すでに1回以上出会っている単語」なのか思い出し、後者の場合、どんな感じの意味だったか想像する　例良い意味悪い意味どちらだったか？　例どんな英文に登場した単語だったか？　など

　　　　　STEP3　隠してあった意味と照合する

多様化する学習法

▶カードや単語帳は、あまたある学習法の1つにしか過ぎない

Q 次の単語の中で仲間外れを1つ選んでください。

A) majority（マジョリティ）　　　　B) bulk（バルク）
C) predominance（プレドミナンス）　D) generality（ジェネラリティ）
E) most（モスト）　　　　　　　　　F) minority（マイノリティ）

A カタカナで見た覚えがある単語としては、マジョリティ、バルク、モスト、マイノリティあたりだと思います。どれも人が多いか少ないかに関する単語ですね。majority（大多数）、**bulk**（大量）、**most**（最大量）は多くの人、minority（少数派）は少ない人。**predominance** は聞きなれない単語かもしれませんが、これは「数としての優勢」という意味です。pre（前もって）と dominance（支配）がドッキングして、「優越」「優勢」「支配」という意味となっています。
generality は「一般性」や「大多数」です。gener は「全体」という意味で、al は「〜に関する」なので、「全体に関すること」から「一般性」や「大多数」という意味になりました。

これらを総合しますと、minority 以外は多くの人たちを前提とした単語です。
ということで、**仲間外れは、F)の minority（少数派）**です。

あなたに合った学習法は必ず見つかる！

　オープニングクイズで多数派と少数派に関する英単語を学びました。今回は英語学習における多数派と少数派について見ていきます。

　教師や講師たちは、自分自身の過去の成功体験をベースにして教えている

ことが多いものです。彼らの多くは、膨大な努力の上に今日の自分があるので、基本的にコツコツ努力を積み上げていくような学習スタイルを奨励します。その方法にうまく適合できた方は、特に学習法で悩む必要はありません。しかしながら、この大量インプットがどうも苦手だという生徒も一定数いるのも事実です。

　この本の読者の多くの方が学校をすでに卒業された方々だとすれば、そうした学校時代に植えつけられた**多数派の学習法、正統派の学習法に縛られることはない**ということをお伝えしておきたいと思います。

　学校も、教師も、教材も、学習者の皆さんに相応の努力を意識的あるいは無意識的に期待しているのかもしれません。しかし、そういう他者の期待や、他者が推奨する方法はいったん脇に置いて、あなた自身はどういう学習法が向いているのかじっくり考えてみてほしいのです。

●──他者が提唱する学習法はあくまで参考程度に！

　学校を出てからも、社会にはさまざまな学習法が氾濫しています。未来永劫変わらない絶対的な正解はありません。一方、その時々の自分に合った正解なら、今の自分をしっかり観察しさえすれば、きっと見つかります。

　多忙なときにはそれなりの方法があります。赴任先が英語圏であったり、英語を使う職業への転職など、切羽詰まったときにもそれなりの方法があります。何ら将来英語を使う予定もなく、純粋に英語と仲良くなりたいときにもそれなりの方法があります。子育て真っ最中であれば、子供への影響も加味しながらの学習法があります。

　人は、そのときの自分に最適の学習法を見つける力を潜在的に持っています。このことは、英語に限ったことではありません。

　たとえばパーソナルトレーナーに指導してもらうと、自分では絶対挑戦し

ないような重さや回数、負荷へと誘導され、自主トレでは超えられない壁を越えることができます。でも他人から負荷を与えられながら自分を鍛えるアプローチは、プロのスポーツ選手でもない限り、いつまでも続けられるものではありません。

私も一時期パーソナルトレーナーについていましたが、やがてジムから離れ、相当ゆるゆるのメニューで自宅トレーニングをするようになりました。自分自身で選んだ方法でやっている状態が心地よいからです。

振り返ると、トレーニングを日常化するための一定期間は、ジムとトレーナーの力が必要でしたが、自分なりのトレーニングに路線変更した後、数年たった今でも続いているのですから、やはりこれが正解だったと思います。

本書の活用法

おそらく大方の読者の皆さんは、本書以外にも英語の本、英単語の教材をお持ちだと思います。本書でちょっと興味が持てた学習法が見つかったら、それらを使って一度やってみることをお勧めします。

それでも何らかの指針が欲しいという方のために、私からは2つのアドバイスを差しあげます。

1つは、**自分が面白いと感じることを優先**すること。この本でも気になるチャプターから読み始めるのでまったく構いません。

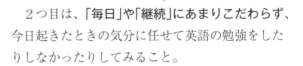

2つ目は、「**毎日**」や「**継続**」にあまりこだわらず、今日起きたときの気分に任せて英語の勉強をしたりしなかったりしてみること。

とにかく、「〜すべき」という思考で無理やり臨むのではなく、「今それをしたいか？」「今、それをすべきだと思うか？」と可能な限り正直な気持ちを聞き出してあげてください。これは英語に限らず、これから仕事であれ人生であれ、どんなことに直面しても、うまく切り抜けていく力になります。

valuable information

大量暗記型の学習に疲れる？日本人

　ところで大量インプット型学習は日本だけのものなのでしょうか？

　たとえばアメリカの大学・大学院での授業は教官が指定した書籍や論文をインプットしておかないと議論についていけません。確かにこの部分は「大量インプット」ではあるのですが、その先が少し違います。それは「指定資料を読んだうえで、自分の考えをまとめ、講義当日に活発な意見交換ができる状態にしておくこと」が求められるのです。ということで大量インプットが前提ではあるものの、そこで得た知識の運用・発信の方が海外の大学では重視されている傾向はあるようです。実は TESOL（英語教授法）でもこの傾向はあります。TESOL でカバーされる領域は、第二言語習得理論、英語4技能の教授法と教育実習、異文化コミュニケーション論、発音理論、社会言語学、談話分析、観察と評価、シラバスの作成法などさまざまですが、「単語」や「文法」という知識そのものを学ぶメニューはありません。あくまでも「知識の運用」がメインであり、膨大な読書、すなわち大量インプットはその手段に過ぎません。

　最後に、また社会人生活でなじみのある基本単語テストで締めくくりましょう。

問　題

❶次の単語と意味を組み合わせましょう。

| ① evidence | ② severe | ③ cultural | ④ luxurious |
| ⑤ positive | ⑥ negative | ⑦ neutral | |

| A ぜいたくな | B 深刻な | C 証拠 | D 中立の |
| E 否定的な | F 文化的な | G 肯定的な | |

❷次の単語と意味を組み合わせましょう。

| ① recent | ② original | ③ disclose | ④ hesitate |
| ⑤ buyer | ⑥ active | ⑦ local | |

| A もとの | B 活動的な | C 地方の | D 明らかにする |
| E ためらう | F 買い手 | G 最近の | |

❷ ①—G ②—A ③—D ④—E ⑤—F ⑥—B ⑦—C
❶ ①—C ②—B ③—F ④—A ⑤—G ⑥—E ⑦—D

Ａ

1回の体験で定着する人・しない人

Q AさんもBさんもある年の4月のTOEICスコアは300点でしたが、3か月ほぼ同じ学習時間の後に受けた試験では、Aさんは500点で200点のスコアアップ、Bさんは300点のままでした。
この差の要因として考えられることを挙げてみましょう。

A TOEICはビジネスパーソンが多く受ける英語試験で、リスニングとリーディングから構成されたマークシート方式で出題されます。

今回のワークの回答もいろいろ考えられますね。
私が企業研修で体験したケースを紹介しましょう。
Aさんにはもともと「ゆっくり読めば高い正確性を持って理解できる力」がありました。
一度目のTOEICでは問題形式やそのスピードに慣れていなかったため不本意な結果になりましたが、二度目ではテストに十分慣れた状態で臨んだため、本来の実力が発揮できました。
一方Bさんは研修時の復習テストでは良好な成績を収めたのですが、単に正解を暗記していただけでした。適切な英語学習法を知らなかったため、点数を伸ばせなかったようです。

1回の体験で伸びる人、そうでない人

いわゆる「呑み込みの早い人」や、「学習スピードの速い人」は確かに存在します。その逆もしかりです。そこにはどんな背景の違いがあるのでしょうか？ざっくりと図に表してみました。

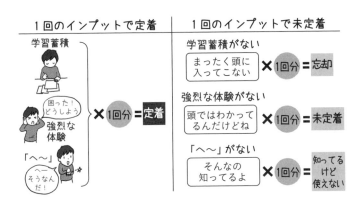

1回分のインプットで定着する人は、わずかの学習で大きく飛躍しているように見えます。しかし、こういう人たちは、実はこれまでの学習蓄積があって、たまたまブランクが長かったため、英語初級者状態に一時的に陥っているだけの可能性があります。ですからそこにちょっと刺激を与えたり、ちょっと演習を加えたりすると、**昔の記憶がどんどん蘇っていく**のですね。

「半年以内に海外赴任が決まっている」や「年内に可能な限り英語力を伸ばしておきたい」など、何か切羽詰まった体験がある人も割と少ない学習量で伸びていきます。

3つ目の可能性としては、何らかの興味のスイッチが入ったケース。なんだかわからないけど、とにかく面白くて仕方ない。好奇心の赴くままにどんどん新しい情報が吸収されていきます。

ちょっとやそっとやっただけでは伸びない人は、これら3つの要素が欠けていると考えられます。

つまり、もともとの学習習慣や学習の蓄積がない場合は、**焦らず、気長に英語とつき合っていく姿勢**がとても重要です。

切羽詰まったものが何もない場合も、気長に「面白がる」ことを続けていくことがポイントとなります。英語を義務や修行のようにとらえてしまう場合も、そこにワクワクがなく、伸びづらいのです。

間違えないでいただきたいのですが、これら両者の比較から、1回で飲み込むことがよくて、1回で消化しきれないことがダメだとお伝えしたいのではありません。実際のところ、後者のケースの方が圧倒的多数です。前者のようなケースの人が身近にいたとしても、あまり気にしないでマイペースを貫いてくださいね。

本書で英単語ワールドへの興味を開こう

　本書は学習ドリルではないので、積極的に学習体験を積み上げるには力不足かもしれません。また切羽詰まった感を第三者が煽ることも現実的には不可能です。ということで、3つ目のポイントの「**英単語ワールドへの興味**」を少しでも刺激することを狙っています。

　後でも述べますが、ドイツの心理学者エビングハウスの実験によると、私たちが学習したことは2日目には7割、1か月後には8割程度忘れるようです。つまり、今日一日、同じ単語を20回書いて翌日のテストに臨むような大急ぎの「ウサギ型」学習よりも、なんとなく本書を読みほどき、1週間後にまた読み直し、約1か月後に思い出したように読むような、緩い「カメ型」学習の方が、結果的に記憶に定着しやすいということです。

　また、アメリカの言語学者スティーブン・クラッシェンは心理面での学習効果として、「情意フィルター」という仮説を立てました。情意フィルターとは、心情的なハードルのようなもので、これが低いほど学習効率が上がるというものです。「早く覚えなくては」というプレッシャーから解放され、好奇心に従って英単語ワールドを楽しむことは、まさに「情意フィルターレベルを下げる」ことにも通じるのです。

●──それでも加速度的に英語を習得したければ…
　それでもやはり少しでも早く英語を身に着けたいという方は、自分の趣味

や関心事、あるいは仕事に関連づけて学ぶことをお勧めします。英単語でいうと、興味のある領域の語彙を手当たり次第仕込んでいくイメージですね。

英単語学習法のまとめ⑤自分だけの単語コレクション

効能　自分だけがワクワクできる単語に浸れる。好きな分野の単語なので学習も加速

適応タイプ　何かのめりこめる趣味や関心事がある人

実施手順　STEP1　自分の興味エリアを定める
STEP2　そのエリアに関する英単語をネットなどでかたっぱしからかき集める
STEP3　1人、悦に入る

例えば、風車マニアの方であれば、**horizontal windmill**（ホリゾンタル・ウィンドミル：水平風車）、**vertical windmill**（バーティカル・ウインドミル；垂直風車）、**post mill**（ポスト・ミル：柱風車）、**hollow-post mill**（ホロウ・ポスト・ミル；中空柱風車）、**tower mill**（タワー・ミル：塔風車）、**smock mill**（スモック・ミル：主柱式風車）のような単語を集めてみるのもよいでしょう。

特別に風車に興味のない人からすると、テンションも上がりようがありませんが、自分ひとりで盛り上がれるのがこの学習法の良いところです。

最後は、またも社会人単語の見直しです。

問　題

次の単語と意味を組み合わせましょう。

① inform	② brochure	③ agenda	④ summary
⑤ compliance	⑥ impress	⑦ scheme	

A 法令遵守	B 計画	C 印象づける	D 要約
E 議事	F 知らせる	G パンフレット	

A　①-F　②-G　③-E　④-D　⑤-A　⑥-C　⑦-B

パラフレーズは語彙運用力アップの鉄板

▶ 言い換えゲームで世界を広げる

Q 次の単語とほぼ同じ意味の単語を組み合わせましょう。

① instruct	② vanish	③ reimburse	④ destroy
⑤ acceleration	⑥ deceleration	⑦ improve	

A

A) upgrade	B) disappear	C) repay	D) damage
E) coach	F) slowdown	G) speedup	

正解の組み合わせは以下の通りです。

① **instruct**（インストラクト：指導する）＝ E) **coach**（コウチ：指導する）

② **vanish**（バニッシュ：消える）＝ B) **disappear**（ディサピア：消える）

③ **reimburse**（リインバース：払い戻す）＝ C) **repay**（リペイ：払い戻す）

④ **destroy**（デストロイ：破壊する）＝ D) **damage**（ダメージ：損害を与える）

⑤ **acceleration**（アクセレレイション：加速）＝ G) **speedup**（スピードアップ：加速）

⑥ **deceleration**（デセレレイション：減速）＝ F) **slowdown**（スロウダウン：減速）

⑦ **improve**（インプルーブ：改善する）＝ A) **upgrade**（アップグレイド：品質をよくする）

このように、ある英単語や英語表現をほぼ意味を変えずに、別のものに置き換えることをパラフレーズと言います。つまり言い換えですね。para(かたわらに)＋ phrase(言う)＝ **paraphrase**（パラフレーズ：別の言い方をする）となります。

パラフレーズの効能

　パラフレーズは語彙習得の特効薬でもあり、コミュニケーションの特効薬でもあります。

　1つ目の効能は、「単語を覚えなくちゃ」というプレッシャーから自分を解放できること。新しい単語に遭遇したときにリラックスして向き合えるので、結果的な記憶定着を促進します。

　たとえば、クイズの③ reimburse が新出単語だとします。覚えなくちゃ！と身構える前に、パラフレーズを思い出し、こう考えるようになります。

　「reimburse かぁ、ムズッ。あ、でもこれ、もしかして repay って言えばいいだけかぁ。じゃあ頑張って覚えることもないかも！」

　そうやって、パラフレーズを使い、その場をしのぎます。そして、reimburse を覚えられるかどうかどうかはなりゆきに任せます。でも人の脳はあまのじゃく的なところがありますから、しばしば「覚えなくていい」と言われると、かえって気になり、記憶にひっかかりやすくなるのです。

　実は私の外資系企業勤務時代、交通費精算の場面で **reimbursement**（リインバースメント：払い戻し）がよく登場しました。毎月提出するものですから、無理に覚えようとしなくても自然と覚えてしまいました。

　2つ目のメリットは、コミュニケーションのスピード改善です。

　ある会社から、英文の電子メールが溜まってしまい、コミュニケーションスピードが遅くなって困っているという相談を受けたことがありました。皆、日本語の E メールを優先的に処理しがちなので、英語の E メールはついつい後回しになってしまうのですね。こんなときにこそパラフレーズの出番です。

　先述の reimbursement であれば、「早く経費精算申請書を提出しなきゃいけないんだけど、英語でなんて言うんだっけ……」

　こういうときは、こう考えます。

　「経理部のマイクに経費精算フォームをもらわなきゃならないなぁ。経費精

算を表す"リ"で始まる英単語があったけど思い出せないなぁ。ま、エクスペンスのフォームをくれと言えば十分マイクには伝わるよな。」

　相手の外国人は常に英語を母国語としているとは限りません。もしかすると相手の方も reimbursement という単語を知らない可能性もあります。そういう場合には伝わる可能性の高い基本単語、すなわち英語学習者がだいたい使えそうな単語にパラフレーズしてみるとよいでしょう。

┃パラフレーズのポイント

●──ウェブの検索サイトを使う

　今から紙の英英辞書を買う必要はまったくありません。ウェブ上の英英辞書や、電子辞書で済ませてしまいましょう。

　検索は ┃ パラフレーズしたい英単語　thesaurus ┃ ▮と入力すると、さまざまなサイトにつながります。たとえば先述の reimbursement であれば、「reimbursement thesaurus」で検索できますね。

　thesaurus の部分は、**synonym**（シノニム：同義語）でもよいですし、英語が面倒であれば、「英英」、「同義語」などで代用できます。ちなみに **thesaurus**（シソーラス）は「知識の宝庫」という意味です。

●──微妙な意味の違いの扱い方

　たとえば、「"道を教えてあげましょう"を英語にするときは、teach ではなく show を使い、I will show you the way. と言いましょう。」というようなアドバイスを耳にしたことはありませんか？

　このように一口に「教える」といっても、teach（学問や知識を教える）、show（人前で示しながら教える）、tell（言葉で伝える）などなど、いろんな英単語がありますよね。パラフレーズして覚える際は、どのように注意すればよいのでしょうか。

　似たような意味の単語の使い分けは、中上級者であれば腕の見せ所でもあります。ライティングの際に、単語や表現の重複を避けつつ、文意を変えず

にスマートに伝えることができます。一方、そのレベルに達していない場合、類似語の違いに意識が向かい過ぎると、せっかくパラフレーズでつかんだリラックスモードがたちまち緊張モードに戻り、迅速なコミュニケーションに支障を来たしてしまうのが残念なところです。

　実際に道を尋ねてくる外国人が一番知りたいのは、「目的地までの道順」だけです。そう考えると、「道を教えてあげましょう」という表現自体、割愛して本題に進むことだってできます。したがって、パラフレーズが記憶に定着するまでの間は、類似単語の微妙な違いについては参考程度にとどめておくことをお勧めします。

英単語学習法のまとめ⑥パラフレーズ

効能　難しい単語を学習する際、自分がすでに知っている単語に置き換えることで、心理的負担を軽減する

適応タイプ　目の前に新出単語を見つけるたびに暗記のプレッシャーを感じてしまう人

実施手順　STEP1　市販の単語教材などで、まずは覚えにくそうな単語を見つける
STEP2　自分の手持ちの語彙で別の単語や表現で言えないか考える
STEP3　新出単語と"英英"、"thesaurus"、"synonym"などの組み合わせでネット検索

　ところで、日本語のホチキスは英語では stapler と言います。ホチキスは商標で一般名称ではありません。これのパラフレーズとして **tacking**（タッキング：仕つけ）、**paperclip**（ペイパークリップ：紙ばさみ）、**punch**（パンチ：穴あけ器）などが見つかりました。また、ロングマン現代英英辞典によれば、a tool used for putting staples into paper（ホチキスの針を紙に通すための道具）とあり、定義の中に staples「ホチキスの針」が登場しています。これならば潔く stapler という単語を覚えたほうがよさそうですね。

　パラフレーズがいつでも万能ではないことは知っておきましょう。

パラフレーズの発展形

▶言語枠を飛び越えよ！

Q これ（靴ベラ）は英語で何と言うでしょうか？

A 正解は **shoe horn**（シューホーン）です。

英語は数にうるさい言語ですから、靴1セットは、複数記号の s をつけるので shoes（シューズ）、靴の片方だけなら shoe（シュー）と言います。似たようなものとしてこういうものがありますね。

2つで一組の英単語

・ズボン：**trousers**（トラウザーズ）　・眼鏡：**glasses**（グラシーズ）
・ハサミ：**scissors**（シザーズ）　　　・パンプス：**pumps**（パンプス）
・（下着の）パンツ：**underpants**（アンダーパンツ）
・スリッパ：**slippers**（スリパーズ）　→かかとのついたルームシューズの他に、女性のダンス用靴も表します。いわゆるシンデレラのガラスの靴は「glass slippers」。
・タイツ：**tights**（タイツ）

これはすべて「2つで一セットですよ」という記号の s がつきます。靴ベラは片方ずつの靴に使うため s がつかず shoe horn です。horn（ホーン）は角、もしくは角状のものです。shoe horn はもともと動物の角から作られていたようです。

ところで、マッチ箱(**matchbox**：マッチボックス)や鳥かご(**birdcage**：バードケイジ)のように前の名詞が後ろの名詞を修飾している場合、マッチ箱の中にマッチ棒が10本入っていても matchbox、鳥かごの中に鳥が2羽入っていても birdcage で、matchesbox（×）や birdscage（×）にはなりません。

言語枠を超えたパラフレーズ

　さて、日本語の通じない相手に、「靴ベラ」について伝えたいけれど、英語で何と言っていいかわからないとき、あなたならどうしますか？

　言葉で伝えるのが難しいときは、言葉からちょっと離れてみましょう。もしも目の前に相手がいる状況であれば、ジェスチャーで伝えることや、現物を示すことも可能です。メールであれば、写真を見せてしまえば話が早いですよね。

　海外のツイッターを見ると、**emoticon**（エモーティコン：顔文字）はもちろんですが、アニメや動画などで、自分の感情や意思を表明していることも多々見受けられます。ですから、言葉で伝えられないときに何らかのビジュアルなものを使うのは万国共通なようです。

> **頭の体操**　これ（いわゆるセロハンテープ）を日本語のわからない外国人にどう伝えますか？
>

　日本語のセロテープは商標で、固有名詞ではないようです。英語の Scotch tape も商標ですが、「**scotch-tape**（スコッチテープ：接着テープでつける）」という動詞としても使われ、日本語のセロテープ同様、固有名詞並みに普及しているようです。

　こちらについても、英語であれこれ悩むくらいなら、現物を見せたり、画像で送ったりすれば即解決しますね。

さまざまな超パラフレーズを考えてみる

「山田さんと加藤さんは犬猿の仲です」

これを英作文以外の方法でどう伝えるか考えてみましょう。

私の場合、数式が浮かびました。こんな感じです。

例文 Mr. Yamada ＋ Mr. Kato ＝ "Battle"

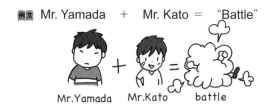

「ジミーからピアノを取ったら何も残りません」なら、こんな感じでも表現できますよね。

例文 Jimmy － piano = ZERO

「好きな曜日について100人に聞いたところ、一番人気があったのが土曜日でした。次いで多かったのが金曜日。最下位は月曜日でした。」

ビジネスコミュニケーションという想定で考えますと、こういう言語的な説明よりも以下のように数字で表現した方が好まれます。

＜What day of the week do you like best? ＞

・Saturday：55
・Friday；25
・Sunday：10
・Thursday：6
・Wednesday：3
・Tuesday：1
・Monday：0
（total：100）

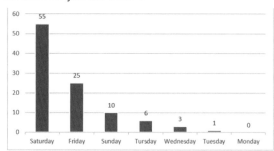

多いとか少ないとか、人気があるとかないとか、話し手の主観が入ってしまう情報よりも客観的な情報が好まれる場合には、数字だけを示して、その解釈は受け手に任せるやり方も有効ですね。

英単語学習法のまとめ⑦非言語的パラフレーズ

効　能　言語では伝わりにくいことを別の手段で柔軟に表現できるようになる
適応タイプ　日頃から感覚優先で生きている人、言語表現が苦手な人

実施手順
STEP1　「これ英語で何と言うんだろう？」というものを見つける
STEP2　辞書を使わずに、ジェスチャー、絵、図式などで、表現する
STEP3　最後に和英辞典などで正式名称をチェックする

　たとえば、「差別」って英語で何と言えばよいか気になるとしましょう。その場合、目の前に人の絵を５人書いて、１人目を指さして「OK」、２人目から４人目まで、同じように「OK」と言ったあと、最後の５人目だけを「NO」と言ってみてもよいでしょう。仕上げに和英辞典で調べると、**discrimination**（ディスクリミネイション：差別）ということがわかります。

　今回はパラフレーズの問題に挑戦してみましょう。

問　題

次の単語と似た意味の単語を組み合わせましょう。

① direct	② indirect	③ comfortable	④ uncomfortable
⑤ sincere	⑥ magnificent	⑦ common	

A）cosy	B）straightforward	C）zigzag	D）sore
E）impressive	F）ordinary		G）genuine

A　① **direct**（ダイレクト：まっすぐな）
　＝B）**straightforward**（ストレイトフォワード：まっすぐな）
② **indirect**（インダイレクト：まっすぐでない）＝C）**zigzag**（ジグザグ：ジグザグの）
③ **comfortable**（カンファタブル：快適な）　＝A）**cosy**（コウジー：居心地のよい）
④ **uncomfortable**（アンカンファタブル：不快な）＝D）**sore**（ソー：痛い、悩ましい）
⑤ **sincere**（シンシア：誠実な）＝G）**genuine**（ジェニュイン：誠実な）
⑥ **magnificent**（マグニフィセント：壮大な）
　＝E）**impressive**（インプレッシブ：印象的な）
⑦ **common**（コモン：いつもの）＝F）**ordinary**（オーディナリー：普通の）

一粒で二度おいしい
コロケーション！？

▶ 単語は単独より組み合わせでなじんでいく

> ⓠ いわゆる「産休」は英語で何と言うでしょうか？
>
> A) maternity leave　　　　　　B) pregnant holiday
> C) pregnant vacation　　　　　D) baby holiday

Ⓐ 正解は A です。**maternity leave**（マターニティ・リーブ）で「産休」「母親の育児休暇」、「父親の育児休暇」は **paternity leave**（パターニティ・リーブ）です。

英文はコロケーションの宝庫

　　maternity を「母性」、paternity を「父性」とそれぞれ単独で覚えるよりも、maternity leave, paternity leave という用語で覚えた方が、実践的である分、記憶にも定着しやすいものです。

　　クイズの他の選択肢は、ともすると言いたいことはだいたい伝わるかもしれませんが、このような言い方はほとんどされません。

　　このように、「普通、この単語とこの単語がセットで使われるよ」という組み合わせのことを**コロケーション（collocation）**と言います。

　　col が「一緒」、location が「位置」「場所」の意味なので、collocation で「単語の配置」という意味になります。

　　英単語の世界を広げたい方には、英単語単独の暗記よりも**コロケーション**

の**観察**をお勧めします。コロケーションは英文中にいくらでもあり、どこでもコロケーション探しを楽しめるからです。

　ただし、「これはコロケーションです」と明確に決められているものではありません。英語の読み手が、「この単語とこの単語はよくセットで出てくるよなぁ」と感じたら、コロケーションとして受け止めて大丈夫です。

　英語辞書の例文や用例に登場するものはコロケーションと考えてよいでしょう。たとえば研究社新英和大辞典第六版によれば、maternity の用例としてこのようなものが紹介されていました。

maternity の用例

maternity wear（マターニティ・ウエア）妊婦服
maternity benefit（マターニティ・ベネフィット）出産手当
　　→ **benefit**（ベネフィット）は、「利益」の他に「給付」、「手当」という意味もあります。
maternity hospital（マターニティ・ホスピタル）産科病院
maternity ward（マターニティ・ワード）産科病棟
　　→ **ward**（ワード）は、東京都品川区の「区」としても使われます。
maternity nurse（マターニティ・ナース）助産師
　　→ **nurse**（ナース）は「看護師」「保育士」という意味ですね。

　コロケーションで学ぶメリットは、このように、他の単語も一緒に学べてしまうことです。まさに「一粒で二度おいしい」です。

コロケーションの判断目安

　ネット上であれ紙であれ、どんな英文でもコロケーション学習の教材に早変わりします。

　「これってよくある組み合わせなのかなあ？」と気になったら、とりあえず検索エンジンにその英語表現を入れてみましょう。

　検索結果のほとんどが、単にバラバラに抜き出したものであれば、その組み合わせはコロケーションとは言えません。一方、きちんと2つの単語が並んだ形で何万件と検索できたら、コロケーションと考えてよいでしょう。

たとえば constructive discussion（コンスト
ラクティブ・ディスカッション：建設的な議論）で
検索すれば、相当な件数でヒットしますので、
delicious discussion（おいしい議論？）のよう
な組み合わせよりははるかにコロケーショ
ンとして使えることがわかります。またひ

とたびコロケーションという視点が自分の中にできると、辞書を引く際にも、
単語の意味だけでなく、その用例にも意識が向かうようになります。ちなみ
に私が愛用している研究社「新編　英和活用大辞典」にも constructive
discussion を見つけることができました。

頭の体操　次の英文からコロケーションを見つけましょう。

We have just come out with a new catalogue for the season. It includes not
only a wide selection of stationery for you to choose from, but also state-of-
the-art office equipment.

　　当社は、今シーズンの新しいカタログを作成したばかりです。いろいろ選べる当
　　社の文具だけでなく、最新の事務機器も掲載されています。

語彙解説　**come out with** ～（カムアウトウィズ：～を発表する、～を出版する）
　　　　　　stationery（ステーショナリー：文具）
　　　　　　state-of-the-art（ステイト・オブ・ジ・アート：最新の）

　この英文からコロケーションらしいものとしては、**wide selection**（ワイド
セレクション：豊富な品揃え）、state-of-the-art office **equipment**（ステイト・オブ・
ジ・アート　オフィス・エクイップメント：最新の事務機器）が考えられますね。検
索したところ、wide selection は普通にヒット、state-of-the-art equipment も
ヒットしたので、どちらもコロケーションとして考えて問題ないでしょう。

英単語学習法のまとめ8：コロケーション（受信型）

効　能 単語単独で覚えるよりも記憶に入りやすい
適応タイプ 単語単独の暗記が苦手な人

実施手順 STEP1　適宜英文を選ぶ
　　　　　　STEP2　コロケーションと思われる単語の組み合わせを見つける
　　　　　　STEP3　検索エンジンでチェックする

英単語学習法のまとめ9：コロケーション（発信型）

効　能 自分なりに考えて発信する力が身につく
適応タイプ 自分からどんどん発信していきたい人

実施手順 STEP1　自分なりに単語の組み合わせを考える
　　　　　　STEP2　その組み合わせが一般的なものか検索エンジンでチェックする
　　　　　　STEP3　検索エンジン結果を参考に、その組み合わせを使うかどうか判断する

問　題

次の表現に対応する英語表現はどれでしょうか？

① 広範な議論	② 率直な議論	③ 面白い議論	④ 冷静な議論
⑤ 実りある議論	⑥ 熱心な議論	⑦ 不毛な議論	⑧ 国内の議論
⑨ 非公式の議論	⑩ 思慮に富む議論		

A **useless**（ユースレス）discussion
B **enthusiastic**（エンスージアスティック）discussion
C **amusing**（アミュージング）discussion
D **fruitful**（フルートフル）discussion
E **frank**（フランク）discussion
F **calm**（コーム）discussion
G **extensive**（イクステンシブ）discussion
H **domestic**（ドメスティック）discussion
I **thoughtful**（ソートフル）discussion
J **informal**（インフォーマル）discussion

A ①—G ②—E ③—C ④—F ⑤—D ⑥—B ⑦—A ⑧—H ⑨—J ⑩—I

カタカナ語を活用する

▶ 業績＝パフォーマンスのようにカタカナの稼働率を上げる

Q みなさんがすでに知っている身近なカタカナで英語と思われるものを5個リストアップし、そのカタカナについて以下3つの評価項目を○△×で自己評価しましょう。（○＝問題なし、△＝やや問題あり ×＝問題あり）

> A **意味**はカタカナと英単語もほぼ同じかどうか？
> B カタカナアクセントとリアル**アクセント**はほぼ同じかどうか？
> C カタカナ発音とリアル**発音**はほぼ同じかどうか？

A 私がリストアップしたカタカナと自己評価はこんな感じです（3つだけ）。ちなみにアクセントは、発音記号内の「´（右上から左下におろした線）」がある場所、もしくはウェブ辞書の音声機能を再生して確認できます。

1. マネージャー（manager）：
   A ○カタカナも英語も、「管理職」、「グループの長」などでほぼ同じ。
   B △カタカナは「マネージャー」と平坦、英語は「マネジャー」とアクセントは違うが、文脈の中でおそらく伝わると思われる。
   C △カタカナのマネージャーでも通じると思われるが、アクセントのみ注意。

2. レストラン（restaurant）：
   A ○意味はどちらも食べるところだから問題なし。
   B ○カタカナは「レストラン」、リアル英語も「レストラント」でアクセントは同じ。
   C △英語は「レストラン<u>ト</u>」と最後に「ト」を入れるところだけ注意すればほぼOK。

3. タオル（towel）：
   A ○カタカナも英語も「タオル」「手ぬぐい」なのでほぼ同じ。
   B △カタカナは「<u>タ</u>オル」、英語は「<u>タ</u>ウォル」とアクセント場所は同じだが、発音が違うため伝わりにくい可能性あり。
   C ×カタカナは「タオル」、英語は「トウェル」と発音がまったく違うので、単独では伝わりにくい可能性あり。「cotton towel（コットン・トゥェル：木綿地のタオル）」「hand towel（ハンド・トゥェル：お手拭き）」のようになるべく他の単語とセットで使う。

カタカナ英語でもなんとか通じる！

　案外、普段使っているカタカナでなんとか英語として伝わりそうなものが多くありませんか？

　伝わりづらい例として coffee や water についても評価してみましょう。

　まず coffee から。意味はカタカナも英単語もほぼ同じで○。アクセントは「コーヒー」と「カフィ」なので×。発音もまったく違ったものに聞こえるから×。

　water の場合、意味的にはカタカナも英単語もほぼ同じなので OK。アクセントは「ウォーター」と「ワラ」でどちらも同じだけど発音が違い過ぎるので伝わる可能性は△。発音はまったく違うので×。

　ということで、コーヒーとウォーターは、カタカナ英語としては低い評価となりました。ただし、発音で通じない単語代表格のこれらの単語も、英文にしたり、他の単語と一緒に使ったり、身振り手振りなども総動員すれば、なんとか伝えられるように思います。気になる人は、「カフィ」と「ワラ」みたいな発音をちょっと意識しましょう。

●──カタカナだらけの会話は外国人にも筒抜け

　日本中にあふれているこの**カタカナを英語学習に使わない手はありません**。まずは、カタカナが持っているパワーを思い知らされた私の体験をお伝えしましょう。

　外資系企業勤務時代、外国人が混在する会議でのことです。

　その会議には日本語をまったく理解できない外国人が1人参加していて、他の数名はみな日本人だったので、会議はほぼ日本語で行われました。それなのに我々の議論にいろいろと口をはさんできたのです。

　種明かしすると、パワーポイントに示された数字や、我々の話すカタカナでだいたいの内容をつかめていたということです。たとえばこんな会話です。

137

「2018年度の売上は20億円で、2019年度の売上は＋2億円の22億円で10％増の見込みです。ただ2019年の目標はかなり強気だったためアチーブメントはマイナスとなりそうです。ただこのマイナス部分はサードクォーターでキャッチアップできる見込みです。現在各エリアマネージャーがキャッチアップのプランを作成中です。なおロジスティックスのマターとして、取引先MAメディカルからの新型PPMのシップメントがストップしていることが挙げられます。こちらもパーチェシングマネージャーが取引先にネゴシエーション中です。」

　数字部分は配布資料や投影資料を見れば一目瞭然です。取引先名や製品名もそのまま通じてしまいます。それ以外でも、以下のような単語はカタカナでも外国人は英語として聞いてくれます。参考までに、左側がカタカナのアクセント、右側カッコ内を英語のアクセントとしています。

仕事でそのまま使えるカタカナ英語

- ＋（プラス）（平坦に言う）→ **plus**（プラス：余分の）
- アチーブメント（平坦に言う）→ **achievement**（アチーブメント：達成）
- マイナス（平坦に言う）→ **minus**（マイナス：少ない）
- サードクオーター→ **the third quarter**（ザ・サード・クォーター：第三四半期）
- エリアマネージャー→ **area manager**（エリア・マネジャー：地域担当マネージャー）
- キャッチアップ→ **catch-up**（キャッチアップ：ノルマなどの遅れの取り戻し）
- プラン→ **plan**（プラン：計画）
- ロジスティクス→ **logistics**（ロウジスティクス：物流）
- マター　→ **matter**（マター：事柄）
- シップメント→ **shipment**（シップメント：出荷）
- ストップ→ **stop**（ストップ：止まる）
- パーチェシングマネージャー
  → **purchasing manager**（パーチェシング・マネジャー：購買担当マネージャー）
- ネゴシエーション→ **negotiation**（ネゴシエイション：交渉）

　カタカナがビジネス界に深く浸透していること、そして、そのカタカナのおかげで日本語を知らない外国人でも概要がつかめてしまうこと。数字は資料を見れば一目瞭然であること。固有名詞はそのまま伝わってしまうこと。こうしたことがおわかりいただけたでしょうか。

カタカナの最大活用こそ日本人最適の英語学習法

　読者の皆さんの周囲はいかがでしょうか？ 私が勤めていた医療機器業界ですらこれだけのカタカナを使っているのですから、IT業界やファッション業界など、カタカナまみれの業界は結構多いのではないかと思われます。業界用語の場合、「その用語はそのまま外国人に伝わるかどうか」も考えておけば万全ですね。

英単語学習法のまとめ 10：カタカナ ABC 評価

効　能	すでに持っているカタカナをそのまま英語力につなげる
適応タイプ	アルファベット見るだけで頭が痛くなる人
実施手順	STEP1 身近なカタカナを3個思い浮かべる

　　　　例 アップル、ドッグ、ガーデニング

　　　STEP2 3つの評価を行う（A. リアル英単語と意味は同じか？　B.アクセントは同じか？　C.発音は同じか？）

　　　　例 アップル（apple）は A ＝○、B ＝○、C ＝リアル英単語はアポーなので△
　　　　　ドッグ（dog）は A ＝○、B ＝○、C ＝△
　　　　　　　　　　　　　　　（最後のgはグと母音を入れて発音しないので）
　　　　　ガーデニングは A ＝○、B ＝リアル英語が「が」にアクセントがあるので△、
　　　　　C ＝△（最後のgはグと母音を入れて発音しないので）

　　※アクセントはウェブ辞書の音声再生機能や、グーグル翻訳に入力し読み上げさせるとできます。

　　　STEP3 評価結果を見て、×がなければ、日常会話で臆することなく使う

受動語彙の鍛え方

▶ 発信する機会がなければ、受動語彙から鍛えていく

Q 以下の単語を ABC 評価してください。

A＝読んだり聞いたりするときに意味はわかるし、口からもスムーズに出てくる
B＝読んだり聞いたりするときに意味はわかるが、口からはスムーズに出てこない
C＝読んでも意味がわからないから、聞いてもわからないし、口からも出てこない

① have	② book	③ eat	④ distribution	⑤ consensus
⑥ discussion	⑦ jurisdiction	⑧ irradiation	⑨ oxidative	⑩ metabolism

A 初級学習者でも、①〜③は読んだり聞いたりする
だけでなく話すことも可能ではないでしょうか？
　④〜⑥は、読んだり聞いたりしたときに意味は
わかるものの、実際に英語で話すとなるとちょっ
と微妙な方もいるかもしれません。
⑦〜⑩は、読んだり聞いたりするときの意味理解
も微妙。ゆえに自分が使って話すのは厳しいとい
う方も多いことでしょう。

Avada Kedavra

Balus

Abracadabra

う〜んこの呪文
イマイチ自信が
ないから使わない
でおこう…

参考までにこれらの単語の意味を記しておきます。

④ **distribution**（ディストリビューション：流通）
⑤ **consensus**（コンセンサス：同意）
⑥ **discussion**（ディスカッション：議論）
⑦ **jurisdiction**（ジュリスディクション：司法権）
⑧ **irradiation**（イレイディエイション：照射）
⑨ **oxidative**（アキシデイティブ：酸化の）
⑩ **metabolism**（メタボリズム：新陳代謝）

受動語彙と能動語彙の関係

この UNIT では、クイズで出た④〜⑥について扱います。つまり「自分から積極的に使うことはできないが、読んだり聞いたりする限りでは理解できる」単語。これを「**受動語彙**」と呼びます。一方、「自分から発信する際に使える語彙」の方を「**能動語彙**」と呼びます。「能動語彙」については次のユニットで取り扱います。

受動語彙は読解・聴解だけを担うのでわりと数は多いはずです。書籍やネットなどにあふれている英文を読み聴きする際に必要なので、守備範囲は非常に広くなります。そして、自分で使うところまでは求められないため、割と広く浅く攻めていけます。当面、英語を自分から発信する必要が

ない人には、楽しみながら受動語彙を増やしていくことをお勧めします。初出の単語も、しばらく受動語彙としてストックしていきましょう。

受動語彙を増やすと、長期的には能動語彙を増やすことにつながります。使えるレベルにない単語とはいえ、何十回も遭遇すれば、使ってみようという気持ちが生まれることもあるからです。ですから、受動語彙を増やすことは決して無駄にはなりません。

valuable information
インプット仮説

このインプット中心の学習を後押しする有名な理論があります。第二言語習得研究において著名な言語学者、南カリフォルニア大学で名誉教授を務める Stephen Krashen 氏によるインプット仮説（The input hypothesis）です。

学習者の言語能力は現在のレベルよりもわずかに高いレベルのインプットを理解したときに進歩するものであり、この理解可能なインプット（Comprehensible Input：カンプレヘンシブル・インプット）が最も大事だという仮説。現在の言語習得レベルを「i」、わずかに高いレベルを「i+1」とし、この「i+1」を含む新しい理解可能なインプットをすることによって言語習得が進んでいくというものです。

　　個人差を承知の上で区分けしてみると、こんな感じでしょうか。

自分で使えそうな能動語彙：coast（コースト：岸）、shell（シェル：貝殻）、enjoy（エンジョイ：楽しむ）、offer（オファー：提供する）、sand beach（サンド・ビーチ：砂浜）、view（ビュー：眺め）、locate（ロケイト：ある場所に置く）、surround（サラウンド：囲む）あたり。

受動語彙：**spacious**（スペイシャス：広い）、**accommodation**（アコモデイション：宿泊設備）など。

新出語彙、つまり将来の受動語彙候補としては、**pristine**（プリスティーン：原始の）、**strewn**（ストルーン：**strew**「ストルー：ばらまく」の過去分詞）、**awe-inspiring**（アウ・インスパイヤリング：壮大な）など。

受動語彙を増やすトレーニング

英単語学習法のまとめ 11：受動語彙増強トレーニング

効能 読んだり聞いたりするときに理解できる語彙を増やす

適応タイプ 当面、自分から発信する必要性がない人。読むことが好きな人

実施手順 STEP1 既存の英語教材を適宜用意する

STEP2 知らない単語が登場したら、和訳で意味チェックするか、辞書などで確認する

STEP3 「そういう単語が世の中にあるんだぁ」と受け止めて終了

このときに、「覚えなくちゃ」とか「こんな単語を知っても、実際に自分では使えない」などと悩まないこと。

たとえば、英文を読んでいるときに **mortify** という新出単語に遭遇したとします。いろいろと調べた上でこんな風に mortify に語りかけてあげます(もちろん頭の中で)。

「mortify さんこんにちは。あなたって"悔しがらせる"とか"支配する"とか、ちょっと難しい意味をお持ちなのですね。あなたの mort 部分って"死"という意味があるなんて、ちょっと怖い単語ですね。とりあえず気に留めておきますが、忘れても許しくださいね」

mortify

こんにちは
忘れても
許してね…

単語を無機質な知識として扱うよりも、こうやって丁寧に観察してあげることで、思い入れが深くなる分、記憶には残りやすくなります。

復習問題

❶次の単語と意味を組み合わせましょう。

① strew	② pristine	③ awe-inspiring	④ spacious
⑤ accommodation	⑥ surround	⑦ irradiation	

A 原始の	B 壮大な	C ばらまく	D 宿泊設備
E 広い	F 照射	G 囲む	

❷次の単語と意味を組み合わせましょう。

① distribution	② consensus	③ mortify	④ discussion
⑤ offer	⑥ metabolism	⑦ oxidative	

A 議論	B 新陳代謝	C 同意	D 提供する
E 酸化の	F 悔しがらせる	G 流通	

Ａ

❶ ①—C ②—A ③—B ④—E ⑤—D ⑥—G ⑦—F
❷ ①—G ②—C ③—F ④—A ⑤—D ⑥—B ⑦—E

能動語彙の鍛え方

▶ライフスタイルに合わせた受動語彙と能動語彙のバランス

Q 能動語彙とは、話したり書いたりする際に使える語彙のことです。前 UNIT で紹介した受動語彙（読んだり聞いたりする際に必要な語彙）と比較した場合、あなたの当面の目標はどのあたりにありますか？

A　発信する必要性がないので、当面は受動語彙だけ増やしたい
B　発信する必要があるので、能動語彙のみ増やしたい
C　能動語彙も受動語彙もほぼ同等なレベルまで引き上げたい

「使える」言葉の増やし方

それぞれの要望に対するアドバイスをこのユニットで行っていきます。

●── A　発信する必要性がないので、当面は受動語彙だけ増やしたい

英語で発信する機会がない方は、当面は受動語彙だけをインプットしていけばよいでしょう。

前 UNIT でも説明したように、受動語彙中心の学習でも、受動語彙が増えるにつれて、水面下で能動語彙も着実に増えています。ですから、受動語彙中心の学習だからといって、能動語彙がまったく増えないというわけではありません。

インプット仮説は、仮説ではありますが、理解可能範囲で少しだけ今よりレベルが高いものをインプットしていけば、着実に言語習得が進むことは人間の肌感覚で納得がいくでしょう。

●── B　発信する必要があるので、能動語彙のみ増やしたい

能動語彙定着の条件は、日々その語彙をアウトプットすることです。アウトプットから始める学習者には、非常に実践的で、試行錯誤しながら英語を身に着けていくタイプが多いです。

🏰 valuable information

アウトプット仮説

先述のインプット仮説に対して、第二言語習得の専門家 Merrill Swain 氏は「アウトプット仮説（The Output Hypothesis）」で言語習得にインプットだけでは不十分であり、アウトプットが必要であることを提唱しました。アウトプット仮説においては、インプットは言語の意味処理において主な役割を果たしているのに対して、アウトプットは言語の構文や形式の正確さに貢献する可能性があると指摘しています。キーワードは、**気づき**、**検証**、**メタ言語**の3つです。

気づき：アウトプットをすると、自分が伝えたいことと自分の能力で伝えられることとのギャップに気づき、インプットへの注意がより促されるようになる。

検　証：アウトプットの中で相手に正しく伝わったか、伝わらなかったかという反応を見ながらアウトプットの改善を進め、正しい知識を定着させていける。

メタ言語：meta は「上」という意味。英語をアウトプットすることで一段高いところから英語という言語を振り返り、学んだことを定着させられる。

●── C　能動語彙も受動語彙もほぼ同等なレベルまで引き上げたい。

本書を黙読する時間と、既存の教材の例文を音読したり、書き出したり、アウトプットの時間をほぼ同等に持つとよいでしょう。市販教材の目安としては、短文中心の会話本や、すでに知っている単語・視認語が多いものが能動語彙教材用、長文中心のリーディング本や未視認語が多いものが受動語彙学習用に使えます。

以上、あなたの性格やライフスタイルに合わせ、受動語彙と能動語彙のバランスを考えましょう。なお仮にどちらか一方の語彙に特化したからといって、片方の語彙の成長が完全に止まってしまうものではありません。ですから受動語彙と能動語彙のバランスにはそれほど神経質になる必要はありません。そもそも、クラッシェンのインプット仮説とスウェィンのアウトプット仮説はいまだ決着がついていないのですから。

能動語彙と受動語彙のバランスをとる

　オープニングタスクでも触れたとおり、今アウトプット中心で学習したいのか、インプット中心で学習したいのか、自分の気分や思いになるべく照準を合わせてやるのが一番です。
　参考までに、1つの英文から、受動語彙と能動語彙を意識的に鍛えるトレーニング法をご紹介しましょう。

英単語学習法のまとめ12：受動＆能動バランストレーニング

| 効　能 | 受動語彙は「読んでわかれば十分」、能動語彙は「使えるようになることがゴール」と、学習濃度にメリハリが出てくる |
| 適応タイプ | どの単語もすべて「覚えなくちゃ」「使えなくちゃ」と感じてしまう人 |

実施手順
STEP1　既存の英語教材を適宜用意する
STEP2　知らない単語が登場したら、和訳で意味チェックするか、辞書などで確認する
STEP3　英文の単語を1つ1つ見ながら、「これは受動語彙だからサッと読み飛ばそう」「これは能動語彙として身に着けよう」と自分なりの選別をしていく

　TOEICの模試教材をお持ちの方であれば、TOEICパート7（長文読解問題）が受動語彙と能動語彙の判別に使えます。たとえばパート7の例文

例文 Your favorite shoe store is now having a storewide sale!
　　（あなたのお気に入りの靴屋が現在、全店セールを実施しています!）

　であれば、**storewide**（ストアワイド：全店の）は受動語彙としてさらっと読み飛ばし、favorite（お気に入りの）は能動語彙として、This is my favorite book.（これが私のお気に入りの本です。）のように、**即席英作文**をしましょう。

能動語彙を鍛えるトレーニング

　1日も早く現場でガンガン英語を話したい方向けのトレーニングを紹介します。

英単語学習法のまとめ13：能動語彙特化トレーニング

効　能　臆せずに英語で話せるようになる
適応タイプ　英会話力をすぐに手に入れたい人

実施手順　STEP1　英語教材を適宜用意する。短文が多い会話系教材がお勧め
　　　　　　STEP2　英文を構成する単語の中から能動語彙を選別する
　　　　　　STEP3　能動語彙を使って、短文を頭の中で描く

　TOEICの模試教材をお持ちの方であれば、TOEICパート1（写真描写問題）とパート2（応答問題）が能動語彙、つまり読んで聞いて理解できるだけでなく、自分で話すのに使う語彙が満載です。たとえばパート2の例文を見て、

例文 Did they check the defective appliance?
　　（彼らは欠陥のあるその器具を調べましたか？）

　例文中のcheck（チェック：調べる）、**defective**（ディフェクティブ：欠陥の）、**appliance**（アプライアンス：器具）を能動語彙として取り込む際、Is this a cooking appliance?（これは調理器具ですか？）、I will check it.（私がそれを調べます）、This is a defective product.（これは欠陥品です）のように即興英作文をしてみるとよいでしょう。

エア・ティーチャー

▶英語圏の人に「英単語を使って」日本語を教えてみる

Q 英語圏の人に日本語の数字を教えるコツとして、彼らにとって馴染(なじ)みのある英単語に置き換えるといいようです。例を参考に、カッコの中にどんな英単語を入れればいいのか考えてみましょう。

A

いち（1）→ **itchy**（かゆい）		にぃ（2）→ knee（ひざ）	
さん（3）→ sun（太陽）		しぃ（4）→ she（彼女 は）	
ごー（5）→	（　　　　）	ろく（6）→	（　　　　）
しち（7）→	（　　　　）	はち（8）→	（　　　　）
きゅう（9）→	（　　　　）	じゅう（10）→	（　　　　）

ごー（5）→ go（行く）　　　　　　ろく（6）→ lock（鍵）
しち（7）→ city（都市）　　　　　はち（8）→ hatch（昇降口）
きゅう（9）→ **cue**（ビリヤードの突き棒）　じゅう（10）→ **dew**（露）

これらが絶対的正解というわけではありません。たとえば「しち」は Nana（"ナナ"という女性の名前）でもいいでしょうし、cue の代わりに **queue**（キュー：列）、「ろく」も rock（岩）にしてもいいわけです。このあたりは自由に楽しみましょう。

「"さん"は sun」と覚えても、それが 3 であることの方は忘れてしまうかもしれないので、ジェスチャーつきで教えてあげると、わかりやすいようです。たとえば、3 本指で「3」を作ってから、太陽を指す感じですね。

「教えること」が学びを加速する

　英語といえば私たちは「教わること」をイメージしがちですが、すでに知っ
ている英単語を駆使して誰かに教えることでも、英単語はモノにできます。

　ただ大人の場合、常に教える相手が見つかるとは限りません。だから「**エア・
ティーチャー**」なのです。ひとりで日本語の先生になったつもりで、教えたい
日本語になるべく発音が近い英単語を組み合わせて音声を再現するのです。
空想上のギターを弾くエア・ギターのように、空想上の指導を楽しみましょう。

　実際にやってみると、英語圏の生徒さんを想像するせいなのか、ついつい
英語ネイティブっぽい発音で話したくなります。そもそも、日本語の発音を
マスターしていない英語話者の気持ちに寄り添って教えようとすれば、発音
も彼ら寄りになるのは自然なこと。子供がふざけて「ワタシ　ワッカリマセー
ン」と外国人の真似をする、あれを大真面目にやればいいのです。

●──身近な日本語でエア・ティーチャー

　まずは家族や身近な人たちを紹介してみましょう。

　「父」や「母」はそのまま「chichi」「haha」で覚えられるでしょうが、丸暗記
がしんどそうな日本語に、以下のような記憶のきっかけをあげます。

・息子(むすこ)→ **Moscow**(マスコウ：モスクワ)
・娘(むすめ)→ moo(ムー：牛の鳴き声)+**sue**(スー：訴える)+May(メイ：5月)
・夫(おっと)→ Oh(オウ：驚きの声)+**toe**(トウ：つま先)
・妻(つま)→ too(ツー)+ma(マー：幼児語で"母ちゃん")
・祖母(そぼ)→ **sew**(ソウ：縫う)+**bow**(ボウ：弓)
・祖父(そふ)→ sew(ソウ)+who(フー：だれ)
・孫(まご)→ ma(マー)+go(ゴー)
・彼女(かのじょ)→ cut(カット：切る)+no(ノー：いいえ)+Joe(ジョウ：男性名)
・彼氏(かれし)→ cut(カット)+**ray**(レイ：光線)+she(シー)
　　cut はカタカナでは「カット」になりますが、英語ネイティブは末尾の t をほとんど省略するため
　　「カッ」と発音します。したがって、「カッノージョー」や「カッレイシー」みたいに再生されるはずです。
・友人(ゆうじん)→ you(ユー：あなた)+**jean**(ジーン：ジーンズ)
・知人(ちじん)→ **chick**(チック：ひよこ)+jean(ジーン)
　　chick はカタカナでは「チック」となりますが、英語ネイティブは末尾の ck をかなり弱く発音する
　　ので、「チッジーン」と再生されるはずです。

効　能　楽しみながら英語の語彙が増やせる
適応タイプ　英語話者の発音を真似するのが嫌いじゃない人

実施手順　STEP1　伝えたい日本語（人物）を選ぶ
　　　　　　STEP2　日本語に近くなるように、思い浮かぶ英単語を組み合わせる
　　　　　　STEP3　Google翻訳などで言語を英語設定にした上で英単語を入力。
　　　　　　　　　　音声ボタンを押して、想定通りの日本語に聞こえるか確認する。
　　　　　　　　　　あるいは自分自身で音声を再現する

Moscow. Moo sue May. Sew who. Sew bow.

このように、表現と表現の間をピリオドで区切り、表現を構成する英単語の間にも"sew who"のようにスペースを置きます。これで音声ボタン（🔊）を押すと「ムスコ（息子）、ムスメ（娘）、ソフ（祖父）、ソボ（祖母）」と言っているように

聞こえます。→ちなみに moo（ムー）は「牛の鳴き声の"モー"」、sue（スー）は「訴える」、sew（ソウ）は「縫う」、bow（ボウ）は「弓」です。

効　能　楽しみながら英語の語彙が増やせる
適応タイプ　英語話者の発音を真似するのが嫌いじゃない人

実施手順　STEP1　伝えたい日本語（食べ物）を選ぶ
　　　　　　STEP2　日本語に近くなるように、思い浮かぶ英単語を組み合わせる
　　　　（例）ざるそば→**the**（ザ：その）＋**roux**（ルー：料理に使うルー）＋**sob**（ソブ：
　　　　　　　　　　むせび泣く）＋**ah**（アー："ああ"という感嘆）
　　　　　　　　sob の b と ah がつながり「ソバー」になります。
　　　　（例）豚カツ→ **ton**（トン：重量の単位）＋**carts**（カート：荷車）の複数形
　　　　　　　　ton 以降を carts は cats にしても、それっぽく「豚カツ」に聞こえます。
　　　　　　STEP3　Google翻訳などで言語を英語設定に入力し想定した日本語
　　　　　　　　　　に聞こえるかチェック。あるいは自分自身で音声を再現する

valuable information

意図的学習・偶発的学習

　意図的学習とは、意図して知識・スキルを身につける、言ってみれば通常の学習のことです。例えば英語学習なら特定の単語や文法を意識的に覚える行為を指します。対をなすのが**偶発的学習**で、特定の学習を通して結果的に対象の知識・スキルを身につける学習のことです。たとえば、好きな原書を読んでいるうちに、自然と語彙が増えているような行為を指します。性格や適性に応じて両者のバランスを考えると、力が伸びます。少しでも単語を多く急いで覚えたい人は、意図的学習のウエイトを増やす。気長に楽しみながら単語を増やしたい人は、このエア・ティーチャーのように偶発学習のウエイトを増やしましょう。

　なお、本書の各ユニット本文は楽しく学んでいただく偶発的学習を想定し、ユニット最後に設けられた「復習クイズ」は、まさに意図的学習を想定したものです。

復習問題

❶次の単語と意味を組み合わせましょう。

① knee	② itchy	③ lock	④ hatch
⑤ cue	⑥ dew	⑦ sew	

A 露	B 縫う	C 昇降口	D ひざ
E かゆい	F 鍵	G ビリヤードの突き棒	

❷次の単語と意味を組み合わせましょう。

① bow	② roux	③ sob	④ ray
⑤ sue	⑥ queue	⑦ toe	

A 訴える	B 光線	C 列	D つま先
E 弓	F 料理に使うルー	G むせび泣く	

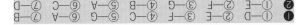

A ❶ ①—D ②—E ③—F ④—C ⑤—G ⑥—A ⑦—B
**　** ❷ ①—E ②—F ③—G ④—B ⑤—A ⑥—C ⑦—D

類義語学習

▶ 似通った単語を使い分けるコツ

Q 「話す」という意味の英単語を4個挙げてみましょう。そしてその4つの違いを考えてみましょう。

A 「話す」の意味を持つ代表的な単語といえば、say・speak・talk・tell あたりでしょうか。まず、これら4つのざっくりとしたイメージを整理しておきましょう。一言に「話す」といっても、意識をどこに置くのかで使う動詞は違ってきます。

英単語	**say**	**speak**	**talk**	**tell**
意識が置かれるところ	話す内容	発話・言語	会話	伝達・指示

say の世界 ～ 意識は「**話す内容**」

例文 She said, "I'll do it."（彼女は「私がそれをします」と言った）

例文 The papers say that there was a fire in Sapporo.
（新聞によると札幌で火事があった）

話す内容そのものをしっかり伝えたいときには say がお勧めです。相手が話した内容を再確認したいときは、What did you say?（なんと言いましたか？）。say yes（"はい"と言う）、say no（"いいえ"と言う）などは完全に話す内容に意識が向かっている例だと言えます。とにかく**発言内容をそのまま再生したいときは say** と覚えておきましょう。新聞、看板、時計、天気予報など、人以外のものが何かを示しているときにも使えます。情報源が人間以外のときも say を思い出しましょう。

speak の世界 ～意識は「**発話**」「**言語**」

例文 Do you speak Japanese?（日本語を話しますか？）

例文 Please speak more slowly.
（もっとゆっくり話してください）

コミュニケーションにおいて、話す内容よりも、発話行為や言語に意識を向けるときには speak を使います。speak Japanese を say にすると、「あなたは"日本語"と言います

か？」でちょっと変な感じがしますね。say slowly も「"slowly"という言葉を言え」という意味になってしまいます。

talk の世界　〜意識は「会話」

例文 He is talking with his team members.
（彼はチームメンバーたちと話をしている）　相手

例文 What are you talking about?（何の話をしているの？）　話題

「**会話**」の２大要素は、「相手」と「話題」です。**相手**に意識を向けるときは「talk with 人」、あるいは「talk to 人」。**話題**に意識を向けるときは、「talk about 話題」です。

tell の世界　〜意識は「伝達」「指示」

例文 He told her about an accident.（彼は彼女に事故について伝えた）　伝達

例文 Tell Emmy to come at once.（エミーにすぐ来るように言いなさい）　指示

「**伝達**」の２大要素は「相手」と「伝達内容」です。「tell 人 about 伝達内容」もしくは「tell 人 伝達内容」という形で表現します。「**指示**」の２大要素は「相手」と「指示内容」です。「tell 人 to 不定詞」という形で表現します。

類義語はまとめて覚え、使いこなす

UNIT 27・28 で紹介したパラフレーズに加えて、類義語もまとめてイメージで整理しておくと、記憶に残りやすいものです。オープニングタスクでは、身近な「話す」という意味の英単語を４つリストアップしました。ただ、ゆっくり読めば違いを理解できても、スピーディに使うとなるとちょっと立ち止まってしまいそうですね。類義語は使いこなす際のコツがあります。

●──真っ先に浮かんだ単語をまずは使う

類義語を使いこなすポイントの１つ目は、とにもかくにも、パッと浮かんだ第一語をまずは発してみることです。

「ちょっと話したいことがある」と言いたいとき、「話す」の動詞の選別に迷っている時間はありません。お互いにとって必要なことであれば、We need to talk. と言えばよいでしょう。しかしとっさの場合、I want to speak 〜、I want to say 〜、 I want to talk 〜、I want to tell 〜のどれを使っても、相手には伝わります。当然ながら、相手はその先あなたが話す内容の方に関心があるでしょうから、速やかに本題に入ればよいのです。

●──情報を加えて使いこなす

　類似する単語の使い分けに自信がないときは、なるべくさまざまな情報を加えることをお勧めします。

　たとえば「仕事を辞める」と言いたいとき、quit、resign、retire、leave などが考えられます。これらの違いをしっかり学習してから使うのもいいのですが、たいがい会話では突発的に言いたいことが浮かびますよね。そんなときは、少なくとも情報を1つ加えて使うようにしましょう。「定年退職」のニュアンスを出したければ年齢情報を加え、「辞職」のニュアンスなら、もっともらしい理由を添えます。あまり重々しく受け止められたくないときにも、ちょっとした理由などを添えるとよいでしょう。

　参考までに主な動詞を紹介しておきます。

quit?
resign?

quitの世界
・フォーマル、インフォーマル問わず広く使われている
・「やめる」軽さから「辞職」の重みまで
例文 I quit my part-time job. It was boring.
　　（バイトをやめました。退屈だったので。）
　　→ 「バイト」に加えて「It was boring.」という情報が追加され、重々しさはなくなっていますね。

resignの世界
・フォーマル寄り
・「辞職」という重み
例文 I resigned from my job.（私は辞職いたしました。）
　　→ quit より改まった感じがします。

retireの世界
・「退職」
・「今の状況」を加えると「定年退職」のニュアンスが伝わりやすくなる
例文 I retired from the company. Now I enjoy reading.
　　（会社を退職しました。今は読書を楽しんでいます。）
　　→定年退職の雰囲気が出ていますね。

leaveの世界
・「辞める」
・背景についてあまり語りたくないときに便利
例文 He left his company last year.（彼は昨年、勤務していた会社を辞めた。）
　　→定年退職なのか解雇なのか、あまり事情について深入りしたくないときに便利です。

英単語学習法のまとめ16：類義語トレーニング

効 能　類義語のおおまかな使い分けができるようになる
適応タイプ　類義語の選択で迷っている人

実施手順　STEP1　まず自分が言いたい言葉を設定する
STEP2　和英辞書やネット検索などで該当する言葉を複数集める
たとえば「約束」に該当する英単語であれば　約束　英単語　と検索すれば、複数の英単語が出てきます。
STEP3　集めた単語についてそれぞれ個性を見つける
英和辞典では、さまざまな意味が掲載されているので、一番目に挙げられている意味、あるいは各種例文からその単語の雰囲気をつかめます。

たとえば「約束」であれば、英和辞典から以下のような情報が得られ、違いを読み取ることができます。

以下は「研究社　新英和大辞典第六版」からの情報です。

promise：①約束、②契約、（I ～ you）で～≪口語≫保証する、間違いない
→こういう情報から、promise は日常生活からビジネスまで幅広く使えると推測します。

appointment：第一番目の意味が「任命」
→promise とは違ったニュアンスを推測します。すると第三番目に「（日時と場所を決めた会合・面会の）取り決め、約束、予約」とあります。つまり「人と会う約束」がメインであることがわかります。

engagement：①（会合などの）約束、金銭上の約束、②婚約、③合戦、交戦、④雇用
→ promise よりもちょっと改まった印象があります。つまり「約束」として使うときは「人と会う約束」、「お金がからむ約束」、「結婚の約束」、「雇用の約束」をイメージするとよいでしょう。

英和辞典をじっくり読むと、その単語の個性が見えてきます。「単語が持つ個性を探る情報源」という目線で英和辞典をぜひ最大活用しましょう。

ネイティブスピーカーの感覚に迫りたい方には英英辞書もお勧めです。たとえばロングマン現代英英辞典の **commitment**（コミットメント）には、a promise to do something or to behave in a particular way（何らかの行動や身のふるまい方についての約束）の次に the hard work and loyalty that someone gives to an organization, activity etc（人が組織や活動などに注ぐ勤勉さや忠実さ）があり、後者からは日本語のコミットメントがイメージできますね。

反義語学習

▶「好き」の反義語は「無関心」？

Q 「好き」の反義語となる英単語を思いつくだけ挙げてみましょう。

A 反義語はあくまでも自分の感覚で選んで構いません。たとえば「微妙」のような不明瞭なものも入れて構いません。他にもこんなものがありますね。

「嫌い」、「無関心」、「好まない」、「苦手だ」。

このタスクは自由な発想を促すことが目的なので、厳密な意味の反義語や対義語は追求しないで結構です。そこにこだわると、「好きの反義語は嫌い」という発想で止まってしまうので。

今度はこれを英語に置き換えていきましょう。
反義語を考える前に、「好き」で思いつく英単語を挙げてみましょう。like（ライク：好きだ）、love（ラブ：愛する）、「楽しむ、味わう」なら **relish**（レリッシュ）。形容詞なら **fond**（フォンド：好んで）もありますね。「好き」から思いつく行為として enjoy（エンジョイ：楽しむ）もあります。まずはこんな感じで類義語センサーを目覚めさせていきましょう。

次に反義語を考えてみましょう。定番の **dislike**（ディスライク：嫌う）や hate（ヘイト：嫌う）から、中上級レベルの語彙を目指すのであれば、**loathe**（ロウズ：ひどく嫌う）、**detest**（ディテスト：ひどく嫌う）、**abhor**（アブハー：忌み嫌う）などへ発展させることもできます。

反義語はこの世界の縮図

　親子、男女、上司部下などから保守派対リベラル派まで、この世界は対極性に満ち溢れています。自然現象すらも、昔から陰陽という考え方がありました。ですから、英単語学習において反義語について思いをめぐらすことは、この世界のしくみを俯瞰することにもつながります。

　ところで、こちらのマークをよく見かけませんか？ さまざまな名称があるようですが、「太極図」というものです。太極図は森羅万象すべてのものが陰と陽の要素によって成り立っているという考え方を表しています。ちなみに、陰が悪いもので、陽が良いものという意味ではありません。電極のプラスマイナスみたいな感じでとらえておくとよいでしょう。

　対極性にあふれている世の中ではありますが、その線引きは必ずしも明確ではありません。そのファジーさが、勾玉のような曲線に現れています。また、黒の中の白い丸は「陰中の陽」、白の中の黒丸は「陽中の陰」で、陰の中にも陽の要素は少しあるだろうし、その逆もしかりということを表しています。「嫌い嫌いも好きのうち」はさしずめ「陰中の陽」でしょうか。二極性、対極性の線引きはあいまいなのです。同義語や反義語について考えるときも、ぜひこの太極図を思い出し、自由な着想を楽しみましょう。

反義語トレーニング

　反義語を自由自在に扱えるようになるためのポイントを見ていきましょう。1つ目は先述の通り、厳密な定義を追いかけ過ぎないこと。ここにはまると、「like の反義語は dislike」で発想が止まってしまいます。
　2つ目のポイントは、否定を表す dis、un、in などの部品を活用することです。

	dis	in	un
由来	ラテン語	ラテン語	古英語
つづりの変化	なし	l の前では il b/m/p の前では im r の前では ir に変化	なし
形容詞・名詞につけたときの意味	●+形容詞＝「失わせる」 disable（ディセイブル） "できる able"を失わせるので"無能にする" ●+名詞＝「分離」 disbelief（ディスビリーフ） "信用 belief"から分離するので"不信"	●+形容詞＝「〜でない」 inaccurate（イナキュレイト） "正しい accurate"でないので"不正確な" ●+名詞＝「〜がない」・ inattention（イナテンション） "注意 attention"がないので"不注意"	●+形容詞＝「〜でない」 unhappy（アンハッピー： "幸せ happy"でないので"不幸な" ●+名詞＝「〜が無い」 uncertainty（アンサータンティ） "確かさ certainty"がないので"不確かさ"
動詞につけたときの意味	行為を解除 disarm（ディサーム：武装解除する）⇔arm（アーム：武装する） disregard（ディスリガード：無視する）⇔ regard（リガード：考慮する）	否定の意味ではなく、位置（中）の意味を副える insert（インサート：入れる）	戻す unbind（アンバインド） "結ぶ bind"を戻すので"ほどく" unwind（アンワインド） "巻く wind"を戻すので"ほどく"

　否定を表す部品もよく見るとこのような違いはあるのですが、日常的には以下のようにシンプルなペアとしてとらえておきましょう。

possible（ポシブル：可能な）　⇔ **impossible**（インポシブル：不可能な）
important（インポータント：重要な）⇔ **unimportant**（アンインポータント：重要でない）

英単語学習法のまとめ 17：反義語トレーニング　標準型

効能　英単語を見た際、反義語が思いつくようになる
適応タイプ　同義語や反義語などを使い、芋づる式に語彙力を増やしたい人

実施手順
STEP1　まず自分が言いたい言葉を設定する
STEP2　その反義語を、辞書やネット検索などで集める
　　　たとえば　| beautiful 反義語 |　と検索すれば、**ugly**（アグリー：醜い）などの複数の英単語が出てきます。ちなみに「反義語」は、「対義語」や「反意語」などに変えられます。
STEP3　反義語が見つからない場合には、notを使って切り抜ける
　　　beautiful の反義語 ugly を知らなくても not beautiful と言えば OK。

英単語学習法のまとめ 18：反義語トレーニング　部品特化型

効能	英単語を見た際、反義語が思いつくようになる
適応タイプ	同義語や反義語などを使い、芋づる式に語彙力を増やしたい人

実施手順　STEP1　否定を表す部品、in/im/un/dis を辞書で調べる
　　　　　　　STEP2　その部品を使った単語事例を確認する
　　　　　　　　　例）**unchain**（アンチェイン：解き放つ）
　　　　　　　　　　　inapplicable（イナプリカブル：適用できない）

🏰 valuable information

　本 UNIT の先にもまだまだ英語学習法は続きます。その一方で、一人の人間が実際に採用する学習法はごくわずかです。私自身も、このチャプターにある学習法をすべて毎日行っているわけではありません。私は読書が好きなので、好きな本を読みながら語彙力を増やしていく偶発型学習がメインです。意図的学習は大学受験が最後だったかもしれません。

　皆さんも、もしも今学習法について満腹状態であるならば、このあたりで別のチャプターに飛んでみましょう。

　単語学習は、学習法と実際の単語の収集と 2 本柱で構成されています。方法論ばかりやっていると、「そろそろ肝心の単語を学びたい」となるでしょうし、単語学習ばかりやっていると「これ以上もう単語は覚えられない」となります。

　途中で頭いっぱい、お腹いっぱいになることもあるかもしれません。そんなときは、速やかに本を閉じて別のことをするのも結構です。自分の英語学習遍歴を振り返ってみるのもよいでしょう。

　私の愛読書の中に、こんな一節があります。
It is always more helpful and more important to stop reading
than to continue reading.（読み続けることより読みとどまることのほうが、
　　　　　　　　　　　　　　　　いつの場合においても、より有益、より重要である）

STILLNESS SPEAKS by Eckhart Tolle Hodder and Stoughton "Introduction" より抜粋

疲れたら本書を閉じて、その余韻に浸ってみましょう。

人名放浪学習
（ファーストネーム編1）

▶ Peter や James……　聖書由来の英語の名前は多い

Q 特定の個人、地名、商品名などにつけられた名称を固有名詞と言います。以下の人名は外国語の固有名詞を由来としています。どんなものか推理してみましょう。

① 久里子亭	② 江戸川乱歩	③ 米花町	④ 久石 譲
⑤ 把瑠都凱斗	⑥ 呉田軽穂	⑦ 茶風林	

A ①久里子亭（くりすてぃ）
映画監督市川崑と妻である脚本家和田夏十、脚本家日高真也との合作名義です。監督が崇拝していたイギリスの推理作家アガサ・クリスティ（Agatha Christie）が由来です。

②江戸川乱歩（えどがわらんぽ）
大正から昭和期にかけて活躍した小説家・推理作家で、本名は平井 太郎。
アメリカの小説家エドガー・アラン・ポー（Edgar Allan Poe）に由来します。

③米花町（べいかちょう）
漫画「名探偵コナン」に登場する架空の町です。「シャーロック・ホームズ」シリーズのホームズが住むロンドンのベイカーストリート（Baker Street）が由来です。

④久石 譲（ひさいし じょう）
作曲、編曲なども手掛ける音楽家、ピアニストですね。アメリカのジャズミュージシャンのクインシー・ジョーンズ（Quincy Delight Jones II）を由来としているそうです。

⑤把瑠都凱斗（ばると　かいと）
エストニア出身の元力士で「把瑠都凱斗」は正式な四股名。本名のカイド・ホーヴェルソン（Kaido Höövelson）と、故郷エストニアに面するバルト海（Baltic sea）が由来です。

⑥呉田軽穂（くれたかるほ）
日本を代表するシンガーソングライター松任谷由美のペンネームで、ハリウッド女優グレタ・ガーボ（Greta Garbo）が由来です。

⑦茶風林
アニメ「さざえさん」の2代目・波平の声でおなじみの声優ですね。イギリスの映画俳優チャールズ・チャップリン（Charles Chaplin）が由来です。

英語の人名は聖書を当たれ！

　クイズの名前を見ると、日本語の造語力に感心してしまいますね。英語ワールドでも、固有名詞センサーを磨いておくと、新たな楽しみが生まれるかもしれません。今回は固有名詞センサーの磨き方についてご紹介します。

　昔から存在するようなスタンダードな人名の場合、聖書由来のものがかなり多いのです。以下に代表的なものを紹介しておきます。

男性名

・Adam（アダム）：創造主によって創られた最初の人間。意味は「男」
・Andrew（アンドリュー）：キリストの弟子である聖アンデレ。意味は「男らしい」
・Benjamin（ベンジャミン）：ヤコブの息子ベニヤミン。
　　意味は「右手の息子」
・Daniel（ダニエル）：ユダヤ人の預言者、聖ダニエル。
　　意味は「神は私の裁判官である」
・David（デイビッド）：古代イスラエルの王、聖ダヴィデ。
　　意味は「最愛の人」

Benjamin
"右手の息子"

・George（ジョージ）：殉教者の聖ゲオルギウス。
　　意味は「大地で働く者」
・Jacob（ジェイコブ）：イスラエル12支族の祖の父ヤコブ。
　　意味は「かかとをつかむ人」
・Joseph（ジョウセフ）：（新約聖書の）ヨセフ。意味は「神よ、子らを増したまえ」
・Luke（ルーク）：「ルカによる福音書」をあらわした聖ルカ
・Mark（マーク）：「マルコによる福音書」の聖マルコ
・Michael（マイケル）：大天使ミカエル。意味は「誰か神に似ているか」
・Matthew（マシュー）：「マタイによる福音書」の 聖マタイ。意味は「神の贈り物」
・Patrick（パトリック）：アイルランドの守護聖人。意味は「貴族」
・Paul（ポール）：首座使徒の１人とされる聖パウロ。意味は「小柄な人」
・Peter（ピーター）：首座使徒の１人とされる聖ペテロ。意味は「岩」
・Philip（フィリップ）：イエスの弟子聖フィリポ。意味は「馬を愛する者」

女性名

・Agnes（アグネス）：殉教者アグネス。意味は「貞節な」
・Barbara（バーバラ）：殉教者バルバラ。意味は「異国の」
・Carol（キャロル）：キリストの誕生を祝う賛美歌。意味は「歌」
・Elizabeth（エリザベス）：洗礼者ヨハネの母の名前。意味は「神の誓い」

♪～♬～

carol　歌

- Eve（イブ）：人類の始祖アダムの妻。意味は「命ある者」
- Rebecca（レベッカ）：旧約聖書に登場する女性名。意味は「結合」
- Madonna（マドンナ）：聖母マリア。意味は「私の貴婦人」
- Maria（マリア）：新約聖書・聖母マリア
- Margaret（マーガレット）：殉教者聖マルガレータ。意味は「真珠」
- Natalie（ナタリー）：聖ナタリア。意味は「誕生日」でクリスマスに生まれた子供につけられることがある

男性名の語尾を変えてできた女性名

　欧米、特に地中海文明に起源をもつ名前は、ほとんどが男性名であり、女性名は男性名の語尾を変えたものが多いです。

- Felicia（フェリシア）：Felix（フィーリックス）の女性形。意味は「幸運」
- Frances（フランセス）：Francis（フランシス）の女性形。意味は「フランス人」
- Jane（ジェイン）：新約聖書の聖ヨハネ（John）の女性系。意味は「神は恵み深し」
- Laura（ローラ）：Laurence（ローレンス）の女性形。意味は「月桂樹」
- Michelle（ミッシェル）：旧約聖書の大天使ミカエルのフランス語形
- Patricia（パトリシア）：Patrick（パトリック）の女性形。意味は「貴族」
- Paula（ポーラ）：Paul（ポール）の女性形。意味は「小柄な人」
- Samantha（サマンサ）：Samuel（サミュエル）の女性形。意味は「聞く人」
- Stephanie（ステファニー）：Steven（スティーヴン）の女性形。意味は「王冠」

Samuel　Samantha
聞く人

- Victoria（ヴィクトーリア）：Victor（ヴィクター）の女性形。ローマ神話のビクトリア（勝利の女神）。

　もっとも最近はこのような縛りがないため、植物や宝石など人名のリソースは多岐にわたっているようです。

人名を使ったトレーニング

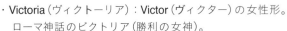

　日々のニュース、小説、あるいは TOEIC のような各種テストにおいても、人名は避けて通れません。英語の人名への免疫ができることで、意外な恩恵を受けることがあります。それは日本語にあふれているカタカナに対する免疫力も向上することです。

　英語学習を通して、さまざまな英語の人名や固有名詞に慣れておくと、「あ

あ、このカタカナはあれを語源としているのかな？」と推測できるようになり、カタカナアレルギーが緩和されます。

　マンションやアパート名からいろいろ想像を膨らませることも可能です。たとえば「ベルメゾン」を見れば「大家さんは鈴木さんかな？（bell ＝鈴）」、「シーダーハウス」を見れば、「大家さんは杉山さんかな？（杉＝ **cedar** はシーダと読みます）」などといろいろ推測を楽しめますね。

英単語学習法のまとめ 19：人名トレーニング

効　能	英文中の人名に当たるのが楽しくなる
適応タイプ	外国人の名前がなかなか覚えられない人

実施手順	STEP1	英文を読んでいて気になる英語の人名を選ぶ
	STEP2	英和辞典などで人名を調べる

辞書に掲載されていないような特殊な名前はネットで調べましょう。

STEP3　ネット上で、同じ名前の著名人を探してみる

　たとえば、アメリカ第46代大統領ジョー・バイデンを調べてみましょう。ジョー・バイデンは短縮した呼び名で、正式には Joseph Robinette Biden Jr. と言います。この Joseph（聖書のヨセフ）から、やはり欧米人のファーストネームに聖書の登場人物がよく使われていることがわかります。

　ちなみに真ん中の Robinette はミドルネームと呼ばれているもので、キリスト教の洗礼名や先祖の名前、旧姓などを意味します。ジョー・バイデンのように省略されることもあれば、同国第43代大統領ジョージ・W・ブッシュ（George Walker Bush）のようにイニシャルで表記されたり、俳優のブラッド・ピット（William Bradley Pitt）のように通称として用いられる場合もあるようです。

人名放浪学習
(ファーストネーム編2)

▶ 固有名詞がわかるとニュースもドラマももっと面白い

Q 次の名前は、ギリシャ・ローマ神話がベースになっています。適切なものをつなげてください。

A
① ロッテ「バッカス Bacchus」　② 明和地所グループ「クリオ Clio」
③ トヨタ「ガイア Gaia」　④ 日産「シルビア Silvia」
⑤ マツダ「タイタン Titan」

A 大地の女神　　B　酒の神　　C　美しい女神。「森」という意味
D 大力の巨人族の一人　　　　E 歴史をつかさどる神

①—B　バッカス(Bacchus)は製菓メーカーのロッテが秋冬限定で販売するチョコレートの名称です。チョコレートの中にコニャックが内包されていて、口の中でコニャックの香りが広がります。ローマ神話に出てくるお酒と豊穣の神がその由来です。

②—E　クリオ(Clio)は、明和地所グループのマンションブランドで、ギリシャ神話に登場する歴史を司る女神が由来です。

③—A　ガイア(Gaia)は、かつてトヨタ自動車が製造・販売していたミニバン型の自動車です。ギリシャ神話に登場する大地の女神をイメージしているのでしょう。

④—C　シルビア(Silvia)は日産自動車より発売された自動車で、名前の由来はギリシャ神話に出てくる狩りの女神。その名の通り流麗な外観が特徴でした。

⑤—D　タイタン(Titan)はマツダが販売する小型および中型トラックです。巨人タイタンは力強さの象徴です。

ギリシャ・ローマ神話は古代ギリシャ民族やローマ人が生み出した神話・伝説のことで、そこにはたくさんの神々が登場します。現代でも、多くの名称の由来にもなっています。

意味がわかるとおもしろい

　前回に引き続き人名について見ていきましょう。英語圏の人名は聖書由来のものが多いのですが、最近はもっと自由に命名されているようです。

男性の名前でよく使われるもの

・Adolf（アドルフ）：「高貴な狼」
・Albert（アルバート）：「高貴な」「輝かしい」
・Anthony（アンソニー）：イタリアの守護聖人の一人
　　例 Anthony Hopkins（アンソニー・ホプキンズ）：イギリスの俳優
・Bruce（ブルース）：「泥の荒れ地」
　　例 Bruce Willis（ブルース・ウィルス）：アメリカの俳優
・Carl（カール）：「男」
・Charles（チャールズ）：「男」
　　例 Prince Charles（プリンス・チャールズ）：英国の皇太子
・Damian（デイミアン）：「調教者」
・Edward（エドワード）：「富」「守護神」

Edward 富

・Elvis（エルヴィス）：「全知の」
　　例 Elvis Presley（エルビス・プレスリー）：アメリカの歌手・映画俳優
・Eric（エリック）：「立派な支配者」
・Felix（フェリックス）：「幸福」「幸運」
・Franklin（フランクリン）：「自由土地保有者」
　　例 Franklin Roosevelt（フランクリン・ルーズベルト）：アメリカの大統領
・Frederick（フレデリック）：「平和」「支配者」
・Gilbert（ギルバート）：「輝かしい誓い」
・Gregory（グレゴリー）：「用心深い」
　　例 Gregory Peck（グレゴリー・ペック）：「ローマの休日」で有名なハリウッド俳優
・Jason（ジェイソン）：「治療する人」
　　例 Jason David Danielson（ジェイソン・デイビッド・ダニエルソン）は、
　　　　日本のお笑いタレント「厚切りジェイソン」の本名
・Leonardo（レオナード）：「ライオンのように強い」
　　例 Leonardo DiCaprio（レオナルド・ディカプリオ）：アメリカの俳優
・Martin（マーティン）：ローマ神話の戦いの神「マルス」

Jason 治療する人

　　例 Martin Luther King, Jr.（マーチン・ルーサー・キング・ジュニア）：
　　　　アメリカの牧師、公民権運動の指導者

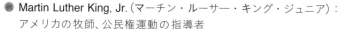

165

- Oliver（オリヴァー）：「オリーブ」
  - 例 Oliver Stone（オリバー・ストーン）：映画「プラトーン」で有名な映画監督
- Oscar（オスカー）：「神」と「槍」
- Victor（ヴィクター）：ラテン語で「勝利、優勝者」
- Warren（ウォーレン）：「囲い」
  - 例 Warren Buffett（ウォーレン・バフェット）：アメリカの投資家・経営者

女性の名前でよく使われるもの

美しさを表す、花や宝石を名前にしている例が多くあります。

- Daisy（デイジー）：「ヒナギク」
  - 例 アメリカ映画「ドライビング Miss デイジー』（原題：Driving Miss Daisy）は、老齢のユダヤ系デイジー未亡人とアフリカ系運転手の物語
- Holly（ホリー）：「ヒイラギ」
- Lily（リリー）：「百合」
- Olivia（オリヴィア）：「オリーブ」
  - 例 Olivia Munn(オリビア・マン)アメリカの女優。代表作は『アイアンマン2』、『X-MEN：アポカリプス』、『ザ・プレデター』など
- Violet（ヴァイオレット）：「スミレ」
- Crystal（クリスタル）：「水晶」
- Jade（ジェイド）：「翡翠」
- Opal（オパール）：「オパール」
- Pearl（パール）：「真珠」
- Ruby（ルビー）：「ルビー」
- Godiva（ゴダイヴァ）：「神の贈り物」
  - →「ゴディバ」はベルギーのチョコレートメーカー。
- Linda（リンダ）：「かわいい」
- Lucille（ルーシール）：「光」
- Matilda（マティルダ）：「力の戦い」
- Scarlet（スカーレット）：「深紅色」
- 例 Scarlett Johansson(スカーレット・ヨハンソン)：アメリカの女優。日本が舞台となった「ロスト・イン・トランスレーション」に出演
- Tiffany（ティファニー）：「薄い絹織物」
  - →ティファニー（Tiffany & Co.)は、有名な宝飾品ブランドですね。
- Whitney（ホイットニー）：「白い島」
  - 例 Whitney Houston（ホイットニー・ヒューストン）：アメリカの歌手、女優

Linda かわいい

英単語学習法のまとめ 20：人名トレーニング

効　能　人名と一般名詞を連携させて覚えられる
適応タイプ　外国人の名前がなかなか覚えられない人

実施手順　STEP1　英文を読んでいて気になる英語の人名を選ぶ
　　　　　STEP2　英和辞典などで人名を調べる
　　　　　STEP3　調べた人名が一般名詞として辞書に載っていないか確認

名前は大文字ですが、一般名詞は小文字で始まります。たとえば人名のDaisy（デイジー）を調べたら、同時に小文字のdaisy（ヒナギク）もチェックしましょう。

復 習 問 題

次の単語と意味を組み合わせましょう。

① daisy	② lily	③ crystal	④ violet
⑤ pearl	⑥ jade	⑦ holly	

A 水晶	B 翡翠	C 真珠	
D ヒイラギ	E ヒナギク	F スミレ	G 百合

A　●①—E　②—G　③—A　④—F　⑤—C　⑥—B　⑦—D

人名放浪学習（苗字編）

▶ 苗字から相手の出自が見えてくる

Q MacDonald（マクドナルド）、MacArthur（マカーサー）、MacKenzie（マケンジー）などの Mac とはどういう意味でしょうか。

A）〜の親　　　B）〜の隣人　　　C）〜の息子　　　D）〜の祖先

A 正解は C) です。姓の Mac や Mc は <u>son of</u>（〜の息子）という意味です。<u>アイルランド</u>やスコットランド系の姓に見られます。McCormick（マコーミック）なら、Cormick の息子という感じですね。O' Brien（オブライエン）、O' Connor（オコーナー）などのように、O'も「〜の息子」という意味です。

鉄の女と言われたイギリス首相 Margaret Thatcher（マーガレット・サッチャー）の苗字 Thatcher の **thatch**（サッチ）は「かやぶき屋根」を意味するので、thatcher（サッチャー）はさしずめ屋根屋さん。
また、以前の取引先に **Fisher**（フィッシャー）さんがいましたが、こちらも fisher は「漁師」の意味ですから、ご先祖様はそういうお仕事をされていたのかなぁと想像できますね。
以前勤務していた外資系企業には **Brown**（ブラウン）さんが何人もいましたが、髪の毛や皮膚の色に由来しているようです。

職業を由来とする苗字

　オープニングクイズのように、苗字から職業、住んでいるところ、体の特徴などいろいろ推測できるのが英語の苗字の面白いところですね。ビジネスパーソンであれば、名刺交換の際に、ぜひ相手の名前をよく見てみましょう。その名前から、相手の出身国や出自などもわかりますし、それを話題に盛り上がることも可能です。

　英和辞書などで調べる際は、ぜひ大文字と小文字の両方をチェックしましょう。大文字は苗字や名前、小文字は一般名詞なので、一度に両方マスターできます。

・Baker（ベーカー）：「パン職人」
　　例 Josephine Baker（ジョセフィン・ベイカー）：アメリカの歌手
・Carter（カーター）：「御者」
　　例 Jimmy Carter（ジミー・カーター）：アメリカの第39代大統領
・Clark（クラーク）：「聖職者」
　　例 William Smith Clark（ウィリアム・スミス・クラーク）：
　アメリカ人の教育者。現北海道大学初代教頭。「Boys,
　be ambitious（少年よ、大志を抱け）」で知られています。
・Cook（クック）：「料理人」。
　　例 Captain Cook（キャプン・クック）：イギリスの探険家、
　　　ジェームズ・クック（James Cook）の通称
・Miller（ミラー）：「粉屋」
　　例 Ann Miller（アン・ミラー）：アメリカの映画女優
・Parker（パーカー）：「庭師」
　　例 Charlie Parker（チャーリー・パーカー）：アメリカのジャズミュージシャン
・Smith（スミス）：「鍛冶屋」。 例 Adam Smith（アダム・スミス）：イギリスの経済学者。
　「An Inquiry into The Nature and Causes of the Wealth of Nations（国富論）」などを著しました。
・Stewart（スチュワート）：「執事（steward）」
　　例 Rod Stewart（ロッド・スチュワート）：スコットランド系のイギリスのミュージシャン
・Taylor（テイラー）：「服の仕立人（tailor）」
　　例 Elizabeth Taylor（エリザベス・テーラー）：イギリス出身のハリウッド女優
・Turner（ターナー）：「旋盤工」
・Wright（ライト）：「大工」 例 The Wright Brothers（ライト兄弟）：人類初の発動機つき飛行機による飛行に成功

執事のsteward から

Stewart

苗字から父親の名前を推測する

「〜の息子」という意味で末尾に son がつきます。あるいは頭に Mac/Mc/O' などがついているときも同様に「〜の息子」という意味になります。

- Anderson（アンダーソン）：「アンダーの息子」
  - 例 Marian Anderson（マリアン・アンダーソン）：アメリカの黒人女性歌手
- Jackson（ジャクソン）：「ジャックの息子」
  - 例 Michael Jackson（マイケル・ジャクソン）：アメリカの音楽家
    ビートルズ、エルビス・プレスリーに次いで最も売れた音楽家として知られています。
- Johnson（ジョンソン）：「ジョンの息子」
  - 例 Johnson & Johnson（ジョンソンエンドジョンソン）：ジョンソン兄弟によって創立されたアメリカに本社を置く医薬品・衛生製品メーカー
- MacDonald（マクドナルド）：「ドナルドの息子」
- McDonald（マクドナルド）：「ドナルドの息子」
  - 例 McDonald's（マクドナルドズ）：全世界展開をするハンバーガーチェーン店
- MacArthur（マカーサー）：「アーサーの息子」
  - 例 Douglas MacArthur（ダグラス・マカーサー）：アメリカの陸軍元帥。日本占領連合国軍最高司令官
- O'Connor（オウコーナー）：「コーナーの息子」
- O'Brien（オブライアン）：「ブライアンの息子」
- O'Hara（オウハラ）：「ハラの息子」。 例 Scarlett O'Hara（スカーレット・オウハラ）：マーガレット・ミッチェルの長編小説『風と共に去りぬ』の主人公
- Peterson（ピーターソン）：「ピーターの息子」
- Robinson（ロビンソン）：「ロビンの息子」
- Thompson（トンプソン）：「トーマスの息子」
- Watson（ワトソン）：「ワット（ウォルター）の息子」
  - 例 Dr. Watson（ワトソン博士）：推理小説「シャーロックホームズ」に登場する医師
- Wilson（ウィルソン）：「ウィル」の息子

苗字から容姿を推測

髪の毛や肌の色がそのまま苗字になっているケースも見受けられます。

・Brown（ブラウン）：「髪や肌が茶色い」。 Charlie Brown
（チャーリー・ブラウン）：マンガ『スヌーピーとチャーリー・
ブラウン』の主人公

・Gray（グレイ）：「髪が灰色」

・Long（ロング）：「背が高い」

・Russell（ラッセル）：「髪や顔が赤い」

・Young（ヤング）：「若い」。

　Edward Young（エドワード・ヤング）：イギリスの詩人

・White（ホワイト）；「肌が白い」。

　　Gilbert White（ギルバート・ホワイト）：イギリスの牧師・博物学者

Brown　髪や肌が茶色い

英単語学習法のまとめ 21：人名トレーニング（漢字編）

効能　自分の名前をネタに会話を膨らませられる
適応タイプ　初対面の外国人と何を話したらよいかわからない人

実施手順　STEP1　自分の名前からどんな英語が浮かぶか考える

STEP2　「This kanji means "_____"」の空欄に入る単語を考える

たとえば洋さんなら、名刺交換したり、漢字を見せることができる状況であれば、
This kanji means "ocean".（この漢字は「海洋」という意味です）と言ってみましょ
う。

STEP3　著名な日本人や身近な日本人の名前でもやってみる

「櫻井翔」であれば、漢字を見せながらこんな感じで説明できますね。

「櫻」→ This kanji means "cherry blossom".

「井」→ This kanji means "a well".

「翔」→ This kanji means "jump".

このトレーニングは、「ネイティブであればこう言う」という絶対的正解がないため、
自分の感性で自由に英作文ができます。

復習問題

次の単語と意味を組み合わせましょう。

① cherry blossom	② well	③ carter	④ miller
⑤ thatch		⑥ smith	⑦ wright

A 鍛冶屋	B 大工	C 井戸	D 桜	E 御者	F かやぶき屋根	G 粉屋

 ❶　①—D　②—C　③—E　④—G　⑤—F　⑥—A　⑦—B

読書で語彙増強

▶ 好きな本に浸りながら語彙力アップ。偶発的学習の究極形

Q あなたは何のために読書をしますか？いろいろ自由に考えてみましょう。

A 読書の目的はいろいろですね。「情報収集のため」、「教養のため」、「純粋な娯楽として」、「この時代をどう生きていけばよいか指針を得るため」などなど。今回は「語彙力増強のための読書」について見ていきましょう。

洋書を「読む」ハードルを越える

　洋書を読むのはハードルが高いイメージがあります。ハードルの１つ目は**ページ数**。ここをクリアするコツがあります。それは Amazon などの洋書販売サイトで「summary」で洋書検索すること。多くの場合、「ペーパーバック 94 ページ」のような通常の洋書よりも薄い本が見つかります。

　２つ目のハードルは内容です。ここをクリアするにはまず「翻訳されている原書」を探すこと。日本語訳されている外国人の本、もしくは英訳されている日本語の本を探し、翻訳版と原書を両方入手します。最初に日本語版を通読してから英語版へ進めば、頭の中に入っている内容を頼りに英文を手繰っていく感じで読み進められますね。

　洋書を読む際に、大まかな方向性を決めておくとよいでしょう。「内容を味わう」のであれば、知らない単語をいちいちチェックせず、すでに頭の中

にある翻訳版の内容の助けを借りながら、「こんな感じのことを言っているのかな？」と推測を楽しみます。一方「語彙力増強」を目的とするのであれば、片っ端から知らない単語を調べていきましょう。

　目的を１つに絞り込むことをおすすめします。

●──語彙力増強におススメの2冊

●SUMMARY of 21 Lessons for the 21st Century　by Yuval Noah Harari（ONEHOUR READS）

　サマリー（要約）なのでページ数は 100 ページ以内でボリューム面でのハードルは比較的低いです。内容のハードルは、日本語版「21 Lessons：21 世紀の人類のための 21 の思考」（ユヴァル・ノア・ハラリ著　柴田裕之訳　河出書房新社）を事前に読めば克服できます。サマリーは各章２〜３ページ程度に収まっているので、１日１章と決めておけば、１〜２か月で読み終えることも可能です。21 章すべて読んでもよいですし、ざっと目次を見て興味のある章だけを読んでもよいでしょう。

　従来の価値観、ビジネス形態、社会体制などが大転換中のこの時代にあたって、生きていくヒント満載のベストセラーです。読者の皆さんが共通して興味を持つのは、おそらく Chapter 15 Ignorance と Chapter 19 Education あたり。語彙力増強を目指すということは、いろんなことを知りたい気持ちの現れであり、一方で **Ignorance**（イグノランス：無知）とはどういうことなのかも合わせて知っておきたくなることでしょう。

　以下 Chapter 15　Ignorance からの抜粋です。

・Individual thinking is an illusion because it is societal and collective thinking that thrives.

・We only rely on knowledge from other people because we do not know much.

(SUMMARY of 21 Lessons for the 21st Century　by Yuval Noah Harari　ONEHOUR READS　p.54)

「個人の思考は幻想である。なぜならばこの世は社会や集団としての思考でできているのだから」「我々はほとんど何も知らない。他者の知識を拠り所としているだけである」

individual（インディビジュアル：個人の）、**illusion**（イルージョン：幻想）、**societal**（ソサイエタル：社会の）、**collective**（コレクティブ：集団の）、**thrive**（スライブ：繁栄する）、**rely on**（リライオン：あてにする）、**knowledge**（ナリッジ：知識）

次に Chapter 19 Education からの抜粋です。

・Is the current educational system in tandem with our present realities and those of the near future?

・Flexibility will become a huge survival skill.

（同上 64ページより抜粋）

「現行の教育システムは我々の現状や近未来と連携がとれているか？」「柔軟性が決定的なサバイバルスキルになるだろう」

educational（エデュケーショナル：教育の）、**in tandem with**（インタンデムウィズ：連携して）、**present**（プリゼント：現在の）、**huge**（ヒュージ：巨大な）、**issue**（イシュー：課題）

● The Inugami Clan A novel by Seishi Yokomizo Translated by Yumiko Yamazaki（Stone Bridge Press）

おなじみ横溝正史の「犬神家の一族」です。有名な一節を日英比較します。

「ひとつ…犬神家の全財産ならびに全事業の相続権を意味する、犬神家の三種の家宝、斧、琴、菊はつぎの条件のもとに野々宮珠世に譲られるものとす」

電子書籍版 犬神家の一族 横溝正史著 角川文庫より抜粋

Article One. I give and bequeath the three heirlooms of the Inugami clan – the ax, zither, and chrysanthemum – which signify the right to inherit all my property and any business enterprise owned or controlled by me, to Tamayo Nonomiya, subject to the conditions set forth in the following articles.

The Inugami Clan A novel by Seishi Yokomizo Translated by Yumiko Yamazaki（Stone Bridge Press）p.55

語彙増強

article（アーティクル：条文）、**bequeath**（ビクイーズ：遺贈する）、**heirloom**（エアルーム：家宝）、**ax**（アクス：斧）、**zither**（ジザー：チターという弦楽器）、**chrysanthemum**（クリサンセマム：菊）、**signify**（シグニファイ：意味する）、**inherit**（インヘリット：継承する）、**property**（プロパティ：財産）、**enterprise**（エンタプライズ：事業）、**subject to**（サブジェクトトゥ：条件として）、**set forth**（セットフォース：述べる）

valuable information

学習性無力感（Learned helplessness：ラーンド・ヘルプレスネス）

　学習性無力感とは、長期にわたってストレスの回避困難な環境に置かれた人や動物がその状況から逃れようとしなくなる現象です。サーカスの象が、細いロープ1本で繋がれているだけなのに逃げ出さない話は有名ですね。子象のころに太くて頑丈な鎖に繋がれていたために、象はあきらめることを学習したのだと言えます。「自分は暗記が苦手」というのも、学校時代に本人が望まないテストを受けさせられ、その結果に無力感を植えつけられたのかもしれません。無力感の背景がわかればもう怖くありません。「暗記」のプレッシャーを手放して、本書を楽しく読み進めていき、どれか1つでも学習法を実践してみましょう。

僕には
ムリ…

英単語学習法のまとめ22：読書を通しての語彙増強

効　能　読書を楽しみながら語彙力アップ
適応タイプ　単語を単独で覚えていくのが苦手な人

実施手順　STEP1　読んでみたい洋書を選ぶ
　　　　　　　STEP2　日本語版があればそれを先に読むか、同時進行で読む
　　　　　　　STEP3　新出単語は「内容を味わいたい」ときは可能な限りスルーし、
　　　　　　　　　　　「語彙力アップ」を狙うときは可能な限り調べる

黙読と音読

Q 英文を読む際「黙読」と「音読」がありますが、それぞれの長所・短所を考えてみましょう。

A 黙読と音読をそれぞれの項目で評価してみました。

	黙読	音読
熟考を促す	○	△
会話力につなげる	×	○
受動語彙の増強	○	○
能動語彙の増強	×	○
情報処理量	○	△

黙読　　　音読

やり方次第でこの評価は変わるので、
あくまでも参考程度としてください。

熟考を促す　じっくり考えながら読むには黙読のほうが適しています。音読では、自分の声が熟考の邪魔してしまいます。本書は矢継ぎ早に単語や英文が登場し、それらを暗記するようにはできていないので、黙読している人が多いと思われます。

会話力につなげる　実際に話す力を身に着けたいのであれば、声に出す練習は不可欠です。黙読で知っているつもりになっても、それが口から出るのかどうかは別です。

受動語彙の増強　「話したり書いたりはできないが、読むときには理解できる語彙」を増やすには黙読が適しています。音読でも身に着けられますが、声に出す分時間がかかり、黙読ほど量をこなすことはできません。

能動語彙の増強　「話したり書いたりするときに必要な語彙」を増やすには実際に声を出す音読に軍配が上がります。ただし、1回ではなく、適宜くりかえす必要があります。

情報処理量　英語を使う目的が情報収集の場合、黙読が適しています。情報収集ではある程度の情報量と理解精度が求められ、声に出す作業は邪魔になるからです。

英文における情報の流れ

　黙読であれ音読であれ、英文を読むときには、情報の流れを意識することが大切です。

　私たちは古い情報は忘れやすく、入れたばかりの新しい情報は比較的記憶に残りやすいものです。英文は多くの場合、私たちのこうした記憶メカニズムに適した流れに沿っています。つまり、忘れる心配の少ないものはなるべく文頭に、忘れてもらっては困る情報ほどなるべく文末に集中するようになっています。

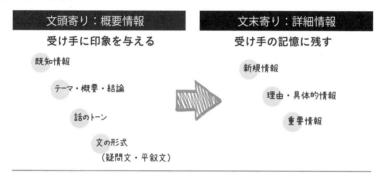

文頭寄り：概要情報	文末寄り：詳細情報
受け手に印象を与える	受け手の記憶に残す
既知情報	新規情報
テーマ・概要・結論	理由・具体的情報
話のトーン	重要情報
文の形式 （疑問文・平叙文）	

　文頭に集中するのは、読者や聞き手の記憶の負担にならない情報。具体的には古い情報、すでに知っている情報、ざっくりとした話のトーン、ざっくりとした結論、文の形式などが来ます。

　文末には、読者や聞き手に覚えてもらいたい情報が来ます。新しい情報、具体的な情報（日時、場所など）、結論を裏づける詳細などを語り、受け手の記憶に残すのです。

頭の体操　次の英文の下線部の場所の違いを観察しましょう。そこにはどんなニュアンスの違いがあるのでしょうか。

A　Please pick him up at the hotel at noon.

B　Please pick up Mr.Yamada at the hotel at noon.

下線部の場所を比較すると、him は up の左、Mr. Yamada は up の右に置かれていますね。

　先ほど、古い情報はなるべく文頭寄り、新しい情報は文末寄りに置かれることを確認しました。A の場合、him という代名詞なので、これはすでに会話の当事者間では誰のことなのかわかっている「**既知情報**」となります。したがって少しでも文頭寄りに置こうという心理が働きます。一方、B の場合、Mr.Yamada は**新規に登場する情報**なので、可能な限り文末に近いところに置いて相手への記憶を促したいという心理が働きます。

　この心理の違いが、up の左右の場所の違いに出ています。ちなみに、at the hotel も at noon も具体的な情報なので、文末に置かれていますね。

黙読から音読へ

　黙読は「より観察的」、音読は「より体感的」にすることがポイントです。

　たとえば先述の情報の流れについては、黙読の場合、文頭を見ながら概要を把握し、末尾で詳細まで理解できていることを観察するために、左から右へゆっくりと目を動かしていきます。一方、音読の場合、概要的な情報が集中している文頭は少し早めに読み、詳細情報が集中する後半へ行くほどにスピードを落として、そのスピードの違いを体感します。

頭の体操 次の英文を情報の流れを意識しながら、黙読、音読してみましょう。

Our company will hold a worldwide marketing seminar at the Coronet Hotel on May 30th.

　文頭の Our company will hold あたりまでは概要的情報なので、黙読も音読もスピーディにできますね。一方、文末の場所と時の情報は、記憶しておく必要があるので、読むスピードを遅くするのがポイントです。

英単語学習法のまとめ 23：黙読トレーニング

効　能	黙読の際、出だし・中盤・終盤とメリハリができ、注意が逸れない
適応タイプ	英文の黙読の途中で集中力に欠けてしまう人

実施手順
STEP1　適宜英文を選ぶ　(和訳がついているものが望ましい)
STEP2　文頭の副詞や主語＋動詞など、概要的な情報を確認できる程度のスピードで黙読し、文末に行くにつれてスピードを落とす
STEP3　読み終わったあと、具体的な情報が記憶に残っていることを確認する。また新出単語(受動語彙)も確認しておく

　例えば、以下のような英文であれば、文頭から「新製品入荷がテーマ」と知るために少し早めに黙読し、「製品の種類」である women's sandals with cork and wooden heels で少しスピードを落とし、さらに具体的金額の話である文末の only $18.88, making the 2nd pair only $ 9.44!! は数字を記憶に残すイメージでさらにスピードを落として黙読しましょう。

例文　Even new arrivals such as women's sandals with cork and wooden heels start at only $18.88, making the 2nd pair only $9.44!!
　　　　(コルクヒールやウッドヒールの婦人用サンダルなどの新製品でもたったの18.88ドルからあり、2足目はたったの9.44ドルになります！)

英単語学習法のまとめ 24：音読トレーニング

効　能	音読する際、出だし・中盤・終盤とメリハリがつき、注意が逸れない
適応タイプ	英文の音読の途中で集中力に欠けてしまう人

実施手順
STEP1　適宜英文を選ぶ　(和訳がついているものが望ましい)
STEP2　文頭の副詞や主語＋動詞など、概要的な情報を確認できる程度のスピードで音読し、文末に行くにつれて、スピードを落とす
STEP3　読み終わったあと、具体的な情報が記憶に残っていることを確認する。また、新出単語(能動語彙)の確認もしておく

ごろ寝で語呂語呂

▶ 気楽な学習スタイルで英語学習のハードルを下げる

Q それぞれの英単語に合致する意味を選びましょう。

① turnip	② mackerel	③ mugwort	④ persimmon
⑤ saury	⑥ burdock	⑦ spinach	

Aよもぎ	Bかぶ	Cほうれんそう	Dさんま	Eごぼう	F柿	Gさば

A 正解　①＝B　②＝G　③＝A　④＝F　⑤＝D　⑥＝E　⑦＝C

ごろ寝学習のすすめ

　ごろ寝学習で、勉強のハードルを一気に下げてしまいましょう！

　家でテレビを観ながらでも、気になる言葉が出てきたら電子辞書やスマホでチェック。洗剤のCMを見て 　洗剤　英語　 とネット検索すれば、**detergent**（ディタージェント）という答えが出てきます。

　コツはとにかくまじめにやらないこと。ドラマに集中したければCMのときだけ英単語チェックをすれば、長いCMタイムも苦痛でなくなります。　腰痛　英語　 で **lumbago**（ランベイゴ）や **lower-back pain**（ロワーバックペイン）、　自動車保険　英語　 で **automobile insurance**（アートモビルインシュアランス）というように「英語で何と言うのかな？」と気になる度に調べてみましょう。手元に調べるツールがないときは、メモするか心に留めて

おくだけでも OK。「英語でなんて言うんだろう」という好奇心を少し引きずってから調べると記憶に残りやすいですから。相撲取りが敢えて食事を1日2回に限定するのに似ています。食欲マックスの状態で食べるから太れるんですね。英単語も「渇望」しているときに調べてあげると定着力が上がります。

第1章

第2章

第3章

第4章

第5章

第6章

第7章

第8章

英単語学習法のまとめ 25：ごろ寝で語彙力アップ

効　能	テレビを観ながら語彙力アップ
適応タイプ	遊びやリラックスモードの中で英単語を身につけたい人

実施手順	STEP1	テレビやネット動画で日本語の番組やCMを観る
	STEP2	「英語でなんて言うのかな？」と気になる単語があったら、その都度あるいはあとで電子辞書の和英機能やネットで調べる

※上級者であれば、英語の番組や動画で、英語字幕をオンにして視聴。新出単語や表現に遭遇したらその都度あるいはあとで調べましょう。

※ポイントは一度調べたからといって暗記しようと思わないこと。「さっき調べたのに忘れちゃった」という体験を繰り返すうちに、いずれ記憶化されていきます。

語呂遊びを楽しむ

　オープニングクイズで扱ったような、つづりの比較的短いものや日常的な単語は、記憶に残りにくいものです。医学用語などはつづりが長くても「oto（耳）+ laryngo（喉頭）+ logy（学問）= **otolaryngology**（オトラリンゴロジー：耳鼻咽喉科）」のように分析が可能ですが、日常用語だとそれも難しそうです。

　そういう「覚えにくく、これ以上分析しようのない単語」には語呂を使ってみましょう。

　語呂を作るときは「意味部分」と「発音部分」の要素を入れるのがポイントです。「運命（意味部分）ですってね（発音部分）」で「**destiny**（デスティニー：運命」という要領です。ちなみに語呂やだじゃれは英語で **pun**（パン）と言います。

では、オープニングクイズに登場した英単語を語呂に
してみましょう。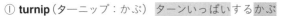が発音部分、　　　　が意味部分
です。おっさん気分で楽しんでください。

① **turnip**（ターニップ：かぶ）ターンいっぱいするかぶ
② **mackerel**（マカレル：さば）さばが水をまかれる
③ **mugwort**（マグワート：よもぎ）マグわーっと落とすよも
ぎちゃん
④ **persimmon**（パーシモン：柿）ぱーす（財布）マム（ママ）にあげる柿子さん
⑤ **saury**（サウリー：さんま）さんまがさうりーと謝る
⑥ **burdock**（バードック：ごぼう）バー、ドッグが咥えていた。よく見るとごぼう
⑦ **spinach**（スピニッチ：ほうれんそう）すっぴんにっチークだけ塗るほうれんそう
子さん

サバが水を【まかれる】
mackerel

他にもいろいろ作ってみましょう。

abalone（アバローニ：あわび）あわび欲しさにあばれる浪人
sea urchin（シーアーチン：うに）うにのしうち
scallop（スカロップ：ほたて）くじひきでスカ6本のほたて君
gourd（ゴード：ひょうたん）ゴッドにひょうたん献上
ecdysis（エクダサス：脱皮）ぬけがらへ管刺す
crow（クロウ：からす）苦労するからす

英単語学習法のまとめ26：語呂で語彙増強

効　能　新出単語の語呂を考えている間に記憶化される
適応タイプ　語呂を考えるのが好きな人

実施手順　STEP1　覚えにくそうな新出単語を用意　例**cucumber**、**pomegranate**
　　　　　　　STEP2　発音から語呂を考える　例キューカンバー、パーマグラナト
　　　　　　　STEP3　英単語の発音と意味が入った語呂を完成させる
　　　　　　　　例旧看板に書かれたきゅうり
　　　　　　　　　　パーマぐらいならと美容院へ行ってザクロのような髪型に

英単語学習法のまとめ27：雑学補充

効　能　単語に関する雑学を調べることで、単調な暗記を知的興奮につなげる

適応タイプ　雑学が好きな人

実施手順　**STEP1**　覚えにくそうな新出単語を用意　**例** cucumber、pomegranate
　　　　　STEP2　英和辞典から単語にまつわる情報を得る
　　　　　　例 cucumber：as cool as a cucumber ＝落ち着きはらって、冷静で
　　　　　　　pomegranate：pomme（リンゴ）＋ granate（種の多い）

（ジーニアス英和大辞典）

　　　　　STEP3　広辞苑などから単語にまつわる情報を得る
　　　　　　例 きゅうり：原産地は東インド。旧約聖書の民数記にもその名が登場する植物
　　　　　　　ざくろ：日本へは平安時代に渡来した。根は漢方でサナダムシの駆除薬に使う

（精選版　日本国語大辞典）

🏰 valuable information

「マズローの欲求段階説」

　「学び」は自己実現のための１つのアプローチと考えられます。この自己実現において、「マズローの欲求段階説」という有名な理論があります。アメリカの心理学者アブラハム・マズローが、「人間は自己実現に向かって絶えず成長する」と仮定し、人間の欲求を５段階の階層で理論化したものです。

　第１段階：生理的欲求（Physiological needs）〜「食欲」「排泄欲」「睡眠欲」など、生きていくために必要な、基本的・本能的な欲求です。第２段階：安全の欲求（Safety needs）〜安心・安全な暮らしへの欲求を指します。第３段階：社会的欲求（Social / Love and belonging needs）〜友人や家庭、会社から受け入れられたい欲求で、「愛情と所属の欲求」あるいは「帰属の欲求」とも言われています。第４段階：承認の欲求（Esteem needs）〜「出世欲」など、他者から尊敬されたい、認められたいと願う欲求を指します。この前段階の「帰属の欲求」が満たされると、今度はその帰属する組織での評価が欲しくなり、承認欲求へと発展します。第５段階：自己実現欲求（Self-actualization needs）〜自分の世界観・人生観に基づいて、「あるべき自分」になりたいと願う欲求を指します。

　英語なしでも生きていける日本では、学習仲間との出会い（社会的欲求）、自信の獲得（承認の欲求）、飽くなき自己探求（自己実現欲求）あたりがモチベーションになるのではないでしょうか。

Self-actualization	自己実現欲求
Esteem	承認の欲求
Social	社会的欲求
Safty	安全の欲求
Physiological	生理的欲求

42

タウンウォッチング

▶書を捨てよ、町へ出よう

Q 「天地無用」という言葉があります。英語ではどれが該当しますか?

A) No heaven and no earth　　　B) This side up
C) Not useful　　　　　　　　　D) Please turn the box upside down.

A 「天地」とは、荷物などの上部と下部という意味です。「無用」とは「してはならないこと」です。「問答無用」とは、あれこれ問答しても役立たないことを言いますね。

さて「天地無用」とは配達の用語で、上下逆さまにしたり傾けたりしてはいけないという意味です。宅配便などの外側に書き記してあります。これの英語表記として適切なものはどれでしょうか?

「上下逆さまにしてはいけない」ということは、「こちらの面を上にして」という意味でもあるので、B) This side up が正解です。ちなみに D)は真逆で、「箱をひっくり返してください」という意味です。

今回は、私たちの生活にあふれているさまざまな英語表現について見ていきます。

日本にいながらにして英語ウォッチングができる

　自分の中の「英語の窓」が開くと、あらゆるところに英語学習のネタを見つけることができます。

　たとえば、今私はデスクでパソコンのキーボードをたたいています。脇に目をやると、ホチキスの針の箱を見つけました。箱の表には「STAPLES　ホ

チキス針」と書かれてあります。これで **staples**（ステイプルズ：ホチキスの針）という英単語を学習できました。さらにパソコンの隣に目をやると、日本製のお茶のペットボトルがありました。「more tasty, more affordable.」「SOFT DRINK」と書かれてあります。ここから **tasty**（テイスティ：おいしい）、**affordable**（アフォーダブル：値段が手ごろな）という語彙が学べます。

さらに家の中をうろついていますと、ドッグフードの袋にも英語で「WEIGHT CONTROL/SENIOR」と書かれてあります。わが家の犬は太り気味の中年であることが、**weight control**（ウエイト・コントロウル：体重のコントロール）、**senior**（シーニア：年上の）という単語からわかりますね。

自宅内でもいろいろな英語に触れられるのですから、町内を散歩したり、街に出たらもっといろいろな英語に出会えることでしょう。

英語を探して小さな旅にでかけよう

スマホ片手に街に出てみましょう。そして面白い英語の看板を見つけたら写真を撮っておきましょう。

英単語学習法のまとめ28：タウンウォッチング

効 能	生きた英語が学べる
適応タイプ	家の中でじっと勉強するより外に出たい人

実施手順
STEP1　スマホあるいはデジカメを持って街を歩く
STEP2　英語の看板や表記を見つけたら写真を撮る

撮影禁止の場所などはNG。
くれぐれも怪しい人と間違われないように注意して。

STEP3　撮影した英文で不明な箇所は適宜辞書などで調べる

例えば駅のプラットホームで「Stand behind the yellow line.（黄色い線の後ろにお下がりください）」のような英文を見かけます。同じような内容がアナウンスされていることもありますから、構内放送にも耳を傾けてみましょう。

観光地の神社などの本堂には「Please remove your shoes.（靴を脱いでお上がりください）」という注意書きが見られることもあります。

英単語学習法のまとめ 29：タウンウォッチング

効　能　生きた英語が学べる
適応タイプ　実際に使われている英語について学びたい人

実施手順　STEP1　スマホやパソコンで画像検索をする
たとえば　立ち入り禁止　英語　🔍 で画像検索をすると「DO NOT ENTER」や「NO ENTRY」など実際の標識の写真がたくさん出てきます。
STEP2　検索結果で不明な箇所は適宜辞書などで調べる

●──略書き文体

広告文、指示文やメモ書きでは、さまざまな表現要素が省略されます。具体的には冠詞、代名詞、be 動詞、前置詞などです。私たちを悩ます冠詞やら前置詞が省略されるのですから、街の広告文や指示文は英語学習者フレンドリーと言えますね。

たとえばこんな感じです。

Cars wanted for cash（即金で車買い取り）
→ We buy cars for cash.（当社では現金で車を買い取ります）
Keep right（右側通行）→ Please keep to the right.（右側を通行してください）
Batteries not included（バッテリーは別）
→Batteries are not included.（バッテリーは含まれておりません）
Easy to clean（簡単洗浄）→　This is easy to clean.（これは洗浄が簡単です）
Danger（危険）→ Don't touch this. It's dangerous.（触らないでください。危険です）
Job needed urgently（至急仕事求む）
→ I need a job urgently.（私は緊急で仕事を必要としています）

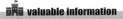 **valuable information**

今の気分を大切に

英語学習は食事に似たところがあります。

「今日はカレーが食べたい気分だ」「今日は何かあっさりしたものが食べたい」

これと同じ感覚で、その時々の気分で、読むページを選んだり、学習法を選んだりしてみましょう。

食事と言えば、「甘いものを止めたい」「カロリー抑えたいのに…」という悩みはよくあります。「やせたいなら食べなきゃいいじゃん」で済むならこんなに悩みません（涙）。そこで、引き算がダメなら足し算で攻めてみます。たとえば、しばらく玄米を食べてみる。するとなぜか、脂っこいものが食べたくなくなります。頼まれてもいないのに、野菜中心のおかずが欲しくなります。つまり「自分を変えなきゃ」じゃなく、勝手に好みが変わっていくんですね。

英語学習にも、こうした「意外な足し算」を投入すると、何か自分の中で化学変化が起こるかもしれません。たとえば大好きな洋画を観ていて、どうしても気になる単語が出てきたとき、「調べなくちゃ」ではなく、「知りたくてたまらない」と新しい単語を調べてしまうかもしれません。「ビジネスパーソンだからビジネス英語がんばらなくちゃ」ではなく、TED[※]などで、かっこいいと思う人のプレゼンを観ていたら、「この人の言い回し自分も使ってみたい」という気持ちが自然と湧き起こるかもしれません。

一日数分程度でいいのです。「今、これやってみたい気分」、「今はやりたくない気分」と感じる練習をしていきましょう。「英語＝努力してナンボ」の呪縛から、今度こそ自由になりましょう！まずはこの本を練習台に使ってみてください！

※ TED（テド）：アメリカ合衆国のニューヨーク市に本部がある有限責任会社 Technology Entertainment Design の略称。大規模な世界的講演会 TED Talks は、ネットを通じて行なわれている動画の無料配信プロジェクトのこと。

メンタルレキシコン

▶ 辞書への依存度を下げる

Q 私たちの頭の中には、たくさんの日本語の単語が入っています。そして巷の辞書にもたくさんの日本語の単語が掲載されています。
そんな私たちの頭と辞書の違いは何でしょうか？

A 1つ目の違いは、私たちの頭の中にある単語は、辞書のようにアルファベット順に並んでいないこと。このことを踏まえておけば、アルファベット順に単語が並んである教材を使う際、順番通りに学ぶだけでなく、興味のある単語をアトランダムに学ぶこともできますね（繰り返しになりますが、本書も同様に、好きなところからバラバラに読んでまったく問題ありません）。

2つ目の違いは、私たちが頭の中に入れる語彙数は、辞書のように固定されていないこと。もともとの収録語彙数の多さでは辞書に負けますが、柔軟かつ貪欲に新しい語彙を取り込んでいける点で、私たちの頭の方に軍配が上がるでしょう。興味がある単語に片っ端から手をつけていってもよいでしょう。

3つ目の違いは、辞書は収録された語彙が勝手に減ることはないけれど、私たちの頭の中にある語彙は消えていくこともあることです。つまり、いつも使う語彙が優先的に残り、ほとんど使わない語彙は忘れていくのです。
ここにAI時代を生きていくヒントがあります。情報をひたすら取り込んでいくのであれば、AIは無限にやってくれることでしょう。私たち人間がすべきことは、そこから本当に重要な情報だけを嗅ぎ取る「嗅覚」を磨くことだと思います。語彙を増やすことだけを考えず、ときにはどんどん断捨離して、頭をスッキリさせることも必要です。抱えている語彙や情報をあえて抑制することで、逆にそれらの理解の深さが増すことも考えられます。

メンタルレキシコンはなぜ重要か？

　教養のある英語話者の場合、数万語の語彙を習得しているそうです。こうした心の中の語彙を、「**心的辞書**」すなわち**メンタルレキシコン**（mental lexicon）と言います。

mental lexicon

mental（メンタル）は「心の」、lexicon（レキシコン）は「辞書」です。lexico- は「辞書」に関連した部品で、**lexicology**（レキシカロジー）なら「語彙論」、**lexicography**（レキシコグラフィー）なら「辞書編集」を意味します。lexicon の仲間として、**dictionary**（ディクショナリー：辞書）、**glossary**（グロサリー：用語解説）、**thesaurus**（シソーラス：類語辞典）などがあります。

　オープニングクイズで確認したように、私たちの頭は辞書のようにはいきません。このことをまず日々の学習で認識しておきましょう。

　メンタルレキシコンを意識すると、もっとも覚えやすい方法を選択するようになります。たとえば **nomenclature**（ノウメンクレイチュア：用語法、命名法、専門用語、学術用語、名称、学名）という単語をメンタルレキシコンに取り込みたいとしましょう。

　まずこの単語の聞きなれない「ノウメンクレイチュア」という発音が第一関門かもしれません。ネット辞書の発音を聞いたり、**google** 翻訳上で発音を聞いたりしてみましょう。

　またメンタルレキシコンには、こうした発音や意味の他にも、つづり、例文などの情報も合わさって蓄えられているとされています。たとえばジーニアス英和大辞典には **binomial nomenclature**（バイノウミアル・ノウメンクレイチュア：2名法）という用例が出ています。2名法とは動植物の名前を属と種の形式で示す方法です。ネットで検索すると、**chemical nomenclature**（ケミカル・ノウメンクラチュア：化学命名法）のようなものも見つかります。こうしたことから私たちの身の回りの学術用語の根底には何らかの命名法があること

がわかります。

　仕上げに英英辞典でこの言葉のイメージを感覚的にとらえてみます。ロングマン現代英英辞典には「a system naming things, especially in science（特に科学における命名システム）」とあります。

　こうやって１つの単語をいろいろと調べているうちに、nomenclature はメンタルレキシコン化していきます。

メンタルレキシコンを構築し、辞書と距離をとる

　「自分の中に、自分なりのメンタルレキシコンが存在している」と自覚を持つことで、英文と格闘するときも、英語を発信するときも辞書が欠かせない状態から一歩前進できます。初級学習者にとっては良き親、良き教師となりうる辞書ですが、一人の成人として、英語で情報収集を行い、英語で発信していくことを考えると、自分自身の中にも、ある程度指針となるようなメンタルレキシコンを持つ必要があります。

　日常の学習でメンタルレキシコンを鍛える学習法を紹介します。

英単語学習法のまとめ30：メンタルレキシコン増強トレーニング

効　能　辞書への依存度を低下させ、自分自身の心的辞書（メンタルレキシコン）を構築し、語彙の運用性を上げる

適応タイプ　頻繁な辞書の利用から抜け出したい人

実施手順　STEP1　調べたい単語を特定する
　　　　　　　STEP2　その単語をABC評価し、評価に合わせて、学習密度を調整する
　　　　　　　A：かなりメンタルレキシコン化されている
　　　　　　　（つづり、発音、意味、用法などがわかる）
　　　　　　　→　あともう一歩なので、複数の例文を調べ、自分がその単語を使っているシーンをイメージする。
　　　　　　　B：メンタルレキシコン化として弱い（意味がわかる程度）
　　　　　　　→　つづりが複雑な場合には、辞書の語源説明などを確認する。ウェブや辞書の音声機能を使い、正しい発音も確認しておく。

C：まったくメンタルレキシコン化されていない

　　（意味もわからない）

　　　→　新出単語にあまり多くのことを求めてしまうと、結局覚えられないので、この段階では、その単語と意味だけを確認するにとどめておく。

英単語学習法のまとめ31：メンタルレキシコン増強トレーニング（発展編）

効　能	すでに知っている単語がより一層記憶に残りやすくなる
適応タイプ	既知語であっても、記憶に自信がなく、ついつい辞書で調べなおす人

実施手順	**STEP1**	すでに知っている単語や調べたい単語を特定する
	STEP2	その単語の類語（**synonym**：シノニム）や反義語（**antonym**：アントニム）をチェック。「調べたい単語＋類義語」、「調べたい単語＋反義語」などで検索できます。

　単独での記憶があいまいな単語も、類語や反意語などを動員することで、印象が深くなり、記憶定着が促進されます。

復　習　問　題

次の単語と意味を組み合わせましょう。

① lexicology	② glossary	③ nomenclature	④ synonym
⑤ chemical	⑥ thesaurus	⑦ antonym	

A 類語	B 用語解説	C反義語	D化学の
E 命名法	F 類語辞典	G 語彙論	

A ①-G ②-B ③-E ④-A ⑤-D ⑥-F ⑦-C

初頭効果と終末効果

▶ 飽きっぽくても、偏らず学べる

Q ❶ 次の文を3秒で、戻らずに読んでください。

> Aさんは感情の起伏が激しく、怒りっぽくて、嫉妬深く、積極的、社交家、常に前向きな人である。

今読んだ文に戻らずに、Aさんを一言で表現するならどんな人か言ってみましょう。

＊＊＊＊＊＊＊＊＊＊＊＊＊＊＊＊＊＊＊＊＊＊＊＊＊＊

❷ 次の文を3秒で、戻らずに読んでください。

> Bさんは常に前向き、社交家、積極的、嫉妬深く、怒りっぽくて、感情の起伏が激しい人である。

今読んだ文に戻らずに、Bさんを一言で表現するならどんな人か言ってみましょう。

A 両問は、たくさんの情報が並んでいるときに、どの場所にあるものを優先的に選ぶかをテストしています。ここに「正解」はありません。

最初にある情報を優先的に選ぶタイプであれば、Aさんにはネガティブな印象、Bさんにはポジティブな印象を持つでしょう。

一方、最後の情報が頭に残ってしまうタイプであれば、Aさんにはポジティブ、Bさんにはネガティブなイメージを持つでしょう。

終わりと始め、どこの情報が印象に残るのか

　オープニングタスクのように、前半寄りの(最初に与えられた)情報が印象に残る傾向を**初頭効果**(**primary effect**：プライマリー・エフェクト)、後半寄りの(最後に提示された)情報が印象に残る傾向を**終末効果**(**recency effect**：リーセンシー：エフェクト)と言います。

　この考えはマーケティングなどでも使われますが、英語学習でも有効です。

●──英単語教材における初頭効果と終末効果

　英単語教材の多くはアルファベット順に編集されています。したがって、学習者はA→B→C→Dという順番で単語学習を展開します。それなりのボリュームがあって途中挫折した場合は、またAから順に学習していくことになるでしょう。この結果、アルファベット前半の単語が優先的に記憶化されるものの、ボリュームゾーンであるR、S、Tなどの語彙量が不足気味になる可能性があります。これが初頭効果のイメージです。

　一方、U、V、W、X、Y、Zの単語に限って割と記憶に残りやすい場合もあります。アルファベット終盤戦で、記憶的には新しい情報であるため記憶に残りやすいと考えられます。こちらは終末効果と言えますね。

　　※本書がパラパラ読みを推奨するのも、この初頭効果・終末効果寄りの学習を脱却していただくことが狙いです。

　まずは、自分が初頭効果寄りなのか、終末効果寄りなのか、傾向を知ることで、バランスを調整していきましょう。

英単語学習法のまとめ32：初頭効果・終末効果バランス調整

効　能　所有語彙のバランスが改善される
適応タイプ　単語学習に飽きやすく、アルファベット前半の単語ばかり学習してしまっている人

実施手順　STEP1　既存のアルファベット順に編集されている単語帳を用意する
　　　　　　 STEP2　ZからY→X→W→V→Uと逆にページを眺めていく。あるいはアルファベットのボリュームゾーンである、R、S、Tから眺める
　　　　　　 STEP3　ある程度学習したら、いつも通りにAから学習を再開する

●──学習タイミングにおける初頭効果と終末効果

　たとえば、2時間のまとまった学習があるとしましょう。この2時間を、ずっと同じ集中力で学習することは難しいものです（図A）。

　最初ははりきっているので、集中力は良好。しかし途中から徐々に集中力は低下し、終盤戦は意識散漫になります。そこで、「あとこれをやったら休憩しよう」と休憩時間がその先にあるとわかると、最後はちょっとだけ集中力を取り戻してがんばったりします。

　これは研修でもよくあるパターンですね。受講者の中にウトウトしている人が出てきたときに、「あと、この問題やったら休憩にしますので、これだけ頑張りましょう」と私たち講師は檄を飛ばしたりします。

　できれば、この集中力良好な時間帯を増やしたいところ。そこで初頭効果と終末効果の出番です。

　始めと終わりに集中力の山があり、中盤戦は集中力の谷になることを念頭に置くと、こんな感じの学習時間が理想的です。（図B）

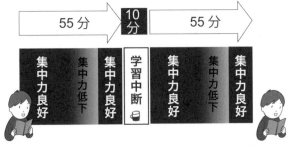

　図Aに対して、図Bは、トータルの学習時間は10分減っています。しかしそのため、学習時間が前半と後半に分かれ、前半の序盤（初頭効果）、前半

194

の終盤（終末効果）、後半の序盤（初頭効果）、後半の終盤（終末効果）と、集中力良好なブロックが2倍になっています。

並列情報との付き合い方

英単語学習でよくあるのが、「単語を並列的に学ぶこと」です。たとえば **repeat**（リピート：繰り返す）の類語を探すと、say again、do again、echo、reiterate、restate、iterate、rehearse、recap、recite、parrot、redo などいろいろと見つかります。これをそのまま並列情報として扱うと、前半に登場する比較的平易な say again, do again ばかりが印象に残り、reiterate や restate をはじめとする新出語彙は「REで始まる単語がぞろぞろ並んでいる」ぐらいのざっくりとした認識で終わってしまう可能性があります。

そこで先ほど学習時間を2分割したように、これらの並列情報も分割してみます。

`身近な英語やカタカナ英語` say again, do again、**rehearse**（リハース：繰り返して言う）
`比ゆ的な用法` **echo**（エコー：反響する→こだまのようにそっくり繰り返す）、**parrot**（パロット：オウム→オウムのように機械的に繰り返す）
`類似ペア` **reiterate**（リイテレイト：重ねて言う）、**iterate**（イテレイト：繰り返して言う）
`身近な動詞に接頭辞reをつけたもの` **restate**（リステイト：再び述べる）、**redo**（リドゥ：再びする）
`その他` **recap**（リキャップ：要約する）、**recite**（リサイト：暗唱する）

こうすると初頭効果や終末効果は分散され、それぞれの単語に意識を均等に向けることが可能になります。

復 習 問 題

次の単語と意味を組み合わせましょう。

① primary	② recency	③ parrot	④ echo
⑤ recap	⑥ iterate	⑦ recite	

A 繰り返して言う	B 暗唱する	C 最新であること	D 反響する
E 要約する	F オウム	G 最初の	

①—G ②—C ③—F ④—A ⑤—E ⑥—D ⑦—B

195

オンセットとライム

▶ 韻を踏め。音を楽しめ

Q 次の英文のカッコ内に入るものを A から G の中から選びましょう。

① A hungry man is an (　　　　) man.
② A friend in need is a friend (　　　　).
③ Genius is one percent inspiration and ninety-nine percent (　　　　).
④ Haste makes (　　　　).
⑤ intel (　　　　)
⑥ No pain, no (　　　　).
⑦ Thank (　　　　) for 7-Eleven

A) perspiration	B) inside	C) Heaven	D) angry
E) waste	F) gain	G) indeed	

A ①− D　②− G　③− A　④−E　⑤− B　⑥−F　⑦− C

韻で音を楽しむ

　同じ音を詩句の特定の場所に用いることを「**韻を踏む**（**rhyme**：ライム）」と言います。それぞれの例文において韻を踏んである箇所に下線を引きました。カタカナ表記しても韻を踏んでいることはよくわかりますね。

① A hungry man is an angry man. （衣食足りて礼節を知る）

　　→ハングリー&アングリー

② A friend in need is a friend indeed. （まさかの時の友こそ真の友）

　　→インニード&インディード。**Indeed** は「本当に」。

③ Genius is one percent <u>inspiration</u> and ninety-nine percent <u>perspiration</u>.

　（天才とは１％の発想と99％の努力）

　→インスピレーション&パースピレーション。**Inspiration**（インスピレイション」は「ひらめき」、**perspiration**（パースピレイション)は「汗」。発明王エジソンの名言ですね

④ Haste makes waste. （急いては事を仕損じる）

　　→ヘイスト&ウェイスト

⑤ intel inside （インテル、入ってる）

　　→インテル&インサイド

⑥ No pain, no gain. （虎穴に入らずんば虎子を得ず）

　　→ペイン&ゲイン。

⑦ Thank Heaven for 7- Eleven （セブン－イレブン、いい気分）

　　→ヘブン&セブン&イレブン　→大手コンビニ・セブンイレブンのCMでおなじみですね。

No pain
No gain
No music
No life!

　英語で「韻を踏む」ことを楽しむ前提として必要なのが、「音節」に関する知識です。「音節」は単語の聞き取り力向上の決め手にもなります。

●──英語が早く聞こえる要因の１つは音節の数にあった！？

　音節（**syllable**：シラブル）とは、人間が言葉を発する際、最も発音しやすい音のまとまりです。ざっくり言うと、１単語の中に母音が１つあれば１音節、２つあれば２音節です。

　たとえば英語の strike は母音は i の [ái] １つなので１音節ですが、日本語の「ストライク」 /su/to/ra/i/ku/ は５音節です。５音節のストライクに耳が慣れている私たちが１音節の strike を聞くと、５倍速のスピードに聞こえてしまいます。「ライト（ra/i/to)」の３音節に慣れている耳で、１音節の right （母音は i [ái] の１つ）を聞くときも同様です。

１つ

英語

strike

５つ

日本語

sú/tó/rá/i/kú

　これからリスニング力アップも想定するのであれば、strike も right も「意味は知ってはいるが、１音節なので、一瞬にして聞き逃してしまう可能性の高い単語」であることを加えておきましょう。

以下の「聞き取りやすさランキング」をご覧ください。たとえば strike とい

う単語では、もっとも聞き
取りやすい部分が母音 i であ
るのにたいして、s は 4 位、
t は最下位、r は 2 位、k も
最下位になっています。つ
まり子音が多い単語ほど聞

❶ **Vowels**（母音）		a、e、i、o、u、(y)、(w)
❷ **Liquids**(流音：摩擦のない子音)		r、l
❸ **Nasals**（鼻音）		m、n、ŋ
❹ **Fricatives**（摩擦音）		f、v、θ、ð、s、z、ʃ、ʒ、h
最下位 **Stops**(閉鎖音)		b、d、g、k、p、t

き取りにくく、母音が多い単語ほど聞き取りやすい傾向があります。

●──単音節語は要注意！

　音節は、まず母音の前の子音群である**オンセット**、母音ならびに母音以降
の子音群である**ライム**とで構成されています。

> →オンセット(**onset**)には「始まり」「攻撃」という
> 意味があります。ライム(**rhyme**)には「韻」「韻を
> 踏むこと」という意味があります。

　これに、先述の「聞こえやすさ」を加味し
たものが、右の図です。

syllable	（音節）	
オンセット （母音前の子音群）	ライム （母音＋子音群）	
子音群 母音より聞こえにくい傾向	母音 聞こえやすい	子音群 母音より聞こえ にくい傾向

　一瞬にして聞き終えてしまうようなつづ
りの短い単語、単音節語ほど要注意です。逆に、**instruction**（インストラクショ
ン＝ in/struc/tion の 3 音節、意味は「指導」など）のような多音節語は、つづりが長
い分、聞き取りも単音節語ほど難しくはないので神経質にならなくてよいで
しょう。

頭の体操　例にならい、以下の単語を解読してみましょう。（答えは次のページ）

　例 strike

strike	（1 音節）	
オンセット （母音前の子音群）	ライム （母音＋子音群）	
str 母音より聞こえにくい傾向	ai 聞こえやすい	k 母音より聞こえ にくい傾向

A. flood　　　B. pink　　　C. pencil

flood		（1音節）
オンセット (fl)	ライム (ood)	
fl	oo	d
母音より聞こえにくい傾向	聞こえやすい	母音より聞こえにくい傾向

pink		（1音節）
オンセット (p)	ライム (ink)	
p	i	nk
母音より聞こえにくい傾向	聞こえやすい	母音より聞こえにくい傾向

pencil			（2音節）
pen （1音節）		cil （1音節）	
オンセット (p)	ライム (en)	オンセット (c)	ライム (il)
p	e	n	c	i	l
母音より聞こえにくい傾向	聞こえやすい	母音より聞こえにくい傾向	母音より聞こえにくい傾向	聞こえやすい	母音より聞こえにくい傾向

英単語学習法のまとめ 33

効能　聞き取りにくい単音節への免疫ができる
適応タイプ　読めばわかるようなシンプルな英文が聞き取れない人

実施手順　**STEP1** 市販教材からつづりの短い単語で構成される英文を用意
TOEIC模試教材のパート1や2などがオススメです。
STEP2 放送だけを数回程度聞いて、フルセンテンス聞き取れるか確認
STEP3 英文を見ながら放送を聞いて、つづりの短い単語を特に意識
しながら再度聞く

復 習 問 題

次の単語と意味を組み合わせましょう。

① inspiration	② perspiration	③ onset	④ nasal
⑤ indeed	⑥ rhyme	⑦ vowel	

A 鼻音　B　本当に　C韻を踏む　Dひらめき　E 母音　F　汗　G始まり

A ● ①—D ②—F ③—G ④—A ⑤—B ⑥—C ⑦—E

第4章

新出単語も怖くない！
アルファベットは
意味のイメージセンサー❶

●──アルファベットを学ぶ意味

　第3章まで、英語の全体像や、英語の学び方について見てきました。この第4章からは、もう少し細かな世界に入っていきます。

　「横文字を見るだけで頭が痛くなる」という悩みを聞くことがあります。漢字・ひらがな・カタカナと多彩な文字の組み合わせに慣れている日本人学習者にとって、アルファベットだけの英文は、視覚的にも心理的にも、何かとっつきにくいものがあるのかもしれません。

　英文ならではのこうしたとっつきにくさを緩和するためには、ミクロなアプローチが有効です。たとえば英文としての理解を追いかける前に、文を構成している単語に注目します。英文全体と単語とでは、単語の方がよりミクロな世界です。また、つづりが長く覚えられそうにない単語であれば、接頭辞や接尾辞などの構成部品に注目します。単語と構成部品では後者の方がミクロです。たとえば **omnidirectional**（オムニディレクショナル：全方向性の)であれば omni（全）+ direction（方向）+ al（形容詞化)と分解できます。

　一方、部品に分解できない単語も相当数存在します。たとえば **flux**（フラックス：流れ)はラテン語起源であることはわかるものの、これ以上の分解はできません。さらに悩ましいのは、両者ともあきらかに中学レベルを超えた単語であるということです。つづりの長い omnidirectional のような分解ができない以上、丸暗記をしていくしかないのでしょうか？

そもそも大人の学習者が丸暗記を苦手とする理由の1つとして、丸暗記ではなんらイマジネーションが膨らまないことが考えられます。ここを切り抜けるために有効なのがアルファベットの学習です。

もしアルファベットにも何らの意味やらイメージがあるのだとしたら、無味乾燥な丸暗記のしんどさは多少緩和されるのではないでしょうか？

本4章では、このように、つづりが短く、部品分解ができないために、かえって覚えにくい単語に光を当てます。もうこれ以上その単語は分解できないというとき、手がかりになるのはアルファベットということになります。

たとえば、先述の flush や flux であれば、アルファベット f と l の組み合わせに着目します。f と発するときの空気の漏れから、f は軽さを表します。また長さのイメージを持つ l と組み合わさることで、「流れ」のイメージになります。

このようにひとたびアルファベットは無味乾燥な記号の羅列ではないことがわかれば、flood に遭遇した際も、文脈などの力を借りつつも、fl のイメージを膨らませ「洪水」という意味にたどりつくようになります。あるいは flush（フラッシュ）という単語に遭遇した際も、「F＋Lだから何か流れるイメージの単語かもしれない」と自分なりに想像を楽しんでから、辞書で「水が流れる、水を流す」という意味を確認すれば、意味への納得度も違ってくることでしょう。つまり**覚えにくい単語には、アルファベットのイメージも動員して、その単語ならではのエピソードを作っていけばよい**のです。

アルファベットのイメージは、複数の辞書にある単語や部品の意味と比較すると、解釈や感じ方の「揺れ（個人差）」があります。本書に書かれてあることを参考にしつつ、あなた自身の感覚も使って、単語の音を感じることを楽しみましょう。

子音はおかず、母音はごはん!?

▶A、E、I、O、U〜母音は子音の引き立て役

Q ZZZ はどういう意味でしょうか？

A) 「Z 全部が/Z残念な/Z雑用ばかり」という愚痴
B) 洋、泳、海などの部首「さんずい」を「サンズィー＝３Z」と表現したもの
C) 「ぐうぐう」といういびきの音
D) 「ガタガタ」という音

A この ZZZ をカタカナで表現すると、ズズズとなりますよね。
この音から、世界共通でイメージされる C)の「ぐうぐう（いびきの音）」が正解です。
実は A も B も私の完全オリジナルですが、D)の「ガタガタ」には、この音を表した **clatter**（クラター：ガタガタ音を立てる）という単語があります。
このような「ぐうぐう」や「ガタガタ」のようなものを**擬音語**と言いますが、英語の中にも結構たくさんあるので、このチャプターでも適宜紹介していきます。

母音と子音

出題された zzz をカタカナで表した「ズズズ」。これをローマ字表記すると、Zu/ Zu/ Zu となります。

ここに日本語の一大特徴が出ています。つまり、日本語はほとんどの場合、子音だけでの表記が成立せず、子音＋母音というセットがメインということ

（日本語の**母音**は「あいうえお」、それに K を加えて「かきくけこ」、S を加えて「さしすせそ」とするこの K や S の部分を**子音**と呼びます）。

　前項でも述べましたが、すべての英単語をこの方式でしか解読できないため、音の捉え方を誤りがちです。たとえば spring（バネ、春、泉）をカタカナの「スプリング」で考えると、Su/Pu/Rin/Gu と 4 音節（4 つの母音）になります。しかし英語の spring の母音は "i" 1 個なので 1 音節ということになります。

●――個性の強い子音、安らぎを与える母音

　とある文献学者が残した言葉に「母音のない文字は『魂のない身体』（corpora sine anima）である」というものがあります。確かに「子音＋母音」もしくは「母音のみ」の音声に慣れ切った日本人からすると、母音のない言語は、息と唾の応戦のようで、聞くのも発音するのもしんどそうです。

　さてその母音が果たしている役割の 1 つに一定の発音のしやすさを提供していることがあります。

　spring も、母音を一切介さずに子音だけで SPR 〜というのは日本人にとっては結構きついものです。Su + Pu + Ri のように母音が入るだけでスムーズに発音できるわけですが、英語圏以外の外国人にとっても、これは同様です。

　例えるならば、子音はオカズ、母音はごはん。子音は音声的にも個性の主張が激しいですし、子音単独でさまざまな意味を持っています。これはオカズのイメージで、「味」がきちんとついている感じ。一方、母音には子音のような単独の意味がほとんどありません。したがって子音の味を引き立たせるご飯というわけです。

子音　　母音

同じアルファベットでも音が違う母音

　数え方によって違いはありますが、「あいうえお」の 5 個に対して英語の母音は約十数個から二十数個あると言われています。しかも、表記法がそれだけの数あるというわけではありません。たとえば以下の 5 つのアはすべて同じ "a" で表記されます。

① hat（ハット：帽子）の[æ]（エの口でアと発音）
　例 rabbit（ラビット：うさぎ）、sack（サック：袋）、
　　 rapid（ラピッド：速い）
② cake（ケイク：ケーキ）の[eɪ]（カタカナのままでエイ）
　例 rate（レイト：割合、相場）、shake（シェイク：振る）、
　　 labor（レイバー：労働）
③ assume（アシューム：想定する）の[ə]
　　（ゲップをするときのような半開きの口でア）
　例 appropriate（アプロウプリエイト：適切な）、
　　 attachment（アタッチメント：付属物）
④ archive（アーカイブ：記録）の[ɑ:]（カタカナのままでアー）
　例 architect（アーキテクト：建築技師）、armament（アーマメント：軍備）
⑤ author（アーサー：著者）の[ɔ:]（あごが外れたような口の形でアー）
　例 audio（アーディオウ：音響機器の）、automatic（アートマティック：自動の）

日本語の母音も実は5つではない!?

　どんな言語でも、実際の音声をすべてつづりでカバーできません。日本語でも、方言を考慮にいれると5個以上のバリエーションがあります。たとえば、「ありがとうございます」を関東では「a/ri/ga/tou/go/zai/ma/s」といい、「す」はsの子音しか発音していないことがよくあります。英語のsと一緒ですね。一方関西では、「す」をしっかりと「su」と発音し「ありがとうございますぅー」と聞こえます。また「ここの木、じゃまですね」の「木」も、関東では、「ki」。関西では、「kii」つまり「きぃ」と「ちいさな"ぃ"」がついているように聞こえます。

　普段私たちがこうした微妙な違いを意識せずにコミュニケーションしているように、英語においても、母音の違いにそれほど神経質になる必要はありません。母音は地域によって違い、絶対的正解を求めること自体難しいからです。

　この本では上の5つのaの発音なら、まず「エイとアとアー」の選別ができることを優先し、発音をカタカナ表記しています。つまり cake を「カケ」ではなく「ケイク」と発音し、あとは hat（ハット）、assume（アシューム）、article（アーティクル）、author（アーサー）でほぼ問題なしということです。

同じ母音でもつづりが違う

　逆に、同じ母音なのにつづりが違うということもあります。たとえば以下の下線部はすべて同じ"イー"です。発音記号は [i:] で、アルファベットの"i"の横についている"："は伸ばす音を表します。先述の"アー [ɑ:]"にも伸ばす記号がついていましたね。

① **chief**（チーフ：最高責任者）
② **Caesar**（シーザー：ジュリアス・シーザー ＝ローマの将軍ユリウス・カエサルの英語読み）
③ **seek**（シーク：探す）
④ **weak**（ウィーク：弱い）
⑤ **fatigue**（ファティーグ：疲労）
⑥ **key**（キー：鍵）
⑦ **leisure**（リージャー：余暇）
　→ちなみにイギリス英語では「レジャー」と発音します。辞書の発音を基準としつつも、発音の多様性に興味が出てきたときに、このような米英の違いを味わってみるのも面白いかもしれません。
⑧ **people**（ピープル：人）

●──押さえておきたい母音の発音記号

　ローマ字読み、カタカナ読みで大丈夫なものが多いので、以下の特殊な音だけ、注意するようにしましょう。

æ	エの口でアと発音
ɔː	顎が外れたような口の形でアー
ʌ	口をあまり開かず一瞬にして終わるア、upのア
ə	ゲップをするときのような半開きの口でア
əːr	顎を引いて、ウーとうなるようなアー、birdのアー
juː	ユー、musicのユー

復習問題

次の単語と意味を組み合わせましょう。

① clatter	② assume	③ author	④ appropriate
⑤ armament	⑥ architect	⑦ fatigue	

A 想定する	Bガタガタ音を立てる	C軍備	D 疲労
E 著者	F建築技師	G適切な	

個性あふれる子音の世界

▶音意（発音そのものの固有の働きや意味）センサーを鍛える

Q カタカナでおなじみの「リズム」の英語のつづりはどれでしょうか？

A）rhythm　　　B）rizumu　　　C）rithm　　　D）lizumu

A 正解は A）rhythm です。

日本語をローマ字化する際には、「子音＋母音」が基本ですが、英単語において母音文字「aiueo」が入っていないことは珍しくないことを教えてくれていますね。

確かに rhythm には母音文字は入っていません。しかし発音には [ríðm] と、母音 "i" が入っています。言語として母音を完全に排除することはありえないとわかります。

Q 多くの英単語は、**permit**（パーミット：許可する）、**make**（メイク：作る）、**dog**（ドッグ：犬）のように、子音と母音で構成されています。そして、母音を取り除いてしまうと、prmt, mk, dg のように発音がまったく違ったものになります。

それでは、つづり上、子音と母音で構成されていながらも、母音をすべて取り払っても発音がまったく変わらない単語には、どんなものがあるでしょうか？

正解はこんな感じです。

A
・**queue**（キュー：行列）：母音 ueue を取り除いても、発音は q（キュー）のまま。
・**bee**（ビー：ミツバチ）：母音 ee を取り除いても、発音は b（ビー）のまま。
・**pee**（ピー：おしっこ）：母音 ee を取り除いても、発音は p（ピー）のまま。

bee　　b

どっちも "ビー"

主役・子音の世界へようこそ

　オープニングクイズの意図は、英語は子音が主役で母音はその引き立て役だということをイメージしていただくことにありました。

　このチャプターでは、子音についてとりあげていきます。子音を学ぶメリットには、こんなものがあります。

---

① 日本語のように「子音＋母音」だけでなく、**stop**のような「子音＋子音」、**spring**のような「子音＋子音＋子音」のケースもあり、子音の登場が多い。したがって子音がきちんと発音できることは、**英語をきちんと発音できる**ことにつながる。

② 英語には**map**と**mat**のように子音で終わる単語も多いが、「p＝唇を結んでぱっと開くときの音」、「t＝舌先を歯茎の裏に着けて息を吐く音」というように**子音を意識して発音すると相手に伝わりやすくなる**。

③ **mouse**と**mouth**のように、カタカナではどちらもマウスとなってしまうが、「se＝カタカナのスのまま」、「th＝舌先を噛みながらス」というように、子音の違いを意識することで、**相手の言葉を正しく聞き取れる**ようになる。

④ アルファベットの心には、それ単独で意味があるため、これをマスターすることで、**おおよその意味を推測できる**ようになる。

●──音読する？ 黙読する？

　音そのものとイメージの関係は **sound symbolism**（音象徴）や **phonosemantics**（フォノセマンティックス：音の意味論）などと呼ばれ、さまざまな領域で研究されています。

　たとえば言語学では、オノマトペ（擬音語、擬態語）などをはじめとして、音と意味との因果関係が指摘されています。オノマトペで興味深いのは、国境を越えたその類似性です。日本語のカッコー（鳥）の名前はその鳴き声から来ていますが、同じように英語では「cuckoo」、フランス語では「coucou」、イタリア語では「cuculo」、ハンガリー語では「kakukk」です。

　心理学では「キキ」と「ブーバ」という実験で、音と意味の関係について考察されています。鋭いギザギザの形と丸みを帯びた形を見せて、「どちらがブーバで、どちらがキキか」と尋ねたところ、被験者の9割以上がギザギザを「キキ」、丸い方を「ブーバ」として選びました。実際、ブーバと発音するとき、口は丸

みを帯び、キキと発音するとき、kの音はbより鋭く、軽い響きがあることがわかります。

　ところで、一般的に大人は「**sprain**（スプレイン）＝捻挫、捻挫するという意味記憶よりも、いろいろ考えたり、やってみて得られる「エピソード記憶」が得意と言われています。本章は自分でも口を動かしたり、「そう言われればそうかも」「私は違う感じがする」など自分の感覚と比較しながら楽しんでください。

マスターすべき発音記号はわずか8つ

　子音をマスターするには、各子音の発音方法を知っておくことのほかに、いざというときに発音記号が読めるようにしておくとよいでしょう。

　とはいっても、今からすべての記号を覚える必要はありません。前章の母音の際にも触れましたが、発音記号がアルファベットそのままという場合も多いからです。

　したがって、押さえておくべき発音記号はわずか以下の8つです。

θ

　先述の **mouth**（マウス：口）の th の部分です。上下の歯で舌先をはさみながら、サシスセソと言うときの音です。Thank you. の Th で練習しましょう。

ð

　mother（マザー：母）の th の部分です。上下の歯で舌先をはさみながら、ザジズゼゾと言うときの音です。この発音をモノにするためには、the dog（その犬）のような名詞の前についている the（その）で練
習しましょう。

ʃ

　シュッシュッポッポッの「シュ」という音です。
She is a student. の Sh の部分の音です。
人差し指で「静かに」と言うときの「シー」。

シュッシュッ
ポッポッ

ʒ

casual（カジュアル：打ち解けた）のジの音です。唇を丸めて前に出し、「ジ」と声を出します。

tʃ

catch（キャッチ：捕まえる）のチの音です。**chance**（チャンス：機会）の ch、**chamber**（チェインバー：部屋）の ch も [tʃ] です。

dʒ

orange（オーランジ：オレンジ）のジの音。**jacket**（ジャケット）の j も [dʒ] です。

ŋ

king（キング：王様）の ng の音です。「ング」ではなく、「ン〜」のあと鼻に抜けるようなガで終わらせます。「ンガ」という感じです。

ところで、東北には、「お前」を「んが」という地方があります。私の郷里の岩手県でもディープな方言を使う人は「んが」と言っていました。

j

「ジェイ」ではなく「ヤ」「イ」「ユ」「イェ」「ヨ」の音です。**young**（ヤング：若い）の y、**yesterday**（イェスタディ：昨日）の y も [j] です。発音記号が [j] なのに y の発音することに違和感がある方は、Jacob や John が、一般の男性名としては「ジェイコブ」「ジョン」と呼ばれるのに対して、聖書では「ヤコブ」「ヨハネ」と読まれていることや、「ユダヤ人」は英語で **Jew**（ジュー）であることを思い出しましょう。

Jacob

ヤコブ

ジェイコブ

> 昨今では発音記号など読めずとも、web 上の音声ファイルで生の発音が聞けますから、これらの知識は決して必須ではありません。文法にせよ、発音にせよ、凝った表現にせよ、学習が進展していく過程の中で、いつかそういうものが気になるときがやってきます。そのときに調べてもまったく遅くはありません。

復 習 問 題

次の単語と意味を組み合わせましょう。

① queue	② bee	③ pee	④ permit
⑤ chamber	⑥ rhythm	⑦ symbolism	

A 行列	B リズム	C おしっこ	D 部屋
E 象徴	F ミツバチ	G 許可する	

BubbleのB
唇の振動が意味する「勢い」

▶Bのイメージは、ババーン、バーッ、ベラベラ！？

Q ❶次の中で bellow（ベロウ）の意味はどれでしょう？

A) ささやく	B) 大声で怒鳴る	C) 黙り込む	D) 舐める

❷次の中で bristle（ブリスル）の意味はどれでしょう？

A) 繊毛	B) 綿毛	C) 羽毛	D) 剛毛

A まずは、こちらの和文の情景をイメージしてみましょう。

① 文句が<u>ドバッ</u>と出てきた。
② ドアを<u>バーン</u>と閉めた！
③ お金を<u>バンバン</u>使う。
④ <u>ベラベラ</u>とよくしゃべる
⑤ 無駄なコストを<u>バッサリ</u>切った

カタカナ部分を実際にゆっくりと言ってみると、唇を結び、息を少しためてから一気に息を吐いて「バ」と言っているかと思います。

この勢いがアルファベットの B が持っているイメージです。静かな意味よりも勢いがある意味、弱々しいイメージより強いイメージの単語が多いです。

いわゆるブーイングも **booing**（ブーイング）で、不満が噴き出すイメージですね。江戸っ子の「<u>べらんめい</u>」も B ならではの威勢のよさを感じます。

さて、アルファベット B が持っている「勢い」や「強さ」のイメージがわかれば、上記クイズの正解が見えてきますね。❶の正解は B、❷の正解は D です。

Bは息をためて吐く→　「勢い」のイメージ

　Bが持っている「勢い」の代表格は、**bat**（バット：バット、バットを振る）でしょう。「勢い」を音に乗せると、**bang**（バン：爆音）、**bawl**（ボール：大声で泣く）、**bow-wow**（バウワウ：犬の鳴き声）、**boo**（ブー：ブーと言う←ブーと不満を言う(boo)ときも）、**blare**（ブレア：大声を出す）や**blatant**（ブレイタント：やかましい）、**blab**（ブラブ：ベラベラしゃべる）、**blather**（ブラザー：むだ口をたたく）、**blubber**（ブラバー：おいおい泣く）、**brawl**（ブラール：口論する）などがあります。

　それぞれの場面を想像してみますと、ベラベラしゃべる(blab)ときも、むだ口たたく(blather)ときも、おいおい泣く(blubber)ときも、口論する(brawl)ときも、どれも声の勢いがありますよね。

　つぼみからバッと花が咲く勢いを感じるのは、**bloom**（ブルーム：花が咲く、花）、**blossom**（ブラッサム：開花、花)です。ビジネスや交渉時に時として必要な「ハッタリ」は、気持ちの勢いということで、**bluff**（ブラフ）と言います。「打ち負かす」の**beat**（ビート）もまさに勢いのあるBのイメージそのものですね。。

　bruise（ブルーズ：打撲傷）からは、勢いよくぶたれるイメージが感じられますし、**brave**（ブレイブ：勇敢な）であれば、気持ちの勢いを感じます。**bobble**（バブル）は帽子などの飾りに使う球状の房で、the bobble on a woolen ski hatは「毛糸のスキー帽のボンボン」のことです。

● ──勢い→熱

　勢いのBが極まると、熱を持つようです。料理が好きな人であれば、「**加熱処理のB**」としてとらえておくと覚えやすいかもしれませんね。

　brew（ブリュー：煎じる）、**boil**（ボイル：ゆでる）、**broil**（ブロイル：直火で焼く←アメリカ英語)、**braise**（ブレイズ：蒸し煮にする)、**broth**（ブラス：煮だしたダシ)、**baste**（ベイスト：あぶりながら肉汁をかける)、**bake**（ベイク：パンや菓子などを焼く）など。

熱を持つ

bake

●──── B は息をためてから吐く→包み込むイメージ

「バッ」と発声するとき、唇を閉じて息を口内にため込んでから吐き出していることがわかります。このイメージから、何かを抱え込む意味の単語につながります。イメージにぴったりなのが、**basket**（バスケット：かご）ですね。

なお、B のルーツであるフェニキア文字のベートは「家」を意味するので、そこからも「人や物を包み込む」イメージができます。「家」のイメージに近い単語としては、**barn**（バーン：納屋）、**byre**（バイヤー：牛舎）などがあります。

ball（ボール：球）や **bubble**（バブル：泡）は空気を中に包み込み、**barrel**（バレル：樽）なら液体をため込む。**bank**（バンク：土手・銀行）も、「土を包む＝土手」、「お金をため込む＝銀行」でやはり包み込むイメージ。

以下すべて、包み込むイメージの単語です。

---

berth（バース：寝棚＝体を包む）　　**bundle**（バンドル：束＝ものを束ねて包む）

bolster（ボルスター：長枕＝頭を包む）

booth（ブース：展示ブース＝人や商品を囲う

bunch（バンチ：集まり・束＝人や物を包む）

bunk（バンク：寝台＝人を包む）　　**bladder**（ブラダー：膀胱＝尿を包む）

bark（バーク：樹皮＝木を包む）　　**bangle**（バングル：腕輪＝腕を包む）

borough（バロウ：町＝住民を包む）　　**bud**（バッド：つぼみ＝花を包む）

bulb（バルブ：電球＝明りを包む）→球根の意味もあります

bust（バスト：胸囲＝胸を包む）　　**buoy**（ブーイ：救命ブイ＝おぼれている人を包む）

---

boulder（ボルダー：巨岩＝包み込むくらい大きな岩）は、ボルダリング（岩や人工の壁を上るスポーツ）から連想できるかと思います。

barb（バーブ：とげ、とげのある言葉）は、心をとげで包むイメージです。古くは「あごひげ」という意味で、理髪店を意味する **barber**（バーバー）の語源でもあります。

bullet（バレット：弾丸）は、弾薬を包むイメージですね。ちなみに日本の新幹線は **bullet train**（バレットトレイン）と呼ばれています。文字通り「弾丸のように速い電車」ですね。

bask（バスク：日光浴）は、体を日光で包むイメージ。おなじみの bath（バス：浴槽）や bathe（ベイズ：入浴する）の方は体をお湯で包むイメージですね。ちなみに「日光浴をする」は、**sun-bathe**（サンベイズ）と言うこともできます。

B は息をためる→「制止」のイメージ

　Bと発するとき、一瞬唇を結んで息をためる動きから「**制止**」のニュアンスが出せます。イメージしやすいのが **block**（ブラック：ふさぐ）、**ban**（バン：禁止する）、**bind**（バインド：拘束）など。他にも「制止のB」はいろいろあります。

bridle（ブライドル：抑制する）　　　**buffer**（バッファー：緩衝装置）
bumper（バンパー：自動車のバンパー）
baffle（バル：じたばたする）　　　**boggle**（ボグル：ためらう）
bother（バザー：困らせる）

🏛 valuable information

　「制止のB」イメージにぴったりなのが、**boycott**（ボイコット：排斥運動、不買運動）ですが、こちらはイギリスの軍人で土地差配人の Captain Charles Boycott（チャールズ・ボイコット大尉）の名に由来します。ボイコット大尉はアイルランドの小作人を過酷に扱ったため、1880 年に小作人たちが結成した土地改革同盟から排斥されました。ここから「排斥する」という意味のボイコットが生まれました。このように人名から一般名詞になった例で有名なのは、**sandwich**（サンドウィッチ）ですね。トランプゲームが大好きなイギリスのサンドウィッチ伯爵が片手で食べられるようパンの間に肉を挟んだことが由来です。

●──BとVの違いに注意

　ところで「ビビッドカラー」や「バイタリティ」も「勢い」「力強さ」を感じる言葉ですが、**vivid**（ヴィヴィッド：鮮やかな）、**vitality**（ヴァイタリティ：活気）とVから始まります。Bは唇を結んで息をためてから発声し、Vは下唇を噛みながら発声するという違いがありますが、どちらの単語も「生きる」を語源としているので、「勢い」や「力強さ」を感じるのは自然なことだと言えます。

🏛 復習問題

次の単語と意味を組み合わせましょう。

① bolster	② boggle	③ bridle	④ bother
⑤ bunch	⑥ bruise	⑦ brew	

A 煎じる	B 束	C 打撲傷	D　長枕	E 困らせる	F 抑制する	G ためらう

➊ ①—D ②—G ③—F ④—E ⑤—B ⑥—C ⑦—A

ChirpのC
「鳥がチュンチュン」の音

▶Cのイメージは、カッコー、カアカア、チュンチュン!?

Q ❶次の中で cackle の意味はどれでしょう?

A）めんどりがクワックワッと鳴く	B）馬がヒヒーンといななく
C）咳をする	D）戸などをバタンと閉める

❷次の中で chirr の意味はどれでしょう?

A）犬がワンワン鳴く	B）羊がメーと鳴く
C）コオロギなどがチーチー鳴く	D）ドスンドスンと歩く

A ❶については、A〜Dのカタカナ部分が cackle に最も近いものを選びます。
したがって正解は A で、**cackle**（キャクル）は、めんどりの「クワックワッ」という鳴き
声です。

Bの「馬がいななく」は「鼻」のイメージのある n で始まる **neigh**（ネイ）、あるいは
whinny（フィニー）で、こちらも「馬の低いいななき」を表します。Cの「咳をする」は
cough（カフ）です。Dの「戸などをバタンと閉める」は bang（バン）です。

❷の A「犬がワンワン鳴く」は **bark**（バーク）です。ちなみに犬の鳴き声には、bowwow（バ
ウワウ）があります。犬が低くうなるときの「ウ〜」は **woof**（ウーフ）です（→ woofer（ウー
ファー）は低音用スピーカーです）。「キャンキャン吠える」なら **yelp**（イェルプ）、「遠吠えす
る」なら **howl**（ハウル）で音響機器のハウリングも **howling**（ハウリング）です。

B)の「羊がメーと鳴く」は **baa**（バー）です。
Dの「ドスンドスンと歩く」は **clump**（クランプ）です。

ということで正解は C の **chirr**（チョー）で意味は「（コオロギやキリギリスが）チーチー
鳴く」です。

C はカキクケコ、チャチュチョ→擬音語や声がけ

　Cは他のアルファベットよりも発音のバリエーションが多く、どの発音をするかによって意味が違います。

　Cがカキクケコ、チャチュチョを表すとき、擬音語であることが多いです。

　たとえば先述の cough（カフ＝咳をする）も、もともとは擬音語だったようです。他にもオープニングクイズの cackle や **clink**（クリンク：ちりんと鳴る）、**clang**（クラーン：ガランと鳴る）、**cuckoo**（ククー：カッコウがカッコウと鳴く）、**croak**（クロウク：カラスやカエルなどが鳴く）などがあります。**click**（クリック：パソコンのマウスボタンを押す）もあの「カチッ」という音のイメージそのもの。手をたたくときのパチパチという音は **clap**（クラップ：拍手）で、擬音語からきているようです。

擬音の **C**

click
カチッ

　チャチュチョの代表として、**chatter**（チャター：ペラペラしゃべる）、**chat**（チャット：おしゃべりをする）、**chuckle**（チャクル：クスクス笑う）**chirp**（チャープ：鳥がチュンチュン鳴く）などがあります。こちらはかなり音声からイメージが浮かびやすいのではないでしょうか？

C のカキクケコ→硬い音→きつい→悪い・暗い

　カタカナで「カキクケコ」と発してみると、硬い音だとわかります。この硬さから、「きつい」や「悪い」「暗い」イメージへとつながります。

悪い
暗い

C

cruel

crime（クライム：犯罪）
culprit（カルプリト：犯人）　　　　**crook**（クルーク：詐欺師）
cripple（クリプル：そこなう、だめにする）
cruel（クルエル：残酷な）…"クルエル（狂える）残忍な人"のようなゴロで覚えた記憶が…
creep（クリープ：忍び寄る）…ちなみにコーヒーに入れる「クリープ」の語源はcreaming powder
　　（クリーミング　パウダー）で、このcreepとはまったく関係ありません

cunning（カニング：狡猾さ）…いわゆる「試験で*カンニングする*」は**cheat**（チート：だます）で、cheat in an examination（*チート・イン・アン・エグザミネイション*）

　crook（詐欺師）は、動詞では「曲がる・曲げる」という意味になります。「曲がったことをするのが詐欺師」としておけば覚えやすいかもしれませんね。このように英語の場合、1つの単語で名詞・動詞の機能を持っていることが多々あります。

　cripple は「そこなう、だめにする」という意味で使う限りは PC（ポリティカルコレクトネス、 UNIT 19・20参照）と関係なく使えます。一方、「手足を不自由にする、肢体不自由者」という意味で使うのであれば、handicapped person（身体障がい者）を使った方がよいでしょう。

サシスセソ・シャシュショの C は外来語

　C を「サシスセソ」で発音する場合、英語における外来語（昔からある古英語ではなく、フランス語やギリシャ語由来）が多いです。

　たとえば cephalo（セファロ：頭…*ギリシャ語由来*）で始まる単語として、**cephalopod**（セファロパッド：cephalo 頭 ＋ pod 足＝頭足類。イカやタコのように頭部に触手がある動物の総称）があります。他にも **century**（センチュリー：cent は 100 → 100年…*ラテン語由来*）や、**cycle**（サイクル：cycl は一巡→円、循環…*ギリシャ語由来*）、**champagne**（シャンペイン：シャンパン…*フランス語由来*）、**chauffeur**（シャウファー：お抱え運転手…*フランス語由来*）などがあります。

CL は舌を上の歯の裏に着けて発音→密着・密集

　「ラリルレロ」と発音するときの上の歯に舌先が当たるイメージから、L は**密着・密集**のイメージへとつながります。

　代表的な単語は **close**（クロウズ：閉じる、閉まる）や **club**（クラブ：同好会）。**cling**（クリング：ぴったりとつく）も密着のイメージですね。人や何かの塊を表

す単語として **class**（クラス：種類）、**clan**（クラン：一族）、**cluster**（クラスター：集団）、**clot**（クロット：血栓）、**clod**（クラード：土の塊）、**clamp**（クランプ：留め金）などがあります。

cling
くっつく
cl

　ところでホテルのクロークは、正式には **cloak room**（クロウクルーム）と言い、cloak はマントを意味します。マントなどの外套が密集している部屋をイメージできますね。

CR の力強い音→圧力・圧縮→くねくね・しわしわ

　日本人にとって難しいのが R の発音です。R の発音は、舌を口の中で浮かせ、少し力を込めて「ウァ・ウィ・ウェ」と声を押し出します。この力強さから、圧力・圧縮、あるいは圧力によって曲がるイメージとなります。以下の単語はどれも直線的ではなく、クネクネ・クチャクチャしたものばかりですね。

cramp（クランプ：痙攣、こむらがえり）　　**crimp**（クリンプ：しわをつける）
cringe（クリンジ：縮こまる）　　　　　　　**crouch**（クラウチ：しゃがむ）
crease（クリース：折り目をつける）　　　　**crawl**（クラール：這う）
crumple（クランブル：ぼろぼろにする）　　 **crush**（クラッシュ：粉砕する）

復 習 問 題

❶次の単語と意味を組み合わせましょう。

① crease	② crouch	③ clod	④ culprit
⑤ chuckle	⑥ cling	⑦ chauffeur	

A しゃがむ	B 土の塊	C クスクス笑う	D 折り目をつける
E お抱え運転手	F ぴったりとつく	G犯人	

❷次の単語と意味を組み合わせましょう。

① clap	② clump	③ cruel	④ creep
⑤ cluster	⑥ crawl	⑦ crumble	

A 残酷な	B 拍手	C ぼろぼろにする	D 集団
E ドスンドスンと歩く		F 忍び寄る	G 這う

❶ ①—D ②—A ③—B ④—G ⑤—C ⑥—F ⑦—E
❷ ①—B ②—E ③—A ④—F ⑤—D ⑥—G ⑦—C

Down〜下に向かうDの世界

▶Dのイメージは、ドッサリ、ドッシリ、ドカン

Q 次の中で dibble の意味はどれでしょう?

A) 浮き足立つ	B) 飛ぶ
C) ひらひらと舞う	D) 苗や種を穴掘り具で植える

A まずは、こちらの和文の情景をイメージしてみましょう。

「屋根から雪の塊がドカンと落ちてきた」「角に頭をぶつけたら血がドバドバ出てきた!」「株価がドーンと落ちた」「ドッシリと腰を下ろした」「宿題がドッサリ出た」

カタカナ部分に着目すると、どれも重いイメージ、下に向かうイメージがありますね。実はアルファベットの **D** も重く、下向きの言葉が多いです。

"down" と発音すると、語頭の d は舌先を歯の裏に押し当てて発するのがわかるかと思います。この押し当てる感じが「圧力で押し下げる」イメージとなり、「重さ」や「下に向かう」イメージ、「下」のイメージから「暗さ」や「愚かさ」あるいは、「下に向かって掘る→穴」などへとつながります。

ということで、オープニングクイズの答えは D)苗や種を穴掘り具で植える でした。

ちなみに dibble は一般のネイティブスピーカーにとっても馴染みがない単語です。日本では造林や園芸の植栽器具として「ディブル」と呼ばれているようです。

レア単の取り扱いポイント この dibble のように「一般のネイティブスピーカーに馴染みのない単語」を便宜上「レア単」としておきます。レア単には ①辞書によって掲載されていない場合がある ②ネット検索しても実際の英文での用例が出ていない場合がある ③使われる領域や国が限定的(例:アメリカ口語)などの特徴があります。たとえば **critter**（クリター:家畜、やつ)、**guttle**（ガトル:むさぼる)、**goop**（グープ:行儀の悪い子)などもレア単と言えるでしょう。また、ひび割れ模様のクリンクルクッキーの **crinkle**（クリンクル:しわが寄る、しわ)も、人によってはレア単かもしれません。レア単は相手に通じない確率が高いため、自分から使うというより、興味があれば心に留め置くぐらいで十分かと思います。

D の基本は 「下へ」

down からもイメージできるとおり、d の基本的
な意味イメージは「下」です。

スカイダイビングの **dive** （ダイブ：飛び込む）は下
に向かって飛び込みますし、**dig** （ディグ：掘る）も
下に向かって掘ります。クイズの **dibble** （ディブル：
苗や種を穴掘り具で植える）も下に向かっています。
「徹底的に調べる」という意味の **delve** （デルブ）にお

dive

下に行く

D

いても、「深く掘り下げる」イメージなので、やはり「下」に向かっていますね。

ダンプカーの **dump** （ダンプ）には「ドサッと降ろす」という意味があり、こ
ちらも「下」に向かっています。

D： 下／重さ→ 「暗いイメージ」

たとえば、いつも下ばかり見ている人には、明るいイメージよりも暗いイ
メージを持つと思います。

「d＝暗い」の代表といえば、dark （ダーク：暗い）でしょう。ほかにも、
dank （ダンク：じめじめした）や **dingy** （ディンジー：陰気な）などがあります。

dreary （ドゥリアリー：わびしい）の語源は「流血」らしいのですが、血もやは
り下に流れていきますよね。

dearth （ダース：欠乏）においても、必要なものが足りない状況をイメージ
するに、「明るい」ではなく「暗い」チームに入りそうです。ちなみに食糧不足
は **a dearth of food** と言いますが、a **shortage** of food と合わせて知ってお
けば、いざというとき馴染みのある方で言えばいい
ので安心です。馴染みのない表現にはこのように保
険をかけておきましょう※。

dearth

暗い

D

※ UNIT 27・28 でお話ししたように、この保険のことをパラフレーズ（言い換え）と言います。

221

「掘る」の覚え方

digが覚えられなさそうなら、**drill**（ドリル：ドリルで穴をあける）で保険をかけておきましょう。あるいは「掘る」から発想転換して、「穴を作る＝make a hole」ではどうでしょうか？

「欠乏」の覚え方

「情報不足」a dearth of informationを覚えるのが面倒なら、a shortage of informationやlack of informationでどうでしょうか？あるいは文単位で考えて、「私たちには十分な情報がない＝We don't have enough information.」でも十分伝わりますね。

●──D＝下／重さ→抵抗や力や努力のイメージ

ドッシリやドサッに「重み」を感じるように、dにも同様のイメージがあります。**damn**（ダム）には「呪う」や「けなす」という意味があり、そうされた側の気分は相当重々しくなるでしょう。

　dagger（ダガー：短刀）は人を刺したときの衝撃、**dart**（ダート：投げ矢、ゲームのダーツ）はバレル（**barrel**：ダーツの矢）がダーツボードに刺さるときの衝撃から重さがイメージできます。「デーンと構えている」のように、態度にもdは登場します。この「デーン」に近いのが**daring**（デアリング：大胆な）。ほかにも、態度の重々しい**defiant**（デファイアント：挑戦的な）、**dour**（ダウア：気難しい）などがあります。

●──D＝下／重さ→愚かなイメージ

　下に向かうことや、重さから、Dは「愚かな」イメージの単語にもよく登場します。日常会話で「Damn!」と言ったら、「ちぇっ！」「くそっ！」の意味ですし、**duffer**（ダファー：うすのろ）や**dull**（ダル：頭の鈍い）などがあります。

valuable information

使うな危険！　けなし言葉

　実はdで始まる「愚かな」イメージの単語はたくさんありますが、これらを覚える必要はなくて、文脈から「このdから始まる単語を初めて見たけれど、たぶんネガティブな意味で使われているんだろうな…」と察知できたら十分でしょう。

　dodo（ドゥドゥ：うすのろ）　　dope（ドウプ：間抜け）　dumb（ダム：間抜け）

ところで、いわゆるドローン(**drone**：ドローン)は雄のミツバチが原義ですが、この単語にも「怠け者」というネガティブな意味があります。

●── D＝下　→　穴やくぼみのイメージ

下に掘ってできるといえば「穴」。D で始まる単語には穴やくぼみを表すものが多いです。ちなみに「えくぼ」**dimple**（ディンプル）の le は小さいものを表します。たとえば **cubicle**（キュービクル）はオフィスでよく見かける小さく区切った空間ですね。

デルコンピュータの Dell は創業者 Michael Saul Dell 氏の名前が由来だそうですが、dell は「小さな谷」を表します。

dale（デイル：谷）　　　　　**den**（デン：野獣のすむ洞穴）
ditch（ディッチ：どぶ）　　　**dungeon**（ダンジャン：地下牢）

　三省堂 英語語義語源辞典によると、ラテン語 dominus（lord ＝主人）が古フランス語で donjon（lord's tower ＝主人の塔）となって中英語に入り、本来は城の本丸や天守閣を意味していました。（p.88 でとりあげた「意味の格下げ」も参考にしてください）

D の抵抗に R が加わると力は増大

　「重さ」の d に r が加わると、**drag**（ドラグ：引きずる）、**drape**（ドレイプ：布を掛ける）のように相応の力を要する行為となったり、**drip**（ドリップ：ぽたぽた落ちる）、**drop**（ドロップ：滴り）、**droop**（ドループ：だらりと垂れる）のように「下がる」イメージが強調されたりします。ちなみに **dredge**（ドレッジ：浚渫する）の浚渫とは、河川などの水底を掘ることです。

復 習 問 題

次の単語と意味を組み合わせましょう。

① dredge	② dale	③ dungeon	④ dope
⑤ ditch	⑥ defiant	⑦ daring	

A 大胆な　B 間抜け　C 浚渫する　D 挑戦的な　E 地下牢　F 谷　G どぶ

FoolのF
軽くてむなしい空気が漏れる

▶ 呆れたため息で fool と言ってみよう

Q 次の中で fuss の意味はどれでしょう？

A) 粘土	B) 檻	C) 洗面器	D) 空騒ぎ

A F の発音は、下唇を噛みながら「フッ」と息を漏らします。この空気が漏れる感じから、「軽さ」「むなしさ」がアルファベット F のイメージと言われます。

上記 4 つの選択肢の中で「軽さ」「むなしさ」のイメージがあるものは、**fuss**（ファス：空騒ぎ　空騒ぎする）の D ですね。

A)の「粘土」には **clay**（クレイ）がありますが、cl は「密」のイメージがあり（p.218 参照）、粘土も土が密に集まっているものと考えられますね。

B)の「檻」にはアルファベット C の「カキクケコの硬い音→暗い」のイメージから **cage**（ケイジ：檻）という単語があります。

C)の「洗面器」には、アルファベット B の「唇を結んで空気を口にためて出す音→包み込む」のイメージから **basin**（ベイスン：洗面器）という単語があります。

空気だけ吐く→実態のなさ→軽さ

　「**空気が漏れる音**」がアルファベット F の基本イメージです。「空気が漏れる」感覚は、実体のなさ、むなしさ、弱さ、軽さに通じます。

　馴染み深い単語としては、**fool**（フール：馬鹿にする）や **fail**（フェイル：失敗する）がありますね。他にも **fiasco**（フィアスコ：大失敗）、**fidget**（フィジェット：そわそわする）などがあります。**fiddle**（フィドル：指でもてあそぶ）には「バイオリンを弾く」→「指でもてあそぶ」→「時間をつぶす」→「不正」と 4 つの意味が

ありますが、最後の不正については、「時間が有り余っていると人間ろくなこと考えない。だから不正」としておけばつながりますね。地面にうっすらと張った **frost**（フロスト：霜、冷淡さ）からは「軽さ」がイメージできます。他にも **fawn**（ファーン：おもねる）などがあります。この単語はアメリカ英語では「ファーン」、イギリス英語では「フォーン」と発音されます。

　また、空気が漏れるイメージから、頭から湯気、鼻から鼻息が出るほどの怒りにもつながり、**fume**（フューム：いらだつ、いぶる）、**fury**（フューリー：激怒）などがあります。なお、fume には「蒸気、ガス、におい」という意味もあり、**perfume**（パフューム：香水）は、per（〜を通って）＋ fume（煙る）でできています。

●──空気だけ吐く→実態のなさ→ウソ、現実離れ、だます

　アルファベット F は、空気だけ吐くことから、実体のなさ、ウソへイメージが広がります。このイメージの代表格は、**fake**（フェイク：偽物、捏造する）や **feint**（フェイント：　陽動作戦、見せかけ、フェイントをかける）などでしょう。同じ発音の **faint** の意味は（かすかな、失神する）です。他にも **fable**（フェイブル：寓話）、**false**（ファールス：にせの）、**fabricate**（ファブリケイト：捏造する）などがあります。

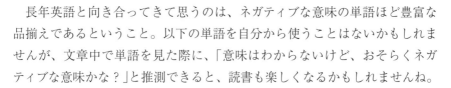

　ちょっと面白い単語として **fox**（フォックス：だます・きつね）があります。この単語は、「きつね」の毛皮（fur ファー）の軽いイメージと、「だます」というウソのイメージを持ち合わせています。

　長年英語と向き合ってきて思うのは、ネガティブな意味の単語ほど豊富な品揃えであるということ。以下の単語を自分から使うことはないかもしれませんが、文章中で単語を見た際に、「意味はわからないけど、おそらくネガティブな意味かな？」と推測できると、読書も楽しくなるかもしれませんね。

> **farce**（ファース：茶番）、**feign**（フェイン：ふりをする）、**foist**（フォイスト：押しつける）、**filch**（フィルチ：くすねる）、**fatuous**（ファチュオス：とぼけた）、**fanciful**（ファンシフル：とりとめのない）、**finicky**（フィニキー：凝り過ぎる）、**fudge**（ファッジ：ごまかし）、**fleece**（フリース：だましとる）、**ferocious**（フェローシャス：凶暴な）など。
> **facetious**（ファシーシャス：不謹慎にこっけいな）→単に「こっけいな」ではなく「不謹慎に」がポイントです。オックスフォード新英英辞典には「treating serious issues with deliberately inappropriate humour（意図的に不適切なユーモアでまじめな話題を扱っている）」とあります。ちなみにイギリス英語の辞書であるためhumorのつづりはhumourになっています。

※ f から始まる単語で紛らわしいものに、**fib**（フィブ：小さなうそ）と **fig**（フィグ：いちじく）がありますが、「fib（うそ）の b は farble（寓話）の b」、「fig（いちじく）の g は、green fig（新鮮なイチジク）の g」などとしておくと覚えやすいでしょう。

FL：「流れる」「ゆれる」イメージ

　F に L がつくと、**flow**（フロー：流れ、流れる）に代表されるように、「流れる」「ゆれる」イメージを持ちます。たとえば **flare**（フレア：炎、かっとなる）や **flame**（フレイム：炎）なら炎がゆれているイメージですし、**flail**（フレイル：手足を激しくゆり動かす）という単語もあります。大量に水が流れるから **flood**（フラッド：洪水）。**fluent**（フリューエント）は「流暢な」の意味で、やはり流れるイメージです。

　「流れる」「ゆれる」イメージの単語は相当あります。

flunk（フランク：しくじる）←ねらいが流れてしまう
flake（フレイク：はがれる）←はがれた一片がひらひらゆれているイメージ
flurry（フラーリー：一時的な吹雪）←雪が流れるイメージ
flap（フラップ：はためく）←カーテンがひらひらはためくイメージ
flutter（フラター：ひらひらする、動揺する）
←旗がひらひらゆれているイメージ（flap よりも小さい動き）
　※この flutter と似たつづりの **flatter**（フラター：ほめちぎる）は相手の気持ちをゆらすイメージ。「気持ちのゆれ」であれば、**flirt**（フラート：いちゃつく、もてあそぶ）などもあります。
flabby（フラビー：たるんだ）←たるんだお肉がタプタプゆれる
flighty（フライティ：移り気の）←気持ちがゆれる
flimsy（フリムジー：もろい）←気持ちがゆれるイメージ
flop（フラップ：もがく、バタバタ動く）←バタバタゆれるイメージ
flash（フラッシュ：閃光）←光の流れ
flamboyant（フランボイアント：けばけばしい）←派手さ、華やかさで人の心を揺らす
flicker（フリッカー：明滅する）←光の動きのイメージ

空気が漏れる音→空気のぶつかり合い→戦い・熱

　アルファベット F が空気を吐いてできる音であることから、空気のぶつか

り合い、すなわち戦いや熱へとイメージは膨らみます。

　身近な単語では、**fight**（ファイト：戦う）、**fire**（ファイア：火）、**force**（フォース：力）など。

fuel（フュエル：燃料）	**fist**（フィスト：こぶし）
forge（フォージ：捏造する、進出する）	**fort**（フォート：砦）
fend（フェンド：かわす）	**foe**（フォウ：敵）
furnace（ファーニス：暖炉）	**fiery**（ファイアリー：火の、激しい）

　擦ると消えるペンの名前でおなじみの **friction**（フリクション）は「摩擦」を表し、熱を生み出します。これに「熱量の高いもの」が続きます。

frenzy（フレンジー：狂乱）	**frantic**（フランティック：狂った）
fracas（フラカス：けんか）→イギリス英語では「フラカー」と「s」が発音されません。	
fret（フレット：やきもきする）	
frisky（フリスキー：よくじゃれる、快活な）　　**fry**（フライ：揚げ物にする）	

　総合すると F は「統制することなく流れるまま」というイメージですね。統制がないから、誤った行動になるし、争いにもなる。液体・気体・光・火などもそのまま放流・放出される。"ゆるゆる"→"ぐらぐらする"→"力がよくない形で発散される"とつなげて考えると、しっかり意味が定着していきます。

復　習　問　題

❶次の単語と意味を組み合わせましょう。

① fret	② frenzy	③ furnace	④ flamboyant
⑤ fracas	⑥ farce	⑦ flicker	

A 明滅する	B 暖炉	C やきもきする	D けんか
E 狂乱	F 茶番	G けばけばしい	

❷次の単語と意味を組み合わせましょう。

① frantic	② fawn	③ fiasco	④ fidget
⑤ fiddle	⑥ fury	⑦ fabricate	

A 激怒	B 大失敗	C そわそわする	D 指でもてあそぶ
E 捏造する	F おもねる	G 狂った	

❷①-G ②-F ③-B ④-C ⑤-D ⑥-A ⑦-E
❶①-C ②-E ③-B ④-G ⑤-D ⑥-F ⑦-A **A**

Gargleでガーッと
口を開けるG

▶ gap も gargle も gulf も口が開いた状態

Q 次の中で **guzzle**（ガズル）の意味はどれでしょう？

A) においを嗅ぐ　B) げっぷをする　C) しゃっくりをする　D) がぶがぶ飲む

A 「ガーッ」と言ったときの口が開く感じ、力強さから、アルファベット **G** には「口」、「開く」、「勢い」というイメージがあります。

A) の「嗅ぐ」は、鼻を使うので、鼻のイメージの SN から **sniff**（スニフ）が連想されます。他にも smell（スメル）、**scent**（セント）もありますね。

B) の「げっぷをする」は、ため込んだ空気を出すことから、「唇を結び空気をためてバーッと吐き出す」B のイメージで、**belch**（ベルチ）や **burp**（バープ）があります。ちなみに burp は「げっぷをする」という自動詞で主に使われますが、授乳後、背中を軽くたたいて赤ちゃんに「ゲップをさせる」という意味もあります。

C) の「しゃっくりをする」には、「ハーッ」と息を吐くときのアルファベット H のイメージから、**hiccup**（ヒカップ）が連想されます。

D) は「ガブガブ」という擬態語から「口」や「勢い」が連想されますから、まさに G のイメージです。D) が正解です。

「ガーッ」と口があんぐり開く →「口」、「開口部」

うがいするときの音を出してみてください。それがそのまま **gargle**（ガーグル：うがいする）の音となります。のどから出てくる音ですね。G にはのどや口や開口部に関する単語も多いです。

「のど」系

gaggle（ガグル：があがあ鳴く）
guttural（ガタラル：のどの、耳障りな）
gurgle（ガーグル：ゴロゴロのどを鳴らす）

※ちなみにネコがゴロゴロ喉を鳴らすのは、purr（パー）です。音声的にもちょっとかわいい感じがしますね。

「口」に関連するもの

gape（ゲイプ：ぽかんと口を開ける）　　**gorge**（ゴージ：暴食）
gobble（ガブル：がつがつ食べる）　　**groan**（グロウン：うめく）

「口」から連想される「消化器系・内臓」系

gullet（ガリット：食道）　　**gizzard**（ギザード：(鳥などの)砂ぎも）
gut（ガット：腸、(複数形で)元気）←「あいつはガッツがあるぜ」は、The guy has guts.です。

「開口部」に関するもの

gap（ギャップ：割れ目、穴）　　**gulf**（ガルフ：湾）
gill（ジル：鰓＝魚のえら）　　**gully**（ガリ：小峡谷）

ちなみにボーリングのガターは、**gutter**（ガター：溝）です。

🏰 valuable information

あの**google**（グーグル）のサービス名は、10の100乗という意味の**googol**（グーゴル）をドメイン登録する際、つづりを間違えたのが起源だそうです。小学生のころ見た大きな数の最大「無量大数（10の68乗）」よりもグーゴルはかなり、かなり大きいんですよね……　お口あんぐりです……

●──「ガーッ」と口があんぐり開いた状態→「まぬけ」

GA、すなわち「ガー」と声に出してみてください。口があんぐり大きく開いていると思います。ちょっと間抜けな感じがしますが、これもGの音イメージで、**gull**（ガル：間抜け、カモメ）、**galoot**（ガルート：とんま）、**goose**（グース：間抜け、ガチョウ）、**gudgeon**（ガジャン：お人よし、鯉科の淡水魚）、**gawk**（ガーク：ぽかんと見とれる、とんま）などがあります。

Gの勢い＋Lの軽さ＝明るさ、きらめき、広がり

　　Lの音の軽いタッチから、Lには軽さ、軽さゆえの
広がり・明るさがあります。Gの勢いが加わり、<u>GL</u>
で光や何かが勢いよく広がっていく意味となります。

　　まずは「光」に関連するものとして、**glitter**（グリター：
キラキラ輝く）、リップグロス（lip gloss）の **gloss**（グラス：
つや、光沢）などが身近でしょう。

glitter

キラキラする
GL

glance（グランス：ちらっと見る）　　　**glare**（グレア：まぶしい光）
gleam（グリーム：微光）　　　　　　　　**glimmer**（グリマー：ちらちら光る）
glimpse（グリンプス：一瞥）　　　　　　**glint**（グリント：きらめき）
gloom（グロウム：薄暗やみ）　　　　　　**glow**（グロウ：白熱）

　　光を通すガラスは **glass**（グラス）ですし、**glaze**（グレイズ）は「ガラスで囲む」
「陶磁器に釉薬<ruby>釉薬<rt>うわぐすり</rt></ruby>をかける」「料理に照りをつける」など光に関連しています。

「広がり」関連

glad（グラッド：うれしい）←喜びの広がり　　　　**glee**（グリー：歓喜）←喜びの広がり
glide（グライド：滑る、滑空する）←空間的広がり
glory（グラーリー：栄光、名誉）←輝きの広がり
glut（グラット：満腹させる、供給過多にする）←供給の広がり
glutton（グラトン：大食家）←食欲の広がり

G＋R＝ため込んだ勢いを吐き出す「力」「不満」

　　アルファベットの中でも、発音の難しさ上位を誇るRは、発音にかかる負
担から勢いを表します。Gの勢いとRの勢いが相まって、<u>ため込んだものを
吐き出すイメージ</u>、「力」、「不満」、「不快」となります。

「力」を表すもの

grow（グロウ：成長する）　　　　　**gripe**（グライプ：圧迫する）
grind（グラインド：挽く）　　　　　**gristle**（グリスル：気骨、精神力、軟骨）
greed（グリード：貪欲）　　　　　　**grim**（グリム：厳格な）
grub（グラブ：掘る）　　　　　　　**grate**（グレイト：おろし金でおろす）
　　※「大根おろし」は、grated daikon（グレイティッドダイコン：おろし金でおろされた大根）です。

「力をもってつかむ」もの

grip（グリップ：つかむ）　　　　　　**grasp**（グラスプ：把握する）

grab（グラブ：引ったくる）　　**grapple**（グラプル：取り組む）

> ため込んだ力→不満

grieve（グリーブ：悲しむ）→**grief**（グリーフ：悲しみ）
growl（グラウル：うなる）　　**grudge**（グラッジ：妬む）
grunt（グラント：ぶーぶー不平を言う）
grumble（グランブル：不平をブツブツ言う）

🏰 valuable information

ふらふら・あちこちの mble

　大まかな傾向として mble で終わる単語には「ふらふら」「あちこち」のイメージがあるようです。ただし、crumble の le は反復動作、nimble の le は傾向、jumble は擬音語というように、語源は単語によって違います。

mumble（マンブル：ぶつぶつ言う）←言葉がふらふら
tumble（タンブル：転ぶ）←足元がふらふら
ramble（ランブル：ぶらつく）←ふらふら歩く
scramble（スクランブル：這い上がる、這いまわる）
　←あちこち這いまわる
stumble（スタンブル：よろめく）←足元がふらふら
gamble（ギャンブル：賭け事）←お金があちこち出ていく
crumble（クランブル：砕ける、崩壊する）←砕けた破片があちこちに飛ぶ
tremble（トレンブル：震える、ゆれ動く）←体がふらふらする
jumble（ジャンブル：ごちゃごちゃ集める、困惑させる）←あちこちから集める
nimble（ニンブル：素早い、頭の回転が速い）←神経があちこちに行き渡る

ramble
ふらふらの
mble

復 習 問 題

❶次の単語と意味を組み合わせましょう。

① grab	② grumble	③ grate	④ gristle
⑤ grief	⑥ glance	⑦ glitter	

A おろし金でおろす	B 軟骨	C キラキラ輝く	D ちらっと見る
E 不平をブツブツ言う	F 悲しみ	G 引ったくる	

❷次の単語と意味を組み合わせましょう。

① gizzard	② groan	③ glimpse	④ gape
⑤ gutter	⑥ goose	⑦ gorge	

A 一瞥 B 溝 C暴食 D ぽかんと口を開ける　E砂ぎも Fうめく Gガチョウ

❷ ①―E ②―F ③―A ④―D ⑤―B ⑥―G ⑦―C
❶ ①―G ②―E ③―A ④―B ⑤―F ⑥―D ⑦―C

HouseのHは「囲む」「住む」

▶フェニキア文字 H は「柵」→「囲む」「住む」イメージ

Q 次の中で hovel の意味はどれでしょう?

A 塊　B 掘っ立て小屋　C 足を引きずって歩く　D 土をまぐわ(馬鍬)でならす

A 今回は、どれも H で始まる単語ばかりをそろえました。A は **heap**(ヒープ:塊)、B は **hovel**(ハバル:掘っ立て小屋)、C は **hobble**(ハブル:足を引きずって歩く)、D は **harrow**(ハロウ:土を馬鍬でならす)です。したがって正解は B です。

── H:フェニキア文字 H は「柵」→「囲う」「住む」

　H は、古くはフェニキア文字の「ヘー (ヨ)= 窓」や「ヘト(目)=柵」に由来するためなのか、今でも H で始まる単語の中には「囲う」「住む」に関連する単語が多いのです。

　クイズの正解 hovel 以外にも、house(ハウス:家)、home(ホウム:住まい)、hotel(ホテル:旅館)、hostel(ハステル:簡易宿泊所)など、おなじみの単語が多いです。

囲う**H**

hive(ハイブ:ハチの巣)、**hoard**(ホード:貯蔵)、**hut**(ハット:小屋)、**hatch**(ハッチ:出入口)、**hutch**(ハッチ:檻)、**hollow**(ハロウ:くぼんだ、くぼみ)、**hole**(ホール:穴)、**habitat**(ハビタット:生息地)、**hospice**(ハスピス:末期患者のための病院)など。

　暖炉(**hearth**:ハース)も、火を囲んでいるイメージや、暖炉を家族団らんで囲んでいるイメージなので、「囲い」の H ととらえてよいでしょう。

　自然現象においても、「囲い」のＨが見られます。たとえば、太陽や月に薄い雲がかかった際にその周囲に光の輪が現れる大気光学現象のことを暈と言いますが、英語では **halo**（ヘイロー）です。

> ※この単語には後光という意味もあり、いわゆる「ハロー効果」は、ある方面で優秀な人が他の分野でも高く評価されることを意味します。

　他にも、天使が住むところは heaven（ヘブン：天国)ですが、税の避難場所は **tax haven**（タックスヘイブン：租税回避地)で、**haven**（ヘイブン)には避難所という意味があります。

●──フェニキア文字Ｈは「柵」→「動きの制限」

「柵」は動きを制限します。

行動上の制限

hail（ヘイル：呼び止める）	**hedge**（ヘッジ：制限する）
halt（ハルト：止まる）	**haunt**（ハーント：つきまとう）
hold（ホールド：保留にする）	**hinder**（ヒンダー：妨害する）
hamper（ハンパー：妨害する）	**hinge**（ヒンジ：ちょうつがい）
hover（ハバー：(鳥やヘリコプターなどが)空中に浮かんで静止する）	
hostage（ハスティジ：人質）	**hush**（ハッシュ：静かにさせる）

感情面での抑制

honest（アネスト：誠実な）	**humble**（ハンブル：謙虚な）
homage（ハミジ：尊敬、忠誠心）	**hesitant**（ヘジタント：ためらいがちの）

Ｈの発音には強い息が必要→自然の力強さ

　英語には、発音するのに相応の力や息を必要とするものがあります。その１つがＨで、この「発音に要する息の力」は、「力強さ」や「荒々しさ」と関連する単語に使われることが多いです。

動物に関するもの

horse（ホース：馬）	**hawk**（ホーク：鷹）
hornet（ホーネット：スズメバチ）	**horn**（ホーン：角）
hoof（フーフ：蹄）	**hump**（ハンプ：(ラクダの)背こぶ）
herd（ハード：大きな動物の集まり）	**horde**（ホード：動物の大群）

天候に関するものとしては、**hail**（ヘイル：あられ）、**heath**（ヒース：荒地）などがあります。いわゆるハリウッド（Hollywood）の**holly**（ハリ：柊）の語源は「ちくちく刺す」で、葉っぱの先端に荒々しいトゲがついています。

※ちなみに「神聖な」という意味の holy は l が l つで、whole（全体の）と語源が同じです。空から地上全体を見渡している神様のイメージ。神聖なものは力強さに通じると考えられますね。

● —— H の発音には強い息が必要→人間の力強さ

「ハーッ」と息を吐くときの力から、hold（ホウルド：つかむ）、**hack**（ハック：たたき切る）のように力を要する行為にも H は登場します。

hook（フック：ひっかける、ホックで留める）	**hew**（ヒュー：切り倒す）
hammer（ハマー：打ちつける）	**hoe**（ホウ：鍬を入れる）
harvest（ハーベスト：刈り上げる）	**heft**（ヘフト：持ち上げる）

力を必要とする動作として、**hash**（ハッシュ：細かく切り刻む）があります。牛肉を細かく切った料理だからハッシュドビーフ（**hashed beef**）ですね。私たちがシャープ記号と呼んでいる「#」は英語では hash と言います。ハッシュタグ（**hashtag** ＝ ＃記号）は、SNS でキーワードやトピックを分類するために使われるものですね。

人間の力強さとしては、**hefty**（ヘフティ：屈強な）、**heroic**（ヒロウイック：勇敢な）などの単語があります。

強い感情にも H は登場します。たとえば **horror**（ハラー：恐怖）、**horrible**（ハリブル：ぞっとするほど嫌な）、**haughty**（ハーティ：傲慢な）、**hectic**（ヘクティック：熱狂的な、てんてこまいの）などがあります。

※カタカナ発音について
たとえば hold（一般的カタカナでは"ホールド"だが実際には"ホウルド"と聞こえる）、horror（一般的カタカナでは"ホラー"だが実際には"ホラー"と"ハラー"の中間に聞こえる）のように、通常のカタカナ表記と英語での発音が少し違う場合がありますが、通常のカタカナ表記でも通じますので、自分で好きな方を選んでかまいません。

J は、「勢い」「力」があるものとして押さえる

J については、jump（ジャンプ：飛び上がる）に代表されるように、なんらかの「勢い」や「力」をイメージしておけば十分でしょう。

jab（ジャブ：素早く突き刺す）は「勢い」で刺すことを示しています。「ズブッ」

「ブスッ」という突き刺すときの擬音語です。

jack（ジャック：ジャッキで持ち上げる）←「力」なしでは持ち上がらない

jolt（ジョウルト：がたんとゆさぶる、動揺）←「勢い」でゆさぶる

jest（ジェスト：おどけ、ふざけ、ふざける）←「勢い」でふざけてしまう

jam（ジャム：ぎっしり押し込む）←「力」で押し込む

jolly（ジョリー：愉快な）←「勢い」があるから愉快

jostle（ジャスル：乱暴に押す）←「勢い」つけて押す

jet（ジェット：ジェット機、噴出）←「勢い」なしには飛べない

jaw（ジャー：あご）←噛むあごの「力」

jump!

勢いが
ある J

K は、とりあえず「硬い」イメージ

　「硬い」K で始まる単語としては、**keen**（キーン：鋭い、熱心な）、**kernel**（カーネル：穀粒）、**kettle**（ケトル：やかん）、**kennel**（ケネル：犬小屋・あばらや）、**keel**（キール：船体の基礎となる竜骨）などがあります。

keen

硬い K

　K ＋ N の場合、K が発音されず、N のみ発音されることに注意しましょう。**know**（ノウ：知っている）、**knot**（ノット：結び目）、**knob**（ノブ：ドアの取っ手）、**knowledgeable**（ナリジャブル：見分の広い）、**knell**（ネル：鐘の音）、**kneel**（ニール：膝まづく）、**knit**（ニット：セーターなどを編む）、**knife**（ナイフ：包丁）などすべて発音は N からです。

復 習 問 題

❶次の単語と意味を組み合わせましょう。

①hive	② hoard	③ hut	④hutch
⑤hollow	⑥ habitat	⑦ haven	

A 小屋	B檻	C生息地	D 避難所	E ハチの巣	Fくぼみ	G貯蔵

❷次の単語と意味を組み合わせましょう。

① hoof	② hinge	③ halt	④ hump
⑤ hefty	⑥ heath	⑦ heft	

Aちょうつがい	B止まる	C背こぶ	D持ち上げる
E 屈強な	F蹄	G荒地	

LongでLooseのLは
「ながなが」「ダラダラ」

▶フェニキア文字 L は「突き棒」→「長い」から「引きずる」へ

Q 次の中で linger の意味はどれでしょう？

A) 居残る　　B) ちょっと立ち寄る　　C) 精進する　　D) 見切る

A フェニキア文字の L (\ ) は「突き棒」を意味します。そこから「長い」、「引きずる」イメージとなりますので、正解は A) の **linger** (リンガー：居残る) です。

L：「ながなが」

まずは「ながなが」のイメージから見ていきましょう。

「そのまま」のイメージが long (ロング：長い) で、時間的、物理的の長さを表しています。名詞「長さ」は **length** (レンス) で、動詞「長くする」は **lengthen** (レンセン) ですね。

物理的な長さや時間的な長さとつなげてみると、世界が広がります。

long lead

ながながの **L**

---

lance (ランス：槍)
　←物理的に長い「ヤリ」を表しています
leash (リーシュ：(犬をつなぐ) 革紐)
　←「長い」紐のイメージ。動詞で「犬などを綱でつなぐ」があります。同じ意味の単
　　語に **lead** (リード：犬などをつないでおく綱、導く) がありますね
leek (リーク：ニラネギ) ←長い形の野菜。

lush（ラシュ：（草などが）生い茂った）←草が長々と伸びたイメージ

last（ラスト：続く）←「前の」、「最後の」、「続く」と時間的な長さのイメージ

lame（レイム：足が不自由な）←ながながと時間をかけて歩くイメージです

　※ちなみに **lame duck**（レイムダック：役立たなくなったもの、任期満了目前の大統領や議員、死に体の）はニュースで目にしたことがあるかもしれませんね。この「死に体」は相撲用語で、体の重心を失い立ち直る見込みがない状態のことだそうです。

limp（リンプ：足を引きずって歩く）←ながながと時間をかけて歩くイメージ

latent（レイテント：潜在的な）←長期にわたって表から見えないながながのイメージ

　※病気に感染していても症状が出ない時期を **latent period**（レイテントピリオド：潜伏期間）と言います。

latch（ラッチ：かんぬき、ドアロック）←長時間ドアを閉めておくながながのイメージ

lay（レイ：横にする）←ずっと何かを横に置いた状態にする、ながながのイメージ。一方、自分が横になる **lie**（ライ）のほうはダラダライメージで後述します

leech（リーチ：蛭）←ヒルは長い形をしています。「寄生虫のような人間」「まとわりつく」という意味もありますが、これもながながとつきまとうイメージですね

leer（リアー：横目、流し目）←目が細く長くなっているイメージ

lever（レバー：てこ）←レバーの持ち手も長いですね

lick（リック：舐める）←舌を長く伸ばすイメージ

limb（リム：手足、肢）←手足は細くて長いイメージ

log（ログ：丸太）←当然長いですね

lava（ラーバ：溶岩）←溶岩が長時間流れていくイメージ

●──L：「ダラダラ」

　長いということは、ダラダラとゆるんだイメージにつながりやすいです。

　代表格の **loiter**（ロイター：ぶらつく）は時間的な長さを表しています。「ぶらつき三兄弟」として、loiter（ロイター）、linger（リンガー）, loaf（ローフ）があります。「長時間の滞留禁止」は「**No Loitering**」で、平たく言えば「ここでたむろってはいけない」ですね。

lean（リーン：もたれかかる）→直立と違い、力が入っていない感じがして、まさに「だらり」のイメージ

　※ learn（ラーン：学ぶ）とつづりが似ているので、「壁に掛けてある(R)のを外して、もたれかかる」と覚えておきましょう

lag（ラグ：遅れる）→lagには「のろのろ歩く」「ぐずぐずする」という意味もあるので、その結果「遅れる」のでしょうね

lounge（ラウンジ：くつろぐ、休憩室）→いわゆるラウンジはくつろぐ場所

loose（ルース：ゆるい）→ゆるんだイメージそのもの。

　　　※この発音は「ルース」ですが、lose（負ける、失う）の発音は「ルーズ」です。

loll（ラール：だらける）→まさにダラダラのイメージそのもの

loathe（ロウズ：ひどく嫌う）→気が進まないから、ダラダラやりそう

lullaby（ララバイ：子守歌）→子供を寝かせつけるときの歌。ゆるんだイメージ

lie（ライ：横になる）→横になるのもダラダラのイメージ

　　　※ことわざ「**Let sleeping dogs lie.**（寝た子を起こすな）」は、直訳すると「寝ている犬を横のままにしておけ」ですね。なお、lieには（嘘をつく）という意味もありますが、ウソをつく人はだらしないイメージがあるのでやはりダラダラグループに入れておきます。

L：発音のしやすさ→「明るさ」「軽さ」

日本語の「ラリルレロ」の発音はLとほぼ同じで、上の歯に舌先を軽く押し当てるだけです。この「発音のしやすさ」が「明るさ」や「軽さ」のイメージにつながります。

明るくて軽い **L**

「明るさ」「軽さ」のイメージの単語としては、light（ライト：光、軽い）、love（ラブ：愛）、like（ライク：好き）、**liberty**（リバティー：自由）、**laugh**（ラーフ：笑う）、**luster**（ラスター：光沢）などがあります。

light　love

---

lamb（ラム：子羊、無邪気な人、かわいい人）

→「明るさ」や「軽さ」に通じますね

ladle（レイドル：ひしゃく、おたま）→液体を軽く掬うイメージ

lamp（ランプ；明かり）　**lantern**（ランターン：手提げ用ランプ）→明るさそのもの

lark（ラーク：ひばり）→空を明るく軽やかに飛んでいるイメージ

larva（ラーバ：幼虫）→小さくて軽そう

前歯の裏→「隠れる」「隠す」「置き去りにする」

　Ｌと発するときに、上の歯に舌先を押し当てると同時に舌先は上の歯の裏に隠れることになり、「隠れる」「隠す」「置き去りにする」イメージの単語につながります。

　代表格が leave（リーブ：離れる）で、離れていけば見えなくなるので、隠れるイメージですね。なお、leave には「そのままにしておく」や「置き忘れる」という意味もありますが、こちらは「置き去りにする」イメージですね。

---

leak（リーク：漏れる、漏らす）→隠していたことが漏れたり、漏らしたりするイメージ

lurk（ラーク：待ち伏せする）→まさに隠れているイメージそのもの

loom（ルーム：ぼんやり現れる）→ぼんやり現れるということは半分隠れている!?

loot（ルート：戦利品、不正取得する）→不正に得たものは隠したくなるのでは!?

復習問題

❶次の単語と意味を組み合わせましょう。

① lance	② leek	③ lush	④ leash
⑤ latent	⑥ lay	⑦ lie	

A 生い茂った	B 犬をつなぐ革紐	C ニラネギ	D 槍
E 潜在的な	F 横にする	G 横になる	

❷次の単語と意味を組み合わせましょう。

① lengthen	② leer	③ loiter	④ lean
⑤ loathe	⑥ ladle	⑦ larva	

A 流し目	B 長くする	C ひしゃく	D 幼虫
E ひどく嫌う	F ぶらつく	G もたれかかる	

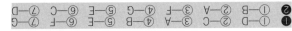

A
❷ ①—B ②—A ③—F ④—G ⑤—E ⑥—C ⑦—D
❶ ①—D ②—C ③—A ④—B ⑤—E ⑥—F ⑦—G

「名詞」「動詞」「形容詞」「副詞」 4つの関係性

▶ 母音、子音BからLまでの復習

Q 「名詞」「動詞」「形容詞」「副詞」の中で、英語史上使われはじめた順番を想像してみましょう。

A 絶対的な正解はありませんが、さまざまな事例から推測することは可能です。

まずは品詞そのものを指す単語、**noun**（ナウン：名詞）、**verb**（バーブ：動詞）、**adjective**（アジェクティブ：形容詞）、**adverb**（アドバーブ：副詞）が使われ始めた年代から推理してみましょう。

adjective、verb、noun の3つはおよそ14世紀、adverb がおよそ16世紀あたりから使われているので、少なくとも副詞がもっとも遅いことはわかります。これは形容詞や名詞に ly をつけて出来上がった副詞の存在などからもわかりますね。

　※ちなみに語源は、noun は「name（名前）」、verb が「word（言葉）」、adjective が「ad（〜へ）＋ ject（投げる）＝〜へ投げ出されたもの」、adverb が「ad（〜へ）＋ verb（動詞）＝動詞に付加されたもの」です。

動詞の変形から形容詞や名詞に転じた例について見てみましょう。
たとえば、**past**（パスト：過去、過去の）は、動詞 pass（去る）の過去分詞から形容詞となり、やがて名詞としても使われるようになりました。future（ヒューチャー：未来、未来の）は、動詞「存在する＝ to be」の未来分詞が形容詞や名詞になりました。形容詞の present（プレゼント：現在の）は、動詞「前に存在する＝ to be before one」が元になっています。少なくとも、時制を示す past、future、present の語源を調べると、動詞から形容詞や名詞へ発展してきたことがわかります。

ざっくりとではありますが、動詞→形容詞→名詞、動詞→形容詞→副詞　のような流れは推測できるかと思います。

品詞から品詞への発展を知る

　クイズのように品詞から別の品詞へと発展してきた英単語の歴史を知ることで、私たちの英単語に対する「品詞アンテナ」は今まで以上によく働くようになることでしょう。

　これまでは便宜上、代表的な品詞だけを紹介してきましたが、今回はあえてその単語が持っている他の品詞機能も紹介していきます。これまでの復習もかねて見ていきましょう（これまで見てきたB～L の単語たちです）。

●──名詞から動詞機能を推測する　（一部形容詞あり）

- berth（バース：寝棚）→ 動詞「停泊する」「停泊させる」
- bolster（ボルスター：長枕）→ 動詞「支援する」
- bundle（バンドル：束）→ 動詞「束ねる」
- bunch（バンチ：集まり）→ 動詞「束ねる」
- bunk（バンク：寝台）→ 動詞「寝台に寝る」「人に寝る場所を与える」
- bark（バーク：樹皮）→ 動詞「樹皮をはぐ」
- bud（バッド：蕾）→ 動詞「芽を出す」
- buoy（ブーイ：救命ブイ）→ 動詞「ブイをつけて浮かす」「浮く」
- cage（ケイジ：檻）→ 動詞「かごに入れる」
- crook（クルーク：柄の曲がったつえ、詐欺師）→ 動詞「曲げる」「曲がる」
- cunning（カニング：狡猾さ）→ 形容詞「狡猾な」
- cycle（サイクル：一巡）→ 動詞「循環する」「循環させる」
- chamber（チェインバー：部屋）→ 動詞「部屋を設ける」「部屋に入れる」
- chauffeur（シャウファー：お抱え運転手）→ 動詞「人を自家用車で運ぶ」
- class（クラス：種類）→ 形容詞「階級的な」動詞「分類する」「属する」
- cluster（クラスター：集団）→ 動詞「群生する」「群がらせる」
- clot（クラット：血栓）→ 動詞「塊になる」「塊にする」
- clod（クラード：　土の塊）→ 動詞「土くれ（土の塊）を投げつける」
- clamp（クランプ：留め金）→ 動詞「締め具で留める」

●──動詞から名詞機能を推測する　（一部形容詞あり）

- drag（ドラグ：引きずる）→ 名詞「引きずること」

- drive（ドライブ：駆り立てる）→ 名詞 「自動車を運転すること」
- drip（ドリップ：ぽたぽた落ちる）→ 名詞 「しずく」
- droop（ドループ：だらりと垂れる）→ 名詞 「うなだれること」
- forge（フォージ：捏造する、進出する）→ 名詞 「（鍛冶場の）炉」
- grasp（グラスプ：把握する）→ 名詞 「しっかりつかむこと」
- grab（グラブ：引ったくる）→ 名詞 「引ったくり」 形容詞 「つかむための」
- grapple（グラプル：取り組む）→ 名詞 「つかみ合い」
- gripe（グライプ：愚痴をこぼす）→ 名詞 「不平」
- growl（グラウル：うなる）→ 名詞 「うなり声」
- grudge（グラッジ：妬む）→ 名詞 「恨み」
- grunt（グラント：ぶーぶー不平を言う）→ 名詞 「ぶーぶー言う声」
- grumble（グランブル：ブツブツ不平を言う）→ 名詞 「不平」
- hedge（ヘッジ：制限する）→ 名詞 「垣根」 形容詞 「垣根の」
- lag（ラグ：遅れる）→ 名詞 「遅れること」 形容詞 「最後の」
- hush（ハッシュ：静かにさせる）→ 名詞 「静けさ」 形容詞 「口止めの」

●──単一品詞単語の見分け方

　明らかに名詞、形容詞、動詞を表す接尾辞がついているものは、単一品詞である可能性が高いです。逆に言えば、このような接尾辞がついていない単語は、複数の品詞機能を持っている可能性があるということです。

名詞のみ 　- tion/ ty/ance/ ment など名詞化の接尾辞がついているもの

- 例 explanation（エクスプラネイション：説明）
- 例 royalty（ロイアルティ：特許権使用料、王の身分）
- 例 governance（ガバナンス：統治方式）
- 例 movement（ムーブメント：動き）

形容詞のみ 　-able/-ic/ical/ful など形容詞化の接尾辞がついているもの

- 例 livable（リバブル：生きがいのある、住みよい）
- 例 economic（エコノミック：経済の）
- 例 economical（エコノミカル：経済的な）
- 例 skillful（スキルフル：熟練した）

動詞のみ 　- ate /fy/en/ など動詞化の接尾辞がついているもの

- 例 activate（アクティベイト：作動させる）
- 例 modify（モディファイ：変更する）
- 例 lengthen（レンクセン：長くする）

英単語学習法のまとめ 34：品詞トレーニング

効能	1つの英単語を見て複数の品詞を想像できる
適応タイプ	手持ち語彙の稼働率を少しでも上げたい人

実施手順	STEP1	本書や市販の単語教材で英単語を見る
	STEP2	たとえば見た英単語が名詞であれば、他の品詞機能がないか想像する
	STEP3	辞書で、その単語の品詞機能をチェックする

英単語学習法のまとめ 35：単語発音トレーニング

効能	ひとつひとつの単語の発音がわかるようになる
適応タイプ	つづりを見ても自分で適切な発音ができる自信がない人

実施手順	STEP1	Googleなどの自動翻訳サイト・アプリに英単語を入力する
	STEP2	発音ボタンを押して、発音を聞く

一度にたくさんの単語の発音を確認したいときは、leave/leak/lurk/loom/loot のように、単語間にスラッシュやピリオドなどを入れましょう。スペースだけ空けたり、改行しても、機械は息継ぎなく読んでしまい、聞き取りにくくなります。また、leave（離れる、置き忘れる）leak（漏れる、漏らす）lurk（待ち伏せする）……のように日本語部分も入れてしまうと、聞き取り不能言語になりますのでご注意ください。ちなみに、英単語を日本語入力欄に入れて再生ボタンを押すと、いわゆるカタカナ英語のような発音が楽しめます。

復習問題

❶次の単語と意味を組み合わせましょう。

① grumble	② bud	③ grudge	④ cluster
⑤ bolster	⑥ grapple	⑦growl	

A 支援する	B 芽を出す	C 妬む	D ブツブツ不平を言う
E 群生する	F つかみ合い	G うなり声	

❶ ①－D ②－B ③－C ④－E ⑤－A ⑥－F ⑦－G

第5章

「覚える」呪縛が解ける！
アルファベットは
意味のイメージセンサー❷

Mouth、MamのMは「口」

▶「口　mouth」に始まり「モグモグ言う mumble」まで

Q 次の中で「むしゃむしゃ食う」の意味の英単語はどれでしょう？

A) muffle 　　　 B) murmur 　　　 C) muzzle 　　　 D) munch

A 選択肢のすべてが m で始まり「口」に関する意味を持っています。
D) **munch**（マンチ）が「むしゃむしゃ食べる」という意味なので、D) が正解です。
その他は、本文で追々お答えしていきましょう。

M：「口」に関するイメージ

　オープニングクイズで紹介した通り、口（mouth マウス）の M は、口に関する単語が多いです。クイズの選択肢 B) murmur（マーマー）は「小声で話す」。「**小声 3 兄弟マー・マタ・マブ**」を紹介しましょう。

> マーこと **murmur**（マーマー）：「ヒソヒソ」と小声で話す
> マタこと **mutter**（マター：ぶつぶつ言う）：「ブツブツ」と不満を言う
> マブこと **mumble**（マンブル：もぐもぐ言う）：「モグモグ」と話す
>
>

　「マーはヒソヒソ、マタはブツブツ、マブはモグモグ」ですね。これ以外にも、

maunder（マーンダー：だらだら話す）、**moan**（モウン：ぶつぶつ言う）、**moo**（ムー：牛がモーと鳴く）、**meal**（ミール：食事）、**molar**（モウラー：臼歯）などがあります。

● ── M：唇を結ぶ→沈黙

　Mと発音するときに、唇をぎゅっと結ぶことから「沈黙」を意味します。**mum**（マム：沈黙、口をつぐんだ）、**mute**（ミュート：無言の、音を弱める）などがあります。

　クイズの選択肢A）**muffle**（マフル）には「音を消す」、「顔や首、体などを包む」という意味があります。したがって、**muffler**（マフラー）は、前者からは「消音器」、後者からは「襟巻」という意味になります。

　C）**muzzle**（マズル）には、「口封じする」、「犬や馬などの鼻口部」、「銃口」という意味があります。zzleで仲良し「**ズルズル家族**」を紹介しましょう。

frizzle（フリズル：縮れ、縮れる、じゅうじゅう炒める）→「縮れも」には**frizz**（フリズ）という単語もあります。ちなみにヨーロッパなどで見られる縮れもの鶏は**frizzle chicken**（フリズル・チキン）と呼ばれています。一方「じゅうじゅう炒める」のfrizzleは、**fry**（フライ：炒める）と下記の**sizzle**（シズル）が合わさってできました。
guzzle（ガズル：暴飲する、酒をがぶがぶ飲む）
muzzle（マズル：口封じする、鼻口部、銃口）
nozzle（ナズル：火口、噴射口）
puzzle（パズル；困惑させる、パズル）
sizzle（シズル：ジュージュー音を立てる）

の6単語です。

末尾のleには、操り返しの動作、小さい、という意味があります。frizzleなら小さく縮れるイメージ、guzzleならお酒を何度もお代わりするイメージ、muzzleなら小さな銃口のイメージ、nozzleなら小さな口から噴射するイメージ、puzzleなら何度も何度も難問にぶつかるイメージ、sizzleならジュージュー操り返し揚げるイメージでしょうか。

● ── M：唇を結ぶ→沈黙→不機嫌や悲しみ

　Mと発音するときに、唇をぎゅっと結ぶことから「沈黙」、そして「沈黙」しているときのネガティブな感情を表します。

mourn（モーン：（人の死を）悼む、嘆く）　　**morbid**（モービッド：気味の悪い）
mope（モウプ：意気消沈する）　　　　　　　**morose**（マロウス：不機嫌な）
muzzy（マジ：頭が混乱した）

このzzyシリーズには、**buzzy**（バジ：酔った）、**fuzzy**（ファジ：不鮮明な）、**oozy**（ウージ；湿った）とかいろいろあって、ああ、マジ（muzzy）で頭が混乱してきた……

247

muddle（マドル：混乱させる、ごちゃまぜにする。言葉を濁らす）から、飲み物をかき混ぜるときに使う棒をマドラー（**muddler**:マドラー）と言いますが、「でたらめなやり方をする人」「お茶を濁す人」という意味もあります。**mump**（マンプ：すねる）はイギリス方言のようですが、**mumps**（マンプス：おたふくかぜ）と表情は多少なりとも似ているのでイメージは作れると思います。

S + M：「擦りつける」「漏れ出る」

　子音と子音が組み合わさることで、もともとの子音の意味が強調されたり、新たな意味が生まれたりします。

　Mは唇をぎゅっとくっつけたあとに「マー」と声を漏らす音ですが、前にあるSがその働きを強め、S + Mで「唇がくっつく→擦りつける」「マーと息を出す→漏れ出る」というイメージになりました。たとえば**smash**（スマッシュ：打ち壊す）なら強く擦りつけて粉々にするイメージ、**smoke**（スモーク：煙を吐く）なら煙が漏れ出るイメージです。

擦りつけるイメージ

smirch（スマーチ：傷つける）→傷になるくらい擦りつける
smudge（スマッジ：汚れ、汚す）→汚れを擦りつける
smear（スミア：汚れ、塗りつける）→汚れを擦りつける
smooch（スムーチ：しみ、シミをつける）→汚れを擦りつける
　※ smooch には「キスする」という意味もありますが、こちらは唇を擦りつけるイメージ
smack（スマック：ぴしゃりと打つ）→平手を擦りつける
smut（スマト：すすなどで汚す、汚れ）→すすを擦りつけるので汚れる

漏れ出るイメージ

smart（スマート：利口な）→賢さが漏れ出る
smile（スマイル：微笑む）→笑顔が漏れ出る
smirk（スマーク：にやにや笑う）→にやにや笑いが漏れ出る
smog（スモグ：煙霧）→煙が漏れ出る
smother（スマザー：窒息させる、息苦しくさせる）→息が漏れ出る
　→「窒息させる→息を押さえる」から smother a yawn（あくびをかみ殺す）、smother a scream（叫び声を押し殺す）のような使われ方もあります。
smug（スマグ：きざな、ひとりよがりの）→気取った態度が漏れ出る

smolder（スモウルダー：くすぶる）→煙が漏れ出る
smuggle（スマグル：密輸する、密入（出）国させる）→人や物がこっそり漏れ出る

　ちょっとお腹いっぱいですよね。

　でも、今必死に覚えようとしなくていいのです。将来英語ワールドに浸るとき、「murmur？どこかで見たような単語だなぁ。Mって口のイメージだから、これは"しゃべる"系の単語かも……」とうっすらと思い出せたら上出来。この本をきっかけに、「完璧に覚えてから次へ進む」学習モードだけでなく、「ただただ眺めて感じるだけ」という学習スタイルも試してみてくださいね。

🏰 valuable information

　本の編成上、同じカテゴリーの内容を連続してお届けしていますが、もし途中で飽きたら、別のチャプターに飛んで気分転換しましょう。再々お伝えする通り「学ぶ順序があまり厳密でない」ところが英語の良いところ。一次方程式をとばして二次方程式に進めない数学と違い、英語には本来、比較級をマスターしてから関係詞というような順番の必然性は特にありません。英単語はあちこち好奇心優先で「触れる頻度」を増やすことで身につけられます。「dogもまともに使えない私がcanine（ケイナイン：イヌ科の）を知っても無意味…」なんてことはありません（そういえばドッグフードのブランドに、これと似た名前があったような…）。

復 習 問 題

❶次の単語と意味を組み合わせましょう。

① muffle	② murmur	③ munch	④ smack
⑤ smother	⑥ molar	⑦ mute	

A 小声で話す	B ぴしゃりと打つ	C 音を消す	D むしゃむしゃ食べる
E 無言の		F 臼歯	G 窒息させる

❷次の単語と意味を組み合わせましょう。

① mourn	② mumps	③ muddle	④ smirk
⑤ smear	⑥ smuggle	⑦ mope	

A にやにや笑う	B ごちゃまぜにする	C おたふくかぜ	D 汚れ
E 密輸する	F 人の死を悼む	G 意気消沈する	

❷ ①—F ②—C ③—B ④—A ⑤—D ⑥—E ⑦—G
❶ ①—C ②—A ③—D ④—B ⑤—G ⑥—F ⑦—E

NoseのNは鼻に抜ける音→「鼻」

▶「鼻　nose」に始まり「犬の鼻口 nozzle」まで

Q 次の中で nib の意味の英単語はどれでしょう？

A) 鈍い　　　　　B) 2部　　　　　C) 妊婦　　　　　D) ペン先

A A)「鈍い」に該当する英単語は非常に多いです。
blunt（ブラント：刃先が鈍い）
dim（ディム：光沢が鈍い、曇った）
dull（ダル：切れ味が鈍い、痛みが鈍い）
numb（ナム：感覚が麻痺して鈍い）
slow（スロウ：動きが鈍い）
matte（マット：色が鈍い）
thick（シック：頭が鈍い）←「厚い」「濃い」という意味もあります。

こんなに単語があると、いざ英語でしゃべろうとしたときに言葉が出てこなくなりそうですね。そこで、「A のときはこれを使い、B のときはこれを使う」とシンプルなリストを頭の中で描いておきましょう。

「鈍い」のリスト

何が鈍いの？	使う単語	シンボル（印象に残る表現）
刃物	blunt	a blunt knife（切れないナイフ）
光	dim	a dim room（薄暗い部屋）
痛み	dull	a dull pain（鈍痛）
感覚	numb	fingers numb with cold（寒さでかじかんだ指）
動き	slow	a slow learner（覚えの遅い学習者）
色・つや	matte	a matte finish（つや消し加工）
頭の働き	thick	have a thick head（愚鈍である）

B)「2部」→ たとえば「今日の新聞2部」なら「two copies of today's paper」です。

C)「妊婦」は **a pregnant woman**（ア プレグナント ウーマン）と言います。ちなみに「つわり」は **morning sickness**（モーニング・シクネス）と言います。

D)の **nib**（ニブ：ペン先、くちばし）が正解です。

N は鼻に抜ける音→「鼻」が基本イメージ

「ん〜」と発音すると、鼻に音が抜けていくのを感じます。この「鼻に抜ける音」が「鼻」のイメージとなります。

nose（ノウズ：鼻）が「鼻の N」の代表格。「嗅ぐ」という動詞でもあります。

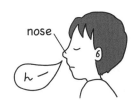

neb（ネブ：(鳥などの)くちばし）→くちばしは、鳥にとっては鼻ですね

nuzzle（ナズル：鼻を擦りつける）
→動物が鼻で穴を掘ったり、鼻を擦りつける意味です

navel（ネイバル：へそ）→まさに体の鼻

nasal（ネイザル：鼻の）→noseは名詞「鼻」、nasalは形容詞「鼻の」です

nostril（ナストリル：鼻の孔）→「鼻孔から吸い込む」という意味もあります

nod（ナッド：うなづく）→「うんうん」と鼻を繰り返し下に向ける姿

nap（ナップ：うたた寝する）→鼻いびきかいていそうですね

nag（ナグ：馬）→「小言を言う」という意味もあります

●── N：「鼻」→「鼻先」→「先端」

「鼻」から連想されるものは「先端」ですね。

nib（ニブ：ペン先、くちばし）→オープニングクイズの正解でした

nozzle（ナズル：吹き口、筒口）→ホースなどの筒先ですね

nipple（ニプル：乳首）

「le」は小さいものを指します。他には **icicle**（アイシクル：つらら）、**ripple**（リプル：さざ波）、**particle**（パーティクル：分子）などがあります。

S＋Nも「鼻」

　漫画の Snoopy（スヌーピー）は大きなお鼻が特徴。S＋Nも鼻に関するもの全般です。

　あのスヌーピーの著者は当初このビーグル犬に Sniffy（sniff＝スニフ：くんくん嗅ぐ）という名前を考えていたそうですが、他でも使用されていたことなど諸々の理由で、**snoop**（スヌープ：こそこそ嗅ぎ回る、詮索する）にちなんで Snoopy（スヌーピー）と名づけたとか。

　S は他の子音の前について、その子音の働きを強めます。つまり、N の「鼻」という働きを S で強調している感じですね。

実際に鼻を使う行為

snarl（スナール：うなる・どなる）
　→犬などが歯をむき出して鼻から「ウー」とうなるイメージ
sneeze（スニーズ；くしゃみをする）→鼻がムズムズしてからくしゃみが出る
　　※ちなみにくしゃみの音は「atchoo（アチュー：ハクション）」
snooze（スヌーズ：居眠りする）→居眠りの鼻息が聞こえてきそうです。
snore（スノー：いびきをかく）
　　※前章の冒頭にあったように、いびきの「グーグー」は、英語の漫画では zzz と表現されます。
snort（スノート：鼻息を荒くする）→「軽蔑」や「いらだち」の表現
sniffle（スニフル：鼻をすする）
snuffle（スナフル：鼻をクンクン言わせる、鼻声で話す）
snivel（スニベル：すすり泣く）
→鼻をすすりながら泣くイメージですね。
snook（スヌーク：あざける）→親指を鼻先にあてて他の4本の指を
　広げて見せるしぐさ。「cock a snook（馬鹿にする）」という表
　現で使われるようです。

snort

鼻のイメージが強い行為

　以下の単語は実際には鼻は使わない行為ですが、やはり「鼻」のイメージが強いですね。

sneer（スニア：鼻であしらう）
snicker（スニカー：忍び笑う）

snook

　さて、みな鼻が関連している単語であり、すべて SN で始まることから、まったく頭に入ってこない方もいるでしょう。最後に整理しておきます。

「鼻にまるわる行為」のリスト

カテゴリー	行為	単語	シンボル（印象に残る表現）
音を出す	うなる	snarl	The dog snarls at strangers. （あの犬は知らない人にうなる）
	くしゃみをする	sneeze	sneeze into one's handkerchief （口に当てたハンカチにくしゃみをする）
	鼻声で話す	snuffle	She snuffled quietly. (彼女はひっそり鼻声で話した)
軽蔑する	鼻息を荒くする	snort	He snorted at her suggestion. （彼は彼女の提案に不満を表した）
	鼻であしらう	sneer	sneer at a proposal（提案を鼻であしらう）
	馬鹿にする	snook	cock a snook（馬鹿にする）
眠る	居眠りする	snooze	take a snooze（うたた寝する）
	いびきをかく	snore	snore loudly（大きないびきをかく）
嗅ぐ	嗅ぐ	sniff	sniff a flower（花の匂いを嗅ぐ）
泣く	すすり泣く	snivel	snivel into a handkerchief（ハンカチを鼻に当ててすすり泣く）
笑う	忍び笑う	snicker	snicker at a person's mistake（人の過ちをクスクス笑う）

復習問題

❶次の単語と意味を組み合わせましょう。

① neb	② nuzzle	③ navel	④ nasal
⑤ nostril	⑥ nod	⑦ nap	

A 鼻を擦りつける		B 鼻の	C 鼻の孔	D うたた寝する
E うなづく	F くちばし	G へそ		

❷次の単語と意味を組み合わせましょう。

① snarl	② sneeze	③ snore	④ snivel
⑤ sniff	⑥ nipple	⑦ numb	

A いびきをかく	B すすり泣く	C 乳首	D 感覚が麻痺して鈍い
E くんくん嗅ぐ	F どなる	G くしゃみをする	

❷ ①-F ②-G ③-A ④-B ⑤-E ⑥-C ⑦-D
❶ ①-F ②-A ③-G ④-B ⑤-C ⑥-E ⑦-D

253

PunchのPは「攻撃」

▶「pinch　困難」から「punch ぶん殴る」まで

Q 次の中で poke の意味の英単語はどれでしょう？

A) 豚肉　　　　B) 投手の反則行為　　C) ポケモンの略称　　D) 突く

A A) は **pork** で、R が入ります。「ポック」みたいに小さいワを入れて発音すると英語らしくなります。もっとも I like pork better than chicken.（私はチキンよりポークが好きです）のように文で伝えると、発音を気にする必要がなくなります。

B) は **balk**（バーク）で、「ためらう、妨げる」という意味があります。野球で投手がするボークも balk です。唇を結んで息をためてから発音する B には「制止」のイメージがあります。

C) そもそも「ポケモン」自体が Pocket Monsters の略称です。英語圏でも Pokemon で通用します。「ポケ」のような略し方はされていないようです。「ピカチュウ」はこのまま Pikachu ですが、日本名と英語名が違うものを少し見ていきましょう。

・（日）アーボ→（英）Ekans（イーカンズ）：日本語名のアーボは、大蛇＝ **boa**（ボア）を反対読みしたもの。英語でも同じように、snake を反対読みしていますね。
・（日）カメックス→（英）Blastoise（ブラストイス）：**blast**（ブラスト：突風）＋ **tortoise**（トータス：亀）の合成です。
・（日）プリン→（英）Jigglypuff（ジグリーパフ）：**jiggly**（ジグリー：軽くゆれる）＋ **puff**（パフ：ぷっとふくれたもの）の合成です。
・（日）メタモン→（英語）Ditto（ディトウ）：**ditto**（ディトウ：同上、同前）から、メタモンの変身能力を表しているのでしょう。

ということで、D)が正解です。**poke**（ポウク：突く）の「突き方」は、指や棒などでつつく、突き刺す、火などを棒でつついてかき立てる、紙などに穴を突き開ける、などさまざまです。

「パーッ」と破裂する音→「圧」→「苦しさ」

クイズの正解 poke や **punch**（パンチ：ぶんなぐる）、**pinch**（ピンチ：困難、危機、はさむ、苦しめる）以外にも「圧の P」「苦しさの P」はいろいろあります。

> **pester**（ペスター：悩ます、苦しめる）←問題を与えて圧をかける
> **panic**（パニック：恐怖）←恐怖が人の心を圧する
> **pang**（パン：激痛）←激しい痛みという苦しさ
> **pant**（パント：息切れする、熱望する）
> 　←空気が吸い込めない苦しさ
> **parch**（パーチ：人に渇きを覚えさせる）←渇きの苦しさ
> **pat**（パット：軽くたたく）←小さく圧する
> **pawn**（パーン：質草、抵当、質に入れる）←経済的な苦しさ
> **peck**（ペク：くちばしでつつく）←小さく圧する
> **pebble**（ペブル：小石）←小石の上を歩くのは痛い
> **peep**（ピープ：のぞき見する）←視線で圧をかける
> **peak**（ピーク：頂点、最高点）←頂点から圧をかける
> 　※つづりが **peek** だと「のぞき見する」ですが、発音は同じです。

P＋L：軽めの「圧」

発音に力が必要でない L と組み合わさると、P の「圧」も少し軽くなります。また L の「伸ばす」イメージから「広い」意味につながります。place（プレイス）は広さを持つ「場所」の意味ですが、「軽い圧」がかかる「置く」意味があります。

「圧」

plant（プラント：木を植える）←優しく植えるから「圧」は軽い
plop（プラプ：ぽちゃんと落ちる）←落ちる「圧」は軽い
plash（プラシュ：水がバシャバシャいう）←水の「圧」は軽い
plug（プラグ：栓、ふさぐ）←プラグを差し込むときの「軽い圧」
plaster（プラスター：膏薬、膏薬を張る）←シップをペタっと張るときの「軽い圧」

「広い」

plow（プラウ：鋤、耕す）←「広い」土地を耕すイメージ
plane（プレイン：平面、かんな、かんなをかける）　←平面の「広さ」
plateau（プラトウ：台地、高原）←高原の「広さ」

第1章 第2章 第3章 第4章 第5章 第6章 第7章 第8章

plate（プレイト：浅く丸い皿）

　←浅めの皿には「広さ」を感じる

pleat（プリート：（服などにつける）ひだ）

←プリーツスカートの「広がり」

plot（プラット：たくらみ、構想、小地面）←構想の「広がり」

plunge（プランジ：飛び込む、突進する）←「広い」空間に飛び込んだり、突進するイメー

　　ジ。The market plunged.（株が急落した）のように「急落する」という意味もあります。

　プロットといえば、私はプロンプトといつも混同してしまいます。紛らわ
しいカタカナ用語をここで整理しておきましょう。

カタカナ名称	英単語	定義
プロット	plot	小説や脚本などの筋書き
プロンプト	**prompt**	俳優が間違ったときに陰からそっと台詞を教えること、あるいはその台詞
プロンプター	**prompter**	俳優が間違ったときに陰からそっと台詞を教える人や講演者などに文章を見せる装置
テロップ	**subtitles**	テレビ放送時に挿入される文字

　※ちなみに **telop** は Television Opaque Projector という装置の商標名

P＋R：強めの「圧」→威圧的

　発音に力を要する R と組み合わさると、P の「圧」は強まります。press（プ
レス）の圧力ですね。これらの P を受ける側の「しんどさ」を感じてみましょう。

pry（プライ：押し開ける,詮索する）

prod（プラード：突く）→圧を強めて突く

prank（プランク：いたずら、悪ふざけ）→悪ふざけで相手を圧する

　prank には「着飾る」という意味もあります→着飾って相手を圧する

prey（プレイ：餌食、犠牲者、えじきにする）→「圧」に押された犠牲者

　「祈る」の **pray** と発音が同じです

prickle（プリクル：針、とげ）→針先に圧が集中するイメージ

prong（プラング：尖った先、フォーク、フォークなどで刺す）

　　→フォークの先に圧が集中するイメージ

prance（プランス：大威張りで歩く）→周囲に圧をかけながら歩くイメージ

preen（プリーン：羽づくろいをする、着飾る）→くちばしの先で丁寧に圧をかける

prate（プレイト：ペラペラしゃべる）→相手を圧するぐらいにしゃべりまくる

Q：「喉の振動」→「生命」「活発さ」

Qで始まる単語のほとんどがQ＋Uで構成されています。QU（クー）と発音してみると、Qで喉が、Uで唇が振動するのがわかります。この喉と唇とのダブルの振動が、quick（クイック：速い）などQUの持つ「活発さ」「激しさ」「敏速さ」のイメージです。

> **quack**（クアック：あひるなどがガーガー鳴く）
> →あひるの元気な様子
> **quaff**（クワーフ：大酒を飲む）→飲む勢いの激しさ
> **quarrel**（クワレル：激しい口げんか）→けんかの激しさ
> **quake**（クウェイク：震える、地震）→震えの激しさ
> 　地震は **earthquake**（アースクウェイク）と言います。
> **quiver**（クウィバー：震える）→震えの激しさ
> **queasy**（クウィージー：吐き気を催させるような、不愉快な）
> 　→激しさを増すネガティブな気持ち

Q＋Uには、激しいものを「鎮める」働きもあります。

> **quench**（クウェンチ：火などを消す、鎮める）
> **quash**（クアッシュ：鎮圧する、破棄する）
> **quell**（クウェル：鎮める）

復習問題

❶次の単語と意味を組み合わせましょう。

① quench	② quake	③ quarrel	④ prank
⑤ prey	⑥ pray	⑦ prate	

A 鎮める	B 犠牲者	C 祈る	D ベラベラしゃべる
E 激しい口げんか	F 悪ふざけ	G 震える	

❷次の単語と意味を組み合わせましょう。

① plow	② pleat	③ plop	④ plunge
⑤ peep	⑥ pester	⑦ pang	

A ぽちゃんと落ちる	B 飛び込む	C のぞき見する	D 苦しめる
E 激痛	F 耕す	G ひだ	

RoarのRは「悪」「力」

Q 次の中で「rotter」の意味の英単語はどれでしょう？

A) ろくでなし	B) クジ	C) 生産単位	D) 巻く

A 答え合わせに入る前に、ちょっと roulette や roll を発音してみましょう。単語冒頭の R は日本人にとっては手ごわい発音ですよね。この「なんだか意識を置かないとうまく発音できそうにない感じ」が、R の持つ「やっかいさ」となり、これは「悪」のイメージへとつながります。

ということで、**rotter**（ロター）は「悪」のイメージから引っ張ってきて、A)の「ろくでなし」が正解となります。B) と C) は lot、D) は roll ですね。

R：難しい発音 →「やっかいな感じ」

---

roar（ウォー：猛獣が吠える音）が象徴するように、R は恐怖をもたらすくらいの勢いや悪さを表します。

ところで R には、park や car のように R の後ろに母音がないときと、right のように R の後ろに母音があるときがあります。

前者の R は、「パーゥク」「カーゥ」のように R がしっかり発音される **rhotic**（ロウティック：R音性的な）場合と、「パーク」「カー」と R がほとんど発音されない **nonrhotic**（ノンロウティック：非R音性的な）場合があります。非ネイティブである私たちは2種類どちらの発音でも自由に選べます。一方、後者の R にはそのようなバリエーションはありません。「舌をラリルレロのように歯に付けずに、**ウァ、ウィ、ウゥ、ウェ、ウォ**」と言うコツをイメージしな

がら、この項の単語を声に出してみるとよいでしょう。

「悪」

reptile（レプタイル：爬虫類、卑劣な人間）

rascal（ラスカル：ならずもの、いたずらっこ）

　　→ちなみにアライグマは **raccoon**（ラクーン）です。子供の頃「あらい
　　ぐまラスカル」というアニメを観て、あらいぐまのことを英語でラスカル
　　というものだと思い込んでいました。これからは「いたずらっこラスカル」で覚えておきます。

rook（ルーク：だます、カラスの一種、ペテン師）

randy（ランディ：好色な、欲情した）

ruffian（ラフィアン：悪党）

rowdy（ラウディ：やかましい、粗野な、乱暴者）

「力」

racket（ラケット：馬鹿さわぎ）

　　→テニスのラケットの **racket** はフランス語の racquette から入っ
　　たのに対して、馬鹿さわぎの **racket** は擬音語です。この2つは
　　起源が違う同綴異義語です。

riot（ライアット：暴動）

reap（リープ：収穫する）

　　→努力などの結果や報酬を得る、という意味なので、「努力」「力」のイメージがあります。R
　　をLに変えると、**leap**（リープ：跳躍する）になります。

raid（レイド：急襲）

　　→ride（ライド：乗る）や road（ロード：道）と同語源。「馬に乗って道を走り、急襲する」絵が
　　浮かびますね。

rake（レイク：熊手、熊手でかき集める）

rend（レンド：引き裂く）→rend the sheets（シーツを引き裂く）、rend my heart（私の心を
引き裂く）、rend the country in two（国を2つに引き裂く）のように使います。

rifle（ライフル：略奪する、ライフル銃）

ravage（ラビッジ：破壊、損害）

raven（ラバン：略奪する、食物をむさぼる、わたりがらす）

riddle（リドル：ふるいにかける、精査する、なぞなぞ、難題）。

ravel（ラベル：ほぐす、混乱させる）→レッテルや商標は**label**（レイベル）です。

ricochet（リコシェイ：跳躍、跳ね返る）→フランス語からの借用語です。

　　最後に漢方薬にまつわる単語を。**rhubarb**（ルーバーブ）は「大黄」で、根を
煎じて健胃薬や下剤に用いられます。また「騒がしさ」「ガヤガヤ」も表します。
これはラジオ放送で騒音などを声優が演じる際、"rhubarb rhubarb"と繰り返
して言っていたことが由来のようです。

●──R：難しい発音→「不快な感じ」

発音の難しいRは、不快な感じを表すことがあります。**rude**（ルード：無礼な）や **raw**（ラー：生の、未熟な、下品な）などが身近でしょうか。

raffish（ラフィッシュ：がらの悪い、けばけばしい）
riffraff（リフラフ：人間のくず）
rum（ラム：奇妙な）
rancid（ランシド：腐敗しかけて臭い）
rash（ラッシュ：向こう見ずの、発疹）
raucous（ラーカス：耳障りな）
rickety（リケティ：関節が弱い、がたがたの）

●──R：難しい発音→「圧縮した力を放出」→「スピード」

「舌を口内のどこにも落ち着かせず、浮かせたままで喉の奥から音を出す」Rは、口内で若干息をため込んで、ウォーと一気に吐き出します。この感じから run（ラン：走る）、rapid（ラピッド：急速の）などスピード感のある単語も多くあります。

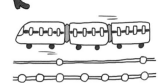

race（レース：競争、競争する）
rush（ラッシュ：大急ぎで行く）
rally（ラリー：集まる、盛り返す、テニスなどのラリーをする）
rip（リップ：引き裂く、突進する）
romp（ランプ：子供などが跳ねまわる、快走する）

勢いがある単語はR、そうでないものはL

RとLの部分だけが違ってそれ以降のつづりが同じ単語を比較すると、R系が「力・悪・スピードのニュアンス」で、L系は「軽さ、長さのニュアンス」があることがわかります。

R系（力・悪・スピード）	L系（軽さ・長さ）
reap（収穫する）	leap（跳躍する）
rake（熊手、熊手でかき集める）	lake（湖）
rend（引き裂く）	lend（貸す）
ravage（破壊、損害）	lavage（胃などの洗浄）
raw（未熟な、下品な）	law（法律）
rip（引き裂く）	lip（唇）
race（競争）	lace（透かし模様に編んだもの）
rash（向こう見ずの）	lash（むち）→「まつ毛」は eyelash
rush（大急ぎで行く）	lush（草などが茂った）

🏰 valuable information

音感を大事に

　カタカナや身近な日本語を通して、私たちがこれまでに培ってきた音感というものがあります。

　クイズの rotter という単語を見て、何か回すもの、巻くものなどをイメージする方も多いでしょう。その背景には「ルーレット（**roulette**：ルーレット）」、「ロール（roll ＝回す，巻く）」、「ロータリー（**rotary** ＝回転する、ロータリー）」、「ローテイション（**rotation** ＝回転）」などのカタカナ語の存在があります。

　言語センサーを磨く上で、こうした別の単語が持つ語感から他の単語の意味を推測することはとても大切です。「『機動戦士ガンダム』とか『呪術廻戦』とか、ザ行やガ行の音ってなんだか強そうな感じがするよね」というような語感がある方は、ぜひそれを大切にしてください。英語でもきっと役立ちます。

🏰 復 習 問 題

❶次の単語と意味を組み合わせましょう。

① reptile	② rascal	③ rook	④ rowdy
⑤ rake	⑥ raid	⑦ reap	

A 熊手	B 急襲	C 爬虫類	D いたずらっこ
E だます	F 乱暴者	G 収穫する	

❷次の単語と意味を組み合わせましょう。

① rhubarb	② rude	③ rapid	④ rash
⑤ ravage	⑥ raucous	⑦ riot	

A 暴動	B 耳障りな	C 破壊	D 騒がしさ
E 無礼な	F 向こう見ずの	G 急速の	

❷ ①—A ②—E ③—G ④—F ⑤—C ⑥—B ⑦—A
❶ ①—C ②—D ③—E ④—F ⑤—A ⑥—B ⑦—G

軽く息を漏らすSighのS

▶ 息が漏れて影の薄い存在

Q 次の中で sullen の意味の英単語はどれでしょう?

A) 誠実な	B) 重厚な	C) 陰気な	D) 愛の

A 「スー」と発音すると、息が口から漏れるのがわかります。この感触が「軽さ」となり、その「軽さ」は時にネガティブな意味合いとなります。

このイメージから、**sullen**（サラン）の意味は唯一ネガティブな選択肢「C) 陰気な」が正解となります。他にも S がもたらすネガティブな意味の単語として、**sulky**（サルキー：こどもがすねた、むっつりした）、**sultry**（サルトリー：蒸し暑い）があります。ネガティブS三兄弟：陰気なサラン・むっつりサルキー・猛暑のサルトリー！でまとめて押さえておきましょう。

他にもネガティブな S として、**surly**（サーリー：無愛想な）**seedy**（シーディ：みすぼらしい）、**sour**（サウア：酸っぱい、気難しい）などがあります。

S：息が漏れる音→存在の軽さ

　Sの一大特徴は、他の子音と組み合わせのバリエーションにあります。「スー」と発してみると、息が漏れるのがわかります。この感触が「軽さ」、そして「存在の軽さ」となり、影の薄い S は強い個性の子音たちを引き寄せます。
　Sの世界を観察する際には、一緒に使われている子音のイメージを知っておくことがとても有効です。

S＋C／K＝覆い

「クー」と息を吐くと口内の上部奥で息が振動しているのがわかります。この口内上部から「屋根」や「覆い」のイメージが生まれます。sky（スカイ：空）やskin（スキン：皮膚）が代表例です。スカルプケアの **scalp**（スカルプ）は「頭皮」という意味ですね。

scab（スキャブ：かさぶた）	**skirt**（スカート：すそ）
scale（スケイル：うろこ、目盛り、はかり）	
skim（スキム：膜、ざっと見る）	**skep**（スケプ：ハチの巣）
scum（スカム：浮きかす）	**skull**（スカル：頭蓋骨）

カタカナ表記では同じになるけれど意味が違うものとして、**scarf**（スカーフ：首に巻くもの）と **scurf**（スカーフ：ふけ）があります。このように母音箇所が意味の違いの決定打となるときの切り抜け方は、まずなるべく他の単語と一緒に使い、文脈で相手に理解してもらうように工夫すること、もう1つは、少し

開かれたスカーフ（scarf）と
閉じたスカーフ（scurf）

scarf

scurf

arは口を大きめに
開けて「アー」

だけ発音を意識すること。scarf の ar は、「アー」と口を大きく広げます。一方、scurf の ur は、顎を引いた状態で、口を小さくあけ「ウゥ」とうなる感じです。

●――S＋C／K＝表面

また、表面に関する動詞も多いです。**scan**（スキャン＝ざっと見る）や、**scratch**（スクラッチ：擦る）などが代表例です。**scuff**（スカフ：足を引きずって歩く）は、床という表面をずるずる歩きイメージですね。

skid（スキッド：横滑りする）	**scatter**（スキャター：まき散らす）
scrub（スクラブ：擦る）	**skim**（スキム：すくい取る）

●――S＋C／K＝素早さ

口の前方で s と発した直後、口の奥で k/c「ク」と発するため、sc や sk には素早いイメージがあります。主に skip（スキップ：スキップする）、**skate**（スケイト：スケートで滑る）、**scamper**（スキャンパー：走り回る）などがあります。

263

旧ソビエト連邦が開発したスカッドミサイルの **scud**（スキャッド）には「疾走する、突風、ちぎれ雲」という意味があります。

→ちなみに scud と関連する単語に **scuttle**（スカトル：逃走、あわてて逃げる）があります。英単語には fair（フェア：公平な、見本市）や seal（シール：印、あざらし）のように同じつづりで意味が全く違うものがあり、同綴異義語（**homograph**：ハモグラフ）と言いますが scuttle もその一例です。「石炭入れ」「広口かご」の scuttle は大皿を意味するラテン語が起源で、「船の丸窓、台無しにする」を意味する scuttle は穴を意味するスペイン語が起源のようです。

　パソコンやスマホ画面をスクロールダウンするときの **scroll**（スクロール：上下左右に移動する）も素早いイメージがありますが、これは後半の **roll**（ロール：転がる、転がす）がスピードのイメージを助長していますね。

Ｓ＋Ｈ：「柵」で「囲むもの」、「息」で激しさ

「囲まれているもの」

　Ｈ は、フェニキア文字で柵を意味する「ヘト」に由来します。この「柵の H」と組み合わせて、SH で「囲まれているもの」を表せます。**shelter**（シェルター：住居）、**sheath**（シース：刀剣の鞘）、**shade**（シェイド：物陰、日よけ）、**shield**（シールド：盾）、**shin**（シン：向こうずね、人の向こうずねを蹴る）などがあります。

shout!

「激しさ」

　また強く息を吐く H と組み合わさることで、激しい動きが生まれます。**shout**（シャウト：叫ぶ）が代表例ですね。

---

shake（シェイク：振る）　　　　　**shave**（シェイブ：剃る）
shabby（シャビー：むさくるしい）←近くでいつも激しく動かれたらむさくるしいですよね
shoot（シュート：発射する）　　　**shove**（シャブ：乱暴に押す）
shudder（シャダー：震えおののく）　**shun**（シャン：避ける）
shiver（シバー：身震いする）
　→東北弁の「しばれる＝寒い」の語呂で「震えるほど今朝はシバーれる」で覚えちゃいましょう。
shunt（シャント：脇へ押しのける）
　→血液透析のため、動脈と静脈を体内または体外で直接つなぎ合わせた血管という意味もあります。

●──単語の末尾のＳ＋Ｈも「激しさ」

　末尾にある sh も、激しさを加えます。**mash**（マッシュ：つぶす）、**bash**（バッシュ：強く打つ、非難する）、**squash**（スクワッシュ：押しつぶす）、**thrash**（スラッ

シュ：激しく打つ）、**trash**（トラッシュ：壊す）などですね。

「ながなが」の L から **lash**（ラッシュ：むち、むちで打つ）、「勢い」の R から rash（ラッシュ：向こう見ずな）や **brash**（ブラッシュ：傲慢な、押しの強い）、下に向かう D から **dash**（ダッシュ：叩きつける）、「流れ」の F から **flush**（フラッシュ：水をざっとかける）がそれぞれイメージできます。

子音数を増やし、強さを表す

S はほかの子音と一緒に使われることで、強いイメージを作ります。息の勢いが必要な「強い」音と並べることで、強いイメージが加速されます。

たとえば strong（ストロング：強い）のように、S＋T＋Rと、息が３回も吐かれれば、強さを感じずにはいられませんね。

---

screw（スクルー：ねじ）→ねじを締めるときにかかる力をイメージできます
squeal（スクイール：キーキー言う）→SとQの子音の息の勢いにぴったり
squeak（スクウィーク：甲高い声を出す）→SとQの子音の息の勢いにぴったり

---

sprint（スプリント：全速力で走る）、**splendid**（スプレンディド：豪華な）、**spree**（スプリー：旺盛な活動→例 a shopping spree＝派手な買い物）、**split**（スプリット：裂く）など S＋P＋Rや S＋P＋Lも、息漏れ子音３連発の勢いに則した意味ですね。

復習問題

❶次の単語と意味を組み合わせましょう。

① squash	② split	③ squeal	④ screw
⑤ shield	⑥ shabby	⑦ shun	

A 裂く　B キーキー言う　C ねじ　D 避ける　E 押しつぶす F むさくるしい　G 盾

❷次の単語と意味を組み合わせましょう。

① sheath	② shudder	③ trash	④ shunt
⑤ shin	⑥ lash	⑦ scamper	

A 走り回る　B むちで打つ　C 刀剣の鞘　D 震えおののく
E 向こうずね　F 脇へ押しのける　G 壊す

❷ ①—C ②—D ③—G ④—F ⑤—E ⑥—B ⑦—A
❶ ①—E ②—A ③—B ④—C ⑤—G ⑥—F ⑦—D

さまざまな子音とくっついて、相手の個性を引き出すS

▶S＋Lは「細く長い」おつき合い

Q 次の中でslantの意味の英単語はどれでしょう？

A）メリハリのある　　　B）俊敏さ　　　C）まばたき　　　D）傾斜

A S＋他の子音の組み合わせにおいては、Sよりも次の子音のイメージが単語の意味に強い影響を与えます。それはSが「軽い息漏れ」から「存在の薄さ」によるものとも考えられます。S＋Lの場合、Lの「ながなが・だらだら」のイメージが強いです。

A）の「メリハリのある」はLの「ながなが・だらだら」とは真逆のイメージ。**distinct**（ディスティンクト：明瞭な）や **clear**（クリア：明瞭な）などで表現できそうです。

B）の「俊敏な」もLの「ながなが・だらだら」とは真逆のイメージ。**clever**（クレバー：利口な）, **sharp**（シャープ：鋭い）、**agile**（アジャル：機敏な）、**alert**（アラート：用心深い、機敏な）などで表現できそうです。

C）の「まばたき」も一瞬のことなので、これもLの「ながなが・だらだら」からは遠いですね。まばたきは **blink**（ブリンク）で、片目を閉じるいわゆる「ウインク」は **wink**（ウインク）ですね。

D）の「傾斜」は「ながながとつづく坂」と考えればしっくりきますね。ということで正解はD）**slant**（スラント：傾斜、傾ける）です。

他には **tilt**（ティルト：傾斜、横にする）があります。「横にする」といえば、スマホの画面を傾けたり、パソコンから印刷したりするときのタテ・ヨコ設定などで便利な対言葉として、**portrait**（ポートレイト：肖像画、縦長の）と **landscape**（ランドスケイプ：風景、横長の）があります。

Portrait

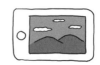
Landscape

S＋L： 「ながなが」「だらだら」「どろどろ」

　息を漏らすとできるSの音は存在の軽さを表し、他の子音を引き立てます。

　Lのチャプターでも触れたように、フェニキア文字のLは「突き棒」を意味します。その「長い」イメージから、まずは物理的な長さに関する単語として、**slender**（スレンダー：やせた）、slim（スリム：やせた）などがあります。

> **slash**（スラッシュ：斜線、さっと切る）　　**slice**（スライス：薄く切る）
> **slit**（スリット：長い切り口）　　　　　　　**sling**（スリング：つるす）
> **slot**（スロット：細長い穴、硬貨などの投入口）

　「長さ」は「ながなが」、「だらだら」というイメージとなります。slow（スロー：のろい）のようにS＋Lでそのイメージが増長されます。

> **slobber**（スラバー：よだれをたらす）
> **slink**（スリンク：こそこそ動く）
> **slumber**（スランバー：まどろむ）
> **slipshod**（スリプシャド：だらしない）
> **slack**（スラック：怠ける、緩い、たるみ）
> 　→ slacks（スラックス）は「ゆったりしたズボン」

　生き物では、ナマケモノが **sloth**（スラース）、ナメクジは **slug**（スラグ）です。slug には「怠け者」という意味もあり、この形容詞は **sluggish**（スラギッシュ：不精な）です。「だらしない人」は **sloven**（スラベン）。**sloppy**（スラピー：だらしない）には、「ドロドロした」という意味もあります。**slag**（スラグ：鉱滓）の「鉱滓」とは、金属を溶かして精錬する際に出るカスのこと。レンガやセメントの材料にもなります。他にも、**slough**（スラウ：泥沼）、**sleet**（スリート：霙）、**slime**（スライム：へどろ）、**sludge**（スラッジ：ぬかるみ）、**slush**（スラッシュ：半解けの雪）などがあります。

　「ながながと引きずる」イメージから、「斜め」、「滑る」、「道を外れた」へと膨らみ、**slope**（スロウプ：斜面）、**slide**（スライド：滑る）、**slip**（スリップ：滑る）、**slither**（スリザー：滑る）などがあります。**slur**（スラー：見逃す、中傷する）は「スラーっと見ないふり」としておきましょう。

Ｓ＋Ｐ：唾が飛ぶ→「しゃべる」、「勢い」、「突出」

「しゃべる」系

　SPとしっかり発音すると、まずは唾が飛びます。そこからしゃべることに関係した言葉が連想できます。speak（スピーク：話す）が代表例ですね。**spittle**（スピトル：つば）、**spit**（スピット：つば）などは古英語。ラテン語系は **saliva**（サライバ：唾液）で、secrete saliva（唾液を分泌する）のように医療的文脈でも使われます。ちなみに **secrete** は（シクリート：分泌する、隠す）です。

spew（スピュー：吐く、もどす）　　　**spout**（スパウト：まくしたてる、噴き出す）
sputter（スパター：口から唾を飛ばしながらしゃべる）
spurn（スパーン：はねつける）→「申し出をスパーンとはねつけた」で丸暗記できそう

「勢い」系

　「唾が飛ぶほどの勢い」から「勢い」そのものへイメージが膨らみます。野菜売り場でよく見るスプラウトは「もやし」や「かいわれ」のことですが、英語では **sprout**（スプラウト：新芽、芽を出す）で「勢い」の代表と言えますね。

spate（スペイト：洪水）　　　　　　**spatter**（スパター：液体がはねる）
splash（スプラッシュ：はねる）　　　**sprinkle**（スプリンクル：まき散らす）
speckle（スペクル：染み）　　　　　**spark**（スパーク：火花）
spread（スプレッド：広がる、広げる）**sprawl**（スプラール：手足を伸ばす）
spray（スプレイ：しぶきを飛ばす）　**sparkle**（スパークル：泡立つ）
spur（スパー：拍車をかける）

　「勢い」は「突出」でもあり、**spear**（スピア：槍）、**spire**（スパイア：尖塔）、**spike**（スパイク：大釘）、**spine**（スパイン：トゲ、背骨）などがあります。

Ｓ＋Ｔ：「硬さ」→「固定」「重要な動物」「立つ」「存在」

「硬さ」系

　Ｔ＝トゥッと声に出すとき、舌が前歯の裏に当たり、歯切れのよい音が息と一緒に漏れ出します。硬い歯に当たっていることからこの音は「硬さ」を表し、Ｓが加わって意味が強化され stone（ストーン：石）のような硬さを表します。

stem（ステム：茎）　　　　　　　　　**stump**（スタンプ：切り株）

st stubborn
頑固な

stand

staff（スタッフ：杖）   **stub**（スタブ：切り株）

stick（スティック：小枝）   **stock**（スタック：切り株）

stern（スターン：厳格な）   **stiff**（スティフ：こわばった）

still（スティル：静止した）   **sturdy**（スターディ：丈夫な）

stubborn（スタボーン：頑固な）←stubの硬さと重なります

「固定」「安定」系

物質的な硬さから「固定」や「安定」のイメージになり、**steady**（ステディ：安定した）、**stable**（ステイブル：安定した）、**staple**（ステイプル：主要産物）、**stapler**（ステイプラー：いわゆる「ホチキス」。紙を束ねて固定するもの)のような単語があります。

「人間にとって重要な動物」系

音の硬さから「重要なもの」がイメージされます。昔から馬は人間にとって重要な存在だったので、馬に関する単語は ST で始まるものが多い印象です。

stud（スタッド：繁殖用の馬）   **stall**（スタール：厩舎）

stallion（スタリオン：種馬）   **stable**（ステイブル：馬小屋）

stirrup（スターラップ：鐙＝乗馬の際に足をかける金具）

steed（スティード：軍馬）   **stirk**（スターク：子牛）

steer（スティア：去勢牛）

※ steer には「操縦する、監督する」という意味もあります。例 **steering committee**（スティアリング・コミッティー：運営委員会）

「立つ」、「固める」系

stand（スタンド：立つ）、**stop**（ストップ：止める）、**stay**（ステイ：滞在する)などに代表されます。

stall（ストール：止まる）   **stare**（ステア：じっと見る）

stick（スティック：突き刺す）   **sting**（スティング：刺す）

Afghanistan（アフガニスタン）、**Pakistan**（パキスタン）、**Kazakhstan**（カザクスタン)などの stan は国を表し、国も「立っているもの」として考えられます。

exist（エグジスト：存在する）→「前に立つ」という意味のラテン語が英語に入りました

constant（カンスタント：不変の）→con（一緒）から「一緒に立っている」が原義

institute（インスティテュート：設立する）→in（中）から「中に立てる」が原義

resist（リジスト：反抗する）→re（反対に）から「反対に立つ」が原義

constitute（カンスティテュート：構成要素となる）→con（共に）から「ともに立つ」が原義

息を強く吐き出しTalkする T

▶ 手のひらに talk して、息が当たればそれが T

Q Etaoin Shrdlu の記述で正しいものを選びましょう。

A）Etaoin Shrdlu とはドイツの劇作家である
B）Etaoin Shrdlu とは外国人名を名乗った日本人作家である
C）Etaoin Shrdlu とは世界的ベストセラー「英語アレルギー〜最高の処方箋」の著者である
D）Etaoin Shrdlu とは英語におけるアルファベットの使用頻度順である

A 正解は D）です。

Etaoin Shrdlu は、組版鋳造機のキーボード左側の最初の 2 縦列に配置されたものです。当時のアルファベット使用頻度を表していると言われています。母音(e,a,o,i,u)が入っていることから、英語圏でも母音は大活躍していることがわかりますね。

https：//www.printersdevil.ca/
printing/linotype-machine/

このクイズを出したのは、必ずしもアルファベット順で学習する必要はなく、好きなところから学べばよいことをお伝えしたかったためです。たとえば、英単語のボリュームゾーンである R、S、T あたりから始めてみてもいいかもしれませんね。

個人的におススメなのは、最初に目次を見て、興味のあるユニットからつまみ食いすることです。そしてきりの良いところで本を閉じて回想してみるのもよいでしょう。本ユニットであれば、T の世界を読んだあとで、自分が知っている T 始まりの単語をいろいろ回想してみるのです。こうすることで私たちの読書時間は、「消化する」「こなす」ステージから、「味わう」ステージにグレードアップすることでしょう。

T：前の歯に舌が触れる音→「口」「触」「不安定」

まずは t の音を体感しましょう。ティッシュを口の前に置いてティッシュに向かって **task**（タスク：仕事）と発音してください。上手に t が発音できたらティッシュが動きます。この強く吐き出す息のイメージから、口や話すことにつながります。

「口」系

T を発音するとき、前の歯に舌が軽く当たっていることから「口」に関するもの、すなわち **talk**（トーク：話す）、**tell**（テル：言う）、**taste**（テイスト：味わう）といった単語が多くあります。

teach（ティーチ：教える）←口から出た言葉で教える
tooth（トゥース：歯、複数の歯は**teeth**＝ティース）
tease（ティーズ：からかう）　　　**tusk**（タスク：牙）
tattle（タトル：だべる）　　　**titter**（ティター：クスクス笑う）
tone（トウン：口調）　　　**taunt**（ターント：なじる）

「触」系

前の歯が舌に触れることから、「触」や「先」に関する単語もあり、touch（タッチ：触る）、take（テイク：取る）、toe（トゥ：つま先）などが身近でしょうか。

tackle（タクル：取り組む）　　　**tack**（タック：留める、取りつける）
tongs（トングズ：いわゆる"トング"という、はさみ道具）
tickle（ティクル：くすぐる）
titillate（ティタレイト：性的に刺激する）
tap（タップ：軽くたたく）
tick（ティック：カチッという音）
tug（タグ：強く引く）
tip（ティップ：先端）
teat（ティート：(哺乳動物の)乳首）

touch
tap

「不安定」系

前の歯に触れた舌は一瞬で離れてしまうことから、「不安定」のイメージの単語も多いのです。**tremor**（トレモー：身震い）、**topple**（タプル：ぐらつく）、**totter**（タター：よちよち歩く）、**tangle**（タングル：もつれさせる）、**tipsy**（ティプシー：千鳥足の）、**toddle**（タドル：よちよち歩く）などです。

T＋H：「喉」、「通過」、「方向」

「ハヒフヘホ」と言うとき、喉の奥から息が出る感じがします。一方 T と組み合わせて TH（舌先を噛みながら、サシスセソ、ザジズゼゾ）と発音すると、息の漏れはかなり絞り込まれ、一点を目指して息が向かうことから、「喉」、through（スルー）のように「通過」、「方向」などのイメージとなります。

throat（スロウト：喉）→**throttle**（スラトル）は喉を締めつける
thirsty（サースティ：喉が渇いた）
thaw（サウ：解ける、解かす）→氷の状態を通過して液体になる
thread（スレッド：糸を通す）→「通過」のイメージ
thrill（スリル：ゾクゾクする）→体を興奮が通過していく
　※日本語では「スリル」ですが、英語の場合、母音があるところにアクセントが置かれるので、「スリル」と発音されます。
throw（スロウ：投げる）→投げたものが1か所に向かう
thunder（サンダー：雷、雷が鳴る）
→雷が1か所に向かって落ちていく
throb（スラブ：ドキドキする、振動する）→体を興奮が通過していくイメージ
thrust（スラスト：ぐいと押す、突き出す）→1か所に圧が向かう
thieve（シーブ：盗む）→1か所を狙いに行く
throne（スロウン：王座）→人々の目が向かうイメージ

th

thread

thrill

T＋R：「歩く」、「足」

発音の難しい R には相応の力が必要なので、T+R には力で進む→歩く、足のイメージがあり、travel（トラベル：旅行)や trip（トリップ：つまずく、旅行）などの単語があります。

　※ travel は長期間の旅行や海外旅行などのような「一般的な旅行」で、ビジネスや娯楽などのような目的がはっきりしている短い期間の旅行は trip です。出張は明確な目的があるので business trip と言います。trip には「つまずく」という意味がありますが、やはり足に関係していますね。麻薬などによる幻覚は bad trip。
trek（トレック：長期間歩く、のろのろ行く）
tramp（トランプ：のしのし歩く、徒歩旅行、浮浪者）
　→発音が似ている **trump**（トランプ：切り札、奥の手）の方は **triumph**（トライアムフ：打ち勝つ、勝利）が語源。
tread（トレッド：踏みつける、歩く）→スポーツジムによく設置されている「トレッドミル（ベルト上を歩いたり走ったりする運動機械）」は**treadmill**（トレッドミル）。
trace（トレイス：跡をたどる）→歩いてたどって行くイメージ

trample（トランプル：踏みつける、どしんどしんと歩く）

　　→トランポリンは trampoline（トランポリン）。

trudge（トラッジ：とぼとぼ歩く）→重い足どり

truce（トゥルース：休戦）→足を休めるイメージ

trundle（トランドル：小車輪、車のついた運搬具で運ぶ）→車輪は車の足

T ＋ W：「小ささ」「小さな動き」

　「Wo ＝ウォ」と W を発音するときは、口が小さくすぼまっています。そこから「小さなもの」「小さな動き」のイメージになります。小さいものとしては、**twig**（トゥウィグ：小枝）、**tweezers**（トゥウィーザーズ：ピンセット）、**twins**（トゥウィンズ：双子）、**twine**（トゥワイン：より糸）などがあります。

「小さな動き」系

twitch（トゥウィッチ：ぴくぴくする、痙攣）

twang（トゥワング：弦をはじいて音を鳴らす、楽器の弦などがビュンと鳴る音）

twitter（トゥウィッター：さえずる）

tweak（トゥウィーク：つまんでぐいと引く）

twaddle（トゥワドル：無駄口をきく、無駄口）

twinge（トゥウィンジ：うずかせる、刺すような痛み）

twinkle（トゥウィンクル：キラキラ光る）

twiddle（トゥウィドル：いじくりまわす、もてあそぶ）

tw

twins

twinkle

復習問題

❶次の単語と意味を組み合わせましょう。

| ① twitch | ② twaddle | ③ twig | ④ tweezers |
| ⑤ truce | ⑥ tread | ⑦ trip | |

A ピンセット　B踏みつける　Cつまづく　D休戦　E 小枝　F無駄口を聞く　G痙攣

❷次の単語と意味を組み合わせましょう。

| ① tusk | ② teat | ③ tick | ④ tremor |
| ⑤ totter | ⑥ twinkle | ⑦ trudge | |

A身震い　　Bキラキラ光る　　Cカチっという音　　D牙 E とぼとぼ歩く　　　F哺乳動物の乳首　　　　Gよちよち歩く

❷ ①-D ②-F ③-C ④-A ⑤-G ⑥-B ⑦-E
❶ ①-G ②-F ③-E ④-A ⑤-D ⑥-B ⑦-C

A

V、W、Y、Zは
もはや擬音語の世界

▶「ビシッ」「ウェーン」「イェイ」「グーグー」

Q whine（ホワイン）は、犬のどんな音でしょうか？

A）威嚇するためにうなっているときの音
B）哀れっぽく鼻を鳴らしているときの音
C）キャンキャン吠えたてているときの音
D）いびきをたてているときの音

A 正解は B の「哀れっぽく鼻を鳴らしているときの声」です。「クーン」というあの鳴き声ですね。

A は growl（グラウル：犬などがうなる、ほえ声）、C は **yap**（ヤップ：やかましい吠え方、キャンキャン）、D は **ZZZ**（ズズズ：いびきの音）です。

→口をれく突き出したズーズーズー（Zu/ Zu/Zu）ではなく、上下の歯を閉じた状態で「ズー」と濁音を出して、Z〜と伸ばして言ってみましょう。はい、これで英語らしい発音になります。

zu（ズゥ） **z（イーの口でz〜）**

「擬音語」オノマトペ

アルファベットにフォーカスした学習の最後は、V/W/Y/Z で締めくくります（X は特記すべきものがないので割愛します）。オープニングクイズの whine のようなアルファベットを擬音語（**onomatopoeia**: アノマトピア）と言います。ちなみに onoma は「名前」を意味し、「姓名判断」は **onomancy**（アノマンシー）と言います。

「大人のビジネス会話では擬音語全開にしないのに学ぶ意義はあるの？」

そう思った方も一度日本語における擬音語を振り返ってみましょう。「この資料、バーッと目を通しておいてね」「あれ、そんなに重要じゃないから、サクッとやっといて」など、擬音語を挟む人のしゃべり方って、ちょっと人間臭い感じ、親しみやすさを感じませんか？

英語においても、擬音語には人間くささがあります。漫画でもバンバン登場します。無理に使う必要はないけれど、知っておいて損はありません。日本の漫画の英訳版を読むときは、日英の擬音語の違いが比較できて面白いものです。

V の世界

vroom

V で始まる擬音語はそれほど多くありません。以下の単語ぐらいで十分でしょう。

veery (ビアリー) →ツグミの一種。鳴き声から
vroom (ブルーム) →「ブルンブルン」：オートバイなどのエンジン音

一方、ラテン語やフランス語からの借用が多い傾向です。なおラテン語からそのまま英語に入ったものやフランス語を経由して入ったものがありますが、語源に特にこだわる必要がなければ、ざっくり「借用語」として押さえておけば十分でしょう。

valediction (バレディクション：告別の辞)   **vacuum** (バキューム：真空)
vagabond (バガバンド：放浪者)   **vague** (ベイグ：あいまいな)
vain (ベイン：無駄な)   **venom** (ベナム：悪意)

ちなみにワクチンは英語では **vaccine** (バクシン)で日本語と発音もアクセントの場所も違います。「ワクチン接種をする」は **vaccinate** (バクサネイト)です。

W の世界

wahoo (ワーフー) →「すげぇ」、「やったぁ〜」：喜びの表現
wee wee (ウィーウィー) →「(おしっこ) シー、シー」：幼児語
wham (ホアム) →「ドシン」「ドカン」：衝突や衝撃の音

whew（ヒュー）→「フーッ」「やれやれ」：失望や安堵を表す

wow（ワオ）→「ワオ」：喜びや感嘆を表す

who who（フーフー）→「ホーホー」：フクロウの鳴き声

音が出るような行為にも W は使われています。

whop（ワップ：乱暴に打つ、「バシッ」）

warble（ワーブル：鳥がさえずる、声を震わせて歌う）

　　→「ヨーデルを歌う」という意味もあります。これとは別に、**yodel**（ヨウデル：ヨーデル、ヨーデルを歌う）という単語もあります。ヨーデルとは、スイスの山間地方に見られる、ふつうの声と裏声の急速な転換を繰り返す歌い方です。

weep（ウィープ：涙を流す）　　　　　whistle（ウィスル：口笛を吹く）

whicker（ウィッカー：馬がいななく）→ **nicker**（ニカー）も「馬がいななく」です。

whisk（ウィスク：「サッ」と動かす、卵・生クリームなどを泡立てる）

　　→「クリームを泡立てる」は whisk cream や beat cream と表現します。

whisper（ウィスパー：ささやく）→耳元でささやくような同時通訳を「ウィスパリング」と言います。たとえば会議参加者10名中、日本人が1人のとき、英語会議の邪魔をしないよう日本人の隣席で通訳者がささやくように行う通訳ですね。

wobble（ワブル：よろめく、ぐらぐらする）→日本語の「ヨタヨタ」「グラグラ」「ヨロヨロ」のイメージ

whip（ウィップ：激しくたたく、卵・生クリームなどを泡立てる）

　　→「ホイップクリーム」は whipped cream です。

Y の世界

yahoo（ヤフー：「ヒャッホー」「わ～い」「やったぁ」）→歓喜の表現

　　あの Yahoo! の由来には諸説あり、1つ目は英語の「Yet Another Hierarchical Officious Oracle（イェット・アナザー・ハイアラーキカル・オフィシャス・オラクル」（さらにもう1つの階層的でお節介な神託）の略という説。もう1つは創立者が自分らのことを「yahoo ＝無骨者、粗野な人」ととらえていた説。3つ目が辞書にある「ヤッホー！」「やったー！」という説です。

yak（ヤック：「ぺちゃくちゃ」、長いおしゃべり）

yank（ヤンク：ぐいっと引っ張る）　　yawn（ヤウン：あくびをする）

yowl（ヤウル：泣きわめく、遠吠えする）

yummy（ヤミー：おいしい、おいしいもの）

Z の世界

zoom（ズーム：ぶーんという音を立てる、ズームレンズでとる）

zonk（ザンク：「ガーン」、前後不覚になる）

zip（ジップ：「ビューッ」、音を立てて素早く進む、元気）

英単語学習法のまとめ 36：擬音語トレーニング

効　能	漫画などに登場する擬音語がわかるようになる
適応タイプ	擬音語に興味がある人

実施手順　STEP1　「バンバン」など英語で言ってみたい擬音語を決定
STEP2　和英辞書で調べる
STEP3　「擬音語の例」と「擬音語を使わない例」それぞれを確認し、自分の意図に合っているものを適宜使ってみる

たとえば、研究社の新和英大辞典　第五版において「バンバン」の例文の中には、こういうものがありました。

例 バンバン：擬音語の例

Don't bang on the door like that .（そうバンバン戸をたたくな）

→この例文の bang を英和辞典で調べると、擬音語であることがわかります。ちなみに、「ドアをバタンと閉める」は bang the door ですが、bang on the door の方は接触の on が付いているので、ドアの表面に向けられた行為のイメージですね。たった一語の有無で意味が変わる例です。

例 バンバン：擬音語を使わない例

spend extravagantly（バンバン金を使う）

→「バンバン」という擬音語は使っていませんが、代わりに **extravagantly**（エクストラバガントリー：ぜいたくに）を使っています。

復　習　問　題

❶次の単語と意味を組み合わせましょう。

① vroom	② vague	③ valediction	④ wee wee
⑤ whew	⑥ who who	⑦ warble	

A あいまいな	B ホーホー（フクロウの鳴き声）	C おしっこ
D やれやれ	E 告別の辞	F 鳥がさえずる	G ブルンブルン

❷次の単語と意味を組み合わせましょう。

① weep	② whicker	③ whistle	④ wobble
⑤ yummy	⑥ yahoo	⑦ yawn	

A よろめく	B あくびをする	C 無骨者	D 涙を流す
E 馬がいななく	F 口笛を吹く	G おいしい	

❷ ①—D ②—E ③—F ④—A ⑤—G ⑥—C ⑦—B
❶ ①—G ②—A ③—E ④—C ⑤—D ⑥—B ⑦—F

アルファベットを
絵として楽しむ

▶アート感覚で遊んで英語をもっと身近にする

Q アルファベットを使って「はしご」と「門」を描いてみましょう。

A たとえばこんな感じです。

「はしご」は大文字の H をタテに 4 つ並べて作りました。「門」は小文字の p を左、小文字の q を右に並べて作りました。

子供には、大人では想像できない発想があります。私たちはアルファベットを文字として使っていますが、子供には何か図や絵に見えているかもしれません。私たちもときには童心にかえって、アルファベットでお絵かきしてみましょう。

アルファベットアレルギーを緩和する

　これまでアルファベットの音に着目しましたが、今度はアルファベットの形でいろいろと遊んでみましょう。

　私たちは、漢字・ひらがな・カタカナと3つの混在する言語に目が慣れているため、英文にはカタカナだけの文と同じような読みにくさを感じることがあります。ここを緩和させるために、アルファベットを言語としてではなく、山→⛰、犬→🐕 のように、絵として観察してみましょう。

英単語学習法のまとめ 37：アルファベット仲間分けトレーニング

効能 アルファベットに親しみが持てるようになる

適応タイプ 文字を覚えるのが苦手な人。絵を描くのが好きな人

実施手順 STEP1 図のように、アルファベットが一覧できるものを作っておく

STEP2 さまざまなグループを決める

- 例 同じものが2つ並んでいる(B、M、W)
- 例 丸い(C、G、O、Q、e)
- 例 右向きに見える(B、E、F、G、K、P、R、S)
- 例 左向きに見える(J、Z、g)
- 例 帽子つき(i、j)
- 例 谷に見える(U、V、Y、W)
- 例 左右対称(A、H、I、M、O、T、U、V、W、X、Y、i、l)

ABCDEFG	abcdefg
HIJKLMN	hijklmn
OPQRSTU	opqrstu
VWXYZ	vwxyz

STEP3 同じグループの文字をなるべく入れた単語を探す

- 例 丸い文字がたくさん入った単語→ GOOD(グッド：良い)、COOL(クール：涼しい)
- 例 帽子つきの文字がたくさん入った単語→ **injudicious**

  (インジューディシャス：無分別な)
- 例 左右対称な文字だけで作った単語→ **OATH** (オウス：誓い)

英単語学習法のまとめ 38：アルファベットアート

効能 アルファベットに親しみが持てるようになる

適応タイプ アルファベットがイヤになりかけている人

実施手順 STEP1 アルファベットが一覧できるものを用意する

STEP2 好きなアルファベットを使って、いろいろ絵を描いてみる

大人1人でも楽しめますが、英語を習い始めのお子さんと一緒ならもっと楽しいかもしれません。ここでは、少しでも多くの英単語を覚えようとするよりも、純粋に文字を絵として扱う楽しさにひたることをお勧めします。大人であれば、このように、覚えたい単語とその単語の最初のアルファベットを絵にしてみてもよいでしょう。

Blab (ブラブ)
=ベラベラしゃべる

Mumble (マンブル)
=モグモグ言う

ビジネスではフォントの選択も重要

　文字そのものに興味が出てきたら、欧文フォントに注目するのも一興です。

　ある企業の TOEIC 対策研修で、「リーディング問題では、扱われている文字のフォントによって、読みやすかったり、読みにくかったりして、スコアに影響が出てしまう」と嘆いていた方がいました。そこで、これをきっかけに、英文のフォントについていろいろ調べてみるよう提案しました。実際、ビジネスでよく使われる欧文フォントも、ビジネスに適さないフォントもあり、フォントに精通することは決して無駄な勉強ではありません。

　たとえば、あまり凝ったフォントを本文中に使うと、参加者は文字の奇抜さに目を奪われ、肝心の内容が頭に入って来ないこともあります。特に数字を読みにくくしてしまうようなフォントには要注意です。ちなみに、私は現役ビジネスパーソン時代に Arial をよく使いました。たまに気分で Century も使ったように思います。他には格調を重んじるような場面や契約書などでは伝統的な Times New Roman もあります。最近では Calibri や Verdana も多いようです。会社や業界による違いやトレンドもあるでしょうから、実際に送られてくる資料で調べておくのもよいでしょう。

ビジネスにおけるフォントセレクションの目安

万人受けする無難なフォント **Arial**

時代を超えて愛されている標準フォント **Helvetica**

契約書など格調が重んじられる場面には Times New Roman

ネット時代に浸透しつつあるフォント Calibri

フォント選びのコツ

海外の取引先などの多くが使うフォントに合わせるのが無難

１つの文書にあまり多様なフォントを使わないこと

数字を扱う際には何よりも「読みやすさ」を重視すること

紙面上だけでなく、画面上の読みやすさにも考慮すること

英単語学習法のまとめ 39：フォントゲーム

効　能	アルファベットに親しみが持てるようになる
適応タイプ	アルファベットがイヤになりかけている人

実施手順	STEP1	覚えたい単語をPC上に打ち込む
	STEP2	打ち込んだ単語の欧文フォントをいろいろ変更し、その単語の意味のイメージに近いフォントを選ぶ

GORGEOUS
Comical
Thriller
Elegant

　いろんなフォントを楽しんでいるうちに、その単語を覚えてしまえるかもしれませんね。

影の立役者 punctuation

▶ 文に必須のアイツがあなたの語彙力を引き立てる

Q punctuation とは何でしょうか？

A) 車のタイヤがパンクすること	B) 針で刺すこと
C) 時間厳守	D) 句読法

A 「タイヤがパンクした」の「パンク」というカタカナがあるので、まずは A を疑いたくなります。タイヤの「パンク」は **puncture**（パンクチャー：刺すこと、刺す）と言います。これはラテン語で「**prick**（プリック：刺す）」という意味の動詞の過去分詞から派生しました。ということで A と B は不正解です。

ちなみに英語で"パンクしたタイヤ"は **flat tire**（フラット・タイヤ：平らなタイヤ）と言います。

C の「時間厳守」は、**punctuality**（パンクチュアリティ）です。この元となる形容詞 **punctual**（パンクチュアル：時間厳守の）はラテン語で「point（ポイント：点）」を意味する単語から派生しています。点の性質→広がりがない→正確な→時間厳守とつながりますね。

ということで、正解は D です。動詞 **punctuate**（パンクチュエイト：句読点をつける）の名詞形が **punctuation**（パンクチュエイション：句読法）です。

アルファベットの音感による語彙増強法に引き続き、本章最後ではパンクチュエーション（句読法）を学びます。

まずはピリオドとカンマをマスターしよう

英語を読んだり聞いたりすること。あるいは英語を話したり書いたりすること。この作業の基本単位は「文」です。そして「文」という単位の終わりを表す記号が**ピリオド**です。

この「文」が長い場合、私たちは息継ぎや間を置いて読みたくなります。そのときの目安が**カンマ**です。まずはここを押さえておきましょう。

●──区切り方の種類

文を区切る際、一番大きな区切りに使われるのがコロン（：）、中ぐらいの大きさの区切りに使われるのがセミコロン（；）、小さな区切りに使われるのがカンマ（ , ）です。情報体として完成された文にはピリオド（ . ）が使われます。

PUNCTUATION

名称	カンマ ,	セミコロン ;	コロン :	ピリオド .
区分規模	小区分	中区分	大区分	本文
情報単位と 情報完結性	単位：句、節 完結性：未完結	単位：文など 完結性：未完結	単位：文など 完結性：未完結	単位：文 完結性：完結
用途	・短い項目 ・数字のけた ・同格	・文と文の意味的 つながりが強い	・対比 ・時刻 ・項目タイトル ・文と文が結論と 　説明の関係 ・リストアップ	・文

カンマ（ , ）

文の中で最も小さい区分。**句**（単語の集まりで"主語＋動詞"の形になっていないもの）、**節**（"主語＋動詞"の形にはなっているが、情報としては未完結なもの）単位で区切る際に使われます。

短い項目：短い項目を羅列するときにカンマが使われます。

🌐 I went to China, South Korea and Thailand.

（私は中国、韓国、タイへ行った）

数字のけた：数字の位取りとして使われます。

　　㋭ 2,500km、9,010,950

　　※ただし年月日には使いません：㋭ the year 2018 ✖ the year 2,018

従属節：「従属節＋主節」の場合、<u>従属節の区切りとしてカンマがつきます。</u>従属節とは、主語＋動詞で構成され、主節に対して補足的な情報単位のことです。

　　㋭ If you feel unwell, please tell me. （もし具合が悪ければ、私に教えてください）

同格：<u>A, すなわち B</u>　という表現です。

　　㋭ Barack Obama, the former president, said 〜

　　　（バラク・オバマ、すなわち元大統領が言うには〜）

セミコロン（ ; ）

　<u>独立した文同士であっても、意味上密接な関係にあるときは、完全独立を示すピリオドに代わって、セミコロンが使われます。</u>

　　㋭ She didn't want to go; however, she went.

　　　（彼女は行きたくなかったのに行った。）

コロン（ : ）

　さまざまな用法があります。「コロン：ピリオドとセミコロンとの中間に位する句読点で、対句の間または説明句・引用句の前などに用いる」（研究社「新英和大辞典」第六版）の「コロン：ピリオドと〜」の「：」のように、<u>項目タイトルとその説明を表現するとき</u>などに使われます。

対比：　㋭ 1:3　（1 対 3）

時刻：　㋭ 9:15　（9 時 15 分）

リストアップ：　㋭ The main points are as follows: (1) 〜 , (2) 〜 , (3) 〜

　　　　　　　　（主な点は、次の通りです：（1）〜、（2）〜、（3）〜）

文同士が結論と説明の関係：

　　㋭ They decided not to buy the car: they had little money.

　　　（彼らはその車を買わないことにした。お金がほとんどなかったから）

　実際すぐに自分が使う機会があるのは、ピリオドとカンマぐらいかもしれません。しかし、これらの知識を持っておけば、英文を読む際、これまで素通りしてきたコロンやセミコロンにも目が留まるようになるでしょう。句読

法は語彙力そのものではありませんが、リーディングやライティングには不可欠な要素なので、今知っておくと将来役立ちます。

🏰 valuable information

第5章を振り返って…

これで第5章は終了です。

「アルファベットについてこれだけ学んだのだから」と言って<u>無理にこれらの単語を暗記しようとしなくて大丈夫</u>です。

たとえば「spurt（スパート）」のような新出単語に遭遇したとしましょう。これまでは、すぐに辞書を引いて「spurt：噴出する」という意味をチェックして終わっていたかもしれません。

でもこれからは、ちょっと小さな声で「スパート」と言ってみて息が「パーッ」と漏れる感じを味わう。あるいは文脈から「何かがあふれる感じかな？」と予想する。そのうえで辞書を引く。そうすると、これまでは気にしなかった発音記号「spə́ːt」にも目が留まるかもしれません。

このユニットをきっかけに、皆さんの中のアルファベット音感センサーもきっと目覚め始めることでしょう。

「予想したけど違った」とか「そう意味づけるのはこじつけに過ぎないのかも」などとあまり深刻に悩まないでくださいね。

大切なのは、<u>あなた自身が、その単語を面白がれるかどうか</u>、です。

分かりやすい例を1つ挙げておきましょう。辞書で調べるとracket（テニスなどのラケット）とracket（大騒ぎ）は語源的にはまったく別のものだとわかります。しかし、創意工夫で「ラケット振ってテニス部員が大騒ぎ」などと関連づけて覚えてもいいのです。たくさんの人たちの手によって編纂された辞書に敬意を示しつつ、<u>あなただけの創造性も大切に</u>。「コジツケ上等！」でいきましょう。

racket!!

それでは、少しリフレッシュして、次のチャプターもお楽しみください。

第6章

「覚える力」より「分ける力」！
部品分解による単語の解読①

第3章 p.151 で、「意図的学習（意図して知識・スキルを身に着ける通常の学習）」と「偶発的学習（他のことを学びながら、結果として知識・スキルを身に着ける学習）」について触れました。

　一般的に、暗記中心の英単語学習は意図的学習の代表と言えます。そして子供の頃のような単純な暗記（意味暗記）がうまくいかないのも成人学習者の悩みです。

　そこで6章・7章では、単語の暗記を目指すことはせずに、**単語を構成する部品を概観する**ことをメインにあつかいます。つまり「偶発的学習」寄りで進めていきます。その理由として、部品分解可能な単語は専門的なものや難度の高いものが多いため、単独の意図的学習よりも、部品のイメージを借りながら意味的解読を行った方が無理なく覚えられるからです。

　たとえば **profound**（プロファンド：深遠な）や **proclaim**（プロクレイム：宣言する）という新出単語に遭遇したとしましょう。これらを何十回も声に出したり、書いたりして覚えようとするのが意図的学習です。

　それに対して、偶発的学習に寄せた本章では、これらを覚えることよりも、単語の構成に着目します＊。つまり、両者共通部品である pro（前）に注目し、「profound ＝目前と"found（底）"との長い距離→深い」、「proclaim ＝人々の前に"claim（主張する）"→宣言する」のような単語の成り立ちを確認します。それと同時に、**prolong**（プロロング：延長する）など、pro（前）を使った他の単語の事例も織り交ぜながら、pro（前）のイメージを膨らませていきます。

　単語の部品構成に着目しながらも、偶発的学習を効果的に進めるために、次のことに留意しておいてください。

※厳密に言うと、profound、proclaim、prolong はそれぞれラテン語 profundus（fundus＝底）、proclamare（clamare＝叫ぶ）、prolongare（longus＝長い）が古フランス語を経て英語に入ったものです。本書では「現在の英語の形を覚える」ことに特化し、このような複雑な歴史的変化を割愛し、簡潔な形にしてあります

●──部品学習：3つの「ない」

❶部品用語を集め過ぎ「ない」

　単語の部品知識が豊富であれば、知らない語に遭遇したときに意味を推測しやすくなります。しかし**部品用語の数は、あまりにも多いの**です。私自身、部品の魅力にとりつかれ、接頭辞や接尾辞などを取り扱った本を取り寄せたものの、その数の多さに圧倒されて消化不良に終わってしまったことがありました。こうした個人的な反省もあり、部品紹介は可能な限り、ある程度の使用頻度が期待できるものだけにとどめてあります。

❷部品に頼り過ぎ「ない」

　たとえば、**procurement**（プロキュアメント：政府の買い上げ、調達）という単語があります。分解すると、pro（前に）＋ cure（気を配る）＋ ment（名詞化）。動詞は pro ＋ cure で「前もって気を配る」、だから「調達する」となるわけです＊。しかし人によっては「なぜ前もって気を配ることが調達することにつながるのか？」と感じることがあるでしょう。こういう場合は、無理に分解する必要はありません。**部品分解は決して万能でない**ことも心得ておきましょう。辞書によって説明が違うこともよくあります。単語の語源解釈には一定のゆれがあることも想定しておきましょう。

❸部品の暗記をがんばら「ない」

　「知らない単語でも部品知識で解明できる」───これは非常に魅力的なキャッチフレーズです。しかし出会う未知語のひとつひとつを部品分解していると、なかなか先に進みません。脱丸暗記の救世主のように見える部品ですが、部品すらもたくさん登場し過ぎると消化は難しくなります。本書で一貫してお伝えしていますが、英単語はもちろん**部品も、がんばって覚えようとしない**ことをお勧めします。ただ読みながら「へぇそうなんだ」という体験を積み重ねていくうちに、英単語センサーはゆっくりと磨かれていきます。

※厳密に言うと、ラテン語 procurare（curare＝面倒を見る）が古フランス語を経て英語に入ったものに名詞化の ment がついたものです。

ツンデレのABちゃん
〜 Aの部品

▶ ab は「離れる」「外側」

Q abnormal の ab と違う ab はどれでしょうか?

A) abrupt B) abbreviate C) absent D) abbey

A A の部品の最初として、**abnormal**（アブノーマル）の ab を扱います。**ab** には「離れる」
「外側」という意味があります。

A) **abrupt**（アブラプト）：ab（離れる）＋ rupt（破れた）→「突然破れた」→「突然の」
B) **abbreviate**（アブリービエイト）：ab（離れる）＋ brevi（短い）＋ ate（動詞化）
→「省略する」「短縮する」。名詞は **abbreviation**（アブリービエイション：省略、短縮）
C) **absent**（アブセント）：ab（離れる）＋ sent（存在した）→「外に存在した」→「不在の」。
D) の **abbey**（アビー：大修道院）の原義は「abbot（修道
院長）管轄の寺院」なので、ab（離れる）という部品とはまっ
たく関係ありません。

したがって D) が正解です。

離れる
ab・dis

英単語の部品とは?

本章では、さまざまな英語の部品について扱います。一番重要なことは、
その部品の意味を知ることなので、専門的な分類（接頭辞、接尾辞、語根）に
ついては割愛しました。だいたいのイメージとして、Unit3 でお話ししたよ
うに「単語の頭に置かれるものが接頭辞、真ん中が語根、末尾に置かれるの
が接尾辞」という理解で十分です。

部品をマスターするコツは、その部品を使った身近な単語を1つ知ってお

くことです。オープニングクイズの ab であれば、
abnormal（異常な）や absent（欠席した）で確認しておけば、
常に ab のイメージを思い出すことができます。あるい
は常に距離感があるので、「**ツンデレ ab ちゃん**」として
おいてもよいでしょう。

単語の頭に置かれる A の部品

●──方向

a =〜の方へ、〜の中へ

名詞の前につき、その名詞の方へ、その名詞の中へ、という意味を作ります。
asleep（アスリープ）：a（中に）+sleep（眠り）→「眠りの中へ」→「眠っている」
alive（アライブ）：a（中に）+live（命）→「命の中へ」→「生きている」

ad =向かう

ad には「カメレオン ad」と「ネコ ad」があります。

カメレオン ad：意味
は「〜へ」です。子音
b, c, f, g, k, l, n, p,
q, r, s, t の前につく
と、d は合わせて
ab, ac, af のように変
化し、**accord**（アコー
ド：一致する）や、**ally**
（アライ：同盟する）
のようになります。次に
来る文字で姿を変えるからカメレオンとしました。

ad （〜へ）	+	=	例
	b	abb	**abbreviate**（アブレビエイト：略語化する）
	c	acc	**accuse**（アキューズ：訴える）
	f	aff	**affirm**（アファーム：肯定する）
	g	agg	**aggregate**（アグリゲイト：総計〜になる）
	k	ack	**acknowledge**（アクナーリッジ：認める）
	l	all	**alleviate**（アレビエイト：緩和する）
	n	ann	**annex**（アネックス：添付する）
	p	app	**appraise**（アプレイズ：評価する）
	q	acq	**acquaintance**（アクウェインタンス：知人）
	r	arr	**arrange**（アレインジ：手配する）
	s	ass	**assort**（アソート：分類する）
	t	att	**attempt**（アテンプト：試す）

ネコ ad：意味は「〜へ」。ad の次が母音、または d, h, j, m, v の柔らかい子
音が来る場合、ad は変化せず、**advise**（アドバイズ：助言する）や **adjust**（ア
ジャスト：調整する）のようになります。

ちなみに、次に来る文字に関係なくマイペースな状態をネコとしました。

※「 UNIT 3. 分かるは「分ける」」で詳しく扱っていますので参照してください。

	+	=	例
ad (〜へ)	d	add	**addict**（アディクト：麻薬中毒にする）
	h	adh	**adhere**（アドヒア：固執する）
	j	adj	**adjourn**（アジョーン：休会する）
	m	adm	**admonish**（アドモニシュ：忠告する）
	v	adv	**advertise**（アドバタイズ：宣伝する）
母音	ad＋母音		**adapt**（アダプト：適合させる）
			adopt（アドプト：採用する）
			adequate（アディクウェット：適した）
			adulterate（アダルタレイト：混ぜ物をして品質を落とす）

本番 5秒前

ante＝前

antecedent（アンテシーデント：先祖）　**anticipate**（アンティシペイト：予想する）

●——人間

andro＝人間、男性　**android**（アンドロイド：人間に似たロボット）

anthropo＝人間　**anthropology**（アンスロパロジー：人類学）

人間に似た android

●——自然

aero＝空気、ガス、飛行機

aerolite（エアロライト：隕石）　　　　**aerobics**（エアロウビクス：有酸素運動）

agro＝土壌、農業

agriculture（アグリカルチャー：農業）**agribusiness**（アグリビジネス：農事産業）

anemo＝風　**anemometer**（アネマミター：風力計）→ **anemone**（アネモニ）は別名 wind flowerと言うそうです。「姉も見た（anemometer）！風力計」

aqua＝水

aquarium（アクウエリアム：水槽、水族館）

Aquarius（アクウェリアス：みずがめ座）

astro＝星、天体　**astronaut**（アストロナート：宇宙飛行士）

astero＝星

asteroid（アステロイド：小惑星）　　**asterisk**（アステリスク：星じるし）

●——無い・逆

a＝「無い」　**ahistorical**（エイヒスタリカル：歴史と無関係な）

anarchy（アナキー：無政府状態）　　**atheist**（エイシスト：無神論者）

ana＝逆、類似

anachronism（アナクロニズム：時代錯誤）

analog（アナログ：類似物、アナログ方式の）　→いわゆる「アナログ」は「数値を連続した物理量で示すこと」で、「デジタル」は「数字を2進数などの数字列で表すこと」です

anti＝反対

antipathy（アンチパシー：反感）

anti-communist（アンチコミュニスト：反共主義者）

292

●──程度

arch＝第一の、主たる

archipelago（アーキペラゴウ：列島）　→「日本列島」はthe Japanese Archipelago
archbishop（アーチビショップ：大司教）

aristo＝最上の

aristocracy（アリスタクラシー：貴族政治）　　　**aristocrat**（アリストクラト：貴族）

●──その他

acro＝先端、高さ

acromegaly（アクロメガリー：先端巨大症）
acrophobia（アクロフォービア：高所恐怖症）
　…先端恐怖症は**aichmophobia**（アイクモフォービア）

alti＝高い

altitude（アルティテュード：高度）　　　**altimeter**（アルティメーター：高度計）

ambi＝両

ambivalent（アンビバレント：相反する感情を抱く、あいまいな）
ambiguous（アンビギュアス；多義の、あいまいな）
amphibian（アンフィビアン：両生類）

archaeo＝古代の　　**archaeology**（アーキアロジー：考古学）

audio＝音、聴覚

audiology（アーディアロジー：聴覚学）
audio-lingual（アーディオリンガル：外国語教授法などで口頭練習に基づく）

auto＝自己、独自

autocracy（アートクラシー：独裁体制）　　　**autonomy**（アートノミー：自治）
autobiography（アートバイアグラフィー：自伝）

単語末尾に置かれる A の部品

able ＝〜できる、ability ＝能力

capable（ケイパブル：力量のある）　　　**capability**（ケイパビリティ：能力）

aholic＝中毒　　**workaholic**（ワーカハーリック：仕事中毒）

alcoholic（アルコハーリック：アルコール依存症患者）

algia＝痛み

neuralgia（ニューラルジア：神経痛）　　　**nostalgia**（ノスタルジア：郷愁）

arch＝君主

monarch（マナーク：王）　　　**oligarchy**（アリガーキー：寡頭政治）

athon＝長時間の競技

marathon（マラソン：長距離競走）　　　**talkathon**（ターカソン：長時間討論）

ビブリオで本まみれ！
〜 Bの部品

▶biblio（本）にまつわる単語は意外に多い！

Q biannually の意味で不適切なものはどれでしょうか？

A）年2回　　　B）2年に1回　　C）年3回

A C）が不適切なので正解です。

biannually（バイアニュアリー）が「年2回」と「2年に1回」両方の意味を持っているのはややこしいですね。混乱を回避するため、「年2回」のほうは、twice a year、half-yearly、semiannually で表現するとよいでしょう。

Bの部品イメージ

　Bの部品イメージは、オープニングクイズの biannually のように、bi（2）が代表格のように思われます。**bicycle**（バイシクル：自転車)は2つの輪という意味ですし、日本語と英語が話せる人のことは **bilingual**（バイリンガル：2か国語を話す人)と言います。**bias**（バイアス：偏見)は諸説ありますが、2つの方向を見ているというイメージで考えるとしっくりきませんか？

Bのもう1つの代表格は、biblio（本）ですね。

biblio を使った表現はこんなにたくさんあります。

biblio

bibliographer（ビブリアグラファー：書誌学者）

bibliology（ビブリアロジー：書誌学）→logyは「学問」

bibliomania（ビブリオメイニア：蔵書癖）

bibliomaniac（ビブリオメイニック：書狂の人）

bibliophobe（ビブリオフォウブ：書物嫌いな人）

　　→ phobe は「恐怖症の人」

本のbiblio

bibliopole（ビブリオポール：図書販売者、書籍商）

bibliotherapy（ビブリオセラピー：神経症などに対する）読書療法

bibliotics（ビブリアティクス：筆跡鑑定学）

bibliolatry（ビブリアラトリー：書籍崇拝、聖書崇拝）

　　→ latry は「崇拝」「礼賛」。**idolatry**（アイダラトリー：偶像崇拝）

---

valuable information

いろいろな占い

　unit22 で紹介した bibliomancy は「biblio（＝本の）+mancy（占い）」でした。

　「占い」は **fortune-telling**（フォーチュン・テリング）と言いますが、このような mancy を使った表現もあります。たとえば手相占いなら、手と言う意味の chiro と組み合わせて **chiromancy**（カイロマンシー）と言いますが、手のひら palm を使った **palm reading**（パームリーディング）の方が一般的ですね。水占いなら水 の hydro と合わせ **hydromancy**（ハイドロマンシー）、動物占いなら **zoomancy**（ゾウマンシー）と言います。「占いって信じる？」は Do you believe in fortune telling? と言います。

　この biblio には書籍だけでなく、単語によっては**聖書**の意味もあるので、文脈で判断していくことになります。聖書は **Bible**（バイブル）と言い、旧約聖書は **the Old Testament**（ジ・オールド・テスタメント：ユダヤ教およびキリスト教の正典）、新約聖書は **the New Testament**（ザ・ニュー・テスタメント：キリスト誕生後の神の啓示を示すもの）と言います。

単語の頭に置かれる B の部品

bene

良い **bene**

`bene＝良い`

beneficial（ベネフィシャル：有益な）

benevolent（ベネボレント：慈悲深い）

benediction（ベネディクション：祝福）

`be＝形容詞・名詞について「～にする」`

befool（ビフール：馬鹿にする）

befriend（ビフレンド：友達になる、味方となる）

`bi＝2`

biceps（バイセプス：二頭筋）→ 三頭筋は**triceps**（トライセプス）

`bio＝生命`

biology（バイオロジー：生物学）　　**biography**（バイオグラフィー：伝記）

`broncho＝気管の`

bronchitis（ブランカイティス：気管支炎）

bronchus（ブランコス：気管支）

`bryo＝コケ`

bryology（ブライアロジー：コケ類学、蘚苔学）

bryophyte（ブライオファイト：コケ植物）

`blasto＝胚、芽`

blastocyst（ブラストシスト：胚盤胞）

`brady＝遅い`

bradycardia（ブラディカーデイア：徐脈）

　→徐脈とは毎分 60 以下の脈拍で、病的な場合に見られます。

`biblico＝聖書`

biblicist（ビブリシスト：聖書信仰者）

biblicism（ビブリシズム：聖書厳守主義）

`biblio＝本`

bibliography（ビブリアグラフィー：書誌、参考文献）

bibliophile（ビブリオファイル：愛書家）→phileは「～を愛する人」

🏰 valuable information

　「知っても一生使わないかも」という単語として、**biblioklept**（ビブリオクレプト：書籍泥棒）があります。klepto（クレプトウ）は **kleptomania**（クレプトマニア：窃盗狂）の短縮形で、1881年に生まれた言葉だそうです。一般的な言い方にすると **book thief**（本泥棒）ですね。

　また 1880 年には **biblioclast**（ビブリオクラスト：書籍破壊主義者）なる単語も生まれています。こんな単語がなぜ生まれたのか考えてしまいますが、「焚書 **book burning**」という言葉があるように、本を壊したり燃やしたりすることは歴史上珍しいことではなかったのでしょうね。biblioclast の心理として1つ考えられるのは、人間を自分側とあちら側に区別し、その区別が行き過ぎると、他者否定のために検閲が行われたり、知る権利をはく奪したり、焚書や書籍破壊につながっていったのではないかということです。

復 習 問 題

❶次の単語と意味を組み合わせましょう。

① bias	② bibliographer	③ bibliomania	④ bibliophobe
⑤ bibliotics	⑥ idolatry	⑦ chiromancy	

A 手相占い	B 偏見	C書誌学者	D 偶像崇拝
E 蔵書癖	F 筆跡鑑定学	G書物嫌いな人	

❷次の単語と意味を組み合わせましょう。

① benediction	② biography	③ bronchitis	④ bryology
⑤ befool	⑥ befriend	⑦ bibliophile	

A気管支炎	Bコケ類学	C愛書家	D 友達になる
E 馬鹿にする	G 祝福	F 伝記	

A ❷ ①-G ②-F ③-A ④-B ⑤-E ⑥-D ⑦-C
❶ ①-B ②-C ③-E ④-G ⑤-F ⑥-D ⑦-A

297

相手次第で姿を変えるcom
～ Cの部品

Q company の意味で不適切なものはどれでしょうか？

A) 孤立	B) 仲間	C) 会社	D) 交際

A A)が不適切なので正解です。

「会社」のイメージがつよい **company**（カンパニー）ですが、本来は、ある目的のために集まる仲間という意味があります。そこから生じる交際、同席、同行となり、仲間づきあいをする人として友達、来客という意味になりました。
com ＝ together で、「一緒にパンを食べる人」という意味のラテン語が起源のようです。

一緒のcom

┌─────────────────────────────
│ Cの部品イメージ
└─────────────────────────────

　Cで始まる部品の代表格はオープニングクイズの <u>company</u> に象徴される com（共）でしょう。この部品があちこちで散見される理由はいくつかあります。1つ目の理由は「共」「一緒」という意味の他に「まったく」「完全に」という強意機能があることです。この機能は、もともとの単語の意味を強化するだけなので、さまざまな単語とコラボが可能です。

　2つ目の理由には、com は、co/col/com/con のような形に変化して、単語と一緒に使われることが多いことです。ちなみにコラボも **collaboration**（コラボレイション：協働）で、やはり部品 com が次の部品の l に合わせて col に変形したパターンです。C で始まる部品はたくさんあるのですが、とりあえず CO の二文字を見つけたら、何か一緒のイメージ、あるいは何かを強調していることを推測するようにするとよいでしょう。

●── com 変化の法則

・com の次にくる部品が b、p、m で始まるときは com となる。

例 **combination**（コンビネイション：組み合わせ）
　component（コンポーネント：成分）　　　**command**（コマンド：命令する）

・com の次にくる部品が l で始まるときは col となる。

例 **collocate**（コロケイト：配列する）

・com の次にくる部品が r で始まるときは cor となる。

例 **correct**（コレクト：正しい）

・com の次にくる部品が、母音（a,i,u,e,o）、h, gn で始まるときは co となる。

例 **cooperate**（コウアペレイト：協力する）　　**cohere**（コウヒア：密着する）
　cognate（カグネイト：同語源の）

・com の次にくる部品が上記以外の場合には、con となる。

例 **consent**（コンセント：同意する）　　　　**contact**（コンタクト：接触）
　※ **comfort**（コンフォート：気楽さ）や **comfit**（コンフィット：糖果）は、上記法則上 con〜となるはずですが、実際にはそうなっていません。例外は事例数も非常に限定されているので「どんな法則にも多少例外はある」と心に留め置けば十分でしょう。

com （共） （強調）	+	=	例
	b/p/m	comb/ comp/ comm	**combat**（コンバット：戦う） **compel**（コンペル：強いる） **commend**（コメンド：褒める）
	l	coll	**collude**（コルード：共謀する）
	r	corr	**correspond**（コレスポンド：交通する）
	母音 /h/gn	co＋母音/ coh/ cogn	**coeducation**（コエデュケーション：男女共学） **coauthor**（コアーサー：共著者） **coordinate**（コオーディネイト：調整する） **coheir**（コエアー：共同相続人） **cognition**（コグニション：知覚）
	その他	con＋その 他	**consign**（コンサイン：委託する） **context**（コンテキスト：文脈）

●──身体系

cardio＝心臓	**cardiovascular**（カーディオバスキュラー：心臓血管の）
carpo＝手首・実	**carpogenic**（カーポジェニック：結実性の）
cephalo＝頭	**cephalometry**（セファラメトリー：頭部計測法）
cerato＝角質	**ceratoid**（セラトイド：角質の）
cerebro＝頭	**cerebrospinal**（セレブロスパイナル：脳脊髄の）
chiro＝手	**chiropractic**（カイロプラクティック：指圧療法）
chondro＝軟骨	**chondroid**（カンドロイド：軟骨状の）
cranio＝頭蓋骨	**craniology**（クレイニアロジー：頭蓋学）
cyto＝細胞	**cytochemistry**（サイトケミストリー：細胞化学）

医学系の単語はほとんど部品分解ができ、ひとたび部品の意味を知ると、後の語彙増強が非常に楽になります。たとえば、cardiovascular が「心臓血管の」だと知ると、**cardiomegaly** は「カーディオメガリー：心肥大」、**vasculitis** から「バスキュライティス＝血管炎」と予測できます。ちなみに itis

は「炎症」という意味で **arthritis**（アースライティス）も何かの炎症だと推測できます。arthr は関節を意味するので、arthritis は関節炎です。

●──色系

| chloro＝緑・塩素 | **chloroform**（クラロホーム） |

→無色揮発性の液体で、麻酔薬や溶剤に使用。

| chromato＝色 | **chromatograph**（クロマトグラフ：色層分析装置） |
| chryso＝金色 | **chrysalis**（クリサリス：さなぎ）→さなぎの色（金色や黄色）を表して

います。この単語には「準備期間」という意味もあります。まさにさなぎのイメージですね。

●──方角系

contra＝反	**contraception**（コントラセプション：避妊）
counter＝反	**countermeasure**（カウンターメジャー：対策）
cata＝下	**cataclysm**（カタクリズム：大洪水、大変動）

音感的に「カタルシス（感情浄化）」を思い出すかもしれませんが、こちら **catharsis**（カサーシス）の語源は「洗浄」のようです。cata ではなく catha なので、舌を前歯で噛みながら発音します。

●──その他

caco＝悪	**cacophony**（カカフォニー：不協和音）

calli＝美	**calligraphy**（カリグラフィー：書道）

carbo＝炭素	**carbohydrate**（カーボハイドレイト：炭水化物）

cryo＝冷	**cryosurgery**（クライオサージェリー：凍結手術）

chemo＝化学	**chemotherapy**（ケモセラピー：化学療法）

chrono＝時間	**chronological**（クロノラジカル：年代順の）

circum＝周囲	**circumstance**（サーカムスタンス：環境）

→ stance は「立っていること」→「周囲に立っていること」→「環境」。
　stance（立っていること）の例：**resistance**（リジスタンス：抵抗）、**instance**（インスタンス：例）、**substance**（サブスタンス：実質）

単語末尾に置かれる C の部品

centric＝心	**egocentric**（エゴセントリック：自己中心の）

cide＝殺	

genocide（ジェノサイド：大量殺戮）　　　　　**suicide**（スーアサイド：自殺）

cracy＝政治	**democracy**（デマクラシー：民主主義）

plutocracy（プルータクラシー：金権政治）
bureaucracy（ビュラクラシー：官僚政治）

cule＝小	**molecule**（モレキュル：分子）

cyte＝細胞	**leukocyte**（ルーコサイト：白血球）

復 習 問 題

❶次の単語と意味を組み合わせましょう。

① cardiovascular	② ceratoid	③ chondroid	④ craniology
⑤ cytochemistry	⑥ chrysalis	⑦ contraception	

A 頭蓋学	B 細胞化学	C 避妊	D さなぎ
E 心臓血管の	F 角質の	G 軟骨状の	

❷次の単語と意味を組み合わせましょう。

① countermeasure	② cataclysm	③ cacophony	④ carbohydrate
⑤ chemotherapy	⑥ chronological	⑦ circumstance	

A 大洪水	B 年代順の	C 環境	D 対策
E 化学療法	G 不協和音	F 炭水化物	

❶ ①─E　②─F　③─G　④─A　⑤─B　⑥─D　⑦─C
❷ ①─D　②─A　③─G　④─F　⑤─E　⑥─B　⑦─C

逆にしたければdisってみよう
〜 Dの部品

▶de/dis/dys 否定三兄弟

Q disabuse の意味で適切なものはどれでしょうか？

A）誤解を正す　　B）不正利用する　C）虐待する　　　D）利用する

A A）が正解です。

この単語の根幹にあるのは「use（使用する）」です。これに ab（離）がついて、use から離れる、すなわち「悪用する」という意味の abuse（アビューズ）となります。それに「正反対」を意味する dis がつき、悪用の正反対の動き、すなわち **disabuse**（ディザビューズ）は「誤解や迷いを解く」という意味になります。

D の部品イメージ

　D の部品で真っ先に押さえておくべきなのは、「**de/dis/dys 否定三兄弟**」でしょう。部品の中でも否定系を優先的に覚えるメリットは、単語の頭を見るだけでおおよその意味が推測できることにあります。また、肯定と否定では文意がまったく逆になってしまうので、誤解を回避するためにも、否定系の部品に明るくなるとよいでしょう。

　オープニングクイズの単語も、「dis（否定）＋ ab（否定）＋ use」から、「否定の否定はプラス」ということで、良い意味の単語であることが部品から即断

できますね。

　たとえば The teacher disabused Tom of a prejudice. のような英文に遭遇したとしましょう。あわてて読むと、teacher と prejudice に過剰反応して、「教師が偏見からトムを虐待した」と解釈してしまう可能性もあります。ここで、dis や ab が「否定」を表す部品と知っていれば、use を否定する abuse は「虐待する」「悪用する」。そしてその abuse をさらに「否定」する disabuse は「間違った状態を正すこと」と理解し、「その教師はトムから偏見を取り去った」と正しく理解することができるようになります。

否定三兄弟

de　dis　dys

── de/dis/dys 否定三兄弟

de ＝否定、分離

depart（デパート：出発する）→de（分離）＋part（離れる）
demolish（デモリッシュ：破壊する）→de（否定）＋molish（建設する）
despair（ディスペア：絶望）→de（否定）＋spair（希望）

dis ＝否定、離

disable（ディセイブル：無能にする）→dis（否定）＋able（できる）
disarm（ディサーム：武装解除する）→dis（否定）＋arm（武装）
discourage（ディスカーリジ：落胆させる）→dis＋courage（勇気づける）

dys ＝悪化、不良

dysfunction（ディスファンクション：機能障害）→dys（不良）＋function（機能）
dystrophy（ディストロフィー：ジストロフィー、栄養失調、発育異常）
→dys（不良）＋trophy（栄養）
dysphemism（ディスフェミズム：偽悪語法）…故意に不快な言葉・表現を使うこと
　　例 **cigarette**（シガレット：巻たばこ）→ **cancer stick**（キャンサースティック：巻きたばこ）→直訳すると「癌の棒」
　　例 **police**（ポリス：警察）→ **pig**（ピッグ：豚）
　　例 television（テレビジョン：テレビ）→ **idiot box**（イディオット・ボックス：愚鈍箱）

※dysの反対はeu(ユー：良、好、善、正常)です。遠まわしな表現法は**euphemism**(ユーフェミズム：婉曲語法)。

　　euphemism の例 **toilet**（トイレット：トイレ)→ **bathroom**（バスルーム：お手洗い)

　　例 die（ダイ：死ぬ)→ **pass away**（パス・アウェイ：亡くなる)

　　例 **unemployed**（アネンプライド：失業した)→ **between jobs**（ビトゥウィーン ジョブズ：求職中)

●── Dの二大身体機能

`dermo＝皮膚` **dermatology**(ダーマタロジー：皮膚科)

`dento＝歯` **dentist**(デンティスト：歯科医)

●── D が表す数字は 10 か 2

`di＝2` **divide**(ディバイド：分割する)

`diplo＝2倍` **diplomacy**(ディプロウマシー：外交)

`duo＝2` **duotone**(デュオトーン：二色の)

`deca＝10` **decade**(デケイド：10年間)

`deci＝10分の1` **deciliter**(デシリター：
デシリットル＝1／10リットル)

`demi＝2分の1、半分`

demiglace(デミグラス：デミグラスソース)

　　→半分に煮詰めたソースという意味

2のdi, duo

10のdeca,
1/10のdeci

devide

●── 5　その他

`dia＝通過` **diagnosis**(ダイアグノウシス：診断)

`dextro＝右` **dexterous**(デクステラス：器用な)

→語源は「右」ですが、現在はもっぱら「器用な」という意味で使われています。ところで、right「右」には「正しい」という意味もありますが、もともとの意味は「まっすぐ」でした。一方left（左)の語源は「役に立たない」「弱い」でした。

valuable information

TESOL ワールドへようこそ1：TESOL とは

TESOL とは、Teaching English to Speakers of Other Languages の略語で、英語を母語としない人に向けて英語を教える方法を学ぶコースのことです。大学院の TESOL コースであれば、修士号や博士号を取得できます。また、リーディング・リスニング・スピーキング・ライティングといった4つのジャンルから教授法が学べます。

TESOL ではさまざまな国籍の人たちとともに学びますが、そこから私は、単に言語としての英語だけでなく、日本と海外の文化的相違を映し出す媒体としての英語の存在を知りました。本書では PC（ポリティカルコレクトネス）について紙面を多く割いているのもそのためです。英単語は単に知っていればよいというものでもなく、「適切な運用」があってはじめて、語彙力として貢献します。

TESOL が対象としている英語は、必ずしも現代アメリカ英語だけではありません。ヨーロッパやアジアで使われている英語も、古い世代が使う英語も、若い世代が使う英語も、みな研究対象です。したがって辞書に掲載されてある単語はもちろんですが、新しい表現にも紙面を割いています。

そしてなんといっても TESOL の最大の特徴は、英語教授法を学ぶことは当然として、一外国語学習者としてもさまざまな体験ができることです。私が受けた TESOL コースでは、他の外国語の授業を一学習者として体験することができました。私は中国語学習を**サイレントウエイ**（338ページ参照）というアプローチで体験できました。サウンドチャートを使い、文字ではなく色から音を学ぶアプローチを体験したことで、音や感覚などの非文字的情報の重要さを学びました。アルファベットの音から意味をイメージングするアプローチにも、このような TESOL エッセンスが反映されています。

TESOL は英語を教える方法を論ずる学問ではありますが、それはそのまま英語を学ぶ方法にもつながっていいます。こらからコラム形式で英語学習のヒントになるような TESOL エッセンスを紹介していきます。

UNIT

70

何でも切っちゃうectomy
〜 Eの部品

▶ 単語の末尾に着ける E の部品（接尾辞）は多い！

Q 次の英単語と適切な意味をつなげましょう。

| ① uremia | ② appendectomy | ③ gastrectomy | ④ hepatectomy |
| ⑤ tonsillectomy | ⑥ hyperemia | ⑦ anemia | |

| A）貧血症 | B）尿毒病 | C）胃切除術 | D）肝切除術 |
| E）扁桃摘出術 | F）虫垂切除術 | G）充血 | |

A 正解：①—B　②—F　③—C　④—D　⑤—E　⑥—G　⑦—A

何でも切っちゃう
ectomy

医学系の２大 E 部品は、emia（血液の状態）と ectomy（切除術）です。
① **uremia**（ユリーミア：尿毒症）→ uro（尿）+ emia（血液の状態）
　→ **urine**（ユーリン：尿）。
② **appendectomy**（アペンデクトミー：虫垂切除術）→ appendix（虫垂）+ ectomy（切除術）
　→ **appendicitis**（アペンディサイティス：虫垂炎）→ appendix（虫垂）+ itis（炎症）」。
③ **gastrectomy**（ガストレクトミー：胃切除術）→ gastro（胃）+ ectomy（切除術）
　→ **gastritis**（ガストライティス：胃炎）→ gastro（胃）+ itis（炎症）」。
④ **hepatectomy**（ヘパテクトミー：肝切除）→ hepato（肝臓）+ ectomy（切除術）
　→ **hepatitis**（ヘパタイティス：肝炎）→ hepato（肝臓）+ itis（炎症）」。ちなみに「肝臓」は
　liver（リバー）。
⑤ **tonsillectomy**（タンシレクトミー：扁桃摘出術）→ tonsil（扁桃腺）+ ectomy（切除術）
　→ **tonsillitis**（トンシライティス：扁桃炎）→ tonsil（扁桃腺）+ itis（炎症）」。
⑥ **hyperemia**（ハイパリーミア：充血）→ hyper（過度）+ emia（血液の状態）
　→ **hyperactive**（ハイパーアクティブ：過度に活動的な）→ hyper（過度）+ active（活動
　的な）→ **ADHD**（attention deficit hyperactivity disorder：アテンション・ディフィシット・
　ハイパーアクティビティ・ディザーダー）は「注意欠陥・多動性障害」。ちなみに「発達障害」は
　developmental disorder（ディベロプメンタル・ディザーダー）。
⑦ **anemia**（アニーミア：貧血症）→ an（無、欠如）+ emia（血液の状態）
　→ **septicemia**（セプティシーミア：敗血症）→ septic（敗血性の）+ emia（血液の状態）」。

Eの部品イメージ

　単語の頭に置かれるEの部品の特徴は、en、endoのように「中」を意味するものと、ex, extraのように「外」を表すものが混在していることです。単語末尾に置かれるEの部品は、①医学系　②品詞機能　③その他に分けられます。①についてはemia（血液の状態）とectomy（切除術）でカバーしましたので、②と③を見ていきましょう。

単語末尾に置かれるEの部品：品詞機能

●──動詞化
`en＝動詞化`　形容詞・名詞につけて動詞化します。
darken（ダーケン：暗くする）　　**heighten**（ハイテン：高くする）

●──形容詞化
`ent＝形容詞化`
diligent（ディリジェント：勤勉な）　**coincident**（コウインシデント：一致した）
`etic＝形容詞化`
pathetic（パセティック：感傷的な）　**genetic**（ジェネティック：遺伝学の）
`escent＝形容詞化`
adolescent（アドレセント：青年期の）
alkalescent（アルカレセント：アルカリ性の）
→ **alkaline**（アルカライン）のちが良く使われています。
`-ed＝動詞の形容詞化`　　動詞の過去分詞を由来とする形容詞。
inflated（インフレイティド：ふくらんだ）
designated（デジグネイティッド：指定された）

●──名詞化
`er＝名詞化（する人）⇔ee名詞化（される人）`　erが「する人」、eeが「される人」。
interviewer（インタビュアー：面接官）⇔ **interviewee**（インタビュイー：被面接者）
assignor（アサイナー：譲渡人）⇔ **assignee**（アサイニー：譲受人）
`ery＝名詞化（性質や職業を表す）`　　**bravery**（ブレイベリー：勇敢）
bakery（ベイカリー：パン屋）　　**surgery**（サージェリー：外科）
`ence/ency＝名詞化（形容詞entに対応）`
prominence（プロミネンス：顕著）→形容詞は**prominent**（プロミネント：顕著な）
consistency（コンシステンシー：一貫性）→形容詞は**consistent**（コンシステント：一貫した）

●──単語末尾に置かれる E の部品：その他

`esque＝〜のような`

Romanesque（ロウマネスク：ロマネスク様式の）

Kafkaesque（カフカエスク：カフカの作品のような）→カフカは「変身」などを書いたチェ
コの作家。

`eroo＝ユーモラスな俗語`

switcheroo（スイッチルー：どんでん返し）

flopperoo（フラパルー：ひどい失敗）→**flop**（フラップ）は俗語で失敗

`eme＝素`

morpheme（モーフィーム：形態素）　**phoneme**（フォウニム：音素）

`ese＝所属`

Japanese（ジャパニーズ：日本人）　　**Chinese**（チャイニーズ：中国人）

単語の頭に置かれる E の部品

●──位置系

`en＝中`

enthusiasm（エンスージアズム：熱意）

endemic（エンデミック：特定の地方の）

`endo＝中`

endoscopy（エンドスコピー：内視鏡検査法）

endocrine（エンドクリン：内分泌物）

`ento＝中`　**entoblast**（エントブラスト：内胚葉）

`epi＝上`　**epidermal**（エピドーマル：上皮性の）

`ex＝外`

中のen

excursion（エクスカージャン：遠足）　**exterior**（エクスティアリア：外部の

外のex

`extra＝外`　**extraordinary**（エクストラーディナリー：尋常でない）

`extro＝外`　**extrospective**（エクストロスペクティブ：外観的な）

　　　　　　⇔ **introspective**（イントロスペクティブ：内観的な）。

●──単語の頭に置かれる E の部品：その他

`en＝動詞化`　　形容詞・名詞につけて動詞化したり、動詞に「中」という意味を加
えます。

enclose（エンクロウズ：同封する）　　**endanger**（エンデインジャー：危うくする）

※ b、m、p、phの前ではemになる。

・em＋b：**embargo**（エンバーゴ：出入港を禁止する）

・em＋p：**empower**（エンパワー：権能を与える）

・em＋ph：**emphasize**（エンファサイズ：強調する）

`eco＝環境`　　**ecology**（エカロジー：生態学、環境保護）

| electro＝電気 | electromagnet（エレクトロマグネット：電磁石） |

| encephalo＝脳 | encephalography（エンセファログラフィー：脳造影） |

| entero＝内臓 | enteropathy（エンテロパシー：腸疾患） |

| equi＝同じ | equivalence（エクイバレンス：同等） |

| erythro＝赤 | erythrocyte（エリスロサイト：赤血球） |

| ethno＝民族、文化 |

ethnology（エスノロジー：民族学）　**ethnic**（エスニック：民族の）

| eu＝良い |

euphoria（ユーファーリア：多幸感）　**euthanasia**（ユーサネイシア：安楽死）

| eury＝広い | eurythermal（ユーリサーマル：広い温度差に耐えうる） |

---

valuable information

TESOL ワールドへようこそ２：non-judgmental

　教育実習（practicum）で徹底して求められたのが **non-judgmental**（ノンジャジメンタル：客観的な、判断保留の）という観察態度でした。教育実習ではクラスメート同士で授業を見学し合います。その際に見学者個人の評価や判断を極力抑え、客観的記述に徹した **descriptive**（ディスクリプティブ＝記述的な、説明的な）な観察態度が推奨されました。descriptive の対概念が **prescriptive**（プレスクリプティブ：規定する、規範的な）で、こちらは観察者の価値判断が入ります。たとえば、あなたが見学したクラスでは、生徒 20 名全員に発言の機会を与えられていたとしましょう。「生徒 20 名が、各自約 2 分の発言機会を与えられた。全 90 分中、40 分程度が発言、50 分が講義という時間構成だった」というのが descriptive な観察、「生徒全員に発言させてしまったため、講義時間が不足気味だった」と価値判断が入ったものが prescriptive な観察です。

　TESOL クラスでは descriptive な観察に代表される non-judgemental という姿勢が非常に重要視されていて、これは TESOL 修了後の私の英語指導に役立ちました。たとえば 100 点満点のマークシートテストで 80 点取得の A さんと 60 点取得の B さんがいたとします。ここで non-judgemental な視点を持ってヒアリングや観察を行えば、「問題の答えを丸暗記していた A さん。わからない問題はマークすることなく白紙解答のままにしていた B さん」という実態が見えることもあります。目に見える点数だけを追いかけず、「できなかったこと」「間違った解答」に観察を向けることで、そこに学習方略改善のヒントを見つけることができます。

品詞を生み出す力〜 F の部品

▶ 単語の末尾に着ける F の部品（接尾辞）はさまざま

Q 次の英単語と適切な意味をつなげましょう。

① forgive	② forswear	③ forbear
④ forsake	⑤ forbid	⑥ forget

A）慎む	B）見捨てる	C）忘れる
D）許す	E）禁止する	F）誓って絶つ

A ①—D ②—F ③—A ④—B ⑤—E ⑥—C

部品 for は、「否定」もしくは「強意」の意味を作ります。

① **forgive**（フォーギブ）→ for（強意）+ give（与える）＝しっかり与える→許す
② **forswear**（フォースウエア）→ for（否定）+ swear（誓う）＝誓いを否定する→誓って絶つ
③ **forbear**（フォーベア）→ for（強意）+ bear（耐える）＝しっかり耐える→慎む
④ **forsake**（フォーセイク）→ for（否定）+ sake（議論する）＝議論を否定する→見捨てる
⑤ **forbid**（フォビッド）→ for（否定）+ bid（命令する）＝否定の命令をする→禁止する
⑥ **forget**（フォゲット）→ for（否定）+ get（得る）＝得ることを否定する→忘れる

同じ部品なのに「否定」と「強意」では意味が全く逆ですね。ここを見分けるコツがあります。まず、強意の用法は古英語の forgive（許す）、forbear（慎む）以外はほとんどないこと。つまりこの 2 つ以外は **for を見たらネガティブ**で推測すれば OK ということです。また、「強意」とは言い換えると「過度」「行き過ぎ」でもあり、どのみち for を見たら否定的な意味と推測できます。一例として **forlorn**（フォーラーン：絶望した）も分解すると、「for（強意）+ lorn（失った）＝何もかもすっかり失った→絶望した」なのですが、分解するまでもなく完全にネガティブな単語だとわかります。ただ、この forlorn も古英語であり、現代英語ではほとんど強調の for は見られなくなりました。

F の部品イメージ

　今回は F で始まる部品について見ていきましょう。単語の頭に置かれる F の部品で気をつけたいのが、for（**否定、強意**）と似ているものに fore（**前**）があることです。ちなみに fore（前）のつく単語としては以下のようなものがあります。

> **forearm**（フォーアーム：前腕）→fore（前）＋arm（腕）
> **forehead**（フォーヘッド：前額部）→fore（前）＋head（頭）
> **foresee**（フォーシー：予知する）→fore（前）＋see（見る）
> **foretell**（フォーテル：予言する）→fore（前）＋tell（言う）

　F の部品は、品詞を決定する部品(接尾辞)が充実しています。

単語末尾に置かれる F の部品

●──動詞化

`fy＝〜化する`

modify（モディファイ：修正する）
crucify（クルーシファイ：はりつけにする、虐待する）
← **cross**（クラス：十字架）
amplify（アンプリファイ：増幅する）
← **ample**（アンプル：十分な）
certify（サーティファイ：認証する）
qualify（クオリファイ：資格を与える）
pacify（パシファイ：なだめる）

〜化するfy

いっぱいのful

●──形容詞化

`ful＝〜がいっぱいの`

peaceful（ピースフル：平和な）
→peace（ピース：平和）がいっぱいの
shameful（シェイムフル：恥ずべき）→shame（シェイム：恥ずかしさ）がいっぱいの
harmful（ハームフル：有害な）→ **harm**（ハーム：害）がいっぱいの
`fic＝〜的な／〜を生む`
honorific（オノリフィック：敬称の）→名詞「敬称」という意味もあります。
terrific（テリフィック：すごい、すばらしい）　　**prolific**（プロリフィック：多産の）

pacific（パシフィック：平和な）

→**the Pacific Ocean**（ザ・パシフィック・オーシャン：太平洋）

fold＝〜倍の

three-fold（スリーホールド：3倍の）

にぎやかなfest

●──名詞化

fest＝にぎやかな集まり

songfest（ソングフェスト：歌の集い）

slugfest（スラグフェスト：激しい打ち合い）

gabfest（ガブフェスト：おしゃべりの会合）

→ gab は「おしゃべり」slug は「強打」で、「ナメクジ」という意味もあります。日本では「slugger（スラッガー：強打者）」のイメージがありますが、この語源 slug（スラグ：強打する）もクリケットの slog（スラーグ：強打する）も共に 19 世紀に生まれた言葉で、語源が不明です。一方 slug「ナメクジ」の歴史はこれらよりも古く、15 世紀初頭、slugge（怠け者、のろのろした人）を起源としています。「強打」の slug も「ナメクジ」の slug もどうやら語源が共通しているとは言えないようですが、L の音声イメージである「ながなが」（**UNIT** 54、p.236 参照）から、「ナメクジのゆっくり進む姿」や「打球の長い距離」を描くことはできると思います。

fuge＝駆逐・除去

refuge（レフュージ：避難所）

refugee（リフュジー：難民）

vermifuge（バーミフュージ：虫下し＝駆虫薬）

febrifuge（フェブリフュージ：解熱剤）

──単語の頭に置かれる F の部品

ferro＝鉄 **ferrous**（フェラス：鉄の）

fluoro＝フッ素、蛍光発光

fluorescent lamp（フルオレセントランプ：蛍光灯）

fluoridize（フローラダイズ：歯をフッ素処理する）

fronto＝前線・前頭葉・前頭骨

frontogenesis（フロントジェネシス：前線の発達）、

frontoparietal（フロントパリエタル：前頭骨と頭頂骨の）

febri＝熱 **febriferous**（フェブリフェラス：発熱性の）

fibro＝繊維、線維 **fibroma**（ファイブロウマ：線維腫）

→ oma は瘤という意味で **carcinoma**（カーシノウマ：悪性腫瘍）、**sarcoma**（サーコウマ：肉腫）

fracto＝割れる **fracture**（フラクチャー：破壊・骨折）

fungi＝菌 **fungicide**（ファンジサイド：殺菌剤・防カビ材）

🏛 valuable information
TESOL ワールドへようこそ３：メタ認知

メタ認知（**metacognition**：メタコグニション）とはわかりやすくいうと「私を見ているもうひとりの私」というイメージですね。

英語学習におけるメタ認知とはどんなものでしょうか？　たとえば初級学習者の場合、教師からわからないところはないか？と聞かれても、「大丈夫です」としか返答しないことがよくあります。これは決して「大丈夫」なわけではなく、自分で課題や疑問を見つけられないステージにいると推測できます。

学習が進み、「何がわかっていないのかがわかる」状態に至ると、そのあたりから質問が出始めます。質問の質も、「聞き取りができない」という漠然とした訴えから、「一か所聞き取れない単語があるとそこで思考が止まり、そこから先の英語にまったく集中できなくなる」など具体性を帯び始めます。学習者自身のメタ認知が開かれてきたということです。

実は自己学習で語彙力を伸ばすカギもこの「メタ認知」が握っています。この本を読みながら「●●ページは私の性格にマッチしているが、△△のアドバイスは私には当てはまらない」という具合に、自分自身との適合性を探りながら情報を取捨選択していくことも「メタ認知をベースとした英語学習」と言えるのです。

🏛 復 習 問 題

❶次の単語と意味を組み合わせましょう。

① forsake	② fibroma	③ fracture	④ fungicide
⑤ refugee	⑥ febrifuge	⑦ three-fold	

A 線維腫	B 破壊	C 解熱剤	D 見捨てる
E 3倍の	F 殺菌剤	G 難民	

②次の単語と意味を組み合わせましょう。

① honorific	② prolific	③ modify	④ forearm
⑤ amplify	⑥ harmful	⑦ forgive	

A 許す	B 修正する	C 前腕	D 増幅する
E 敬称の	G 多産の	F 有害な	

❷ ①—E ②—G ③—B ④—C ⑤—D ⑥—F ⑦—A
❶ ①—D ②—A ③—B ④—F ⑤—G ⑥—C ⑦—E

🔺 313

さまざまな形を作る gon
～ Gの部品

▶ hexagon や polygon など、「～角形」を作る gon

Q 次の英単語と適切な図をつなげましょう。

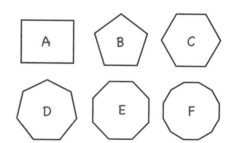

① octagon
② pentagon
③ heptagon
④ hexagon
⑤ dodecagon
⑥ tetragon

A ①—E ②—B ③—D ④—C ⑤—F ⑥—A

gon は「～角形」という意味です。上記の総称「多角形」は **polygon**(ポリゴン)と言います。

・四角形は **tetragon**(テトラゴン)
→ tetra は 4。かつて牛乳などのパッケージで、テトラパック(商標)がありました。こちらは三角形の面4つでできているので、商標には4を意味する tetra が使われています。ちなみに、四面体は **tetrahedron**(テトラヘドロン)です。hedron は「～個の面」を表し、5面体なら、**pentahedron**(ペンタヘドロン)、6面体なら、**hexahedron**(ヘキサヘドロン)です。

・五角形は **pentagon**(ペンタゴン)
→ 米国国防総省は、その建物の形から The Pentagon と呼ばれています。

・六角形は **hexagon**(ヘキサゴン)→ hexa は 6

・七角形は **heptagon**(ヘプタゴン)→ hepta は 7

・八角形は **octagon**(オクタゴン)→ octa は 8

ゴンです

・十二角形は **dodecagon**(ドデカゴン)→ dodeca は「12」。

ちなみに三角形は **triangle**(トライアングル)、長方形は **rectangle**(レクタングル)、

正方形は **square**（スクエア）です。「三角錐（さんかくすい）」は **triangular pyramid**（トライアンギュラー・ピラミッド）。「四角錐」は **quadrangular pyramid**（クアドランギュラー・ピラミッド）。「円錐（えんすい）」は **circular cone**（サーキュラー・コーン）です。

G の部品イメージ

　オープニングクイズで登場した gon（〜角形）を覚える際には、「四角形＝tetragon」「五角形＝ pentagon」のように数字の部分とセットで覚えておくとよいでしょう。また図と言えば、「書く、描く装置や行為」の **graph**、「書き方、描き方」の **graphy**、「書かれたもの、描かれたもの」の **gram** で、**記録三兄弟**として覚えておきましょう。

記録物gram

書くgraph　手法graphy

記録三兄弟

記録三兄弟graph/graphy/ gram組み合わせ例

共通部品	装置／行為 graph	手法 graphy	記録物 gram
tele （遠距離）	**telegraph** （テレグラフ：電信装置）	**telegraphy** （テレグラフィー：電信術）	**telegram** （テレグラム：電報）
epi （上）	**epigraph** （エピグラフ：碑銘、題辞）	**epigraphy** （エピグラフィー：碑銘研究）	**epigram** （エピグラム：警句、短い風刺詩）
calli （美しい）	**calligraph** （カリグラフ ：装飾書体で書く）	**calligraphy** （カリグラフィー ：書道、装飾書法）	**calligram** （カリグラム ：文字の装飾的図案）
sono （音）	**sonograph** （ソノグラフ ：超音波検査器）	**sonography** （ソノグラフィー ：超音波検査法）	**sonogram** （ソノグラム ：超音波検査図）

主に末尾に置かれる部品

grad＝市　ロシアの地名 "Leningradレニングラード" は「Lenin（レーニン＝ロシア革命最高指導者）の市」という意味。→ちなみに、中央アジアにおける、アフガニスタン、パキスタン、カザフスタンなどの "-stan スタン" は、国を表します。

bury＝都市	Canterbury（英：キャンタベリー）、Waterbury（米：ウァーターバリー）
burgh＝都市	Edinburgh（英：エジンバラ）、Pittsburgh（米：ピッツバーグ）
polis＝都市	Minneapolis（米：ミネアポリス）、Indianapolis（米：インディアナポリス）
ton＝町	Charleston （米：チャールストン）、Princeton（米：プリンストン）

grade＝歩く

digitigrade（デジティグレイド：趾行動物、趾行の）
　→趾行＝犬、猫や鳥のように、踵を浮かせたつま先立ちで歩くこと

plantigrade（プランティグレイド：蹠行動物、蹠行の）
　→蹠行＝猿や熊のように、足の裏全体を地面につけて歩くこと

unguligrade（アンギュリグレイド：蹄行動物、蹄行の）
　→蹄行＝馬や牛のように、足の先端のひづめで歩くこと

gram＝書かれたもの

program（プログラム：プログラム、計画）→前もって（pro＝前）書かれたもの

diagram（ダイアグラム：図表、交通のダイヤ）。
　→ dia ＝「通過」。instant telegram ＝インスタグラム

graph＝記録のための機器、graphy＝記録

cacography（カカグラフィー：悪筆）
　→ caco ＝「悪」：cacophony （カカフォニー：耳障りな音、不協和音）

gen＝生じたもの、生じさせるもの

hydrogen（ハイドロジェン：水素）
　→ hydro （水）を生じさせるものだから。後述するように、glyco （多糖）を生じさせるから、glycogen （グライコーゲン）は「糖原」。栄養素グリコーゲンを食べやすく、おいしくしたのが「グリコ」なのだそうです。

gamy ＝結婚

monogamy（モナガミー：一夫一婦制）　　**polygamy**（ポリガミー：一夫多妻制）
bigamy（ビガミー：重婚）　　　　　　　　**digamy**（ディガミー：再婚）

-gate＝スキャンダル

1970年代のウォーターゲート事件から生まれた言葉。ウォーターゲート（Watergate）は民主党本部があるビルのことで、その民主党本部に共和党運動員がスパイとして侵入したことに端を発した事件。用例としては**Irangate**（イランゲイト）など。

genesis/genic/genous/geny、-gen＝生まれる、生み出す

biogenesis（バイオジェネシス：生物発生）

instagenic（インスタジェニック：インスタ映えする）
　← **Instagram** （インスタグラム）＋ **photogenic** （フォトジェニック：写真写りのよい）で、It's very instagenic.（すごくインスタ映えするね）のように使います。他にも **instagrammable** （インスタグラマブル）という言い方もあります。

nitrogenous（ナイトラージェナス：窒素の）

generation（ジェネレイション：世代）

主に単語前半でよく使われる G の部品

geo＝土地

geology（ジアロジー：地質学）

geopolitics（ジオポリティクス：地政学）。

georama（ジオラマ）

→geo＋orama（盛大なもの）からできています。パノラマ＝pan（全体）＋orama（景色）。

gen＝産む

generate（ジェネレイト：産む）

grand＝一親等隔てた

grandfather（グランドファーザー：祖父）

grandchild（グランドチャイルド：孫）

giga＝10億

gigabyte（ギガバイト：（記憶容量の単位で）約10億バイト）

gigameter（ギガメートル：10億メートル）

glosso＝舌

glossography（グロサグラフィー：用語解説）

glossology（グロサロジー：言語学）

glyco/ gluco＝糖、砂糖

glycogen（グライコーゲン＝糖原）

glycogenesis（グライコジェネシス＝グリコーゲン形成）

glucosamine（グルコウサミン＝多糖類の多くに含まれるアミノ糖）

復 習 問 題

❶次の単語と意味を組み合わせましょう。

① geology	② geopolitics	③ generate	④ glossography
⑤ diagram	⑥ biogenesis	⑦ monogamy	

A 地政学	B 生物発生	C 一夫一婦制	D 用語解説
E 地質学	F 図表	G 産む	

❷次の単語と意味を組み合わせましょう。

① polygamy	② hydrogen	③ dodecagon	④ cacography
⑤ epigraph	⑥ hexagon	⑦ polygon	

A 六角形	B 多角形	C 悪筆	D 十二角形
E 碑銘	G 一夫多妻制	F 水素	

❷①—G ②—F ③—D ④—C ⑤—E ⑥—A ⑦—B
❶①—E ②—A ③—G ④—D ⑤—F ⑥—B ⑦—C

対比・数字・液体
〜 Hの部品

▶Hの部品を見たら、対比・数字・液体を疑え

Q hypertension と hypotension どちらが「高血圧」でどちらが「低血圧」でしょうか？

A **hypertension** と **hypotension** をカタカナ表記すると「ハイパーテンション」と「ハイポテンション」となり、「ハイパ」と「ハイポ」が似ていて紛らわしいですね。

実は hyper と hypo の語源はギリシャ語でそれぞれ「huper(ヒュペル：上)」、「hupo(ヒュポ：下)」と語源自体も非常に似ています。ここは暗記として割り切って覚えるか、ギリシャ語発音にちなみ、「ペルちゃん上から、ポちゃんと落とす」としておきましょう。

ということで、hypertension が高血圧、hypotension が低血圧です。

ちなみに、人体を正常に保つにはいろんなバランスが重要で、高過ぎても低過ぎても病気になるため、医療の英語には「ハイパー」「ハイポ」がつくものが多くあります。
hypercalcemia (ハイパーカルシーミア：高カルシウム血症)
⇔ **hypocalcemia** (ハイポカルシーミア：低カルシウム血症)
hyperacidity (ハイパーアシディティ：胃酸過多)
⇔ **hypoacidity** (ハイポアシディティ：胃酸減少)
hyperthyroidism (ハイパーサイロイディズム：甲状腺機能亢進症)
⇔ **hypothyroidism** (ハイポサイロイディズム：甲状腺機能低下症)

H の部品イメージ

　オープニングクイズの hyper と hypo や、homo（同）と hetero（異）のように対になっている部品、hepta（7）、hexa（6）、hendeca（11）のような数字を表す部品、hemo（血）、hydro（水）のような液体を表す部品、これら 3 タイプが H の部品の特徴と言えます。

　対になっている部品については、対になる単語で覚えること、数字については quadri（クアドリ：4）、penta（ペンタ：5）、hexa（ヘキサ：6）、hepta（ヘプタ：7）、octa（オクタ：8）、nona（ノウナ：9）、deca（デカ：10）のように他の数字と合わせて覚えることがポイントです。

単語の末尾に置かれる H の部品

hood＝状態、期間、集団を表す名詞
・状態：**manhood**（マンフード：人であること、男であること、大人であること）
　　　　kinghood（キングフード：王位）
・期間：**boyhood**（ボイフード：少年時代）
　　　　widowhood（ウィドウフード：寡婦の状態、やもめぐらし）
・集団：**brotherhood**（ブラザーフード：兄弟の間柄）
　　　　priesthood（プリストフード：聖職者）

単語の頭に置かれる H の部品

●──単語の頭に置かれる H の部品：対比系

　オープニングクイズで紹介した hyper と hypo の他に
以下のようなものがあります。

hetero＝異	**heterogeneous**（ヘテロジェナス：異種の）
homo＝同	**homogeneous**（ホマジェナス：同種の）
homeo＝同	**homeopathy**（ホウミアパシー：ホメオパシー）
hypso＝高	**hypsometer**（ヒプサメーター　測高計）

同じ**homo**　　　異なる**hetero**

→測高計＝液体の沸点から気圧を計算し、地点の高さを測る計器

`holo＝全`　**holocaust**（ホロカースト：全焼、大虐殺）
　→ the Holocaust は第二次世界大戦中のナチスによるユダヤ人大虐殺。
`hemi＝半`　**hemisphere**（ヘミスフェア：半球）

●──単語の頭に置かれる H の部品：数字系

`hexa＝6`　**hexadecimal**（ヘキサデシマル：16進法）
　→ **decimal**（デシマル：小数、十進法の）、**duodecimal**（デュオデシマル：十二進法）。
`hepta＝7`　**heptaglot**（ヘプタグラット：7か国語で書かれたもの）
　→ glot は「言葉」で、**polyglot**（ポリグロット）は「数か国語に通じた人」。
`hendeca＝11`　**hendecagon**（ヘンデカゴン：十一角形）

●──単語の頭に置かれる H の部品：液体系

`hemo＝血`　**hemophilia**（ヘモフィリア：血友病）
`hemato＝血`　**hematology**（ヘマタロジー：血液学）
`hyeto＝雨`　**hyetograph**（ハイエトグラフ：雨量図）
`hygro＝湿`　**hygrograph**（ハイグログラフ：自記湿度計）
`hydro＝水`　**hydrangea**（ハイドレンジャ：あじさい）

●──単語の頭に置かれる H の部品；その他

`halo＝塩`　**halophile**（ハロファイル：好塩菌）
※自動車の照明などに使われる **halogen** lamp（ハロゲンランプ）のハロゲンにも halo（塩）という部品が見られます。そもそもハロゲンとは塩素（**chlorine**: クラーリーン）、臭素（**bromine**: ブロウミーン）、フッ素（fluorine: フラーリーン）、ヨウ素（iodine: アイオダイン）、アスタチン（astatine: アスタチーン）の5つの総称で、金属元素と典型的な塩を形成するため、halo（塩）＋ gen（生み出す）が合わさってできた単語だと言えます。
`haplo＝単一`　**haploid**（ハプロイド：単純な）
`helio＝太陽`　**heliosphere**（ヒーリオスフェア：太陽圏）
`hippo＝馬`　**hippophile**（ヒポファイル：馬好き）
※カバ **hippopotamus**（ヒポパタマス）は、p が3個もついていてつづりを間違えそうですね。そんなときは部品の力を借りて、「馬（hippo）＋川（potamos）＝ hippopotamus」とすれば、「馬に p 2個、川に p 1個、合計3個」と覚えられそうです。また、hippopotamus の potamo（川）から、potamology（パタマロジー：河川学）や、**potamoplankton**（パタモプランクトン：河川プランクトン）と語彙を膨らませることもできます。あの「メソポタミア文明（Mesopotamia）」の中にもしっかり potamo（川）が入っていますね。
`histo＝組織`　**histology**（ヒスタロジー：組織学）
`hyalo＝ガラス`　**hyaloid**（ハイアロイド：ガラス質の）
`hypno＝眠り`　**hypnosis**（ヒプノウシス：催眠術）

valuable information

TESOL ワールドへようこそ 4：SLA

SLA（second language acquisition：セカンド・ランゲージ・アクイジション）は第二言語の習得メカニズムを科学的に探求する学問で、TESOL の必須科目でもあります。TESOL における第二言語とは言うまでもなく英語で、日本で英語を学ぶ人にとっての外国語（foreign language）としての英語、アメリカなどの英語圏で非ネイティブスピーカーが学ぶ第二言語（second language）としての英語、両者が含まれています。おそらく本書の読者のみなさんの多くが前者でしょうから、この本はそのアプローチで書いています。

SLA を学ぶ際に有効なことは、SLA を学ぶ者自身の英語学習歴を振り返りながら諸理論について検証していくことです。TESOL では実際にさまざまな英語教授法を体験します。しかしそれだけでどの教授法が効果的かを判断することは難しいのです。なぜならば、英語ができるようになった人は例外なく、教授法や学習法如何を問わず、大量のインプットを人生の一時期に通過してきたからです。方程式にすればこうなります。

「効果的な教授法や学習法」×「大量インプット」＝英語習得

「大量インプット」とはつまり多聴多読であり、これは学校の授業だけで満たすことは難しく、自己学習での工夫が肝となります。その際、英語教師自身がどのようなことがきっかけで大量インプットの世界へと入っていったのか？あるいはどのような方法で大量インプットを実現したのか？と自分の学習ヒストリーを振り返ることはとても有効です。つまり著者である私自身も、本書の執筆を通して、第二言語習得理論と私個人の体験を照合する機会を得られているとも言えます。

復習問題

❶次の単語と意味を組み合わせましょう。

① hypertension	② boyhood	③ heterogenous	④ homogenous
⑤ hemisphere	⑥ chlorine	⑦ acquisition	

| A 少年時代 | B習得 | C同種の | D異種の | E 高血圧 | F半球 | G塩素 |

❷次の単語と意味を組み合わせましょう。

① hypotension	② hippopotamus	③ hemophilia	④ hyetograph
⑤ hygrograph	⑥ haploid	⑦ hypnosis	

| A 雨量図 | B 血友病 | C 自記湿度計 | D 単純な |
| E 催眠術 | G 低血圧 | F カバ | |

il/im/in/irを見たら
「否定」か「中」〜 Iの部品

▶ 収入は中に（in）入ってくる（come）から income

Q 以下の単語の下線部は　A.「否定」、　B.「中」どちらの意味でしょうか？

| ① inhabit | ② inaccurate | ③ illegal | ④ immoral |
| ⑤ irresponsible | ⑥ import | ⑦ irregular | |

A ① **inhabit**（インハビット：住む）→ in（中）+ habit（住む）なので正解は B。

② **inaccurate**（イナキュレイト：不正確な）
　　→ in（否定）+ accurate（正しい）なので正解は A。

③ **illegal**（イリーガル：違法な）→ il（否定）+ legal（合法な）なので正解は A。

④ **immoral**（イマーラル：不道徳な）→ im（否定）+ moral（道徳的な）なので正解は A。

⑤ **irresponsible**（イレスパンシブル：無責任な）
　　→ im（否定）+ responsible（責任がある）なので正解は A。

⑥ **import**（インポート：輸入する）→ im（中）+ port（運ぶ）」なので正解は B。

⑦ **irregular**（イレギュラー：規則的な）
　　→ ir（否定）+ regular（規則的な）なので正解は A。

部品 in を見つけた際、素早く「否定」なのか「中」なのかを見分けるコツがあります。まず部品 in と組み合わさっているものが形容詞であれば、おおよそ「否定」、「動詞」や「行為を表す名詞」のときは「中」と判断できます。

たとえば、**intake**（インテイク）なら、take「取る」という動詞との組み合わせなので、この in は「中」だと推測します。実際の意味は「摂取量」です。同様に **insist**（インシスト）なら、「sist＝立つ」からやはりこの in も「中」で「中に立つ→主張する」となります。一方、**impartial**（インパーシャル）なら、partial は「不公平な」という形容詞なので、この im は否定と推測します。impartial は「公平な」という形容詞です。

Ⅰの部品イメージ

Ⅰの部品の代表格 in は、意味が「否定」か「中」のどちらかで、部品の次のアルファベットにより im/il/ir に変化することを押さえておきましょう。

また I の部品は、単語末尾に置かれるものが非常に豊富なのが特徴的です。

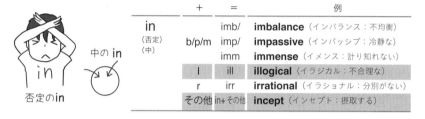

	+	=	例
in (否定) (中)	b/p/m	imb/ imp/ imm	**imbalance**（インバランス：不均衡） **impassive**（インパッシブ：冷静な） **immense**（イメンス：計り知れない）
	l	ill	**illogical**（イラジカル：不合理な）
	r	irr	**irrational**（イラショナル：分別がない）
	その他	in+その他	**incept**（インセプト：摂取する）

中の in

否定の in

単語末尾に置かれる I の部品

●──名詞化

ia＝病名 **hysteria**（ヒスティアリア：ヒステリー）

iatrics＝治療 **pediatrics**（ペディアトリクス：小児科学）

ist＝名詞化（人） **antagonist**（アンタゴニスト：競争相手）

ism＝名詞化（主義・状態） **antagonism**（アンタゴニズム：敵対）

※部品 ism を持つ人が ist と押さえておきましょう。たとえば、**egoism**（イーゴイズム：利己心）を持つ人だから **egoist**（イーゴウイスト：自己本位の人）、**pacifism**（パシフィズム：平和主義）を持つ人だから **pacifist**（パシフィスト：平和主義者）ですね。

itis＝炎症 **rhinitis**（ライナイティス：鼻炎）

→ itis は炎症の他に、「～熱」「～狂」という意味もあり、**golfitis**（ゴルファイティス）であればゴルフ狂ですね。この「～熱」として汎用性の高いのが「～-minded（～熱心な）（～好きな）」という表現です。教育熱心な（**education-minded**）、安全志向の（**safety-minded**）、機械いじりの好きな（**mechanical-minded**）、車好きな（**car-minded**）のように使えます。

ity＝名詞化 **hostility**（ハスティリティ：敵意）

ization＝名詞化 **organization**（アーガニゼイション：組織）

●──形容詞化

ic＝形容詞化 **realistic**（リアリスティック：現実的な）

ical＝形容詞化 **historical**（ヒスタリカル：歴史上の）

ish＝形容詞化 **Swedish**（スウィーディッシュ：スウェーデンの）

girlish（ゴーリッシュ：少女のような）

`istic＝ist、ismの形容詞化` **antagonistic**（アンタゴニスティック：敵対する）

`ive＝形容詞化` **distinctive**（ディスティンクティブ：独特な）

● ——動詞化

`ize＝動詞化` **civilize**（シビライズ：文明化する）

● ——複数の品詞化

`id＝名詞化・形容詞化（動物）`

canid（ケイニド：イヌ科の動物）　　**felid**（フィーリド：ネコ科の動物）

`ite＝名詞化、形容詞化、動詞化`

appetite（アペタイト：食欲）　　**polite**（ポライト：礼儀正しい）

unite（ユナイト：合体する）

`ium＝名詞化・形容詞化`

odium（オウディアム：悪評）　　**medium**（ミーディアム：媒介物、中間の）

単語の頭に置かれる部品

`ideo＝思考` **ideology**（アイデアロジー：イデオロギー、観念形態）

`ichthyo＝魚` **ichthyology**（イクシアロジー：魚類学）

`iatro＝医師` **iatrogenic**（アイアトロジェニック：医原性の）

→「医原性」とは「医療行為を原因とすること」を意味します。

`idio＝独自`

idiosyncrasy（イディオシンクラシー：特異性）

`infra＝下・内`

infrastructure（インフラストラクチャー：基礎構造）

`inter＝間`

international（インターナショナル：国際的な）

`intra＝内`

intranet（イントラネット：組織内のコンピュータネットワーク）

`intro＝内` **introduction**（イントロダクション：序説・導入）

`iso＝等しい` **isochromatic**（アイソクロマティック：同一色の）

内への
intra
intro

間の
inter

Ｊの部品・Ｋの部品

`juxta＝近い` **juxtaposition**（ジャクスタポジション：並列）

`jejuno＝空腸` **jejunectomy**（ジジューネクトミー：空腸切除術）

`kilo＝1000倍` **kilometer**（キラメター：キロメートル＝1000メートル）

valuable information

TESOL ワールドへようこそ5：情意フィルター

　情意フィルターの仮説（the **affective filter hypothesis**）とは，第二言語習得研究において著名な学者 Stephen Krashen（スティーブン・クラッシェン）が提唱した，理解可能なインプットを行ったとしても，不安が強かったり，動機づけが低かったりすると，習得が進まないというものです。

　小さな子供は英語を間違えることも気にせずのびのびと学べます。しかし成長するにつれ，人前で間違うことや，恥をかくことへの恐れが生まれ，情意フィルターが働き，これが英語のスムーズな習得を妨げてしまいます。

　情意フィルター仮説は，とりわけ恥をかくことへの不安の強い日本人を指導する際には重要です。集合研修や大規模クラスなど人前でアウトプットすることは，学習者の情意フィルターの働きを促進し，習得の妨げになりがちです。

　学習者のやる気を高め，自信を引き出して不安を取り除くには，周囲の目を気にせずにできるペアワークやグループワークが効果的です。また情意フィルターへの配慮は，教材作成にも重要なテーマです。本書の英単語へのカタカナ表記や，暗記を強要しないことなどの根底にも情意フィルター仮説があります。

　とはいえ書籍で読者の情意フィルターをコントロールするには限界があり，学習者自身が自分の情意フィルターを意識しながら学習することが大切です。本書を読んでいる際に「なんだか難しいなぁ」「なんか自信をなくしてしまいそう」など，情意フィルターが高くなりそうに感じたら，速やかにページを閉じるなり，他のページに飛ぶなりして，あまり悩み込まないようにしましょう。

復 習 問 題

❶次の単語と意味を組み合わせましょう。

① inhabit	② inaccurate	③ hysteria	④ pediatrics
⑤ immoral	⑥ antagonist	⑦ antagonism	

A 競争相手　B不道徳な　Cヒステリー　D敵対　E 小児科学　F不正確な　G住む

❷次の単語と意味を組み合わせましょう。

① rhinitis	② hostility	③ realistic	④ infrastructure
⑤ introduction	⑥ isochromatic	⑦ juxtaposition	

A基礎構造　B並列　C現実的な　D同一色の　E 鼻炎　F導入　G敵意

❷①-E ②-G ③-C ④-A ⑤-F ⑥-D ⑦-B
❶①-G ②-F ③-C ④-E ⑤-B ⑥-A ⑦-D　**A**

325

〜leを見たら「反復」を疑え
〜 Lの部品

▶ **キラキラ（twinkle）、クラクラ（dazzle）— "le"は反復の魔術師**

Q 以下の単語の下線部は A 小ささ　B 傾向　C 反復動作　のどれに該当しますか？

① brittle　② fickle　③ giggle　④ dazzle　⑤ jingle　⑥ fondle　⑦ knuckle

A ① **brittle**（ブリトル：壊れやすい）→ le は傾向を表しているので正解は B

② **fickle**（フィクル：気まぐれな）→ le は傾向を表しているので正解は B

③ **giggle**（ギグル：クスクス笑う）→ le は反復動作を表しているので正解は C

④ **dazzle**（ダズル：目をくらませる）→ le は反復動作を表しているので正解は C

⑤ **jingle**（ジングル：りんりん鳴る）→ le は反復動作を表しているので正解は C

⑥ **fondle**（ファンドル：なでなでする）→ le は反復動作を表しているので正解は C

⑦ **knuckle**（ナクル：指関節）→ le は小ささを表しているので正解は A

L の部品イメージ

　L の接頭辞の代表格は、「小ささ」「傾向」「反復動作」を表す **le** です。「〜 le」という単語を見つけたら、この３つのどれかの意味を疑いましょう。

　また「学問」を表す **logy** を使った単語はかなり多く、「〜 logy」を見つけたら何らかの学問、「〜 logist」を見つけたら何らかの専門家を推測しましょう。たとえば **psychology**（サイカロジー）なら「心理学」、**psychologist**（サイカロジスト）なら「心理学者」ですね。

小ささ

反復

単語の末尾に置かれる部品

●──名詞系

`let＝小` **booklet**（ブックレット：小冊子）

`later＝崇拝者` **idolater**（アイダーラター：偶像崇拝者）

`latry＝崇拝` **Mariolatry**（メアリアラトリー：聖母崇拝、女性崇拝）

`lect＝言語` **dialect**（ダイアレクト：方言）

`ling＝小、人（侮蔑的な言い方）`

duckling（ダックリング：子ガモ）　　**hireling**（ハイアリング：雇われ者）

`litho＝石` **megalith**（メガリス：巨石）

`logue＝談話` **dialogue**（ダイアローグ：対話）

`logy＝言うこと、学問`

eulogy（ユーロジー：賛辞）

astrology（アストラロジー：占星術）

`lysis＝溶解` **catalysis**（カタリシス：触媒作用）

●──形容詞系

`less ＝ない、しがたい`

homeless（ホウムレス：家のない）

countless（カウントレス：数えきれない）

`lytic＝「分解する」の形容詞化` **analytic**（アナリティック：分解の）

●──副詞系・形容詞系

`ly＝副詞化・形容詞化`

openly（オープンリー：あからさまに）

quarterly（クワータリー：年4回の、年4回）

学問のlogy

単語の頭に置かれる部品

`labio＝唇` **labial**（レイビアル：唇の）

`lacto＝乳` **lactobacillus**（ラクトバシラス：乳酸菌）

`lati＝広い` **latifundium**（ラティファンディアム：広大な所有地）

`lepido＝鱗（うろこ）` **lepidopteran**（レピダプテラン：鱗翅目の昆虫）

→ 鱗翅目とは、昆虫の分類の1つで、チョウやガのことです。

`leuko＝白` **leukoderma**（ルーコダーム：白斑）

| lexico＝辞書 | **lexicographer**（レキシカグラファー：辞書編集者） |

| lipo＝脂 | **lipogenesis**（リポジェネシス：脂肪形成） |

| litho＝石 | **lithograph**（リソグラフ：石版画） |

| logo＝言葉 | **logophile**（ラゴファイル：言語愛好家） |

| longi＝長い | **longitude**（ランジチュード：経度）→緯度は**latitude**（ラティチュード） |

valuable information

TESOL ワールドへようこそ６：Audio-lingual Method

Audio-lingual Method（アーディオリンガル・メソッド）は、日本ではオーラルアプローチと呼ばれ、Bloomfield や Fries らの構造言語学と、Skinner らの行動主義心理学に基づいた口頭練習を中心とした教授法です。

構造言語学では、言語の本質は「音声」であり、音声には構造があって外国語上達の基本は構造理解だと考えられています。

行動主義心理学では、言語の学習とは習慣の形成によるものであり、刺激と反応を繰り返すことで反応が強化され、やがて習慣となっていくとしています。そのためには、言語構造が反映されたパターンを繰り返し声に出す「パターン練習」や「例文暗記」など、口頭でドリルを繰り返すような指導法が中心となります。

日本でも、かつての文法訳読式教授法から、音声中心の授業へシフトする際の基本理論として用いられました。

ちなみに Audio-lingual Method の起源は 1940 ～ 1960 年あたりとされています。その背景として第二次世界大戦勃発により、通訳や暗号解読要員など、現地語に精通する人材の育成が必要となり、受講者の厳選や集中訓練と相まって Audio-lingual Method が多大な成果をあげたこともあるようです。

Audio-lingual Method が英語教育界で広まった理由は３つ考えられます。

１つはそれまで第二言語習得に関する学問がなかったため、言語学と心理学に基づいた本理論は、初めての科学的教授法として歓迎されたことです。

２つ目の理由は、現地で使われる例文を教材に使用したため、ネイティブスピーカー並みの発音や表現が身につけられたことです。「ネイティブはそう言わない」とか「そこが日本人英語のおかしいところ」という指摘に我々日本人が過剰

反応しがちなのも、Audio-lingual Method の影響も多少あるかもしれませんね。

　３つ目の理由は、例文をひたすら声に出すパターン練習が中心であるため、指導が非常にやりやすいことです。Audio-lingual Method がベースとなっているクラスでは、生徒たちがペアワークなどで大量の英文を発話していて活気があり、従来の一方的な文法訳読式の授業と比較すると、コミュニカティブで実践的な空気を感じることができました。

　ただ実際に彼らがやっていることは、「英語の発音と構造の再生」であり、コミュニケーションの現場で必要とされる「伝達するために話す」行為ではありませんでした。ここが Audio-lingual Method の最大の課題と言えるかもしれません。学生たちが大人になり、ビジネスの世界に進むと、例文をどれだけ暗記しても実際の現場では自分自身で言葉を発せられない問題に直面します。つまり学習者は世の中に出て初めて、「発音と構造の再生」から脱却し、「コミュニケーションツールとして英語を使う」ステージに進むためにもがくことになります。

　第二言語習得理論は、このような「コミュニケーションのツールとしての英語」を身につけていくために役立つ理論や方法を提供するものと言えます。

復習問題

❶次の単語と意味を組み合わせましょう。

| ① brittle | ② fickle | ③ quarterly | ④ knuckle |
| ⑤ psychologist | ⑥ idolater | ⑦ dialect | |

| A 心理学者 | B 指関節 | C 壊れやすい | D 年4回の |
| E 偶像崇拝者 | F 方言 | G 気まぐれな | |

❷次の単語と意味を組み合わせましょう。

| ① giggle | ② jingle | ③ eulogy | ④ catalysis |
| ⑤ countless | ⑥ longitude | ⑦ latitude | |

| A りんりん鳴る | B 触媒作用 | C 数えきれない | D 経度 |
| E 賛辞 | G クスクス笑う | F 緯度 | |

329

第7章

新出単語は切り分けて切り抜けろ！
部品分解による単語の解読②

不良のまる (mal) ちゃん
〜 Mの部品

▶mal は「悪」。mis も「悪」。miso は「嫌い」

Q 次の単語の中で部品的に仲間外れなのはどれでしょうか?

A) macrophage　　B) magnitude　　　　C) maximum
D) megacity　　　E) microbe　　　　　F) megalomania

A A) **macrophage**（マクロフェイジ：大食細胞、マクロファージ）
　　　　→ macro ＝大きい
　　B) **magnitude**（マグニチュード：大きなこと、地震の規模を表す単位）
　　　　→ magni ＝大きい
　　C) **maximum**（マキシマム：最大限、最大値）→ maxi ＝特大の
　　D) **megacity**（メガシティ：人口100万人の都市）→ mega ＝並外れて大きい
　　E) **microbe**（マイクロウブ：微生物）→ micro ＝小さい
　　F) **megalomania**（メガロメイニア：誇大妄想）→ megalo ＝大きい

Eのみ「小さい」、他の選択肢は「大きい」という部品が使われているので、**正解はE**です。

M の部品イメージ

　オープニングクイズからもおわかりの通り、「大きい」に関する部品が非常に多いことが M の部品の特徴です。次に多いのが、「悪」や「嫌い」というネガティブな部品です。

単語の末尾に置かれる M の部品

●──名詞化

`ment＝名詞化`　**bewilderment**（ビウィルダメント：当惑）

→動詞 bewilder（ビウィルダー：当惑させる）の名詞化。

`mony＝名詞化`　**ceremony**（セレモニー：儀式）

●──形容詞化

`metric＝形容詞化`　**geometric**（ジオメトリック：幾何学の）

●──副詞化

`more＝比較級の副詞化`　**anymore**（エニモア：もはや）←否定文で使われます。

●──形容詞化・副詞化

`most＝最上級の形容詞・副詞化`

utmost（アトモウスト：最大の、最高の）　**foremost**（フォーモウスト：主要な、真っ先に）

●──その他

`machy＝戦い`

logomachy（ロウガマキー：言葉に関する論争）→logo（言葉）+machy（戦い）

`mancy＝占い`　**geomancy**（ジオマンシー：土占い）→geo（土）+mancy（占い）

`meter＝計`　**barometer**（バロメーター：気圧計、動向などの指標）

→いわゆる「バロメーター」ですね。「健康のバロメーター」ならbarometer of healthと言います。

`metry＝計測術`

geometry（ジアメトリー：幾何学）→もともと測量の必要上、エジプトで生まれたもの。

geo（土地、地球）+metry（計測）

`mycin＝菌から得た物質`

erythromycin（エリスロマイシン：抗生物質の一種）

streptomycin（ストレプトマイシン：抗生物質の一種で、結核などに有効）

→「抗生物質」は**antibiotic**（アンチバイアティック）。mycinは抗生物質の命名によく使われます。

単語の頭に置かれる M の部品

●──大きい

`macro＝大きい`　**macroeconomics**（マクロエコノミクス：マクロ（巨視的）経済学）

`magni＝大きい`　**magnification**（マグニフィケイション：拡大）

- maxi＝特大　**maximal**（マキシマル：最大限度の）
- mega＝大きい　**megacorporation**（メガコーポレイション：巨大企業）
- megalo＝大きい　**megalocardia**（メガロウカーディア：心臓肥大症）

●──小さい

- micro＝小　**microeconomics**（ミクロエコノミクス：ミクロ（微視的）経済学）
- mini＝小さい　**miniature**（ミニアチュア：小型の）

●──悪、嫌い

　miso（嫌う）、**mal**（悪）、**mis**（悪）は「味噌（miso）
嫌いの不良のマル（mal）ちゃん、悪いミス（mis）」で
覚えてしまいましょう。

- mal＝悪　**malice**（マリス：悪意）
- mis＝悪　**mislead**（ミスリード：誤り導く）
- miso＝嫌い　**misogamy**（ミサガミー：結婚嫌い）

●──その他

- magneto＝磁気　**magnetoelectric**（マグネトエレクトリック：磁電気の）
- masto＝乳房　**mastopathy**（マスタパシー：乳腺症）
- matri＝母　**matriarchy**（メイトリアーキー：母権制）
- medio＝中間　**mediate**（ミーディエイト：調停する）
- mer＝海　**mermaid**（マーメイド：女の人魚）
- metro＝子宮、核心、度量衡の　**metrology**（メトラロジー：度量衡）→度量衡とは長さ
と堆積と重さのこと。
- meso＝中間　**mesosphere**（メゾウスフィア：中間圏）
- meta＝超える・変化

metaphysics（メタフィジクス：形而上学）→形而上学とは、形のある世界（現象的世界）
を超えた物事の本質を極めようとする学問のこと。

- milli＝千、千分の一　**millimeter**（ミリメーター：1000分の1メートル）
- mono＝単独の　**monopoly**（モナポリ：独占、専売）

　→他にも、**monolith**（マノリス：モノリス＝建築などの一枚岩。lith ＝石）や **monologue**（マ
ノラーグ：独白。logue ＝談話）などがあります。

- multi＝多い、多種の　**multipurpose**（マルティパーパス：多目的の）
- morpho＝形態　**morphology**（モーファロジー：形態学）
- musculo＝筋肉　**musculature**（マスキュラチャー：筋肉組織）
- myo＝筋、筋肉　**myology**（マイアロジー：筋肉学）
- myco＝菌　**mycology**（マイカロジー：菌類学）
- myelo＝髄　**myeloma**（マイアロウマ：骨髄腫）

valuable information
TESOL ワールドへようこそ 7：TPR

TPR とは **Total Physical Response Approach**（全身反応教授法）の略称で、アメリカの心理学者 James. J. Asher が提唱した指導法です。命令を聞いて体を使ってそれに応えること、つまり聞いて理解することを話すことよりも優先しています。

TPR の主なコンセプトに「silent period（沈黙の期間）」があります。言語をたくさん聞いていると、一定期間の沈黙の期間を経てやがて自発的に話せるようになるというものです。ほかに、聴解力が身につけば、スピーキング力も相応に向上していくという「transfer-of-learning（学習の転移）」もあります。最初は聞いてわかる程度の単語であっても、聴き続ければ、やがて自分が話すときの語彙として使えるようになるということです。

こうした TPR のコンセプトは英単語学習にも応用できます。たとえば好きな動画を視聴したり、試験対策用に英語のリスニングトレーニングを行うとしましょう。特段、単語学習を意識しなくても、同じコンテンツを何度も聞いているうちに、そこに頻繁に登場する単語はやがて記憶定着化していきます。

また TPR は幼児の第一言語習得をモデルとしたものですが、大人の自学に応用するために、覚えたい単語を声に出しながら何らかのジェスチャーをするとよいでしょう。たとえば**cardiopathy**（カーディアパシー：心臓病）と声に出しながら、心臓部分を苦しそうに手をあてがう。**minimize**（ミニマイズ：最小にする）と言いながら両手を接近させて小ささを表現し、**maximize**（マキシマイズ：最大化する）で逆に手を大きく離してみてもよいでしょう。

復習問題

❶次の単語と意味を組み合わせましょう。

① macrophage	② morphology	③ microeconomics	④ megalomania
⑤ mediate	⑥ geometric	⑦ utmost	

A 形態学　B誇大妄想　C最大の　D幾何学の　E 大食細胞　F調停する　Gミクロ経済学

❷次の単語と意味を組み合わせましょう。

① logomachy	② geomancy	③ barometer	④ malice
⑤ mislead	⑥ misogyny	⑦ myology	

A 土占い	B 気圧計	C 悪意	D 結婚嫌い
E 筋肉学	G 言葉に関する論争	F 誤り導く	

❶ ①－E ②－A ③－G ④－B ⑤－F ⑥－D ⑦－C
❷ ①－G ②－A ③－B ④－C ⑤－F ⑥－D ⑦－E

形容詞を名詞に変えるness
〜 Nの部品

▶ 形容詞 soft に ness を加えると名詞 softness のできあがり

Q 次の形容詞を名詞にしてみましょう。

A) bitter	B) curious	C) bright	D) different
E) dependent	F) pure	G) tender	H) fragrant
I) accurate	J) elegant		

A
A) bitter（ビター：苦い）＋名詞化 ness ＝ **bitterness**（ビターネス：苦味）

B) **curious**（キュアオリオス：好奇心の）＋名詞化 ty
   ＝ **curiosity**（キュアリアシティ：好奇心）

C) bright（ブライト：明るい）＋名詞化 ness ＝ **brightness**（ブライトネス：明るさ）

D) different（ディフェレント：違う）＋名詞化 ence ＝ **difference**（ディフェレンス：違い）

E) dependent（ディペンダント：頼っている）＋名詞化 ence
   ＝ **dependence**（ディペンデンス：依存）

F) pure（ピュア：純粋な）＋名詞化 ty ＝ **purity**（ピュアリティ：純粋さ）

G) tender（テンダー：優しい）＋名詞化 ness ＝ **tenderness**（テンダーネス：優しさ）

H) fragrant（フレイグラント：香りのよい）＋名詞化 ance
   ＝ **fragrance**（フレイグランス：よい香り）

I) accurate（アキュレイト：正確な）＋名詞化 acy
   ＝ **accuracy**（アキュラシー：正確さ）

J) elegant（エレガント：優雅な）＋名詞化 ance ＝ **elegance**（エレガンス：優雅さ）

多くの形容詞は、末尾になんらかの接尾辞を加えるか、取り換えるかすると名詞ができ上がります。

新しい形容詞を学ぶ際、それと同じ意味の名詞はどんな形になるのか想像したり、調べたりしてみましょう。このあと形容詞から名詞化するトレーニングを紹介しますので、参考にしてください。単純計算で、形容詞を5つ覚えるとその名詞も紐づいて覚えられるので、結果として10個の単語を覚えることが可能になります。

英単語学習法のまとめ 40：形容詞→名詞化トレーニング

効　能	品詞変化（形容詞から名詞）を担う接尾辞に親しみが持てるようになる
適応タイプ	1 つの品詞から他の品詞へと想像を膨らませるのが苦手な人

実施手順　**STEP1**　市販単語帳などを使い、形容詞を特定する
　　　　　例 clever（クレバー：賢い）
　　　　　STEP2　特定した形容詞の名詞形を自分で推測する
　　　　　　　　名詞化の接尾辞候補として、ness/ery/ance/ence/acy/ty/ などを当
　　　　　　　てはめて、しっくりくるものを選びます。
　　　　　STEP3　辞書で確認する
　　　　　例 clever の名詞は **cleverness**（クレバーネス：賢さ）

N の部品イメージ

　オープニングクイズからもおわかりの通り、**soft**（ソフト：やわらかい）から
softness（ソフトネス：やわらかさ）、kind（カインド：
親切な）から **kindness**（カインドネス：親切）、careful
（ケアフル：注意深い）から **carefulness**（ケアフルネス：
注意深さ）という具合に、形容詞を名詞化する ness
はかなり汎用性が高い接尾辞と言えます。

単語の末尾に置かれる N の部品

ness＝名詞化　　**tiredness**（タイヤードネス：疲労）
nomy＝学　　**astronomy**（アストラノミー：天文学）
nik＝（軽蔑的に）〜を愛好する人
peacenik（ピースニク：反戦運動家）→「平和運動屋」という軽蔑的なニュアンスがあります。

単語の頭に置かれる N の部品

●——小さい、ない、負の

`nano＝微小`

nanotechnology（ナノテクナロジー：微小工学）

`non＝ない`

nonalcoholic（ノンアルコホーリック
　：(飲料が) アルコールを含まない）

`nega＝負の`　**negation**（ネゲイション：否定）

1nm＝0.000001mm

nano

●——その他

`naso＝鼻`　**nasolacrimal**（ナソラクリマル：鼻涙の）→「naso（鼻）＋lacrimal（涙の）
＝鼻涙の」で、鼻涙管（涙が目から鼻に流れる管）はnasolacrimal ductと言います。

`nitro＝窒素`　**nitrogen**（ナイトロジェン：窒素）

`nona＝9`　**nonagon**（ナーナゴン：九角形）

`noso＝病気`　**nosology**（ノウサロジー：疾病分類学）

`nycto＝夜`　**nyctophobia**（ニクトフォービア：暗闇恐怖症）

`nocto＝夜`　**nocturne**（ナクターン：夜想曲、ノクターン）

`narco＝麻酔`　**narcomania**（ナーコメイニア：麻薬の禁断症状）

`necro＝死`　**necrosis**（ネクロウシス：壊死）

`neo＝新しい`　**neoconservative**（ネオコンサーバティブ：新保守主義者）

`nephro＝腎臓`　**nephropathy**（ネフラパシー：腎障害）

`neuro＝神経`　**neurology**（ニューラロジー：神経学）

`nemato＝糸、線虫`　**nematocide**（ネマトサイド：線虫駆除剤）

→「nemato（線虫）＋ cide（殺し）＝線虫駆除剤」です。線虫は線形動物の総称で、細長い
糸のような形をしており細菌やカビなどを食べたり、動物や植物に寄生し栄養を吸い取ったりし
て生きています。部品 cide（殺し）を使った単語としては、**insecticide**（インセクティサイド：
殺虫剤。incect＝昆虫）などがあります。

🏰 **valuable information**

TESOL ワールドへようこそ 8：The Silent Way

　サイレントウエイ（The Silent Way）の提唱者である Caleb Gattegno（カレブ・
ガテーニョ）は自然科学から文学まで多岐にわたって学び、科学の視点から人間
に本来備わる機能を理論化しました。

　ガテーニョは、母語習得の 100％近い成功率に注目しました。この母語習得の
根底にあるものが「子供の力」であり、子供はただむやみに言語を使っているので

はなく、いつも awareness（気づき）を持って学んでいると考えました。この awareness（気づき）は、大人の単語学習でも十分に生かせます。たとえば本章で紹介されている部品を見てひとたび部品センサーが働き始めると、これまで素通りしていたカタカナの日用品にも目が行くようになるかもしれません。たとえば本書で nematocide と出会ったことで、ホームセンターの園芸コーナーで「ネマト〜」という商品を見たときに、「もしかして"ネマト"だから線虫駆除剤かな？」と想像することもできます。

　サイレントウエイが他の英語教授法と大きく違っているのは、教師が英語を指導する際に、文法用語を使わないばかりか、日本語や英語による説明や解説がないことです。たとえばサウンド・カラー・チャートなどを使い、教師は特定の色を指し示しながら発音し、生徒はそれを真似しながら、発音を習得していきます。このような色と音を直接結びつけるアプローチを大人の単語学習に応用してみましょう。たとえばパソコンに単語を入力する際に、**resentment**（リゼントメント：憤慨）、**rage**（レイジ：激怒）、**wrath**（ラース：激怒）など怒りグループの単語は赤文字にしたり、**frigid**（フリジッド：厳寒の）、**glacial**（グレイシャル：氷河の）、**arctic**（アークティック：北極の）など寒さを連想させる単語を青文字にしてみましょう。本書の３章４章では、アルファベットの「音」からのイメージングでしたが、今度は「色」で単語のイメージングですね。

復習問題

❶次の単語と意味を組み合わせましょう。

① bitterness	② pure	③ bitter	④ purity
⑤ different	⑥ difference	⑦ tiredness	

| A 苦味 | B 違い | C 苦い | D 疲労 | E 違う | F 純粋な | G 純粋さ |

❷次の単語と意味を組み合わせましょう。

① astronomy	② nanotechnology	③ negation	④ nitrogen
⑤ nonagon	⑥ necrosis	⑦ nephropathy	

| A窒素 | B微小工学 | C天文学 | D腎障害 | E否定 | G九角形 | F壊死 |

真逆の顔を持つobの正体！
〜 Oの部品

▶ob はいろいろ形を変えて単語に入り込んでいる

Q 次の単語と適切な意味をつなげましょう。

A occurrence	B occupation	C oppress	D obstacle
E obsolete	F opponent	G occasion	

①職業　②場合　③発生　④敵対者　⑤　障害物　⑥苦しめる　⑦古臭い

A 正解：A—③　B—①　C—⑥　D—⑤　E—⑦　F—④　G—②

これらの単語はすべて ob（向かう、反対）が頭に置かれています。obの次のアルファベットによって、oc、of、op などに変化しているのがわかります。

A **occurrence**（オコーレンス：発生、出現）→ oc（向かう）+ cur（走る）+ rence（名詞化）=向かって走ること→「発生」「出現」

B **occupation**（アキュペイション：職業、占有）→ oc（向かう）+ cupy（捕まえる）+ tion（名詞）→占有すること=占有、職業

C **oppress**（オプレス：苦しめる）→ op（向かう）+ press（押す）=押しつける→苦しめる

D **obstacle**（アブスタクル：障害物）→ ob（反対）+ stacle（立つ）=抵抗する→障害物

E **obsolete**（アブソリート：古臭い）→ ob（向かう）+ solete（慣れている）→古臭い

F **opponent**（オポウネント：敵対者）→ op（反対）+ pon（置く）+ ent（行為者）=反対者、敵対者」

G **occasion**（オケイジョン：機会）→ oc（向かう）+ casion（倒れること）=人に向かって機会が倒れてくること→好機

※ offer はオファー、obstacle はオブスタクル、obsolete はオブソリートの O は「発音記号ɔ＝口をぽかーんとあけた音イメージ」を尊重して、便宜上「ア」に寄せてありますが、実際はアとオの中間で微妙な音です。「英語の発音にはカタカナで白黒つけられないものがある」ことを意識しておくだけでも発音感度が磨かれていきます。

O の部品イメージ

接頭辞 ob で気をつけたいポイントは2つあります。

1つは「向かう **toward**」と「反する **against**」という相反する意味を持つこと。これを見分けるには、ob の次に来る部品が「建てる」「投げる」「立つ」「置く」の意味を持つ場合には「反する」という意味になることが多く、それ以外では「向かう」という意味になるという大まかな傾向を知っておくとよいでしょう。たとえば **obstruct**（オブストラクト：塞ぐ　struct= 建てる）、**object**（オブジェクト：反対する　ject= 投げる）、**oppose**（オポウズ：反対する　pose= 置く）などの ob は皆「反対」という意味です。

2つ目は、次に来るアルファベットで ob の形がいろいろ変わることです。

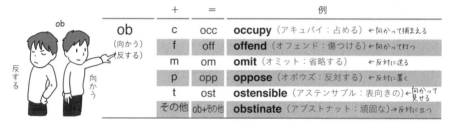

	+	=	例
ob（向かう）（反する）	c	occ	**occupy**（アキュパイ：占める）←向かって捕まえる
	f	off	**offend**（オフェンド：傷つける）←向かって打つ
	m	om	**omit**（オミット：省略する）←反対に送る
	p	opp	**oppose**（オポウズ：反対する）←反対に置く
	t	ost	**ostensible**（アステンサブル：表向きの）←向かって見せる
	その他	ob+その他	**obstinate**（アブストナット：頑固な）→反対に立つ

ところで occupy には c が2つ、oppose も p が2つ、offend も f が2つ。一方で omit は m が1つで混乱しそうです。そこで部品の知識を動員し「oc（向かう）+ cupy（捕まえる）= occupy（占める）」、「op（反対）+ pose（置く）= oppose（反対する）」、「of（向かう）+ fend（打つ）= offend（傷つける）」、「o（反対）+ mit（送る）= omit（省略する）」と分解すると、つづりを覚えやすくなります。

同様の理屈で、appoint も、「ap（向かう）+ point（指す）= **appoint**（アポイント：指名する）」で「p を2つ並べる」と覚えておくことが可能ですね。

単語の末尾に置かれる O の部品

`ode =電極`

electrode（イレクトロウド：電極）　　**diode**（ダイオード：ダイオード）
　→ダイオードは電流を一定方向にしか流さない作用を持つ電子素子のことです。

LED（**Light Emitting Diode**）とは「発光ダイオード」と呼ばれる半導体のことで、特に白色 LED は寿命も既存の光源以上に長いことから普及が進んでいます。

`oid＝似た`

planetoid（プラネタイド：小惑星）

Mongoloid（マンゴロイド：モンゴロイドの、黄色人種の）

`oma＝腫`

melanoma（メラノウマ：黒色腫、メラノーマ）

lymphoma（リンフォウマ：リンパ腫）

`on＝素粒子`　　**photon**（フォウタン：光子＝光の粒子）

`oon＝大きいもの`　　**balloon**（バルーン：気球）

`or＝動作・動作する人`

distributor（ディストリビューター：流通業者）

creditor（クレディター：債権者、簿記の貸方）→ **debtor**（デター：債務者、簿記の借方）

`ory＝形容詞化`　　**advisory**（アドバイゾリー：顧問の）

`ose＝多い`　　**bellicose**（ベリコウス：好戦的な）

`osis＝病名`　　**psychosis**（サイコウシス：精神病）

`ous＝形容詞化`　　**dangerous**（デンジャラス：危険な）

単語の頭に置かれる O の部品

`octa＝8`　　**octopus**（アクトパス：タコ）

`oeno＝葡萄酒`

oenophile（イーノファイル；ワイン愛好家）→「オエノ」ではなく「イーノ」という発音

`oleo＝油`　　**oleomargarine**（オウリオウマージャリン：マーガリン）

　　→日常的には **margarine**（マージャリン）の方が使われています。

`omni＝全`　　**omnipotent**（アムニポーテント：全能の）

`omphalo＝へそ`　　**omphalos**（アムファロス：へそ、中心）

　　→この単語はギリシャ由来で、古代の宗教的な石の遺物、またはれ拝所であるオンパロスも意味します。へその緒（臍帯）は **navel**（ネイベル）**cord** や **umbilical**（アンビリカル）**cord** と呼ばれています。

`onco＝腫瘍`　　**oncology**（アンカロジー：腫瘍学）

`oneiro＝夢`　　**oneirocriticism**（オウナイロクリティシズム：夢判断）

oneiromancy（オウナイロマンシー：夢占い）

`onto＝実在`　　**ontology**（アンタロジー：実在学）

`ophio＝へび`　　**ophiology**（オウフィアロジー：ヘビ類学）

`ophtalmo＝目`　　**ophthalmodynamometer**（オフサルモ・ダイナマメター：眼底血圧計）

`ornitho＝鳥`　　**ornithorhynchus**（アーニソリンカス：カモノハシ）

　　→「ornitho（鳥）＋ rhnchus（くちばし）」で、くちばしを特徴とした鳥ですね。一般的名称は **duckbill**（ダックビル）や **platypus**（プラティパス）です。

| ortho＝正しい、まっすぐ | **orthopedics**（オーソピーディックス：整形外科） |

ortho＝正しい、まっすぐ　**orthopedics**（オーソピーディックス：整形外科）
osteo＝骨　**osteoporosis**（オステオウポロウシス：骨粗しょう症）
over＝上、過大　**overweight**（オーバーウエイト：超過重量）
oxy＝酸素、鋭い　**oxygen**（アキシジェン：酸素）
oxymoron（アキシモーロン：撞着語法）→an open secret（公然の秘密）、a wise fool（賢い愚者）のように、意味の矛盾する2つの語句を並べた修辞法。

valuable information

TESOL ワールドへようこそ9：臨界期仮説

　臨界期仮説（critical period hypothesis）とは「ある年齢を過ぎると、第二言語をネイティブスピーカーと同様レベルに習得することが不可能になる」という考え方です（この「ある年齢」というのは明確に定められているわけではありません）。臨界期は母語習得について述べられたものでしたが、やがて外国語習得にも用いられるようになりました。

　「英語は何歳までに学び始めるべきか？」というテーマについて"Older is faster. Younger is better."という考え方があります。例えば親子で外国に移住すると、最初の段階では大人のほうが、総合的な認知能力が高い分、学習は子供より早く進むのですが、長期滞在していると子供が現地の人と同じようによう話せるようになり、親を追い越すということです。

　この要因の1つに母語によるフィルターがあります。母語がある程度身につくと、母語のフィルターを通してしか外国語を処理できなくなるためです。漢字の習得をがんばる年頃の子供の英語の発音がネイティブ並みになるのは、大人と違って母語フィルターの干渉がまだ少ないからだと考えることもできます。

　ところで、そもそもネイティブの発音とはどの地域を想定しているのでしょうか？ 米英の違いはもとより、アメリカでも西部と東部では全く発音は違います。また、英語は、単語を単独で話すことよりも文章で話すことの方が圧倒的に多いので、right と light の区別が多少拙くても実地ではそれなりに意思疎通はできることでしょう。つまりネイティブ並みの発音そのものが、とらえどころのないものだとわかります。つまりこのあたりは気にしなくても英語は十分モノにできるということです。

　母語習得真っ最中のお子さんには、本人の興味に任せて英語に触れさせるぐらいにして、大人である我々も「日本人らしさの残る」英語をチャームポイントとしてとらえ、まずは受動語彙をコツコツ増やしていくことを楽しんでいきましょう。

好きも嫌いも極まるとP
〜Pの部品❶

▶phile, philia, phobe, phobia の造語力

Q 次の単語と適切な意味をつなげましょう。

A **gynephobia**（ガイナフォウビア）	B **demophile**（デモファイル）
C **spasmophilia**（スパズマフィリア）	D **Anglophile**（アングロフィル）
E **hydrophobia**（ハイドロフォウビア）	F **neophilia**（ニーアフィリア）
G **mysophobia**（マイソフォウビア）	

①民衆の友　　②痙攣体質　　③新しがり　　④英国びいきの人
⑤恐水症　　⑥女性恐怖症　　⑦潔癖症

A 正解：A—⑥　B—①　C—②　D—④　E—⑤　F—③　G—⑦

男性名の Phillip（フィリップ）の語源はラテン語の「馬を愛する人」であったこと、**philharmonic**（フィルハーモニック）には「交響楽団」の他に「音楽を好む」という意味があることなどから、phile や philia が「好き」を表すことはイメージしやすいでしょう。その逆が phobe、phobia です。

phile
好き

philia
病的愛好

── Ｐ の部品イメージ

　英会話を膨らませるコツは自分の好きなことを発信すること。phile, philia の他に、もう少しカジュアルな表現についても見ておきましょう。

geek: computer geek（コンピュータマニア）のような使われ方をされます。またITに限らず、anime geek（アニメマニア）など素人ながら深い専門知識を持っている人に使われます。

freak: film freak（映画フリーク）、martial arts freak（格闘技フリーク）のように特定の分野にのめりこんでいる人に使われます。俗語っぽさが強い単語です。

nerd:日本語の「おたく」のイメージに近い単語で、computer nerd（コンピュータおたく）のように使われます。社会性がないほど何かにのめりこんでいるイメージがあります。

　なお、非ネイティブ英語学習者が口語表現を細かく使い分けるのは難しいので **fan** でひとくくりにして、movie fan（映画ファン）、baseball fan（野球ファン）のように使ってもよいでしょう。

　オープニングクイズで学んだ phile,philia, phobe, phobia は受動語彙として押さえておけば十分です。

単語の末尾に置かれる P の部品

●──生み出す、形成する

parous＝生み出す、分泌する　**oviparous**（オウビパラス：卵生の）

plasia＝形成　**hypoplasia**（ハイポウプレイジャ：形成不全）

plasm＝形成されたもの　**neoplasm**（ニーオプラズム：新生物、腫瘍）

plast＝形成されたもの　**chloroplast**（クラーロプラスト：葉緑体）
　→葉緑体とは光合成（**photosynthesis**: フォトシンセシス）に重要な役割を担う **chlorophyl**（クラーロフィル：葉緑素）を含む色素体。

plasty＝形成　**dermatoplasty**（ダーマトプラスティ：皮膚形成術）

poiesis＝生成　**hematopoiesis**（ヘマトポイーシス：造血）

●──病気、療法

path＝患者、療法医

psychopath（サイコパス：精神病患者）　　**osteopath**（アステオパス：整骨療法家）

pathy＝病気、療法、感情　**neuropathy**（ニューラパシー：神経障害）

arthropathy（アースラパシー：関節症）　　**apathy**（アパシー：無感動）

telepathy（テレパシー：テレパシー）→tele＝遠距離

●──好き

phile＝好き　**technophile**（テクノファイル：技術好きの人）

philia＝病的愛好　**pedophilia**（ピードフィリア：小児愛）

●──嫌い

phobe＝恐怖症

technophobe（テクノフォーブ：テクノロジー恐怖症の人）

phobia＝恐怖症　**anthropophobia**（アンスロポフォウビア：対人恐怖症）

claustrophobia（クラーストロフォウビア：閉所恐怖症）

●──その他

phage＝食う　**bacteriophage**（バクティアリオファージ：細菌ウイルス）

phagous＝食う　**esophagus**（イソーファガス：食道）

phany＝出現　**theophany**（シアファニー：神の顕現＝目に見える姿で人の前に現れること）

phone＝音　**gramophone**（グラマフォン：蓄音機）

homophone（ハモホーン：同音異議語）

　→同音異議語とは、同じ発音で意味が違う言葉。たとえば **pail**（桶）、**pale**（杭）、**pale**（青白い）はどれもペイルと発音される同音異議語。

phyte＝植物　**phytocide**（ファイトサイド：除草剤）＝ **herbicide**（ハービサイド）

plex＝集合住宅、構成単位　**duplex**（デュープレクス：重複の）

polis＝都市

necropolis（ネクラポリス：共同墓地）　**technopolis**（テクナポリス：技術集積都市）

ple＝倍　**quadruple**（クワドルーブル：4倍の）

phore＝伝える　**semaphore**（セマファー：手旗信号）

　→ IT 用語のセマフォは「共有資源に対するアクセス可能数」、つまり「同時に使える人数が決まっているものに対してあと何人使えるかを表した数字」のことです。この単語の中の sema はサインという意味で、**semantic**（セマンティック：意味に関する）の部品にもなっています。

単語の頭に置かれる P の部品：前編

paleo＝古い　**Paleolithic**（ペイリアリシック：旧石器時代の）

　→ **The Paleolithic era**（ザ・ペイリアリシック・エラ：旧石器時代）、**The Mesolithic era**（ザ・メゾウリシック・エラ：中石器時代）、**The Neolithic era**（ザ・ネオリシック・エラ：新石器時代）

pan＝全　**panacea**（パナシーア：万能薬）

para＝側・異常

paragraph（パラグラフ：段落）　　**paranoia**（パラナイア：偏執症）

parti＝部分、種々　**partition**（パーティション：仕切り壁、区画）

patho＝病気、感情

pathology（パサロジー：病理学）　　**pathogenesis**（パソジェネシス：病因）

pedi＝足　**pedigree**（ペディグリー：家系）→家系図が鳥の足に似ていることが由来

pedo＝土　**pedology**（ペドロジー：土壌学）

penta＝5　**pentagram**（ペンタグラム：五芒星）

per＝非常に　**pervade**（パーベイド：普及する）

peri＝周囲　**peripheral**（ペリフェラル：周囲の）

petro＝石、石油　**petrograph**（ペトログラフ：岩石彫刻文字）

petrochemical（ペトロウケミカル：石油化学製品）

phago＝食う　**phagocyte**（ファゴサイト：食細胞）

pharmaco＝薬　**pharmacology**（ファーマカロジー：薬理学）

pheno＝見える　**phenomenon**（フェナメノン：現象）

philo＝愛する　**philosophaster**（フィロソファスター：哲学者気取りの人）

phlebo＝静脈　**phleboclysis**（フレボクリシス：静脈注入）

→「静脈注射」は intravenous injection（イントラビナス・インジェクション）のほうが一般的。

phono＝音　**phonology**（フォナロジー：音韻論）

photo＝光　**photolysis**（フォタラシス：光分解）

←光によって起こる分解反応（例：染料の色あせ、写真材料の感光作用）

phreno＝心、横隔膜

phrenology（フレナロジー：骨相学）。横隔膜は**diaphragm**（ダイアフラム）。

phyco＝海藻　**phycology**（ファイカロジー：藻類学）

phylo＝族、種類　**phylogeny**（ファイラジェニー：系統発生、系統学）

→「系統発生」：生物が下等なものから高等なものへと少しずつ変わってきた進化の過程

physico＝自然、物質　**physicochemical**（フィジコケミカル：物理化学の）

physio＝自然、物質　**physiology**（フィジアロジー：生理学）

phyto＝植物　**phytobiology**（ファイトバイアロジー：植物生態学）

pico＝非常に小さい　**picometer**（ピコメター：ピコメートル＝1兆分の1m）

piezo＝圧力　**piezometer**（ピエザメター：圧度計）

pitheco＝猿　**pithecoid**（ピサコイド：猿のような）→原人のピテカントロプス

（**pithecanthropus**：ピシカンスロプス）は「pitheco（猿）＋anthropo（人）」です。

plano＝平たい

plano-convex（プレイノコンベクス：レンズが平凸の）

plano-concave（プレイノコンケイブ：レンズが平凹の）※両凸は**biconvex**（バイコンベクス）、両凹は**biconcave**（バイコンケイブ）。

biconvex 両凸の　plano-convex 平凸の　biconcave 両凹の　plano-concave 平凹の

pleo＝さらに　**pleonasm**（プリーナズム：冗語法）。

※冗語法とは、**true fact**（トゥルーファクト：本当の事実）、**human life**（ヒューマンライフ：人間の人生）のように必要以上の語句を加えて表現すること。法文書の慣用表現でも見られます。

null and void（ナル・アンド・ボイド：無効の）→ null も void も「無効の」

terms and conditions（タームズ・アンド・コンディションズ：契約条件）

→ terms も conditions も「条件」。

final and conclusive（ファイナル・アンド・コンクルーシブ：確定的な）

→ final も conclusive も「最終的な」。

pleuro＝肋骨、側部　**pleurodynia**（プルオロディニア：胸膜痛）

plumbo＝鉛　**plumber**（プラマー：配管工、鉛管工）

pluri＝数個　**plural**（プルーラル：複数の）

pluralism（プルーラリズム：社会的多元性）＝1つの国の中にさまざまな人種や宗教が共存する状態

ProとPreで「前」を押さえる
〜 Pの部品❷

▶pro と pre をマスター

Q 次の単語と適切な意味をつなげましょう。

A) promote	B) proabortion	C) proslavery	D) prevent
E) precaution	F) protract	G) present	

①奴隷制度支持の	②妨げる	③促進する	④長引かせる
⑤中絶賛成の	⑥予防策	⑦出席している	

A 正解：A—③　B—⑤　C—①　D—②　E—⑥　F—④　G—⑦

A) **promote** (プロモウト：促進する) → pro (前) + mote (動かす)

B) **proabortion** (プロアボーション：中絶賛成の) → pro (賛成) + abortion (中絶)

C) **proslavery** (プロスレイベリー：奴隷制度支持の) → pro (賛成) + slavery (奴隷制度)

D) **prevent** (プリベント：妨げる) → pre (前) + vent (来る)

E) **precaution** (プリカーション：予防策) → pre (前) + caution (用心)

F) **protract** (プロトラクト：長引かせる) → pro (前) + tract (引く)

G) **present** (プレゼント：出席している、贈り物) → pre (前) + sent (存在する状態)

　　　　　　　　　　　　　　　　　　　＝ 動詞「贈呈する」→プレゼント

pro
⇒

Ｐの部品イメージ

　オープニングクイズで扱った **pro**（前、賛成）と **pre**（前）ではじまる単語が多いのがＰの部品の特徴と言えます。

　一方であまり汎用性は高くないのですが、ネイティブスピーカーをちょっと驚かすような低頻度部品が多いのもＰの部品の特徴です。たとえば、pogonotrophy（ポウゴナトロフィー：ひげが生えること）や、potamology（ポタマロジー：河川学）などは、一生使うことはないと思われます。こちらは実用性よりも、雑学感覚で観察していきましょう。

英単語学習法のまとめ 41：部品特化トレーニング

効　能　１つの部品に特化することで、単語の構造に明るくなり、新出語彙の吸収力も高まる

適応タイプ　網羅的に単語を学ぶより、１つの視点で深掘りしたい人

実施手順　STEP1　なるべくたくさん単語が見つかりそうな部品を１つ設定する
　　例 com（共）、dis（否定）、pro（前）、re（後、反復）など。
　　STEP2　辞書を使わずに、その部品を使っていると推定されるカタカナをかき集める
　　例 pro：プロモーション、プロダクト、プロフェッショナルなど。
　　STEP3　かき集めたカタカナに該当する英単語を辞書でチェックする。つづりがわからないときは、 プロモーション　英語 のように検索すると、promotionがヒットする
　　例 pro：プロモーション＝ promotion（昇進、販売促進）、プロダクト＝product（生産品）、プロフェッショナル＝ professional（専門職業の）

身近なカタカナ英語でやってみたら、今度はその部品を使った新出単語も辞書で調べてみましょう。

単語の頭に置かれる P の部品

pneumato＝空気、精神

pneumatology（ニューマタロジー：霊物学）→ pneumatoのpは発音しない

pneumo＝空気、肺　　**pneumonia**（ニュモウニア：肺炎）→pneumoのpは発音しない

pogon＝あごひげ

pogonotomy（ポウゴナトミー：ひげ剃り）→ tomyは「切る」

pogonotrophy（ポウゴナトロフィー：ひげが生えること）→ trophyは「栄養」

poly＝多い

polyphagia（ポリフェイジア：雑食性、過食）

polyhedron（ポリヒードロン：多面体）

post＝あとの

postscript（ポウストスクリプト：追伸）→よくPSと略される

potamo＝川　　**potamology**（ポタモロジー：河川学）

pre＝前　　**prepare**（プリペア：準備する）

presbyo＝老年

presbyopia（プレスビオウピア：老眼）→ opiaは「視力」

preter＝超、過　　**pretermit**（プリーターミット：看過する）

pro＝前、賛成

prosecute（プラセキュート：起訴する）

pro-Japanese（プロ・ジャパニーズ：日本びいきの）

pronounce（プロナウンス：発音する、宣告する）

proto＝最初の　　**prototype**（プロウトタイプ：原型）

psammo＝砂

psammophyte（サモファイト：砂地植物）→ psammoのpは発音しない

pseudo＝偽

pseudomyopia（スードマイオーピア：仮性近視）→ pseudoのpは発音しない

psilo＝単なる、裸　　**psilosis**（サイロウシス：抜け毛）→ psiloのpは発音しない

psycho＝霊魂、精神

psychoanalysis（サイコアナリシス：精神分析学）→ psychoのpは発音しない

psychro＝冷たい

psychrophile（サイクロファイル：好冷菌）→ psychroのpは発音しない

pur＝前

purchase（パーチェス：購入する）

pursue（パスー：追跡する）

pyo＝膿　　**pyogenesis**（パイオジェネシス：化膿）

Q の部品

quadri＝4	**quadrangle**（クワドラングル：四角形）
quasi＝擬	**quasi-member**（クアジメンバー：準会員）
quinque＝5	**quinquennial**（クウィンクウェニアル：5年ごとの、5周年の）

→ **quadrennial**（クワドレニアル：4年ごとの）
triennial（トライエニアル：3年ごとの）
biennial（バイエニアル：2年ごとの）

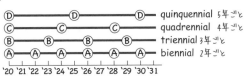

英単語学習法のまとめ 42：語彙深掘りトレーニング

効　能　「つづりだけ知っても意味がない」と思われる単語について背景知識が
得られ、単語の理解が深くなる

適応タイプ　機械的に単語を暗記していく作業をむなしく感じる人

実施手順　STEP1　覚えたい単語を特定する
　　　　　　　　※日本語でも意味が不鮮明なもの、専門的な用語がオススメ
　　　　　STEP2　ネット上で「画像検索」を行い、視覚的にとらえておく
　　　　　　　　※適切な画像が出てこない場合は STEP3 へ
　　　　　STEP3　ネット上で「文字検索」を行う。専門用語ならWikipediaにもア
　　　　　　　　クセス。上級者であれば英語での説明、初中級者であれば日本
　　　　　　　　語での説明を読む。

たとえば **phlebography**（フリボグラフィー：静脈造影）のような単語は、医療関係者でもな
い限り、「知ったから何なの？」と受け止められがちです。ここからは単語学習目線から、「現代
用語の基礎知識」目線に切り替え、純粋に「静脈造影って何？」と検索してみましょう。まずネット
で画像検索し、視覚で確認。そのあと通常の検索をしていくと、同じ意味の **venography**（ビ
ナグラフィー：静脈造影）も見つかり、2つ同時に覚えるのは難しいから venography を覚えて
おこうという判断もできますね。受け身的になんでも覚えるよりも、「自分が選んだ」自覚がある
単語のほうが記憶に残りやすいでしょう。

実は英単語学習の妙味は、単に知っている語彙が増えることだけではなく、このよ
うなプロセスを経て、母語ベースでの知識が増えていくことでもあります。

Reで戻って反復
〜 Rの部品❶

▶RE を使った部品をいろいろ集めてみる

Q 次の単語と適切な意味をつなげましょう。

A) unicellular（ユニセルラー）　　B) bigamy（ビガミー）
C) tricolor（トライカラー）　　D) quadragenarian（クアドラジェネリアン）
E) quintuplicate（クインテュープリケイト）　F) sexcentenary（セクスセンテナリー）
G) septangle　（セプタングル）　H) octave（アクテイブ）
I) nonary（ノウナリー）　　J) decimal（デシマル）

① 重婚　②5倍する　③単細胞の　④8個の一組　⑤　600年祭
⑥十進法の　⑦九進法の　⑧三色の　⑨40代の人　⑩七角形

A 正解：A—③　B—①　C—⑧　D—⑨　E—②　F—⑤　G—⑩　H—④　I—⑦　J—⑥

上記は数字を意味するラテン語系部品です。1 から 10 まで一覧しておきましょう。

数字	ラテン語系部品	例
1	uni	**unicolor**（ユニカラー：単色の）
2	bi	**biceps**（バイセプス：二頭筋）
3	tri	**triangle**（トライアングル：三角形）
4	quadri	**quadriceps**（クワドラセプス：大腿四頭筋）
5	quinti	**quintet**（クインテット：5人組）
6	sex	**sexangle**（セクサングル：六角形）
7	septa	**septagon**（セプタゴン：七角形）
8	octa	**octagon**（アクタゴン：八角形）
9	nona	**nonagon**（ナーナゴン：九角形）
10	decem	**December**（ディセンバー：12月）

→　decem は 10 を意味するのに 12 月が December である理由：
古代ローマ暦では 3 月から始まったので、現在の 12 月は 10 番目の月でした。同様に、7 番目
の月なので 9 月は **September**（セプテンバー）、8 番目の月なので 10 月は **October**（アク
トウバー）、9 番目の月なので 11 月は **November**（ノウベンバー）となります。

ギリシャ語系の部品も1から10まで整理しておきましょう。

数字	ギリシャ語系部品	例
1	mono	**monopoly**（モノポリー：専売）
2	di	**dichromatic**（ダイクロマティック：二色性の）
3	tri	**triceps**（トライセプス：三頭筋）
4	tetra	**tetrachromatic**（テトラクロマティック：4色の）
5	penta	**pentachord**（ペンタコード：五弦琴）
6	hexa	**hexahedron**（ヘクサヒードラン：六面体）
7	hepta	**heptahedron**（ヘプタヒードラン：七面体）
8	octa	**octahedron**（オクタヒードラン：八面体）
9	ennea	**enneagon**（エニアゴン：九角形）
10	deca	**decahedron**（デカヒードラン：十面体）

今回のオープニングクイズは目先を変えて数字を扱ってみました。このような数字表現は我々の生活にどのようにかかわっているのでしょうか？

まずは **binomial**（バイノウミアル：二項式）や decimal（デシマル：小数の、十進法の）のような数学用語、**quartet**（クァテト：四重奏）、octave（アクテイブ：8度音程）のように音楽でも登場します。

他には化学用語でも登場します。たとえば炭素原子7個を持つ単糖類の一般名称をヘプトース（七炭糖）と言いますが、**heptose** の部品 hept が7であることを知っていれば、イメージしやすいでしょう。ちなみに三炭糖は **triose**（トライオース）、四炭糖は **tetrose**（テトロース）、五炭糖は **pentose**（ペントース）、六炭糖は **hexose**（ヘキソース）で、ギリシャ語の部品知識がしっかり役立ちます。

特に必要性に迫られていない限り、ここにあるリストを暗記する必要はないでしょう。たとえば「三角錐ってなんと言うのかな？」と思ったときに、和英辞典で「triangular pyramid（トライアンギュラー・ピラミッド）」と調べるように、思いついたときに都度に調べれば十分です。

ということで数字に関する部品については軽く意識にとどめておくこととして、今回のテーマである R について見ていきましょう。

Rの部品イメージ

　Rの部品における代表格は何と言っても **RE**（後ろ、再び、戻る）です。ひとまずREに特化して、これを使った単語を可能な限りかき集めてみましょう。普段使っているカタカナ用語の中で、レやリで始まるものからかき集めてみましょう。

●──カタカナ RE 系単語の例

レポート	**report**（リポート：報告する）	
リモート	**remote**（リモウト：遠い）	
リフレイン	**refrain**（リフレイン：差し控える）	
レスポンス	**response**（レスパンス：返答）	
・ →動詞（返答する）は **respond**（リスパンド）。		
レコード	**record**（リコード：記録する）	
→名詞（記録）は record（レコード）。		
リライト	**rewrite**（リライト：書き直す）	
リサイクル	**recycle**（リサイクル：再生利用する）	
リサーチ	**research**（リサーチ：調査をする、調査）	

response

---

valuable information

アクセントにおける「ゆれ」

　research（リサーチ／リサーチ：調査）、**harass**（ハラース・ハラース：困らせる）、**respite**（レスパイト／レスパイト：休止）のように、アクセント場所に「ゆれ」がある単語も少なくありません。

　しかしこの「ゆれ」は原則気にしなくてよいです。理由の1つ目は実際に会話では単語単独で話すことはあまりないこと。2つ目の理由はラテン語などからの借用語、すなわちある程度つづりが長い単語が多いため、アクセントや発音にはそれほど厳密さが求められないことです。たとえば、**implementation**（履行・実施）のアクセントは辞書的には「インプレメンテイション」となっていますが、これだけつづりが長いと、もうアクセントなど気にしなくても、十分伝わりそうですよね。

　語学上達のコツは「間違いを恐れずに推測・思考し続けること」です。リ／レ系のカタカナの中には、リスク(**risk**：危険)やレイン(**rain**：雨)のように部品 RE とはまったく関係ないものもありますが、ハズレを恐れず思いつくままにリストアップすることをお勧めします。

　以下 RE 部品で始まる単語をリストアップしておきます。

reciprocate（レシプリケイト：交換する、往復運動する）
reminisce（レミニス：回想する）
　　→ **reminiscent**（レミニセント：回想的な）
recuperate（リキューペレイト：回復する）
　　→ 名詞 **recuperation**（リキューペレイション：回復）、
　　 形容詞 **recuperative**（リキューペラティブ：元気づける）
reboot（リブート：再起動する）
refute（リフュート：論破する）
rebut（リバット：強く反論する）
renounce（リナウンス：放棄する）
resent（リゼント：憤慨する）
restrain（リストレイン：阻む）
remorse（リモース：良心の呵責）
revaluation（リーバリエイション：再評価）
refute（リヒュート：論破する）

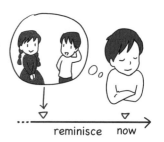

reminisce　　　now

　　　　　　　　　　復 習 問 題

❶次の単語と意味を組み合わせましょう。

① remorse	② resent	③ reboot	④ renounce
⑤ reminisce	⑥ refute	⑦ restrain	

A 憤慨する	B 阻む	C放棄する	D再起動する
E 良心の呵責	F回想する	G論破する	

❷次の単語と意味を組み合わせましょう。

① reciprocate	② rebut	③ revaluation	④ respite
⑤ dichromatic	⑥ triceps	⑦ decahedron	

A 再評価	B 二色性の	C休止	D強く反論する
E十面体	G三頭筋	F交換する	

❷ ①—F ②—D ③—A ④—C ⑤—B ⑥—G ⑦—E
❶ ①—E ②—A ③—D ④—C ⑤—F ⑥—G ⑦—B

Ａ

Reで戻って反復
〜 Rの部品❷

▶RH はレア（rare）モノ単語の宝庫

Q 次の単語と適切な意味をつなげましょう。

A) rhabdom	B) rheotaxis	C) rheotome	D) rhapsody
E) rheoreceptor	F) rhinophonia	G) rhinal	

①水流知覚器	②鼻声	③鼻の かんじょうたい	④走流性
⑤狂詩曲	⑥断続器	⑦桿状体	

A 正解：A—⑦　B—④　C—⑥　D—⑤　E—①　F—②　G—③

これらの中にはネイティブスピーカーでも知らないものもありますので、どれか１つでもレア単コレクションに入れられたら十分でしょう。鮭の遡上（産卵のために川を上ること）を見て"rheotaxis…"とつぶやいたらかなりのレア単マニアですね。

A) **rhabdom** （ラブダム：桿状体）
→ rhabdo ＝棒。桿状体とは脊椎動物の目の網膜にある、棒状の突起をもつ視細胞のこと

B) **rheotaxis** （リーオタクシス：走流性）
→ rheo （流れ）＋ taxis （走性）。精選版 日本国語大辞典によると「生物が空気または水の流れに対して示す走性」とありますが、具体的には川魚が上流に向かって泳ぐようなことを指します。

C) **rheotome** （リーオトーム：断続器）
→ rheo （流れ）＋ tome （切断器具）。断続器とは電磁石や誘導コイルなどで電路を断続する装置で、**interrupter** （インタラプター）とも言う。

D) **rhapsody** （ラプソディー：狂詩曲、熱狂的発言）

E) **rheoreceptor** （リーオレセプター：水流知覚器）
→ rheo （流れ）＋ receptor （感受器官）。水流知覚器とは魚や両生類の水流を知覚する器官のこと

F) **rhinophonia** （ライノフォーニア：鼻声）→ rhino （鼻）＋ phonia （音・声）

G) **rhinal** （ライナル：鼻の）→ rhino （鼻）＋ al （形容詞化）

RH の部品イメージ

　RH で始まる単語はあまり馴染みのないという印象がありますが、実は身近なカタカナ言葉の中から探すことができます。なおつづりの RH はギリシャ語系を表しているだけで、発音は R と同じです。

rhythm（リズム：リズム）、**rheumatism**（リューマティズム：リューマチ）、**rhetoric**（レトリック：修辞学）

　今度は RH で始まる部品について見ていきましょう。例えば動物のサイ（犀）は、**rhinoceros**（ライナーセラス）と言い、「rhino（鼻）＋ ceros（角）」からできています。「鼻＋角＝サイ」なら、鼻を高くする手術についてもこの部品が使えるかも…? ギリシャ系の部品には医学系も多く、rhino もまさに施術用語に使えそうです。隆鼻術を調べると、「rhino（鼻）＋ plasty（形成）」で**rhinoplasty**（ライノプラスティ）という専門用語が見つかります。

　さらに医学用語を引っ張ってみます。耳鼻咽喉科で鼻を見るときに使う鏡は、「rhino（鼻）＋ scope（鏡）」で**rhinoscope**（ライノスコープ：鼻鏡）と言います。

　また、耳鼻咽喉科 **otorhinolaryngology**（オトライノラリンガロジー）にも rhino は登場し、この長いつづりを分解してみますと、「oto（耳）＋ rhino（鼻）＋ laryngo（喉頭）＋ logy（学問）」となります。

　このように一見とっつきにくい RH の世界ですが、よくよく観察すると私たちの日常カタカナ語に潜んでいるばかりでなく、芋づる式に他の単語も学べます。また otorhinolaryngology のようにつづりの長い単語であれば、oto（オト）→ rhino（ライノ）→ laryngo（ラリンゴ）→ logy（ラジー）と部品ごとにゆっくり区切って発音すれば、つづりの長さに圧倒されることなく、頭に取り込んでいくことができますね。

単語の末尾に置かれる R の部品

rrhagia＝異常流出	**metrorrhagia**（ミートロレージャ：子宮出血）
rrhapy＝縫合	**herniorrhaphy**（ハーニアラフィー：ヘルニア縫合術）
rrhea＝流出	**diarrhea**（ダイアリーア：下痢）
rrhexis＝破裂	**hysterorrhexis**（ヒステロウレクサス：子宮破裂）

→「子宮」は日常的には **womb**（ウーム）、医療では **uterus**（ユーテラス）がよく使われます。hystero は部品とセットで **hysteroscope**（ヒステロスコウプ：子宮鏡）や **hysterotomy**（ヒステラトミー：子宮切開）のように使われます。ちなみに「帝王切開」は **Caesarean section**（シゼアリアン セクション）または **C-section**（シーセクション）と言います。**Caesarean** は「カエサルの」で、ローマの将軍カエサルが切開によって生まれたからこの名称になったという説もあります。

| rhiza＝根 | **mycorrhiza**（マイコリーザ：菌根） |

単語の頭に置かれる R の部品

| radio＝無線、X線、放射性 |

radiobroadcast（レディオブロードキャスト：ラジオで放送する）は「radio（無線）＋broadcast（放送する）」。**radioactive**（レディオアクティブ：放射性の）は「radio（放射性）＋active（活動中）」。**radiography**（レディアグラフィー：X線撮影）は「radio（X線）＋graphy（記録法）」。

| recti＝まっすぐ |

rectilinear（レクティリニア：直線の）は「recti（まっすぐ）＋line（線）」、「正三角形」は **equilateral triangle**（エクイラテラル トライアングル）,「二等辺三角形」は **isosceles triangle**（アイサソリーズ トライアングル）

| recto＝直腸 |

rectoscope（レクトスコープ：直腸鏡）は「recto（直腸）＋scope（鏡）」、**rectocele**（レクトシール：直腸ヘルニア）は「recto（直腸）＋cele（腫瘍、空洞、ヘルニア）」。**rectal**（レクタル：直腸の）は「recto（直腸）＋al（形容詞化）」。

| retro＝後ろ |

retrograde（レトログレイド）は「retro（後ろ）＋grade（進む）＝後ろへ進む」から「退行的な」「後退する」。**retroactive**（レトロアクティブ）は「retro（後ろ）＋active（活動中）＝後ろに向かって活動中」から「遡及する（形容詞）」。

| rhabdo＝棒 |

rhabdomancy（ラブドマンシー）は「rhabdo（棒）＋mancy（占い）」で「棒占い」。

rhabdomancy

358

rachio＝脊椎

rachiotomy（レイキアトミー）は「rachi（脊椎）＋otomy（切除術）」で「脊椎切除術」。

rheo＝流れ

rhinovirus（ライノウバイラス：ライノウィルス）→風邪などを引き起こすウイルス

rhino＝鼻

rhinoscopy（ライナスコピー）は「rhino（鼻）＋scopy（検査）」で「鼻鏡検査法」

rheumato＝リウマチ

rheumatology（リューマタロジー）は「rheumato（リウマチ）＋logy（学問）」で「リウマチ学」。**rheumatoid**（リューマトイド）は「rheumato（リウマチ）＋oid（〜のようなもの）」で「リューマチの」「リューマチ性関節炎にかかった」。

rhodo＝バラ色、赤

rhododendron（ロウダデンドラン：つつじ、シャクナゲの総称）

rhombo＝菱形

rhombus（ランバス：菱形、斜方形）→　一般的には**diamond**（ダイアモンド）で、数学の正式名称がrhombusです。

rectangle

rhombus

valuable information

TESOL ワールドへようこそ 10：Grammar Translation Method

　私が TESOL コースに在籍していた 2000 年代初頭、日本では外国語のみでの指導法が全盛。日本語を介在させる **Grammar Translation Method**（文法訳読法）についてはあまり取り扱われませんでした。この GTM 方式は中世ヨーロッパにおけるラテン語の教育が始まりで、話し言葉よりも書き言葉が重視されて文法知識の習得や外国語の文を母語に翻訳することを特徴としています。

　そもそも日本語で英語を教えるので、生徒の英語力を問わずみな等しく文法や単語を覚えられ、日本語の講義を聴くだけのスタイルなので人数が多いクラスでも問題がなく、文法や読解を重視するので講師の英語が流暢でなくてもクラスが成立するなど、日本の教育にマッチしていた GTM。日本人英語学習者の特徴を踏まえると、まだ活躍の余地は残っているように思えます。

　なぜなら、まず母語を使った方が確実な理解を得られるから。英会話スクールでありがちな「なんとなくわかった」「伝えたつもり」はビジネス英語では NG で、この理解精度という点で母語はどうしても欠かせません。

　そして、ひとたび「文法的に英文を解読する力」を身につければ、独学でリーディングトレーニングを展開していけるからです。

まずは上（sur）下（sub）共（syn）に覚えよう～ Sの部品

▶Sの部品三兄弟

Q 次の単語と適切な意味をつなげましょう。

A）surpass	B）surface	C）surmount	D）surcharge
E）surprise	F）survive	G）surplus	

①追加料金	②驚かす	③しのぐ	④生きながらえる
⑤表面	⑥余り	⑦打ち勝つ	

A 正解：A—③　B—⑤　C—⑦　D—①　E—②　F—④　G—⑥

sur には「上」「超える」という意味があります。

A) **surpass**（サーパス）は「sur（上）＋ pass（超える）＝上を超える」で「しのぐ」「まさる」。

B) **surface**（サーフェス）は「sur（上）＋ face（顔）＝顔の上」で「表面」。

C) **surmount**（サーマウント）は「sur（上に）＋ mount（上る）」で「打ち勝つ」

D) **surcharge**（サーチャージ）は「sur（超）＋ charge（請求する）」で「追加料金」。

E) **surprise**（サープライズ）は「sur（上）＋ prise（つかまえる）＝上からつかまえて驚かす」で「驚かす」。

F) **survive**（サーバイブ）は「sur（超）＋ vive（生きる）」で「生きながらえる」。

G) **surplus**（サープラス）は「sur（超）＋ plus（加えた）＝超えて加えたもの」で「余り」。

Ｓの部品イメージ

第1章
第2章
第3章
第4章
第5章
第6章
第7章
第8章

Ｓの部品の代表格は、オープニングクイズで紹介した「上・超える」の **sur**、「下・副・亜」を意味する **sub**、「共・同・似」を意味する **syn** の３つです。

中でも sub と syn は次に来るアルファベットでいろいろ変化するので要注意。ただ、ざっくりと「su を見つけたら"下"を疑う」、「sy を見つけたら"共"を疑う」で大丈夫です。

synがつく単語例

syllogism（シロジズム：三段論法）※三段論法とは大前提と小前提から結論を引き出す推論形式。
①大前提（すべての人間は死ぬ）→
②小前提（ソクラテスは人間である）
→③結論（ゆえにソクラテスは死ぬ）。
symbolization（シンボリゼイション：象徴化）
symmetrize（シメトライズ：対称的にする）
sympathetic（シンパセティック：同情の、交感神経の）
→sympathetic nerve（シンパセティック・ナーブ：交感神経）、
parasympathetic nerve（パラシンパセティック・ナーブ：副交感神経）
systematize（システマタイズ：組織立てる）

syn（共）（同）（似）	+	=	例
	l	syll	**syllabus**（シラバス：授業計画）
	b	symb	**symbol**（シンボル：象徴） **symbiotic**（シンバイオティック：共生の）
	m	symm	**symmetry**（シメトリー：対称） **symposium**（シンポウジアム：討論会）
	p	symp	**sympathy**（シンパシー：同情）
	s	syss	**syssarcosis**（シスアーコウシス：筋骨連結）
	s＋子音	sys 子音	**system**（システム：体系的方法）
	z	syz	**syzygy**（シザジー：朔望）
	その他	syn＋その他	**synergy**（シナジー：相乗効果） **synchronism**（シンクロニズム：同時性） **syndicate**（シンディケイト：企業連合） **synthesizer**（シンササイザー：シンセサイザー

subがつく単語例

suffice（サファイス：満足させる）
suggestion（サジェスチョン：提案）
surround（サラウンド：囲む）
sustention（サステンション：支持、維持）
success（サクセス：成功、成功者）
successor（サクセサー：後任者）
support（サポート：支える）
suspension（サスペンション：未決）

sub（下）（副）（亜）	+	=	例
	f	suff	**suffuse**（サヒューズ：いっぱいになる）
	g	sugg	**suggest**（サジェスト：提案する）
	r	surr	**surrogate**（サーロゲイト：代理人）
	t	sust	**sustain**（サステイン：維持する）
	c	succ	**substitute**（サブスティテュート：代用する）
	c	susc	**susceptible**（サセプティブル：感受性の強い）
	p	supp	**suppose**（サポーズ：仮定する）
	p	susp	**suspicious**（サスピシャス：怪しい）
	m	summ	**summon**（サモン：召喚する）
	m	subm	**submerge**（サブマージ：水中に沈める）
	s	subs	**suffocate**（サフォケイト：息を止める）
	s	sus	**suspect**（サスペクト：疑う）
	その他	sub	**subliminal**（サブリミナル：潜在意識の）

submarine（サブマリン：潜水艦）　　**subjunctive**（サブジャンクティブ：仮定法）
sublime（サブライム：荘厳な）

単語の末尾に置かれる S の部品

`saur＝トカゲ`　**dinosaur**（ダイナサウア：恐竜）

→恐竜の名前の「〜ザウルス(saurus)」もトカゲという意味です。

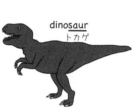

dinosaur
トカゲ

・**tyrannosaur**（ティラノサウア：ティラノサウルス）→ **tyrant**（タイアラント：暴君）で「暴君とかげ」

・**pachycephalosaur**（パキセファロサウア：パキセファロサウルス）→ pachy（厚い）＋cephalo（頭部）で「分厚い頭のトカゲ」

・**ankylosaur**（アンキロサウア：アンキロサウルス）→ ankylo（癒着した）で「連結したトカゲ」

これら恐竜名の部品から芋づる式に語彙を学習できます。pachy から **pachyderm**（パキダーム：ゾウ・カバなどの厚皮動物）、cephalo から **cephalization**（セファリゼイション：頭化＝神経組織が頭部に集中する進化現象）、ankylo から **ankylosis**（アンキラウシス：関節の強直＝硬くこわばること）など。

`ship＝名詞化`　**governorship**（ガバナーシップ：知事や長官などの地位）

`sis＝病気`　**sclerosis**（スクレロウシス：硬化症）

`some＝形容詞化`　**handsome**（ハンサム：美しい）

troublesome（トラブルサム：厄介な）

`sophy＝学`　**philosophy**（フィロソフィー：哲学）

`stat＝固定装置`　**thermostat**（サーモスタット：恒温器）

単語の頭に置かれる S の部品

`sacro＝神聖な／仙骨`

sacrifice（サクリファイス：犠牲）、**sacrum**（サクラム：仙骨）

`schizo＝分裂した`　**schizophrenia**（スキゾフレニア：統合失調症）

`sclero＝硬い`　**sclerometer**（スキララメター：硬度計）

`se＝分離`　**seduce**（セデュース；誘惑する）、**segregate**（セグレゲイト：分離する）

`seismo＝地震`　**seismograph**（サイズモグラフ：地震計）

`self＝自己`　**self-control**（セルフコントロール：自制）

`semi＝半分`　**semifinal**（セミファイナル：準決勝）

`septi＝7`　**septangle**（セプタングル：七角形）

`septo＝隔膜・隔壁`　**septum**（セプタム：隔膜・隔壁）

`sesqui＝1倍半の`　**sesquicentennial**（セスクウィセンテニアル：百五十年祭）

`sialo＝唾液`　**sialoid**（サイアロイド：唾液状の）

362

socio＝社会	**sociolinguistics**（ソシオリングイスティクス：社会言語学）
somato＝身体	**somatology**（ソマタロジー：体質学、体型学、生体学）
somni＝睡眠	

somniloquy（ソムニロクウィ：寝言）　　　**insomnia**（インサムニア：不眠症）

| spermato＝種子・精子 | **spermatophyte**（スパーマトファイト：種子植物） |

　　→ **seed plant**（シード・プラント）のちが一般的です。

| spheno＝くさび・蝶形骨 | **sphenoid**（スフィーノイド：くさび状の・蝶形骨の） |

　　→　「くさび状の」で一般的なのは **wedge-shaped**（ウェッジ・シェイプド）。**cuneiform**（キューニフォーム）も同義で、古代西アジアあたりで使われていた「楔型文字」という意味もあります。

sphygmo＝脈拍	**sphygmus**（スフィグマス：脈拍）→ **pulse**（パルス）の方が一般的。
spiro＝呼吸	**spirometer**（スピロメーター：肺活量計）
spleno＝脾臓	**splenology**（スプリナロジー：脾臓学）→脾臓は **spleen**（スプリーン）
splanchno＝内臓	**splanchnology**（スプランクナロジー：内臓学）
spondylo＝椎骨・渦巻	**spondylitis**（スポンジライティス：脊椎炎）
sporo＝胞子・種子	**sporophyte**（スポロファイト：胞子体）
steno＝小・狭	**stenography**（ステナグラフィー：速記）

　　　　　　→一般的には **shorthand**（ショートハンド）

step＝継（まま）の	**stepfather**（ステップファーザー：継父）
stereo＝実体的な・立体の	**stereograph**（ステレオグラフ：立体写真）
strato＝層雲・成層圏	**stratosphere**（ストラトスフェア：成層圏）
strepto＝連鎖球菌の	**streptococcus**（ストレプトカカス：連鎖球菌）
sucro＝砂糖	**sucrose**（スークロウス：蔗糖）
super＝上	**superstructure**（スーパーストラクチャー：上部構造）
supra＝上	**supramaxillary**（スープラマキシラリー：上あごの）

　　　　　　　　　　　　復　習　問　題

❶次の単語と意味を組み合わせましょう。

| ① surpass | ② surface | ③ surcharge | ④ surrogate |
| ⑤ summon | ⑥ submerge | ⑦ stratosphere | |

| A 表面 | B召喚する | Cしのぐ | D 成層圏 |
| E 代理人 | F水中に沈める | G追加料金 | |

❷次の単語と意味を組み合わせましょう。

| ① sympathetic | ② sacrum | ③ schizophrenia | ④ somniloquy |
| ⑤ spirometer | ⑥ stepfather | ⑦ superstructure | |

| A 同情の | B仙骨 | C統合失調症 | D寝言 |
| E 肺活量計 | F上部構造 | G継父 | |

神様の前では「シーッ」
お静かに～ Tの部品

▶ the（シー）/theo（シーア）は神

Q 次の単語と適切な意味をつなげましょう。

A）theanthropic	B）thearch	C）theist	D）theology
E）theocentric	F）theism	G）theogony	

①神中心の	②神学	③有神論	④神々の起源
⑤神人両性を有する	⑥神の統治	⑦有神論者	

A 正解：A—⑤　B—⑥　C—⑦　D—②　E—①　F—③　G—④

the / theo には「神」という意味があります。

A **theanthropic**（シアンスラピック）は「the（神）＋ anthropo（人類）」で「神人両性を有する」。

B **thearchy**（シーアーキー）は「the（神）＋ archy（政治）」で「神の統治」。

C **theist**（シーイスト）は「the（神）＋ ist（信望者）」で「有神論者」。

D **theology**（シアロジー）は「theo（神）＋ logy（学問）」で「神学」。

E **theocentric**（シーアセントリク）は「the（神）＋ centric（中心の）」で「神中心の」。

F **theism**（シーイズム）は「the（神）＋ ism（主義）」で「有神論」。

G **theogony**（シアーゴニー）は「the（神）＋ gony（起源）」で「神々の起源」。

男性の名前の Theodore（シーオドア）、その短縮形の Theo（シーオ）も「神」を意味します。第26代アメリカ大統領の Theodore Roosevelt（セオドア・ルーズベルト）は有名ですね。

thearchy

T の部品概観

　T の部品の中で汎用性の高いのは品詞を作るものです。

　中でも名詞化の **tion** はさまざまな動詞と組み合わせて使われます。たとえば、**determine**（デターミン：決定する）に tion をつければ名詞 **determination**（デタミネイション：決定）ができます。名詞化の **ty** は「状態を表す名詞」の語尾に使われます。たとえば「敵対した状態」であれば、**enmity**（エンミティ：敵意）、「心配な状態」であれば **anxiety**（アングザイエティ：心配、懸念）、「残虐な状態」でれば **cruelty**（クルーエルティ：残虐）となります。

単語の末尾に置かれる T の部品

●──品詞を作る

`tion＝名詞化`
temptation（テンプテイション：誘惑）→動詞は**tempt**（テンプト：誘惑する）

`tory＝形容詞化`　　**mandatory**（マンデイトリー：義務的な）

`tude＝名詞化`
gratitude（グラティテュード：感謝）、**aptitude**（アプティテュード：才能）

`ty＝10倍、名詞化`　　**twenty**（トゥウェンティ：20）、**unity**（ユニティ：単一性）

●──その他

`th＝序数`　　**fifth**（フィフス：5番目の）、**tenth**（テンス：十番目の）
　※基数＝0から9までの整数。序数＝順序を表す自然数。自然数＝正の数1,2,3,～の総称。

`theism＝有神論`
monotheism（マノシーズム：一神教）、**polytheism**（パリシーズム：多神教）

`tron＝電子管、電子工学、素粒子`　　**dynatron**（ダイナトラン：中間子）、**cyclotron**（サイクロトロン：イオン加速装置）、**neutron**（ニュートロン：中性子）
　→原子（**atom**：アトム）は物質の最小単位で、陽子（**proton**：プロウタン）と中性子（neutron：ニュートロン）が結合した原子核（**nucleus**：ニュークリアス）と電子（**electron**：エレクトロン）でできています。

`trope＝回転`　　**rheotrope**（リーオトゥループ：変流器）は「rheo（流れ）＋trope（回転）」

`trophy＝栄養`　　**atrophy**（アトロフィ：萎縮、退化）

`tuple＝要素の列`　　**quintuple**（クウィンチュープル：5倍の）

単語の頭に置かれる T の部品

●──数字

`tera＝1兆`　**terabyte**（テラバイト：記憶容量の単位で約1兆バイト）

`tri＝3`　**trimonthly**（トライマンスリー：3か月ごとの）

「患者の優先順位付け」としてのいわゆるトリアージ（**triage**）の語源は3とは関係なく、「分類」を意味するフランス語が由来です。

`tetra＝4`　**tetrapetalous**（テトラペタロス：四花弁の）

→四花弁とは「4つの花びら」です。

●──その他

`tacho＝速度`　**tachometer**（タカメター：回転速度計）

→タコメーターとタキメーターのように似た用語の判別法：①部品の判別：「tacho＝速度」「tachy＝回転」②機能の判別：tachometer＝「腕時計のストップウォッチ機能」、**tachymeter**＝「自動車やオートバイに装備されている、軸の回転数（回転速度）を指示する計器」

`techno＝技術`　**technocrat**（テクノクラト
：技術系出身の管理職、技術官僚）

`tachy＝急速な`　**tachycardia**（タキカーディア：頻脈）

`tele＝遠い`　**telework**（テレワーク
：オフィスから離れた場所や自宅などで行う仕事）

telework
会社を
離れて仕事

telwork

`teleo＝目的`　**teleology**（テレアロジー：目的論）
＝人間の行為も自然も目的によって規定されているとする説。
fortuitism（フォーチュイティズム：偶然説）は「自然界における適応は偶然によるものだとする説」。

`thalasso＝海`

thalassocracy（サラサークラシ：制海権、広大な制海権を持つ国家）

thalassotherapy（サラソセラピー：タラソセラピー、海洋療法）

`thanato＝死`　**thanatology**（サナタロジー：死亡学）→「サナトリウム」は**sanatorium**（サナトリアム：保養地、療養所）で「sanat（病気を治す）＋orium（場所）」で無関係。

`thermo＝熱`

thermodynamics（サーモダイナミクス：熱力学）

thermograph（サーモグラフ：記録温度計）

`thrombo＝血栓、血小板`　**thrombocyte**（スロンボサイト：血小板）

→ **thrombocytopenia**（スロンボサイトピーニア：血小板減少症）は「thrombocyte（血小板）＋penia（欠え）」。

`trans＝通過`

translation（トランスレイション：翻訳）、**transit**（トランジット：通過、便への乗り換え）

`thymo＝胸腺`　**thymus**（サイマス：胸腺）

valuable information

学習継続のヒント 1：復習のタイミング

「これから毎朝必ず 30 分勉強するぞ！」と決心しても、忙しさにかまけて気がつくと 1 週間も英語から離れてしまっていた、ということもあるかもしれません。そんな多忙な方には「**放置リミットは 1 か月**」ルールをお勧めします。

ドイツの心理学者エビングハウスの実験によれば、覚えたものは 1 日経つと 6 割近く忘れ、1 週間で 7 割、1 か月後は 8 割近く忘れるそうです（ただ、この実験で使われたのは「意味のない文字の集まり」。本書では単語を部品に分解したり、他の単語と関連づけたり、さまざまなエピソードを織り交ぜて学ぶので、この実験結果より定着率は高いでしょう）。

意味ある学習を続けるために、2 つのことを常に意識しておきましょう。

1 つ目は、「**思い出す引き金となりそうな部品、関連単語、例文などとセットで英単語を学ぶこと**」。たとえば「precedent は、pre（前）＋ cede（行く）で"先を行く"」を押さえます。そのうえで「precedented（先例のある）」という形容詞へ進み、「un（否定）＋ preceded（先例のある）」から「unprecedented ＝先例のない」とつなげていきます。あるいは「unprecedented event（前代未聞の事件）」のような事例を導入してもよいでしょう。

2 つ目は、「**1 か月以内に最低でも 1 回は見直すこと**」。丸暗記を同じ日に何十回やっても、そのあと 1 か月以上も放置すれば、学ばなかったに等しくなります。「語学は反復」と言われますが、重要なのは「適度な間隔をあけた反復」なのです。

そろそろ復習しなきゃ…

復習問題

❶次の単語と意味を組み合わせましょう。

① theist	② theology	③ mandatory	④ astrophy
⑤ monotheism	⑥ tachometer	⑦ technocrat	

A 神学	B 萎縮	C 技術官僚	D 有神論者
E 一神教	F 義務的な	G 回転速度計	

❷次の単語と意味を組み合わせましょう。

① tachycardia	② teleology	③ thymus	④ temptation
⑤ thanatology	⑥ thermodynamics	⑦ thrombocyte	

A 熱力学	B 死亡学	C 血小板	D 頻脈	E 目的論	F 胸腺	G 誘惑

❶ ①—D ②—A ③—F ④—B ⑤—E ⑥—G ⑦—C
❷ ①—D ②—E ③—F ④—G ⑤—B ⑥—A ⑦—C

何でも否定するアン (un)
〜 U の部品

▶単語の頭に un を見つけたら「否定」を疑え

Q 次の単語と意味が真逆になる単語を作りましょう。

A happy	B continue	C legal	D importance
E grammatical	F visible	G nonprofessional	

A　A　happy（ハッピー：幸せな）⇔ **unhappy**（アンハッピー：不幸な）
　B　**continue**（コンティニュー：継続する）⇔ **discontinue**（ディスコンティニュー）
　C　**legal**（リーガル：合法的な）⇔ **illegal**（イリーガル：非合法の）
　D　**importance**（インポータンス：重要性）
　　⇔ **unimportance**（アンインポータンス：重要でないこと）
　E　**grammatical**（グラマティカル：文法的な）
　　⇔ **nongrammatical**（ノングラマティカル：非文法的な）*1
　F　**visible**（ビジブル；可視的な）⇔ **invisible**（インビジブル：目に見えない）
　G　**professional**（プロフェッショナル：専門家の）
　　⇔ **nonprofessional**（ノンプロフェショナル：専門家でない）*2

● un は「否定」。**unwilling**（アンウィリング：する気がしない）
⇔ **willing**（ウィリング：快く〜する）、**unchangeable**（アンチェインジャブル：不変の）⇔ **changeable**（チェインジャブル：変わりやすい）、**uncertain**（アンサートン：不確かな）⇔ **certain**（サートン：確かな）、**unproductive**（アンプロダクティブ：非生産的な）⇔ **productive**（プロダクティブ：生産的な）、**unclassified**（アンクラシファイド:分類されていない）⇔ **classified**（クラシファイド:分類された）、**unaccountable**（アナカウンタブル:説明できない）⇔ **accountable**（アカウンタブル：説明できる）。

否定する
dis・in・un
欠如
non

※1 nongrammatical には「文法的に間違っている」という意味の他に「文法以外の」という意味で使われることがあります。たとえば the nongrammatical features of language であれば「文法以外の言語の特徴」という意味になります。一方、**ungrammatical**（アングラマティカル）には「文法的に間違っている」という意味しかありません。

※2 unprofessional（アンプロフェッショナル）には「専門外の」の他に「職業の道義に外れた」という意味もあります。"The doctor was accused of unprofessional conduct." (その医師は医師として不適切な行為で起訴された。)

- **dis** には、「否定」の他に「離れる」という意味もあり、**dissolve**（ディザルブ：解かす、解く）は「dis（分離）+ solve（解く）」。
- **in** は「否定」。**valuable**（バリュアブル：有益な）に in をつけると、**invaluable**（インバリュアブル）＝「in（否定）+ value（評価する）+ able（できない）」→「評価できない」→「**(評価できないほど)非常に貴重な**」という意味なので要注意。「価値がない」は **valueless**（バリューレス）や **worthless**（ワースレス）。
- **non** は「欠如」。**nongovernmental**（ノンガバメンタル：政府と無関係の）、**nonpolitical**（ノンポリティカル：政治に関係しない）

　今回学ぶ U から Z の中で一番汎用性が高く、知っておいて役立つ部品は、オープニングクイズで学んだ「否定の un」でしょう。形容詞、副詞、動詞などにつけて逆の意味を作ります。それ以外は興味本位にざっと見てください。

U の部品

●──単語の末尾に置かれるもの

`ular＝形容詞化`
regular（レギュラー：規則的な）、**particular**（パティキュラー：特定の）

`ule＝小`　**granule**（グラニュル：細粒）、**capsule**（キャプソル：カプセル）

`ulent＝「～に富む」という意味の形容詞`
fraudulent（フラーデュレント：詐欺の）→ **fraud**（フラード：詐欺・欺瞞）
turbulent（タービュレント：荒い）

`ure＝名詞化`　**culture**（カルチャー：文化）、**creature**（クリーチャー：生物）

●──単語の頭に置かれる U の部品

`ultra＝超`
ultraconservative（ウルトラコンサーバティブ：超保守的な、超保守的な人）

`uni＝単一`　**unisex**（ユニセックス：男女両用の）

`up＝上`　**upbringing**（アプブリンギング：しつけ）

`uro＝尿`　**urolith**（ユーラリス：尿結石）、**urologist**（ユララジスト：泌尿器科専門医）

`utero＝子宮`　**uterus**（ユーテラス：子宮）、**uteritis**（ユーテライティス：子宮炎）

V の部品

●──単語の末尾に置かれるもの

`vorous＝食`　**carnivorous**（カーニバラス：肉食性の）
graminivorous（グラマニバラス：草食性の、牧草を食とする）

369

Nashville（ナッシュビル：米国テネシー州の州都）
Louisvill（ルーイビル：米国ケンタッキー州の都市）

●――単語の頭に置かれるもの

vice＝副・代理 **vice-president**（バイスプレジデント：副大統領・副会長・副社長・
部門長）、**vice-governor**（バイスガバナー：副総督・副知事）

vitro＝ガラス
vitrectomy（ビトレクトミー：硝子体切除術）
vitreous（ビトリアス：ガラスの、硝子体の）

vivi＝生きている
vivisection（ビバセクション：生体解剖）
vivid（ビビド：鮮やかな）、**vivify**（ビバファイ：活気づける）

vivid

単語の末尾に置かれる W の部品

ward＝方向を表す副詞・形容詞・前置詞
eastward（イーストワード：東へ）
westward（ウェストワード：西へ）
northward（ナースワード：北へ）
seaward（シーワード：海の方へ）

単語の頭に置かれる X の部品

xantho＝黄
xanthoderm（ザンソダーム：皮膚が黄色の人、黄色人種の人）
xanthopsia（ザンサプシア：黄視症＝すべてが黄色に見える状態）

xeno＝異人・外来の **xenomania**（ゼノメイニア：外国熱）、**xenophilia**（ゼノフィリ
ア：異国趣味）、**xenophobia**（ゼノフォウビア：外国人嫌い）

xero＝乾燥 **xeroderma**（ジーラダーマ：乾皮症）、**xerophilous**（ジラーフィラス：
乾燥地に適した）、**xerosis**（ジロウシス：乾燥症）

xylo＝木 **xyloid**（ザイロイド：木質の）、**xylophone**（ザイロフォン：木琴）、
xylography（ザイラグラフィー：木版印刷術）⇔ **typography**（タイパグラフィー：活版
印刷術）

単語の末尾に置かれる Y の部品

y＝名詞化 **entry**（エントリ：入ること）、**inquiry**（インクワイアリー：質問）

yl＝～基
ethyl（エサル：エチル基）
methyl（メシル：メチル基）
vinyl（バイナル：ビニル基）

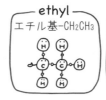

ethyl
エチル基-CH_2CH_3

methyl
メチル基-CH_3

単語の頭に置かれる Z の部品

zoo＝動物　**zooblast**（ゾウブラスト：動物細胞）

🏰 **valuable information**

学習継続のヒント2：目標は小刻みに

　学習が続く要因の1つに「達成感」があります。特に現在英語を必要とする状況ではない場合、遠い将来の目標より「今日何をするか？」に意識を向ける方が、学習がはかどります。「今日はこの本のユニットを2つは読もう」とか「30分間、このユニットだけ読んでおこう」という感じですね。週末にため込んでやるのも悪くはないのですが、思ったほど学習できずに終わる可能性もあります。見えない先のことより、今できること、今日できることを少しでもいいので実行し、小さな「達成感」を積み重ねましょう。

🏰　　　復　習　問　題

次の単語と意味を組み合わせましょう。

① worthless	② uncertain	③ invisible	④ dissolve
⑤ unwilling	⑥ nonpolitical	⑦ classified	

A政治に関係しない	Bする気がしない	C解く	D不確かな
E目に見えない	F分類された	G価値がない	

❷次の単語と意味を組み合わせましょう。

① carnivorous	② granule	③ turbulent	④ creature
⑤ urolith	⑥ vitrectomy	⑦ xerosis	

A細粒　B乾燥症　C生物　D肉食性の　E尿結石　F荒い　G硝子体切除術

A

❶ ①—G　②—D　③—E　④—C　⑤—B　⑥—A　⑦—F

❷ ①—D　②—A　③—F　④—C　⑤—E　⑥—G　⑦—B

単語の中核・語根を押さえる❶

▶覚えて得する語根だけ、限定的に

Q 次の単語の部品 cede はすべて「行く」という意味です。分解内容を参考にして、適切な意味を選びましょう。

A **accede**（アクシード）は「ac（向かう）＋cede（行く）＝向かって行く」。
B **concede**（コンシード）は「con（共）＋cede（行く）＝一緒に行く」。
C **precede**（プリシード）は「pre（前）＋cede（行く）＝〜の前を行く」。
D **proceed**（プロシード）は「pro（前）＋ceed（行く）＝前に行く」。
E **recede**（リシード）は「re（後ろ）＋cede（行く）＝後ろへ行く」。
F **succeed**（サクシード）は「suc（下）＋cede（行く）＝努力の下についていく」。

①継承する　②同意する　③譲歩する　④退く　⑤進む　⑥優先する

A 正解　A—②　B—③　C—⑥　D—⑤　E—④　F—①

語根について

　つづりの長い単語を観察すると、「 頭 ＋ 中核 ＋ 末尾 」という構成であることがわかります。これまでは、その中でも単語の頭に登場する部品と末尾に登場する部品を中心に扱ってきました。単語の 頭 では、その単語の意味の方向性、つまり、同じ方向か反対方向か、上向きか下向きか、前向きか後ろ向きか、などを教えてくれます。一方、 末尾 ではその単語の品詞や、カテゴリー（phile ＝愛好、ectomy ＝切除術、le ＝小さいもの）などを教えてくれます。

今回からは「 頭 ＋ 中核 ＋ 末尾 」の中の「 中核 」部分について見ていきます。

この中核部分を「語根」と言います。語根は、その単語の根幹をなすもので、言い換えると単語から頭（接頭辞）や末尾（接尾辞）を差し引いた中核部分です。

語根には2種類あります。1つ目は、単独でも一般的に用いられているもの。たとえば **untouchable**（アンタッチャブル：触ってはいけない）から、否定を意味する un（頭）と、形容詞を意味する able（末尾）を差し引いて残った touch がこの単語の語根で、単独でも「触れる」という意味で用いられていますね。

2つ目は、単独では用いられないものです。たとえば resist（リジスト：抵抗する）から反対を意味する re（頭）を差し引いて残った語根 sist（立つ）を単独の単語として使うことはできません。

🏰 valuable information

ちなみに、頭に置かれるものには接頭辞、単語末尾に置かれるものには接尾辞という専門用語があるのですが、実際のところ接頭辞や接尾辞の場所に語根が置かれることもあるため、語根以外はあえて専門用語は使わないことにしています。「単語の頭にあるけれど、もしかして、この部品は接頭辞じゃなくて語根かな」と悩む必要はありません。

●──覚えて得する語根とそうでない語根

確かに語根を知っていると、単語の意味理解は速くなり、記憶にも定着しやすくなります。だからといってすべての語根を網羅しようとすると、膨大な情報量に圧倒されてしまうことでしょう。

そこで、**語根のスクリーニング**をお勧めします。語根らしきものを見つけたときに、A. 既知語彙　B. 主要語根　C. その他　に分けてみましょう。

そもそも A であればすでに知っている単語なので覚える必要はありません。**retry**（リトライ：再び試みる）の中の try や、**unacceptable**（アナクセプタブル：受け入れられない）の **accept**（アクセプト：受け入れる）のようなものですね。

B について、それが主要語根かどうかは、その語根を使った単語を3つ以上思い浮かぶかで判断します。もし1個2個しか思い浮かばなかったら、C。

実際のところ、3つ以上事例を思い出せるような語根はそう多くはありません。

Cの「その他」については、<u>基本無視してよいでしょう。</u>

たとえば、reimbursement（リインバースメント：払い戻し）という単語を分解すると、re（戻す）＋ im（中）＋ burse（財布）＋ ment（名詞化）となり、burse が語根だとわかります。しかし、この語根が使われている他の単語を見つけることは難しく、burse（財布）という語根を知ったところで、応用があまり効きません。Cに分類される語根は、<u>あくまで目の前の単語のイメージ化に使うのみ。無理に覚えておく必要はありません。</u>

●──語根学習のポイント

①新出単語の中にある既知語彙

初めて見る単語でも、見慣れた単語が含まれていて、そこから意味を推測できるかもしれません。たとえば、**unfriendly**（アンフレンドリー：よそよそしい）であれば、friend という単語が入っていて、それを un で否定しているので「友達としての親しみがない」というイメージを浮かべることができます。

②マスターすべき語根は限定されている

実際にマスターしておくべき語根は限定されています。本書に紹介したものを知っておけば十分です。もちろん既知の単語であれば、わざわざ語根に分解して覚え直す必要はありません。

③語根知識の優先順位は低く

最終ゴールはその単語の意味を知っておくことなので、語根分解そのものにこだわる必要はありません。たとえば pretend（プリテンド：ふりをする）の<u>ようなすでに知っている単語</u>を「pre（前）＋ tend（引っ張る）」と<u>分解する必要</u>はないのです。逆に「なぜ前に引っ張ることが"ふりをする"という意味になるのか？」と余計な疑問を増やしてしまうことにもなります。

④網羅性の呪縛から自由になろう

単語は基本的に実際の英文で出会ったり、自分で使ったりしない限り、記憶には残りません。語根リストを見て、そこにあるものすべてを覚えようとする必要はありません。本 UNIT で扱う語根についても、「これは知っておくと便利だなぁ」と感じたものだけチェックしておけば十分です。

主要語根（単語事例3つ以上のもの）

漢字の優れている点は、見た瞬間に意味が浮かぶことです。この漢字の特性を使って、主要語根を一文字の漢字で表してみましょう。

取	覆	走	導		運
ceive	cover	cur	duce	duct	fer
receive	recover	occur	introduce	conduct	offer
（受け取る）	（回復する）	（起こる）	（導入する）	（導く）	（提供する）
曲	注	投		置	考
flect	fuse	ject	locate	pose	pute
reflex	diffuse	inject	allocate	expose	compute
（反射させる）	（広める）	（注入する）	（配分する）	（さらす）	（計算する）
畳	垂	求			回
ply	pend	quest	quire	vert	volve
reply	depend	request	require	invert	revolve
（返答する）	（依存する）	（頼む）	（要する）	（逆にする）	（回転させる）
保		書	見	伸	引
serve	tain	scribe	spect	tend	tract
preserve	maintain	describe	respect	extend	attract
（保存する）	（維持する）	（描写する）	（尊重する）	（延長する）	（魅了する）

復習問題

❶次の単語と意味を組み合わせましょう。

① accede	② concede	③ recede	④ succeed
⑤ retry	⑥ unacceptable	⑦ precede	

A 再び試みる	B 同意する	C 退く	D 譲歩する
E 優先する	F 継承する	G 受け入れられない	

❷次の単語と意味を組み合わせましょう。

① unfriendly	② pretend	③ receive	④ occur
⑤ introduce	⑥ diffuse	⑦ allocate	

A 受け取る	B 起こる	C 広める	D ふりをする
E 導入する	G よそよそしい	F 配分する	

単語の中核・語根を押さえる❷

▶得する7つを重点的に（こじつけて）

Ｑ 次の単語の部品 fer はすべて「運ぶ」という意味です。分解内容を参考に適切な意味を選びましょう。

A) conferは「con（共）＋fer（運ぶ）＝一緒に運ぶ」
B) deferは「de（分離）＋fer（運ぶ）＝離す」
C) differは「dif（分離）＋fer（運ぶ）＝本体から離して運ぶ」
D) inferは「in（中）＋fer（運ぶ）＝心の中へ運ぶ」
E) transferは「trans（超えて）＋fer（運ぶ）＝横切って運ぶ」
F) preferは「pre（前）＋fer（運ぶ）＝前に運ぶ」
G) referは「re（後ろ）＋fer（運ぶ）＝運び返す」
H) sufferは「suf（下）＋fer（運ぶ）＝下で運ぶ」

① 推論する	② 移す	③ 協議する	④ 異なる
⑤ 苦しむ	⑥ 言及する	⑦ 好む	⑧ 延期する

A 正解：A—③　B—⑧　C—④　D—①　E—②　F—⑦　G—⑥　H—⑤

単語を分解してみると、2つのことが見えてきます。
1つ目は、語根の「運ぶ」だけでは単語のイメージ化は難しく、接頭辞の con や de とセットで初めてイメージが浮かんでくること。
2つ目は、単に接頭辞や語根を確認しただけでは、単語のイメージに直結しないことも多く、部品の組み合わせと単語の意味との間につなぎイメージが必要であること。

A から H に、そのつなぎイメージを入れてみましょう。

A **confer**（コンファー）は「con（共）＋ fer（運ぶ）＝は「一緒に運ぶ」
　→一緒に議論を運んでいくから「協議する」という意味に
B **defer**（ディファー）は「de（分離）＋ fer（運ぶ）＝離す」
　→予定したことから離れて物事を運ぶことは「延期する」ことを意味

C **differ** (ディファー)は「dif (分離)＋fer (運ぶ)＝本体から離して運ぶ」
　→本体から離れるということは、本体とは「異なる」ことを意味

D **infer** (インファー)は「in (中)＋fer (運ぶ)＝心の中へ運ぶ」
　→心の中であれこれ考えを運ぶのは「推論する」ことを意味

E **transfer** (トランスファー)は「trans (超えて)＋fer (運ぶ)＝移動させる・移動する」
　→こちらからあちらへ超えて運ぶから「移動させる」

F **prefer** (プリファー)は「pre (前)＋fer (運ぶ)＝前に運ぶ」
　→ A さんにオレンジよりもりんごを前に運び出すのは、A
　　さんがりんごのほうを「好む」から

\prefer/

G **refer** (リファー)は「re (後ろ)＋fer (運ぶ)＝運び返す」
　→後ろを振り向いて言葉を運ぶことは「言及する」ことに

H **suffer** (サファー)は「suf (下)＋fer (運ぶ)＝下で運ぶ」
　→　自分の気持ちを下に運ぶ行為は「苦しむ」行為

　ちょっとこじつけでも、つなぎのイメージをつけていくと、多少は記憶に残りやすいのではないでしょうか。ほかの部品についても見ていきましょう。

● ── ceive ＝取る

　「ceive ＝取る」の対象は物質だけではなく、conceive (思いつく)や perceive (知覚する)のように、人間の思考や知覚に関連しているものもあります。

deceive
だます

de
〜から

ceive
取る

conceive (コンシーブ)は「con (共)＋ceive (受け取る)」で「思いつく」。
deceive (ディシーブ)は「de (から)＋ceive (取る)＝人から取る」で「だます」。
perceive (パーシーブ)は「per(強調)＋ceive (受け取る)＝完全に受け取る」で「知覚する」「理解する」。
receive (リシーブ)は「re (後ろ)＋ceive (受け取る)」で「受け取る」。

● ── cover ＝覆う

　discover や recover を無理に分解して覚え直す必要はありませんが、dis、re、un の部品のイメージを比較するにはうってつけの 3 語だと思います。

discover (ディスカバー)は「dis (除く)＋cover (覆う)＝覆いを外す」で「発見する」。
recover (リカバー)は「re(再び)＋cover (覆う)＝再び覆う」で「取り戻す」「回復する」。
uncover (アンカバー)は「un (否定)＋cover (覆う)＝覆う行為の反対」で「暴露する」。
un の造語力は目覚ましく、いろいろな単語に使われます。たとえば**uneatable**(アンイータブル)ではどうでしょうか？「un(否定)＋eat(食べる)＋able(できる)＝食べられない」から「食用に適さない」という意味の形容詞です。

●── cur ＝走る

current（カレント：現在の、最新の、流通している）は「今という時を走っているイメージ」、**currency**（カレンシー：通貨）は「現在経済で流通、すなわち走り回っているイメージ」でとらえることができます。

concur（カンカー）は「con（共）＋cur（走る）＝一緒に走る」で「同意する」。
occur（アカー）は「oc（〜に向かって）＋cur（走る）＝出会う」で「起こる」「生じる」。
recur（リカー）は「re（戻る）＋cur（走る）＝後ろへ走る」で「再発する」「戻る」。

●── duce ＝導く

帰納法は、個々の事例の中から共通の法則を導き出すから、中の in で、**induction**（インダクション）。演繹法は、１つの法則から個々の別々の事例へ導き出すから、分離の de の **deduction**（ディダクション）。

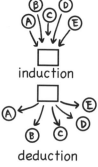

induction

deduction

deduce（ディデュース）は「de（分離）＋duce（導く）＝導き出す」で「推定する」「演繹する」。
educate（エデュケイト）は「e（外）＋duc（導く）＋ate（動詞化）＝能力を外に導き出すようにする」で「教育する」。
induce（インデュース）は「in（中）＋duce（導く）＝中へ導く」で「誘う」「帰納する」。
introduce（イントロデュース）は「intro（中）＋duce（導く）＝中へ導く」で「紹介する」「導入する」。
produce（プロデュース）は「pro（前）＋duce（導く）＝前に導き出す」で「製造する」「生み出す」。
reduce（リデュース）は「re（後ろ）＋duce（導く）＝後ろへ導く」で「減少させる」「減少する」。

●── duct ＝導く

「誘拐」は誰かを家族から離れたところに連れていくので、ab（分離）のイメージで **abduction**（アブダクション）。

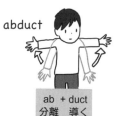

abduct

ab ＋ duct
分離　導く

→離れるように導く
→外に動かす
→外転

abduct（アブダクト）は「ab（分離）＋duct（導く）＝離れるように導く」で「誘拐する」「外転させる」。
adduct（アダクト）は「ad（向かう）＋duct（導く）＝向かうように導く」で「内転させる」。
conduct（コンダクト）は「con（共）＋duct（導く）＝共に導く」で「導く」「行う」「管理する」「指揮する」。

adduct

ad ＋ duct
向かう　導く

→向かうように導く
→内に動かす
→内転

induct（インダクト）は「in（中）+duct（導く）＝中に導く」で「任命する」。

●―― flect ＝曲げる

flex も曲げるという意味で、**flexible**（フレキシブル：曲げやすい、柔軟な）などがあります。

inflect（インフレクト）は「in（中）+flect（曲げる）＝中に曲げる」で「内に曲げる」、「屈曲させる」。

deflect（ディフレクト）は「de（分離）+flect（曲げる）＝離すように曲げる」で「そらす」、「それる」。

reflect（リフレクト）は「re（戻す）+flect（曲げる）＝曲げ戻す」で「反射する」、「反映する」。

●―― fuse ＝注ぐ

fuse には「溶ける」「溶かす」という意味もあり、fusion（フュージョン：融解、合同）などがあります。

fusion

confuse（コンフューズ）は「con（共）+fuse（注ぐ）＝混ぜ合わせる」で「混同する」「困惑させる」。

diffuse（ディフューズ）は「dif（分離）+fuse（注ぐ）＝離れるように注ぐ→拡散する」で「広める」「まき散らす」。

refuse（リフューズ）は「re（戻す）+fuse（注ぐ）＝注ぎ戻す」で「断る」。

復　習　問　題

❶次の単語と意味を組み合わせましょう。

① infer	② refer	③ suffer	④ deceive
⑤ perceive	⑥ uncover	⑦ concur	

A だます	B 知覚する	C 言及する	D 暴露する
E 推論する	F 同意する	G 苦しむ	

❷次の単語と意味を組み合わせましょう。

① recur	② deduce	③ induce	④ reduce
⑤ abduct	⑥ deflect	⑦ refuse	

A 帰納する	B 演繹する	C そらす	D断る
E 減少する	G 誘拐する	F 再発する	

❶ ①―E ②―C ③―G ④―A ⑤―B ⑥―D ⑦―F
❷ ①―F ②―B ③―A ④―E ⑤―G ⑥―C ⑦―D

単語の中核・語根を押さえる❸

▶ 語根は当たる事例が多い分、わざわざ覚える必要なし

Q 次の単語の部品 ject はすべて「投げる」という意味です。分解内容を参考に適切な意味を選びましょう。

A abjectは「ab（離れる）+ject（投げる）＝投げ捨てられた」
B ejectは「e（外）+ject（投げる）＝投げ出す」。
C injectは「in（中）+ject（投げる）＝中に投げ出す」。
D objectは「ob（反対）+ject（投げる）＝反対へ投げる」。
E projectは「pro（前）+ject（投げる）＝前に投げ出す」。
F interjectは「inter（間）+ject（投げる）」。
G subjectは「sub（下）+ject（投げる）＝下に投げ出す」。

①追い出す　　②みじめな　　③注射する　　④計画する
⑤支配する　　⑥（言葉などを）差しはさむ　　⑦反対する

A 正解： A—②　B—①　C—③　D—⑦　　E—④　F—⑥　G—⑤

前回同様、部品分解からつなぎのイメージを介在させて、意味へつなげましょう。

A **abject**（アブジェクト）は「ab（離れる）+ ject（投げる）＝投げ捨てられた」
→離すように投げ捨てられた状態だから「みじめな」「卑屈な」。

B **eject**（イジェクト）は「e（外）+ ject（投げる）＝投げ出す」
　→外に不要なものを投げ出すから「追い出す」。

C **inject**（インジェクト）は「in（中）+ ject（投げる）＝中に投げ出す」
　→中に必要なものを投げ入れるから、「注入する」「注射する」。

D **object**（オブジェクト）は「ob（反対）+ ject（投げる）＝反対へ投げる」
　→反抗する→反対方向に意見を投げるから「反対する」。
　　名詞の object（アブジェクト）は「目的」「目的語」。形容詞の objective（オブジェクティブ）
　　は「客観的な」。

E **project**（プロジェクト）は「pro（前）＋ ject（投げる）＝前に投げ出す」
　→１を行ったら、２を行い、３に進む、という具合に、前へ前へと次の行動を投げ
　示しているから「計画する」。名詞「計画」の **project** は「プラジェクト」とアクセント
　の場所が変わるので注意。

F **interject**（インタージェクト）は「inter（間）＋ ject（投げる）＝間に投げる」。→誰か
の発言の間に言葉を投げるから「（言葉などを）差しはさむ」。

G **subject**（サブジェクト）は「sub（下）＋ ject（投げる）＝下に投げ出す」
　→相手を下に投げ出すから「支配する」。名詞 **subject**（サブジェクト）は「主語」「課
　題」「学科」。形容詞 subjective（サブジェクティブ）は「主観的な」。

前回より引き続き具体的な語根について見ていきましょう。

●── locate ＝置く

location（ロケイション：場所）という日本語でもおなじみの単語からイメー
ジは作りやすいですね。

allocate（アロケイト）は「al（向かう）＋locate（置く）＝～に
置く」→「割り当てる」。
dislocate（ディスロケイト）は「dis（分離）＋locate（置く）＝
離して置く」→「位置をずらす」「脱臼させる」。
relocate（リロケイト）は「re（再び）＋locate（置く）＝再び置く」
→「移転させる」「移転する」。

re
再び

relocate
位置をずらす

locate
置く

●── pose ＝置く

pose は「置く」というその意味からもわかるように、汎用性が非常に高い
語根で、さまざまな接頭辞を引き寄せます。人の立場や状況など、「置く」対
象は常にモノとは限りません。

compose（コンポウズ）は「com（共）＋pose（置く）＝共に置く」で「組み立てる」「作
曲する」。→英作文は**English composition**（イングリッシュコンポジション）ですね。
dispose（ディスポウズ）は「dis（分離）＋pose（置く）＝離して置く」で「処理する」。
　→使い捨て用品はdisposable（ディスポウザブル）です。
impose（インポウズ）は「im（中）＋pose（置く）＝中に置く」で「負わせる」「課する」。
oppose（オポウズ）は「ob（反対）＋pose（置く）＝反対に置く」で「反対する」。
propose（プロポウズ）は「pro（前）＋pose（置く）＝前に置く」で「提案する」。

suppose（サポウズ）は「sup（下）＋pose（置く）＝問題を討論の下に置く」で「推測する」。

●── pend ＝垂らす

pend は「ぶら下がっている」イメージです。このイメージをもっとも端的に表しているのが **pendant**（ペンダント）でしょう。ラテン語で「ぶら下がる」を意味する pendere が古フランス語を経て英語に入ってきました。

append（アペンド）は「ap（向かう）＋pend（たらす）＝向かってぶら下げる」で「つけ加える」。

depend（ディペンド）は「de（下）＋pend（たらす）＝下に垂れる」で「頼る」。

expend（エクスペンド）は「ex（外）＋pend（たらす）＝外に金をたらす」で「費やす」。

→「使う」「費やす」という意味では **spend**（スペンド）のちがが一般的ですね。expense（エクスペンス）は「費用」。

impend（インペンド）は「im（中）＋pend（たらす）＝中でぶらさがっている」で「切迫している」。

suspend（サスペンド）は「sus（下）＋pend（たらす）＝下にぶらさがっている」で「一時中断する」「保留する」。

impend 切迫している

in
中

pend
たらす

●── ply ＝たたむ

ply は単独では板などの「重ね」という意味があります。

apply（アプライ）は「ap（向かう）＋ply（たたむ）＝向かってたたむ」で「適用する」「応用する」。

complicate（カンプリケイト）は「com（共）＋ply（たたむ）＝たたみ合わせる」で「複雑にする」。

duplicate（デュープリケイト）は「du（2）＋ply（たたむ）＝2つに畳み重ねる」で「複写する」。

imply（インプライ）は「in（中）＋ply（たたむ）＝中にたたむ」で「暗に意味する」。

multiply（マルティプライ）は「multi（多く）＋ply（たたむ）＝たくさんたたむ」で「増やす」「掛け算をする」。

reply（リプライ）は「re（戻す）＋ply（たたむ）＝たたんで戻す」で「返事をする」。

simple（シンプル）は「sim（1つ）＋ply（たたむ）→1つに畳む」で「簡単な」。

●── pute ＝考える

　日本語で「算段する」と言うとき、文字通り「計算する」と「考える」という意味を持つように、pute にも「計算する」と「考える」両方の意味があります。

compute（コンピュート）は「com（共）＋pute（考える）＝一緒にして考える」で「計算する」。

depute（ディピュート）は「de（強調）＋pute（考える）＝しっかりと適性を考える」で「委任する」。

dispute（ディスピュート）は「dis（反対）＋pute（考える）＝反対の考えをする」で「議論する」「異議を唱える」。

repute（リピュート）は「re（反復）＋pute（考える）＝何度も考える」で「考える」「見なす」「評判」。

復習問題

❶次の単語と意味を組み合わせましょう。

① allocate	② relocate	③ compute	④ oppose
⑤ expend	⑥ reply	⑦ apply	

A 移転する	B 計算する	C 反対する	D 割り当てる
E 費やす	F 応用する	G 返事をする	

❷次の単語と意味を組み合わせましょう。

① eject	② inject	③ object	④ dislocate
⑤ dispute	⑥ dispose	⑦ suspend	

A 反対する	B 議論する	C 脱臼させる	D 処理する
E 保留する	G 追い出す	F 注射する	

❷ ①—G ②—F ③—A ④—C ⑤—B ⑥—D ⑦—E
❶ ①—D ②—A ③—B ④—C ⑤—E ⑥—G ⑦—F Ａ

単語の中核・語根を押さえる❹

▶tract（引く）なら tractor 1つイメージすれば忘れない

Q 次の単語の部品 tract はすべて「引く」という意味です。分解内容を参考に適切な意味を選びましょう。

A　attractは「at（向かって）+tract（引く）」。
B　abstractは「abs（分離）+tract（引く）→具体的なものから引く」。
C　contractは「con（共）+tract（引く）→ともに引き合う」。
D　extractは「ex（外）+tract（引く）→引き出す」。
E　distractは「dis（分離）+tract（引く）→引き離す」。
F　retractは「re（後ろ）+tract（引く）→後ろへ引く」。
G　subtractは「sub（下）+tract（引く）→下から引く」.

①そらす　　　②撤回する　　　③減じる　　　④魅了する
⑤契約する　　⑥抜粋する　　　⑦抽象する

A 正解：A—④　B—⑦　C—⑤　D—⑥　E—①　F—②　G—③

同じつづりで動詞と名詞の意味がある場合、アクセントは動詞のときに後ろ、名詞のときに前に置かれることが多いです。たとえばrecordの場合、動詞「記録する」は「リコード」、名詞「記録」なら「リコード」となります。

A　**attract**（アトラクト）は「魅了する」。**attraction**（アトラクション）は「魅力」。
B　**abstract**（アブストラクト）は「抽象する」。形容詞・名詞（アブストラクト）は「抽象的な」「抜粋」。
C　**contract**（コントラクト）は「契約する」。名詞（カントラクト）は「契約」。
　　→ con の発音は、アクセントが置かれると、開い気味の「オ」が開き「ア」寄り（カントラクト）になり、弱く発音されるときは、口も閉じ気味になり「オ」寄り（コントラクト）になります。何かを強く言うときは口が開き、弱く言うときは口が小さくなるイメージ通りですね。conduct（コンダクト：行う）も名詞（行為）になると（カンダクト）となります。ただし実際の英語の発音はカタカナとは違うので、さしずめアクセントの場所だけに意識を向ければ十分です。

D　**extract**（エクストラクト）は「抜粋する」「引き出す」。名詞（エキストラクト）は「抜粋」「引用句」。

E　**distract**（ディストラクト）は「そらす」「悩ます」。**distraction**（ディストラクション）は「気の散ること」「気晴らし」。

F　**retract**（リトラクト）は「撤回する」「引っ込ませる」。**retraction**（リトラクション）は「撤回」「引っ込ませること」。

G　**subtract**（サブトラクト）は「減じる」。**subtraction**（サブトラクション）は「引き算」「引くこと」。

● ―― quest ＝求める

quest（クエスト）は単独で「探求」「探し求める」という意味の単語でもあります。RPG（ロールプレイゲーム）の「ドラゴンクエスト」の quest も「探求の旅」のイメージですね。

conquest（カンクエスト）は「con（強調）＋quest（求める）＝強く求める」で「征服」。
question（クエスチョン）は「quest（求める）＋tion（名詞化）」で「質問」。
questionnaire（クエスチョネア）は「question（質問）＋aire（〜に関するもの）」で「アンケート」。
request（リクエスト）は「re（再び）＋quest（求める）＝再び求める」で「頼む」「依頼する」。

● ―― quire ＝探し求める

quire は「探し求める」という意味で、quest とほぼ同じです。代表的な単語に require（リクワイア；必要とする）がありますが、これは request（リクエスト：依頼する）や need（ニード：必要とする）よりもフォーマル寄りです。

acquire（アクワイア）は「ac（向かう）＋quire（求める）」で「獲得する」。
inquire（インクワイア）は「in（中）＋quire（求める）」で「尋ねる」。
require（リクワイア）は「re（再び）＋quire（求める）」で「必要とする」。

● ―― scribe ＝書く

script（スクリプト）という単独の単語には「台本」「脚本」の意味があります。

ascribe（アスクライブ）は「a（向かう）＋scribe（書く）＝〜へ書いて〜のせいにする」で「〜のせいとみなす」「〜に帰する」。

conscribe（コンスクライブ）は「con（共）＋scribe（書く）＝皆で書く」で「徴兵する」。

describe（ディスクライブ）は「dis（下）＋scribe（書く）＝書き留める」で「描写する」「記述する」。

　　→ **descriptive grammar**（ディスクリプティブ・グラマー：記述文法）は、話し方・書き方を客観的に記述したもので、**prescriptive grammar**（プリスクリプティブ・グラマー：規範文法）は、手本としての話し方・書き方です。前者は「実際のところこういうふうに言うようだ」、後者は「かくあるべし」という感じです。辞書は、どちらかというと記述文法の視点に似ていて、「実際のところこういう意味で使われているようだ」という感じですね。

inscribe（インスクライブ）は「in（中）＋scribe（書く）＝中に書く」で「記入する」「刻む」。

prescribe（プリスクライブ）は「pre（前）＋scribe（書く）＝前もって書く」で「指示する」「処方する」。

subscribe（サブスクライブ）は「sub（下）＋scribe（書く）＝下に書いて署名する」で「予約購読する」「寄付する」。→最近、定期購読の「サブスク（リプション）＝**subscription**」が人気ですね。

transcribe（トランスクライブ）は「trans（向こう側に）＋scribe（書く）＝向こう側に書く」で「転写する」「書き写す」→ **transcription**（トランスクリプション）は文字起こしをしたものや転写という意味ですがtrans（別の場所へ）のニュアンスが出ています。一方transのないscript（スクリプト）は台本やスピーチの原稿のことです。

●── serve ＝保つ、奉仕する、見る

　単独で「提供する」という意味があります。serve の名詞形 service は「提供するもの」すなわち「サービス」ですね。

conserve（コンサーブ）は「con（共）＋serve（保つ）」で「保護する」「保存する」。

deserve（ディザーブ）は「de（強調）＋serve（奉仕する）＝賞賛に値する」で「～する価値がある」。

observe（オブザーブ）は「ob（向かって）＋serve（見る）」で「観察する」。

preserve（プリザーブ）は「pre（前）＋serve（保つ）＝前もって保つ」で「保存する」「保護する」。

　　→ **preserved flower**（プリザーブド・フラワー）は生花に特殊加工し、生花の見た目や質感が保たれているもの。それに対して **dried flower**（ドライド・フラワー）は生花を乾燥させたものです。どちらにも「施された」という意味の ed がついています。

reserve（リザーブ）は「re（後ろ）＋serve（保つ）＝後ろに保っておく」で「取っておく」「予約する」。

●── spect ＝見る

　spect は「見る」が基本的な意味。スペクタクル（**spectacle**）は「壮大な見せもの」のことです。

aspect（アスペクト）は「as（向かって）＋spect（見る）＝外見を見る」で「外観」「局面」。

expect（エクスペクト）は「ex（外）+spect（見る）＝外を見る」で「予期する」「期待する」。

inspect（インスペクト）は「in（中）+spect（見る）＝中を見る」で「検査する」。

```
in + spect → inspect
中     見る     中を見る
```

prospect（プロスペクト）は「pro（前）+spect（見る）＝前を見る」で「探し求める」。名詞（プラスペクト）は「見込み」。

respect（リスペクト）は「re（後ろ）+spect（見る）＝振り返って見る」で「尊敬する」「尊敬」。

retrospect（レトロスペクト）は「retro（さかのぼって）+spect（見る）＝さかのぼって見る」で「回想する」「回想」。

→いわゆる「レトロ」はそのまま **retro** で OK です。「レトロ」の別表現としては **old-fashioned**（オールドファッション）や **nostalgic**（ナスタルジック）などがあります。

suspect（サスペクト）は「sus（下）+spect（見る）＝下を見る」で「疑う」。名詞形容詞（サスペクト）は「容疑者」「疑わしい」。

英単語学習法のまとめ 43：動詞の名詞化トレーニング

効　能　１つの動詞を覚えたら、名詞も連想し、語彙を芋づる式に増やせる

適応タイプ　なるべく合理的に単語を覚えたい人

実施手順　STEP1　覚えたい動詞を決める

※名詞を動詞化する部品の例：ment/al/tion/rence　など

STEP2　自分なりに動詞の名詞形を推測する

例1）review →同じ形で名詞 review があるかも？

例2）require →名詞化の部品 ment をつけて requirement があるかも？

例3）inspect →名詞化の部品 tion をつけて inspection があるかも？

STEP3　自分が推測した名詞が実際に存在するかどうかを確認する
辞書で確認、あるいはネットで「attend 名詞」「attend 名詞化」のように検索すると確認できます。辞書あるいはネットで調べると、例1）、例2）、例3）すべて正しかったことが確認できます。

※同じ名詞でも行為と行為者とでは違う場合も多いので確認しておきましょう。

例1）review：行為は review（リビュー：見直し）、行為者は **reviewer**（リビュアー：批評家）

例2）attend：行為は **attendance**（アテンダンス：出席）、**attention**（アテンション：注意、配慮）。行為者は **attendant**（アテンダント：随行者）、**attendee**（アテンディー：参加者）

例3）inspect：行為は **inspection**（インスペクション：検査）、行為者は **inspector**（インスペクター：検査官）。

単語の中核・語根を押さえる❺

▶ 語根は縁の下の力持ち。派手さはないが役に立つ

Q 次の単語の部品 tend はすべて「伸ばす」という意味です。分解内容を参考に、適切な意味を選びましょう。

A	attendは「at（向かって）+tend（伸ばす）」。
B	contendは「con（共）+tend（伸ばす）→伸ばし合う」。
C	intendは「in（中）+tend（伸ばす）→中に手を伸ばす」。
D	extendは「ex（外）+tend（伸ばす）→外に伸ばす」。
E	pretendは「pre（前）+tend（伸ばす）→人前に伸ばす」。

①競争する　②ふりをする　③意図する　④出席する　⑤延長する

A 正解：　A—④　B—①　C—③　D—⑤　E—②

tend（テンド）は単独では「〜しがちである」「傾向がある」という意味を持っています。

A　**attend**（アテンド）は「at（向かって）+tend（伸ばす）」→「心を向ける」から「出席する」。

B　**contend**（コンテンド）は「con（共）+ tend（伸ばす）→伸ばし合う」→「共に競って力を伸ばし合う」から「競争する」「論争する」。

C　**intend**（インテンド）は「in（中）+ tend（伸ばす）→中に手を伸ばす」→「手を伸ばして狙いを定める」で「意図する」。

D　**extend**（エクステンド）は「ex（外）+ tend（伸ばす）→外に伸ばす」→「予定を引き延ばす」で「延長する」。

con ＋ tend
共　　伸ばす

→contend
競争する

E　**pretend**（プリテンド）は「pre（前）+ tend（伸ばす）→人前に伸ばす」→「人前でうそを引き延ばす」で「ふりをする」

●── tain ＝保つ

「保つ」という意味を持つ tain はさまざまな単語の語根として活躍しています。

abstain（アブステイン）は「abs（分離）＋tain（保つ）→離して保つ」で「避ける」「控える」。
contain（コンテイン）は「con（共）＋tain（保つ）」で「含む」。
detain（ディテイン）は「de（分離）＋tain（保つ）」で「引き留める」「留置する」。
entertain（エンターテイン）は「enter（中）＋tain（保つ）→家の中に保つ」で「招待する」、「楽しませる」。
maintain（メインテイン）は「main（手）＋tain（保つ）→所有する、保つ」で「保つ」「持続する」「養う」。
obtain（オブテイン）は「ob（向かって）＋tain（保つ）」で「手に入れる」。
pertain（パーテイン）は「per（完全に）＋tain（保つ）」で「付属する」「関係がある」。
retain（リテイン）は「re（後ろ）＋tain（保つ）」で「保持する」「記憶する」。
sustain（サステイン）は「sus（下）＋tain（保つ）→下から保つ」で「耐える」「維持する」。サステイナビリティ（**sustainability**）は「持続可能性」。→サステナビリティは企業の社会的な取り組みとしてよく聞くようになりました。一例**SDGs**（Sustainable Development Goals）は「持続可能な開発目標」のこと。ちなみに**LOHAS**（ロハス）はlifestyles of health and sustainability（健康で持続可能な生活様式）の頭文字をとった略語で、ここにもsustainabilityが入っています。

valuable information

コーヒーブレイク：部品分解がしっくりこないときの対策

　動詞の部品分解をしてもしっくりこない場合、辞書やウェブ上の例文に当たり、その動詞の次に来るもの（目的語や前置詞句）をイメージするのがオススメです。

　たとえば abstain（控える）であれば、次に来るのは、「from 控えたいこと」という前置詞句だと推測できます。ジーニアス英和大辞典には「They abstained from open opposition to his policy of rearmament.（彼らは彼の再軍備策に公然と反対するのを差し控えていた）」という例文が出ています。ここから「abstain from open opposition（公然と反対するのを差し控える）」だけを取り出しイメージングします。ちなみに「やりたいことを我慢する」という感じは英英辞典で確認できます。オックスフォード新英英辞典には「restrain oneself from doing or enjoying something（何かすることや楽しむことを差し控える）」とあります。

　一方obtain（手に入れる）であれば、この次には「なんとかして手に入れたいもの」が来るはずです。つまり、obtain support（援助を受ける）、obtain knowledge（知識を手に入れる）、obtain a position（地位を手に入れる）などですね。

　このように単語の右側に来る目的語や前置詞句の特徴をチェックしてみましょう。

●── volve ＝回る

volve は「回る」です。ちなみにスウェーデンの自動車 Volvo はラテン語の「私は回る」に由来しています。

evolve（イバールブ）は「e（外）＋volve（回転する）→外へ回転していく」で「展開させる」「進化する」。

involve（インボールブ）は「in（中）＋volve（回転する）→中へ回転していく」で「巻き込む」「関係する」。

revolve（リバールブ）は「re（反復）＋volve（回転する）→回転を繰り返す」で「回転させる」「回転する」「展開する」。

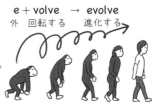

e ＋ volve　→　evolve
外　回転する　進化する

●── vert ＝回る

vert 単独で「転向者」「改宗者」を意味するように、vert には「回る」すなわち「向きを変える」という意味があります。

avert（アバート）は「a（反対）＋vert（回る）＝反対に回転する」で「避ける」。
　→ avert one's eyes/gaze で「視線をそらす」。**gaze**（ゲイズ）は「注視」「凝視」。

convert（コンバート）は「con（強調）＋vert（回る）＝しっかりと回る」で「転換する」「変換する」「改宗させる」。

divert（ディバート）は「di（分離）＋vert（回る）＝反対方向に回る」で「迂回させる」「そらす」。

revert（リバート）は「re（戻る）＋vert（回る）＝向きを変える」で「戻る」。

reverse（リバース）は「re（戻る）＋verse（回す）＝後ろに回す」で「逆にする」。
　→衣類などで裏返して使えるものは **reversible**（リバーシブル）と言い、リバーシブルのブルゾンなら reversible blouson（リバーシブル・ブラウザン：リバーシブル仕様のブルゾン）と言います。このブルゾン（英語読みはブラウザン）のようにファッション用語の中には元の英語と呼び名が微妙に違っているものがあります。たとえばニット素材の生地を裁断（cut）・縫製（sew）して作られるカットソーの英語読みは **cut and sewn**（カットアンドソウン）で、sew（ソウ：縫う）の過去分詞 sewn（ソウン）になっています。ちなみに cut は過去形も過去分詞も形はこのままです。

universe（ユニバース）は「uni（1つ）＋verse（回る）＝1つとして回る」で「宇宙」。

英単語学習法のまとめ 41：動詞の形容詞化トレーニング

効　能　１つの動詞を覚えたら、形容詞も連想し、語彙を芋づる式に増やせる
適応タイプ　なるべく合理的に単語を覚えたい人

実施手順　**STEP1**　動詞を特定する

　　　　　　STEP2　その動詞の形容詞形を自分なりに推測する

　　　　　　　　※動詞を形容詞化する部品の例：able/ent/ive など

例1) **imagine**（イマジン：想像する）なら、**imaginable**（イマジナブル：想像がつく）、**imaginative**（イマジナティブ：想像の）を推測します。

例2) 動詞 **solve**（サールブ：解決する、完済する）であれば、ent をつけて、形容詞 **solvent**（サールベント：支払い能力のある）があると推測します。

例例) retrospect（回顧する）であれば、**retrospective**（レトロスペクティブ：回顧的な）を推測します。

　　　　　　STEP3　推測した形容詞が実際に存在するか辞書で確認する

辞書で調べると、例1)、例2)、例3)、すべて正しかったことが確認できます。
→余裕が出てきたら、似通った形容詞の違いも確認しましょう。

例 imaginative（想像力に富んだ）→ an imaginative girl（想像力に富んだ女の子）、**imaginary**（イマジナリー：想像上の）
→ an imaginary animal（想像上の動物）

　　　　　　　　　　復　習　問　題

❶次の単語と意味を組み合わせましょう。

① contend	② intend	③ extend	④ pretend
⑤ abstain	⑥ sustain	⑦ detain	

A 延長する	B ふりをする	C 避ける	D 留置する
E 競争する	F 意図する	G 維持する	

❷次の単語と意味を組み合わせましょう。

① obtain	② pertain	③ retain	④ involve
⑤ avert	⑥ convert	⑦ revolve	

A 関係がある	B 回転する	C 保持する	D 手に入れる
E 避ける	F 変換する	G 巻き込む	

❷ ①—D ②—A ③—C ④—G ⑤—E ⑥—F ⑦—B
❶ ①—E ②—F ③—A ④—B ⑤—C ⑥—G ⑦—D
A

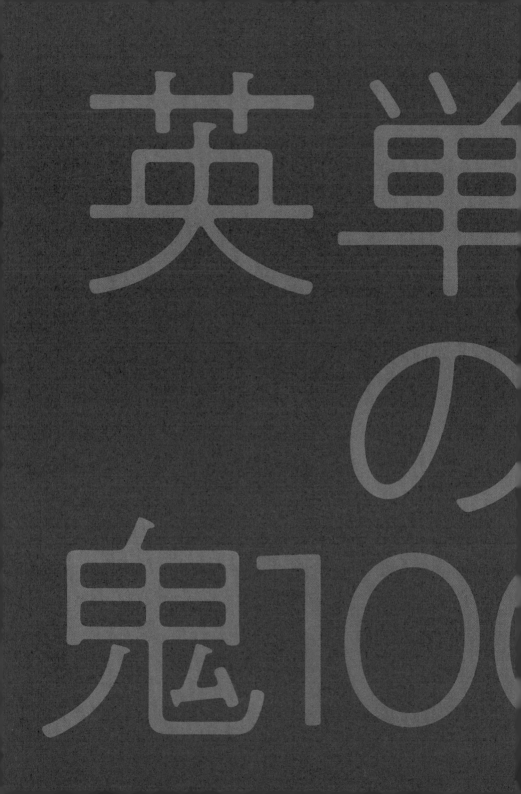

第8章

よくしゃべる人は
能動語彙の稼働率が高い！
基本語彙を掘り下げる

「語彙の幅」と「語彙の稼働率」

▶ 第7章までは「語彙の幅」、最終章は「語彙の稼働率」

Q 次の和文を、すべて同じ動詞を使って英語にしましょう。

A) 彼は眼鏡をかけています。	B) うちには車が3台あります。
C) 彼女は青い目をしている。	D) ゾウは鼻が長い。
E) I週間は7日あります。	F) 彼女は記憶力がよい。
G) パーティを開催しました。	H) 頭痛がします。

A これらの和文はすべて have を使って表現できます。イメージがつかめない場合には、調整和文(英語の語順や発想に合わせた、少し不自然な和文)をさしはさんでから英語化してみましょう。

A)彼は眼鏡をかけています。→(彼は・持っている・眼鏡を)→ He **has** glasses on.

B)うちには車が3台あります。→(私は・持っている・3台の車を)
→ I **have** three cars.

C)彼女は青い目をしている。→(彼女は・持っている・青い目を)
→ She **has** blue eyes.

D)ゾウは鼻が長い。→(ゾウは・持っている・長い鼻を)→ Elephants **have** long trunks.

E) 1週間は7日あります。→(1週間は・持っている・7日を)
→ A week **has** seven days.

F)彼女は記憶力がよい。→(彼女は・持っている・良い記憶を)
→ She **has** a good memory.

G)パーティを開催しました。→(私たちは・開催した・パーティを)→ We **had** a party.

H)頭痛がします。→(私は・持っている・頭痛を)→ I **have** a headache.

調整和文で手持ちの語彙の稼働率を上げよう

　ここ最終章では、**汎用性の高い基本動詞**を使いこなせるようお話しします。**have, get, take, bring, give, come, go, put** のような中学校で習ったものが中心で、その意味は多くの人がすでに知っているでしょう。これらの基本動詞を使って表現できるよう日本語を調整したものを調整和文と呼んでおきます。自然な日本語の特徴を確認しながら、調整和文のポイントを合わせて見ていきましょう。

> **日本語の特徴と調整和文のポイント**
> ①日本語では**主語の省略**が多々ある。オープニングクイズで「パーティを開催しました」には「私たちは」を補い、「頭痛がします」には「私は」を補ったように調整和文には主語を入れる。
> ②**日本語の語順は英語と違う**。調整和文で「誰が・どうする・何を」という英語語順にすると、英文化もスムーズにできるようになる。
> ③日本語には**豊富な動詞表現**がある。オープニングクイズで、日本語の動詞部分に多様な表現が使われていたのを調整和文であえてシンプルな動詞「持っている」に統一したことで、全文をhaveで表現できるようになった。

　これまでの章では、読んだり聞いたりするときに必要な「受動語彙」を中心にあつかってきました。**受動語彙**は深く掘り下げることよりも広く浅く増やしていくことがポイントです。なぜならば、読んだり聞いたりする英語の語彙レベルをコントロールするのは発信者としての相手である以上、私たちはさまざまな英語に対応できるよう、ある程度「知っている語彙」を広げておいた方がよいからです。一方本章では、話したり書いたりするときに必要な「**能動語彙**」を扱うため、語彙は完全に私たちのコントロール下にあります。オープニングクイズのように基本動詞をはじめとする語彙の稼働率を上げることで、私たちはのびのび堂々と話したり書いたりできるようになるのです。

　以上をまとめるとちょうど T の形になります。

語彙の幅（受動語彙を広く浅く増やす）

リーディング・リスニングを特に支える

語彙の稼働率（基本動詞を中心に能動語彙化する）

スピーキング・ライティングを特に支える

基本動詞６つのパターン

基本動詞で登場するパターンは以下の６つのどれかに該当します。

①**移動のパターン**に使われる基本動詞：go/come/get

②**自己変化**（主語が変化する）パターンに使われる基本動詞：go/come/get

③**行為の対象**（動詞＋目的語）パターンに使われる基本動詞

　：get/have/take/bring/make/put

④**受け渡しパターン**に使われる基本動詞：give/get/make

⑤**変化促進**（主語が目的語を変化させる）パターンに使われる基本動詞

　：make/have/get

⑥**イコール＝**（主語＝補語）パターンに使われる基本動詞：be

　なお、これまで学習したさまざまな動詞も、原則これら６つのどれかに該当します。ただしラテン語系をはじめとする、つづりが長めで、難度が高そうに見える動詞ほど、使われるパターンの数は非常に少ないものです。たとえば **reprimand**（リプリマンド：叱責する）の用法はわずか１つ「行為の対象」だけです。つまり「誰かを叱責する」という形でしか使われません。They sharply reprimanded him.（彼らは厳しく彼を叱責した。）という例文を１つ覚えておけばもう十分でしょう。

　※このことは辞書を引いたときに vt（transitive verb ＝トランジトバーブ：他動詞）と n（noun ＝ナウン：名詞）の意味や用例しか記載されていないことからわかります。

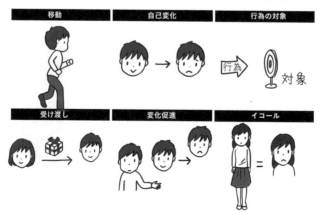

●──動詞の稼働率を上げるための優先事項

これまでは、１つの単語について代表的な意味を１−２個覚えるアプローチでした。**受動語彙**（リーディング・リスニングに必要な語彙）は見た瞬間、象徴的な意味が１−２個浮かべば十分だからです。

一方、**能動語彙**（スピーキング・ライティングに必要な語彙）は、「使えてナンボ」ですから、何を優先し、何を後回しにするか、というメリハリが重要です。

たとえば、「rise は自動詞で"上がる"、raise は他動詞で"上げる"」という使い分けに神経質になるくらいなら、**go up** のようなもので代用するのもよいでしょう。あるいは、「"discuss ＋目的語"が正解で、"discuss about ＋目的語"は間違い」というルールもありますが、これが気になって自信を持って話せなくなるくらいなら、**have a discussion** で逃げてみてもよいでしょう。

動詞の優先事項：大まかな結論

    The rent rose. ／
    They raised the rent. ／

「何がどうする」が大事。どちらも「家賃が上がった」

rise（〜が上がる）raise（〜を上げる）の混乱を回避するため、The rent went up. などで代用

    I want to discus it.
    I want to talk about it.
    I want to tell you about it.
    I want to have a discussion.

すべて結論は「議論したい」

他動詞と自動詞の違いや動詞の微妙なニュアンスの違いは後回し

🏰 valuable information

学習継続のヒント３：大局から細部へ

最初はざっくりとしたところから始め、徐々に細かなところに入っていくのがスムーズな語学習得のコツです。

英単語に応用すると「**decline**（ディクライン：丁寧な断り）＜ **refuse**（リフューズ：明確な断り）＜ **reject**（リジェクト：断固たる拒絶）と右へ行くほど語調が強くなる」という微妙な違いを覚える以前に、「accept（アクセプト：受け入れる）の反対は、decline/refuse/reject だ」「decline/refuse/reject は"拒絶"グループだ」と大まかなグループ分けをして、グループ内の細かな区別へと進んでいけばよいのです。

ただ、細部情報は大人の知的好奇心を刺激します。こうした知的な背伸びは、退屈になりがちな語学トレーニングにとって一種の箸休めになりますから、細部情報を「面白い」と感じる限りは、参考としてもよいでしょう。

getで動詞の5つのパターンを
マスターする

▶ 基本動詞の中でもっとも多様なパターンを持つ get

Q 次の和文を、すべて get の正しい形を使って英文にしましょう。ただし最後の F) の
み get ではなく be を使ってください。

A）彼は東京に到着した。	B）彼は怒った。
C）彼は贈り物をもらった。	D）彼女は彼に贈り物をあげた。
E）これが彼を怒らせた。	F）彼女は怒っている。

A いろいろな答えがあってよいと思いますが、get で縛りをかけるとこんな感じになり
ます。F)のみ be を使っています。

A）　彼は東京に到着した。→(彼は・get・東京へ)→ He got to Tokyo.

B）　彼は怒った。→(彼は・got・怒った状態)→ He got angry.

C）　彼は贈り物をもらった。→(彼は・got・贈り物を)→ He got a gift.

D）　彼女は彼に贈り物をあげた。→(彼女は・got・彼に・贈り物を)
　→ She got him a gift.

E）　これが彼を怒らせた。→(これは・got・彼を・怒った状態)
　→ This got him angry.

F）　彼女は怒っている→(彼女は ＝ 怒った状態)→ She is angry.

get で5つのパターンに慣れておこう

　基本動詞の中でもっともパターンが多様なのが **get** です。6つの動詞パター
ンのうち「＝」以外の5つをカバーしています。

| He got to Tokyo. | He got angry. | He got a gift. |

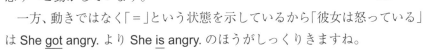

| She got him a gift. | This got him angry. | She is angry. |

　この get を通して、動詞５つのパターンに早めに慣れてしまいましょう。そうすると、他の動詞を学ぶときに楽に感じます。なぜならば、他の動詞の場合、使うパターンは多くてもせいぜい３つぐらいだからです。

●── get と have の違い

　get のイメージは have と比較すると明確になります。どちらも所有なのですが、**get** は「手に入れる」という**動き**、**have** は「所有している」という**状態**を表しています。オープニングクイズの英文は She is angry. 以外すべて動詞部分に動きがありますね。He got to Tokyo. は「東京に向かって動いた」。He got angry. は「感情が怒りに向かって動いた」。He got a gift. は「手に入れた」という動き。She got him a gift. では gift が彼女から彼に動いています。This got him angry. は"this"が彼の感情を怒りへと動かしています。

get ＝手に入れる（動き）　have ＝所有している（状態）

　一方、動きではなく「＝」という状態を示しているから「彼女は怒っている」は She <u>got</u> angry. より She <u>is</u> angry. のほうがしっくりきますね。

●── get で見えないものを手に入れる

　「手に入れる」対象として、a car や a letter など目に見えるもの、物質は容易に想像できます。一方、目に見えないものについては、少し意識して取り込む必要があります。get permission（許可を得る）／ get an answer（回答をもらう）／ get a prize（賞を獲得する）／ get more information（もっと情報がわかる）／ get an error message（エラーメッセージが出る）／ get feedback（フィードバックをうける）／ get details（詳細を知る）など、「得る／もらう／獲得する／わかる／出る／うける／知る」など多様な日本語も調整和訳で「得る」とし

てみると、ほとんど get が使えます。

　目に見えるものであれ、目に見えないものであれ、相手への受け渡しができるものは、「 動詞 + 相手 + 対象物 」という形をとります。

　例 He got her a ticket.（彼は彼女にチケットを買ってあげた。）

　　Tom got her a good job.（トムは彼女にいい仕事を探してあげた。）

●──「忙しい」より「忙しくなる」が難しい。

　I'm busy. や I was busy. は言える人でも、I got busy.（忙しくなってきた。）となるとハードルが高くなります。「〜になってきた」「〜になりつつある」のように**状態変化**を表したいときに get が使えます。

　例 The days are getting longer and longer.（日はだんだん長くなってきた。）

　　Our project began to get more difficult.（我々のプロジェクトがますます困難になってきた。）、This file got broken.（このファイルが壊れた。）

●──安請け合い回避の get

　たとえば I will repair this device.（この機械を修理します）と言うと、あなた自身で修理しなければなりません。しかし I will get this device repaired. と言うと、実際に修理する人については言及していないので、あなた以外の人にやらせることも可能です。

I will repair...
僕に直せるだろうか

彼なら
きっと…
I will get this...

　自分では手に負えないことを安請け合いして、あとで困ってしまうことのないように、「I will V + O ＝やるのは私」「I will get O ＋動詞の過去分詞 ＝やるのは私とは限らない」を使い分けられるようにしておきましょう。同様に、具体的な作業を誰が行うのかは相手の判断にゆだねるときも「get ＋ O ＋動詞の過去分詞」を使いましょう。Please tell me when you get this task completed.（このタスクが完了したら教えてください。）の場合、実際にタスクを行う人が誰なのかには言及していません。したがって、Please tell me when you complete this task. よりも丁寧な依頼と考えられます。ちなみに O は目的語で、この場合「何とかしたいもの・こと」、動詞の過去分詞とは、「〜さ

れる」という意味で、動詞に ed がついたものが多いです。

　参考までに、左側に「S＋V＋O」、右側に「S＋get＋O＋動詞の過去分詞」を並べてみます。左側の「自分ですべてを背負っている重い感じ、自分ですべてをやる大変な感じ」と、右側の「誰かに依頼、または誰かと責任を分担しているライトな感じ、誰かにしてもらう楽な感じ」を比較しましょう。

I have to do my homework.（私は宿題をやらなければなりません）
　　　　⇔ I have to get my homework done.（宿題、終えなければなりません）
I have to fix this machine.（この機械、私が修理しなければいけません）
　　　　⇔　I will get this machine fixed.（この機械、修理が必要ですね）
He will print this.（これ、彼が印刷します）
　　　　⇔　He will get this printed.（これ、彼が印刷にかけます）
You cut your hair, right?（自分で髪切ったんだね）
　　　　⇔　You got your hair cut, right?（髪切ったんだね）

---

valuable information

学習継続のヒント４：扁桃体フレンドリーな学習

　私たちは意識的・無意識的に必要な情報だけを覚えようとします。そのスクリーニングの最初の入り口が「好き」か「嫌い」ですね。この好き嫌いを判断するのが「扁桃体（へんとうたい）」で、その情報が「必要」か「不必要か」を判断するのが「海馬（かいば）」です。そしてこの２つは連動していて、扁桃体が活性化されると海馬もよく働いてくれます。つまり「好きなこと」は「必要なこと」として自然に結びつけられているわけです。頭で必要だと思っても嫌いなことが吸収できないのは、必要性の認識以前に「嫌い」という感情が吸収を妨げているのでしょう。

扁桃体　　海馬

　こうした扁桃体と海馬の密接な関係性から、「自分が好きなこと」「自分が好きな勉強法」などを自分自身で知っておくことが学習継続のカギと言えます。英単語においても、「好きな単語」「好きな話題に関連した単語」「好きな単語学習法」などの切り口で、ぜひ扁桃体フレンドリーな学習を行っていきましょう。

doを推奨する理由と
英語話者の思考

▶ 動詞に迷ったらまずは do を検証せよ

Q 次の和文を、すべて do を使って英文にしましょう。

A) 彼女は荷造りをしました。
B) 彼女は講演の仕事をしています。
C) 彼は洗濯をしました。
D) 買い物します。
E) 彼はロミオ役を演じた。
F) セキュリティの研修を提供しています。

A 調整和文を入れて、英文化しました。

A) 彼女は荷造りをしました。→「彼女は・した・荷造りを」→ She did the packing.

B) 彼女は講演の仕事をしています。→「彼女は・している・講演の仕事を」
→ She does lecturing.

C) 彼は洗濯をしました。→「彼は・した・洗濯を」→ He did the washing.

D) 買い物します。→「私は・します・買い物を」→ I will do the shopping.

E) 彼はロミオ役を演じた。→「彼は・した・ロミオ役を」→ He did Romeo.

F) セキュリティの研修を提供しています。→「我々は・しています・セキュリティ研
修を」→ Our company does security training.

日本語で「する」と言いたいとき、真っ先に思い浮かぶのが do でしょう。今回は do の
使い方を見ていきます。

打って走って守れる名選手 do

●——なんでも代用が利く do

do を推奨する理由は、オープニングクイズのように、頭の中に名詞が浮かんだ際に、それに do をつければ英文が作れてしまうということです。「データ分析をしなければなりません」と言いたいとき、まずは名詞

の data analysis が頭に浮かびます。それに do を足して、I have to do data analysis. と言ってしまえば文は完成します。あるいは、「システムを移管しました」というときも、system migration という名詞表現が浮かんだら、そこに do を加え、We did the system migration. で完了です。

日常英会話では、ある程度テンポよく話すことが求められます。「"システムを移管した"と言いたいけど、動詞は migrate でいいのかなぁ…」と発言の最初からモゴモゴしてしまうくらいなら、まず「We did（私たちはやりました）」と言えば、無用な間を作ることもなく、さりげなく次の名詞を探す時間稼ぎができます。

●——英語話者の思考

たとえば「議論が必要です」と言いたいとき、We must discuss. で終わらせると、英語話者は「英文を無理やり途中で終わらせた」と感じます。discuss は他動詞なので、彼らは「discuss ＋目的語」で文が完成することを期待するからです。つまり「discuss が来ればそのあと何か言うはずだ」というのが英語話者の思考なのです。

S＋V＋O は英語に染みついた思考

「S＋V」は文として未完結な印象を与えることがある

「S＋V＋O」形式にすると文としていったん完結する

しかし常に O が明確とは限らない……

We must discuss.

何を議論するのか気になる
モヤモヤ…

We must have a discussion.

いったん文は完結。ひとまず OK

しかし、だからと言って常に We must discuss の先にあるべき内容を英語化するのもしんどかったりします。議論すべき内容は多岐にわたり、未定のこともあるからです。こういうときは discuss の代わりに、We must have a discussion. と言ってみましょう。議論の中身に言及はしていないものの、動詞の次に目的語である a discussion が来ているので、ひとまず英語としては立派に完結しています。

do の他にも使える基本動詞

　do の他にも、have, make, give なども使えます。たとえば「プレゼンする」ならば give a presentation, make a presentation など、「ミーティングする」なら have a meeting、「決定する」なら make a decision。「実験する」なら make an experiment ですが、これは do an experiment と言うこともできます。これらの動詞は「する」という意味では共通ですが、微妙な違いも押さえておきましょう。

　まずは、何のニュアンスも考えず、ただ「する」と言いたいときは **do** で行きましょう。do のよいところは、表現的な違和感の有無は別として、言いたいことがだいたい通じてしまうことです。

　have はもともと「所有している」という状態を示します。日本語で「～がある」と言いたいときに使えます。たとえば、「今日は会議がある」であれば「私は今日会議を所有している」で I have a meeting today. ですし、「質問があります」なら「私は質問を所有しています」で I have a question. と言えます。「ダンスのレッスンがある」も「私はダンスのレッスンを所有している」と考えれば、I have lessons in dancing. となります。

　make は基本的に「作る」なので、have のような状態ではなく、「そうしようと思い立つ」から「実際にそうする」までの動きが感じられます。「計画する」であれば、「思いついてから実際に計画するまでの動き」をイメージして、make a plan。対して have a plan にはそうした動きがなく、「計画を持っている状態」すなわち「計画がある」ですね。「訪問する」であれば、「思いついてから実際に訪れるまでの動き」で make a visit。「仲直りする」も、「争っていた状態から仲直りするまでの一連の変化」から make peace となります。「提案する」なら「思いついてから具体案にするまでの動き」をイメージしながら make a suggestion と言ってみましょう。

　give は基本的に「与える」なので与える相手を想定しています。He gave me a suggestion.（彼は私に提案した）は、まさに誰かに与えるイメージそのものですね。また、言明はされていなくても、受け取る相手を想定していることが多いです。I will give a presentation.（プレゼンをします）や She gave a lecture.(彼女は講演をした) などは、相手は言明されていないものの、聞き手や受け手の想定を感じられます。

●──「する」のバリエーション

「する」ととっさに言いたいとき、まずは do を使う。少し余裕があれば、make／have／give などにも挑戦する。そしてさらに余裕が生まれてきたら、プロフェッショナル感のある「する」にも挑戦しましょう。

perform：do よりも努力や熟練を要するニュアンスです。⑱ perform an operation (手術を執り行う)、perform a task (仕事を成し遂げる)。

execute：do よりも格式ばった表現で命令などの実行。⑱ execute a plan (計画を実行する)、execute an order (命令を実行する)。

conduct：研究・調査などの実行。⑱ conduct an investigation (調査を行う)、conduct an experiment (実験を行う)。

carry out：計画や義務を遂行する。⑱ carry out a contract (契約を履行する)、carry out one's duty (義務を果たす)。

🏯 valuable information

学習継続のヒント5：勉強していない時間に学んでいる！？

　私はよく昼寝をします。脳を休め、ゴロゴロしながら、次に書く内容やレッスンの構成をあれこれ整理しています。レッスンや執筆の時間を氷山の一角とすると、頭の中で思考を巡らせている水面下の時間のほうが長いように思います。

　私たちが寝ている間に脳は情報整理をしてくれるそうです。したがって睡眠を削ってまで何かを覚えようとするのは、脳内の情報整理の時間を奪うことになります。ちなみに「学習直後よりも一定時間を置いた方が記憶保持の成績がよくなること」は reminiscence (レミニセンス)と呼ばれています。このレミニセンスをうまく作動させるためにも、勉強した後はしっかり睡眠をとるようにしましょう。

　「これ以上考えてもアイディアが出てこない」「これ以上考えてもこの問題はわからない」というときこそ、あえて一定期間を置いて寝かせておくと思わぬときにアイディアが出てきたり、理解できたりすることがありますよ。

「go＝行く」「come＝来る」から抜け出せ

▶ 離れるのか、近づくのか。それが問題だ

Q 次の和文を、すべて go か come どちらかの動詞の正しい形を使って英文にしましょう。

A) 卵はすべて腐った。
B) 次のページに進んでください。
C) 調子はどうですか？
D) 私はあなたのところへ行きます。
E) タイヤがパンクした。
F) 私と一緒に映画へ行きませんか？
G) 仕事を続けましょう。
H) まだ結論に至っていません。

A 「go ＝行く」という意味を深く掘り下げると、「会話の当事者から離れて行く」、「本来の姿、最初の姿、現状の姿から離れ、進んで行く」の「行く」だと考えられます。「come ＝来る」という意味を深く掘り下げると、「会話の当事者へ近づいて来る」、「目指していること、望んでいることに結果が近づいて来る」の「来る」だと考えられます。
このイメージを踏まえ、和文に調整和文を介在させ英文化していきましょう。

A)卵はすべて腐った。→すべての卵は・本来の姿から離れて行き、悪い状態となった。
→ All the eggs went bad

B)次のページに進んでください。→あなたは・進む・次のページへ。
→ Go on to the next page.

C)調子はどうですか？→どのように・状況は・最初の状態から進んでいるか？
→ How is it going?

it は天候・体調・状況・時間など「あえて明確化されない漠然とした状況」を指すときに使います。 例 It is going to rain.（状況は・最初の状態から離れて行き・雨が降りそうだ→雨が降りそうだ）、It is seven o'clock.（状況は 7 時です→ 7 時です）。

406

D）私はあなたのところへ行きます。→私は・会話の相手へ近づいて来る。
→ I will come to you.

E）タイヤがパンクした。→タイヤが・空気が抜けて平たくなる悪い方向へ向かった。
→ The tire went flat.

F）私と一緒に映画へ行きませんか？→会話の当事者である私と映画へ向かう
→ Will you come with me to the cinema?

G）仕事を続けましょう。→仕事をしていたさっきまでの状況から進んでいきましょう。
→ Let's go ahead with the work.

H）まだ結論に至っていません。→私は望んでいる結論にまだ近づいていません。
→ I haven't come to a decision yet.

valuable information
学習継続のヒント６：マジカルナンバー７

　アメリカの心理学者ミラーの実験によると、人間が瞬間的に記憶できる（短期記憶で保持できる）情報の最大数は７前後ということがわかり、これは「マジカルナンバー７」として知られています。そのため、本書のオープニングクイズや復習テストの出題単位も７個前後にしてあります。

　ただし、この記憶はあくまでも短期間のものなので、ここで長期記憶につなげる何かが必要です。ここでカギとなるのが「法則性」です。たとえば、**uncontrollable**（アンコントローラブル：制御できない）、**unimaginable**（アンイマジナブル：想像できない）、**unreliable**（アンリライアブル：当てにならない）、**unforgettable**（アンフォーゲタブル：忘れられない）、**uncountable**（アンカウンタブル：数えられない）、**unattainable**（アナテイナブル：得難い）**unprofitable**（アンプラフィタブル：利益のない）の７つの単語を覚えたいとしましょう。ここで「un（否定）＋動詞＋able（"できる"という意味の形容詞化）」という法則性を見つければ、さらに記憶に残りやすくなることでしょう。仮に１か月後に unreliable という単語に再会したとしても、「un＋動詞＋able」という法則から「rely できない→頼りにならない」と意味を言い当てられる可能性は高くなります。

　本書が個々のアルファベットの持つイメージや、部品にこだわるのは、個々の単語の中にある法則性を意識することで覚えやすくしたいからです。

go は、「離」「進」

　オープニングクイズで見てきたように、**go** には会話の当事者から離れて行くこと、現状や従来の状態から進み離れて行く意味があります。

　一方、日本語の「行く」は、会話の当事者から離れるときだけでなく、近づいていくときにも使われます。「あなたの会社へ行きますね」、「私と一緒に京都へ行きませんか？」などです。どちらも会話の当事者の「あなた」に近づいているので、英訳すると「I will <u>come</u> to your office.」「Will you <u>come</u> with me to Kyoto?」となります。

　また、go flat（パンクする）、go bad（腐る）、go bankrupt（倒産する）のように、go のあとにネガティブな状況が来るのは、go が「本来の姿、最初の姿から離れて行く」という意味を持っているからです。

come は「接近」「到達」

　一方、**come** は go とは正反対で、「会話の当事者へ近づいて来る」、「目指していること、望んでいることに到達すること」、「本来あるべき姿に近づいて来る」という意味を持っています。

　たとえば、アメリカ人である友人の自宅パーティに呼ばれ、2階に通され、くつろいでいるあなたに、1階で食事の準備をしていた友人から Dinner is ready!（食事の準備ができましたよ）と言われたとしましょう。あなたがもし「行きます」という日本語につられて I'm going! と言ったら、相手は「え？これからどこへ行ってしまうの？」と思うかもしれません。こういう場面では

「会話当事者に近づくときの come」を使い、I'm coming. と言えばいいですよね。

「交渉は結論に達した」であれば、The negotiations have come to a conclusion. です。交渉において求められるのはなんらかの結論なので、そこに近づいたわけですから come がしっくりきます。He came to his senses.（彼は正気に戻った）も、本来あるべき姿に近づいたイメージですね。

●── go と come は対でイメージング

以上をまとめると、このような図になります。go だけ、come だけ覚えるよりも、この対比でイメージしておくと忘れにくいでしょう。日本語の「行く」と「来る」ですと、この図に当てはまらないケースも出てきますから、いったん日本語は外し go と come でイメージングしておきましょう。

go と come のイメージ

会話当事者 / 本来の姿 / 現在の事情　　当事者から離れた場所 / 本来と違う姿 / 今後の展開

会話当事者 / 本来の姿 / 現在の事情　　当事者から離れた場所 / 本来と違う姿 / 今後の展開

---

valuable information

コーヒーブレイク：健全なる苦手意識

苦手意識を正しく持つことは非常に重要です。

たとえば「語学はちょっと苦手だから、この辺りまで押さえておけば十分」という努力の目安が得られます。あるいは「私の英語力はこの程度なので、今回は帰国子女の A さんに協力してもらい、取引先との間に誤解が生じないよう細大の注意を払おう」という冷静な判断もできます。通訳を頼むときも、誤訳の監督役に徹することができます。なぜなら、英語が話せなくても、業界知識は自分の方が外部者の通訳よりもたくさん持っているからです。

ポイントは英語が得意な人やプロに丸投げしないこと。苦手なら苦手なりに監督や観察者の目線を持っておくことです。

take＝have＋go
bring＝have＋come

▶take は go の発展形、bring は come の発展形

Q 次の和文を、すべて take か bring を使って英文にしましょう。

> A) その子供からナイフを取り上げなさい。
> B) 傘を持って行きなさい。
> C) 傘を持って来ましたか？
> D) その本を持って来なさい。
> E) どうしてこちらにいらっしゃったのですか？
> F) 彼は彼女を映画に連れて行った。
> G) その仕事を完成するのに長い時間がかかりました。

A 前回学習した go に have の要素を加えたものが take、come に have の要素を加えたものが bring です。つまり会話の当事者や対象から離れて行く状況には take、会話の当事者や対象に近づいてくる状況には bring を使います。「持ってここから離れて行く」が **take**、「持ってここに近づいて来る」が **bring** です。調整和文を入れて、英文を作ってみましょう。

take＝have＋go

A) その子供からナイフを取り上げなさい。→子供からナイフを離しなさい。

→ Take the knife away from the child.

B) 傘を持って行きなさい。→ 私のところから傘を離すように持って行きなさい。

→ Take an umbrella with you.

C) 傘を持って来ましたか？→傘を持って私のところへ近づきましたか？

→ Did you bring an umbrella?

D) その本を持って来なさい。→本を持って私のところへ近づきなさい。

→ Bring me the book.（Bring the book to me.）

E）どうしてこちらにいらっしゃったのですか？
→何があなたを私のほうへ近づけさせるのでしょうか？
→ What brings you here?
F）彼は彼女を映画に連れて行った。
→彼がいる拠点から離すように連れて行きました。
→ He took her to a movie.
G）その仕事を完成するのに長い時間がかかりました。
→仕事を始めてから長い時間が離れて行きました。
→ It took a long time to complete the work.

bring＝have＋come

take と bring のやり取りゲームをイメージしよう

　英語教授法の１つに TPR（Total Physical Response Approach：トータル・フィジカル・レスポンス・アプローチ＝全身反応教授法）というものがあります。日本語を使わずに、教師が英語で指示を出し、学習者がそれに対応するものです。教師が"Stand up."と言ったら、学習者は立ち上がり、"Close your eyes."と言われたら目を閉じるというような感じですね。

　基本動詞はまさに TPR 的なアプローチで体にしみ込ませていくことができます。たとえば親子や身近な人と２人で棒を 10 本ずつ持ちます。bring の「持って来る」という行為を引き出すために、２人は部屋の端と端に座ります。

　母親が I will bring you two rods. と言って子供に２本渡します。今度は I will take three rods. と言って子供から棒３本を取ります。あるいは命令形で母親が Take three rods. と言って、子供に３本取らせます。そのあと、Bring me four rods. と言って４本持って来させるのです。

※　参照「TESOL ワールドへようこそ 7 ：TPR」（p.335）

以上はあくまでもイメージで、１人でも、実際のモノがなくてもできます。I will bring you a cup. や I will take two plates. のように**エアー TPR** をやってみましょう。

●── take はビジネスに必要な要素がいっぱい

数あるビジネスの成功要因の中で take は「積極姿勢」を担っていると言えます。自分から商機を取りに行く、自分から創意工夫をする、という「積極姿勢」が **take** にはあります。 Take a chance!（一か八かやってみろ）がその代表格ですね。他にも take responsibility（責任を取る）、 take action（行動をとる）、take an example（例を挙げる）、take questions（質問を受ける）などがあります。

またビジネスは時間勝負。**take** は「時間意識」も担っていると言えます。It takes a long time.（長い時間がかかる）、It will take about a week to complete this task.（このタスクを終えるのに約１週間かかる）、It won't take much time to check this document.（この文書をチェックするのにあまり時間はかからないでしょう）などの文脈で使われます。

さらに相手に依頼する場面で、Could you please look at this document?（この資料に目を通していただけますか？）と Please take a look at this document.（この資料にちょっと目を通していただけますか？）だと、前者はストレートな依頼、後者には"一読"、"ちょっと目を通す"のような控えめなニュアンスがあります。相手の負担にならないよう配慮するのであれば、take a quick look at（ざっと見る）。他にも take a further look at（さらに見る）、take a close look at（注意深く見る）など、さりげなくこちらの希望のニュアンスを添えることもできます。

bring in ～（～を導入する）であれば、We're going to bring in a new system.（新しいシステムを導入するでしょう）のように使われます。また、専門家などを参画させる時にも使われ、We have to bring in an expert to advise on the new project.（新規プロジェクトについて助言を得るために専門家を加えなければなりません）のように使われます。

valuable information

学習継続のヒント7：大人の記憶術

　記憶をざっくり分類すると「**意味記憶**」「**エピソード記憶**」「**プライミング記憶**」「**手続き記憶**」があります。この4つをうまく使い分け、英単語を覚えやすく、そして忘れにくいものにしていきましょう。

　まず学校時代に徹底的にやったのが「reject＝拒絶する」「2×2＝4」というような「意味記憶」。10歳ぐらいまでは得意とされていますが、論理的思考が育ちはじめる中学あたりから徐々に意味記録は難しくなります。九九を10歳ぐらいまでに徹底暗記させるのもこのためです。

　人は成長とともに、
「エピソード記憶」方式
を導入するようになり
ます。「エピソード記
憶」とは「"戻す"という
reと"投げる"のjectを
合わせると"後ろへ投

ライフステージ	記憶の種類	具体的イメージ
	手続き記憶	身体的記憶：rejectを身振りで表現して身につける。仕事で日常的に使って身につける（高齢でも忘れにくい）
	プライミング記憶	新規語彙（reject）を既存語彙（project）に結びつけて覚える
	エピソード記憶	分析的な覚え方　例）「reject→re（後ろ）+ject（投げる）→後ろに投げ出す」から「拒絶する」
	意味記憶	「reject＝拒絶する」のような丸暗記（子供が得意）

げる"となり、そこから"拒絶する"となる」や「上司が俺の提案完全リジェクト！」みたいなエピソードに基づいた記憶です。

　これにrefuse（拒否する）やturn down（却下する）という過去に覚えた同類の知識と関連づけると、いっそう記憶しやすくなります。このように前に入力された情報が、そのあとの情報に影響を与えるような記憶はプライミング記憶と呼ばれています。"みりん"を10回言ったあとで、「鼻の長い動物は？」と聞かれると、"きりん"と答えてしまうのは、前に入力された"みりん"という情報が関連づけられていると考えられます。覚えたい新規語彙もなるべく既存語彙と関連づけていくとよいでしょう。「おなじみprojectは、pro（前）に投げ出すから"計画する"。一方、rejectはre（後ろ）に投げだすから"拒絶する"」という感じですね。ちなみにprime（プライム）とは「予備知識を与える」という意味です。

　単語テストなどの「作業」を加えたり、rejectを使った英作文を行ったり、rejectを使う頻度を上げていくと、やがて「**手続き記憶**」として**長期記憶化**していきます。私自身、医療器械業界を20年近く離れても、laparoscopic cholecystectomy（ラパロスコーピック・コレシステクトミー：腹腔鏡下胆嚢摘出術）を忘れないのは「手続き記憶」の賜物と言えるでしょう。

giveとmakeの共通点

▶ 誰かに何かをしてあげたいときに発動する

Q 次の英文の空欄に入る動詞を下から選び、正しい形にして入れましょう。ただしそれぞれの動詞が使えるのは1回のみとします。

A) He (　　) her a cup of coffee.
B) My son always (　　) me red roses on my birthday.
C) He (　　) me English every Sunday.
D) Will you (　　) me your new car?
E) She sometimes (　　) her boyfriend compliments on his cooking.
F) Please (　　) me the salt.
G) Her uncle (　　) her a great amount of money when he died.
H) He (　　) his wife a meal yesterday.

cook / leave / make / send / pass / pay / show / teach

A 「誰かに何かを与える」という文を作るとき、「主語＋ give ＋誰か＋何か」というパターンを使えば、とりあえず大意は伝わります。たとえば「私は彼女に1冊の本をあげた」であれば、I gave her a book. で完成です。上記英文もすべて give（場合によってはgives/gave）を入れれば、おおよそ言いたいことは通じてしまいます。

とはいえ、「与える」よりももっとふさわしい動詞で表現したいこともあります。たとえば「フランス語のレッスンを与えた」より「フランス語を教えた」の方が、「ペンを一時的に与えた」より「ペンを貸した」の方がそれぞれしっくり来ますね。

そういう場合には、「レッスンを give する→ teach（教える）」、「一時的に give する→ lend（貸す）」というように、give を足掛かりとして、他の動詞を探してみましょう。

A) He (　　) her a cup of coffee. →「彼女にコーヒーを give する」

→ He made her a cup of coffee.（彼は彼女にコーヒーを入れてあげた）。

B) My son always (　　) me red roses on my birthday. →「私に赤いバラを give する」

→ My son always sends me red roses on my birthday.

（息子はいつも私の誕生日に赤いバラを送ってくれる）。

C)　He（　）me English every Sunday. →「私に英語を give する」
　　→He teaches me English every Sunday.（毎週日曜日、彼は私に英語を教えています）。

D)　Will you（　）me your new car? →「私に新しい車を give してくれますか？」
　　→ Will you show me your new car?（あなたの新しい車を私に見せてくれますか？）

E)　She sometimes（　）her boyfriend compliments on his cooking.
　　↓「ボーイフレンドに褒め言葉を give する」
　　→ She sometimes pays her boyfriend compliments on his cooking.
　　　（彼女はときどき彼の料理を褒める）

F)　Please（　）me the salt. →「塩を give してください」
　　→ Please pass me the salt.（塩を私に取ってください）。

G)　Her uncle（　）her a great amount of money when he died.
　　↓「死後、彼女に大金を give した」
　　→ Her uncle left her a great amount of money when he died.
　　　（死後、おじは彼女に大金を残した）。

H)　He（　）his wife a meal yesterday. →「妻に食事を give した」
　　→ He cooked his wife a meal yesterday.（昨日彼は妻に食事を作ってあげた）。

何かを与えるときは give から出発

　オープニングクイズで、give から他の動詞へとイメージが膨らむことがわかりました。give は汎用性の高い動詞です。具体的な物体だけでなく、意見や提案など何か外に向かって発したいときに、非常に便利なのです。たとえば、give an idea（考えを出す）/ give a presentation（プレゼンをする）/ give an overview（概要説明をする）/ give a command（命令する）/ give good results（良い結果をもたらす）/ give an explanation（説明する）/give an alert（警告する）/ give permission（許可を出す）/ give access（アクセスを可能にする）などのような使い方ができます。

　また、give とこれらのモノ・コトの間に、受け手を入れることもできます。

· Please give us some more details.（もう少し詳しい内容を教えてください）。
· The new system will give us more options.

　　　（新しいシステムは私たちにもっと選択肢を提供するでしょう）
· He gave us a lecture on the new software.

　　　（彼は新しいソフトウエアの講義を私たちにしてくれました）

　オープニングクイズの英文でも学びましたが、teach や send など、モノ・コトを相手に与える動詞は、「動詞＋受け手＋モノ・コト」の形をとることができきます。I'll tell you something.（ちょっと話があります）も、「話をあなたに give する」と考えられるので、「動詞＋受け手＋モノ・コト」の形をとります。

● ── make と give の共通点
　make は give 同様に、「make ＋受け手＋モノ・コト」という形をとります。ただ結果的に相手に与える点では同じでも、**make は与える手前の"作る"と**いう工程に意識が置かれているのが特徴です。オープニングクイズの He made her a cup of coffee.（彼は彼女にコーヒーを入れてあげた）も、最終的に彼女にコーヒーを give したでしょうが、意識はそこよりも、コーヒーを入れている作業の方に置かれていますね。

　また make はやはり give 同様に、具体的なモノ以外にも使えます。make an answer（返事をする）、make a bargain（契約をする）、make an excuse（言い訳をする）、make a mistake（誤る）、make a phone call（電話をかける）など。なお、make と give どちらも使える場合もあります。たとえば「返事をする」の場合、「相手に返事を提供する」イメージなら give an answer、「相手のために返事を用意する工程」の方に意識を向けるならば、make an answer です。

● ── make にできて give にできないこと
　make は「変化を作る」という働きがあります。「make ＋ヒト／モノ／コト＋状態」という形をとります。ここでは「ヒト／モノ／コト＝状態」という関係が成立しています。このパターンは give にはありません。

· History makes men wise.（歴史は人を賢くする）→ men＝wise
· I have to make this report easier to understand.（この報告書をもっとわかりやすくしなければなりません）→ this report＝easier to understand

· This song makes me happy.（この歌は私を幸せにしてくれます）→ me ＝ happy
· He made his boss angry.（彼は上司を怒らせた）→his boss ＝ angry
·I couldn't make myself understood to her in English.（彼女に私の英語は通じなかった）
→ myself＝understood to her in English（私自身＝英語で彼女に理解されている）

　なお、「主語＋ make ＋●＋状態」の●の部分は、会話の当事者間ではわかりきっていることも多く、そういうときは it が使えます。Let's make it easier.（もっと簡単にしましょう）／ Let me make it clear（明確にさせてください）／ Don't make it hard.（難しくしないでください）。

　I'm sure he will make it happen.（彼ならやり遂げるはずです）のように形容詞部分に動詞が来ることもありますが、力づくで何とかするニュアンスになります。例 I made Tom help me.（トムに手伝わせました）

---

valuable information

学習継続のヒント 8：やる気のスイッチ

　数多あるやる気を出す方法の中で、学習の継続に一番確実な方法は、「まずやること」です。脳には側坐核というやる気の神経細胞があります。この神経細胞は刺激を与えることで活動をします。ですから、やる気がないとき、やりたくないときでもとにかく数分、あるいは数秒でもいいからまずは「やってみる」。やっているうちに側坐核が働きだし、気分が乗ってきます。

　この「数秒でいいからまずはやる」方略はかなり有効です。私自身、原稿を書きたくないときに、「まず一行書く」ことをします。すると「とりあえずパソコンに向かった」という自己正当化もできて、そこから筆が進みます。ピアノなどもそうですね。「1 曲だけでいいから鍵盤をたたく」と決めて重い腰を上げると、1 曲からもう数曲練習している自分に気がつくこともあります。

　英語の勉強に気が乗らないときも、「今から 1 分だけ英語の本を眺める」と決めて、まずは本を開いてみましょう。そのあと本当に 1 分でやめるのか、もう少しやるのかは、あなたの脳に任せればいいのです。

417

つかみどころのないput

▶つかみどころのない put の顔は他の動詞との比較でつかむ

Q 次の和文を、have, take, bring, put のどれかを正しい形で使って英文にしましょう。

A) 彼は新しいジャケットを着ていた。

B) 彼は新しいジャケットを着た。

C) 彼女は強盗からナイフを取り上げた。

D) 彼女はナイフをテーブルの上に置いた。

E) 彼女はナイフを私のところに持って来た。

F) 彼は機械を分解した。

H) 彼は機械を組み立てた。

A それぞれの基本的なイメージは、have =「所有している状態」、take =「持って離れて行く」、bring =「持って近づく」、put =「その場所・状態に置く」です。調整和文から英文を導いてみましょう。

A) 彼は新しいジャケットを着ていた。

→「ジャケットを身に着けて所有している状態だった」→ He had a new jacket on.

※ He has a pen. なら手に持っているペン、He has a computer. なら机の上に置かれたパソコン、He has a car. なら自宅のガレージにある車など、これほどまでに多様な絵が浮かぶのは、have の「所有している状態」という幅広い意味によるものだと言えます。ここに一語「接触」の on を付け足すことで「（自宅のクローゼットにあるのでもなく、手に持っているのでもなく）体にまとっている」とイメージが限定されます。

B) 彼は新しいジャケットを着た。→「ジャケットを体の上に置いた」

→ He put a new jacket on.

※「着ていた」は、所有の状態なので had、「着た」は状態ではなく「その場所に置く」という行為なので put を使います。ちなみに put は過去形も put です。

C) 彼女は強盗からナイフを取り上げた。→「ナイフを持って強盗から離れて行った」

→ She took the knife away from the robber.

D) 彼女はナイフをテーブルの<u>上</u>に置いた。→「<u>テーブルの場所に置いた</u>」
　→ She put a knife on the table.

E) 彼女はナイフを私のところに持ってきた。→「<u>ナイフを持って私に近づいて来た</u>」
　→ She brought me a knife.

　※「取り上げる」は持って離れて行く(have and go)ので"take、「置く」は put、「持って来る」は持って近づく「have and come」なので bring です。ちなみに take の過去形は took、bring の過去形は brought ですね。

F) 彼は機械を分解した。→「<u>機械の部品を持って離して行った</u>」
　→ He took the machine apart.

G) 彼は機械を組み立てた。→「<u>機械の部品を一緒の場所に置いた</u>」
　→ He put the machine together.

　「分解する」は部品を持って離して行く (have and go) ので take を使い、「離」のイメージを apart で強化。「組み立てる」は同じ場所に置くので put として、「一緒」のイメージを together で強化しています。

put のイメージ：have/take/bring との違い

　基本動詞の中で put が最もイメージがつかみにくいので、have との対比、take/bring との対比の中で、put のイメージをつかみましょう。

　have のような「状態」ではなく、put は動きのある行為です。また、take（have ＋ go）、bring（have ＋ come)のように、会話当事者から離れて行くとか、近づいてくるというような視点もありません。

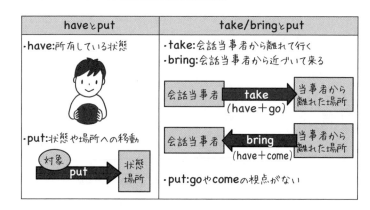

●── put 制覇 3 ステップ

　基本動詞の中でもっともイメージがつかみにくい put は 3 段階で制覇しましょう。

　1 つ目は「置く」「入れる」など**物理的な移動**です。オックスフォード新英英辞典の「move to or place in a particular position（特定の場所に動かすか置く）」という定義がわかりやすいでしょう。

・He put a cup on the table.
　（彼はカップを机の上に置いた）
・She put milk in her coffee.
　（彼女はコーヒーにミルクを入れた）
・She put a jacket on her child.
　（彼女は子供にジャケットを着せた）
・Put the cursor here.
　（カーソルをここに持ってきてください）

　2 つ目は「とある状況に置く／状態にする」です。こちらもオックスフォード新英英辞典の「bring into a particular state or condition（特定の状況に至らせる）」の定義を参考にします。

・She put the room in order.（彼女は部屋を片づけた）←部屋を片づいている状態にした。
・Please put the data in alphabetical order.
　（データをアルファベット順に並べてください）←データをアルファベット順に置く。
・They put him in charge of the project.（彼らは彼をそのプロジェクト担当にした）
　←彼をプロジェクト担当という状態に置いた。
・I have to put that into practice.（それを実行しなければなりません）
　←それを実行されている状態にしなければならない。

　3 つ目に目指すのは「定型表現」です。定型表現はただやみくもに覚えても、使わなければ忘れてしまいます。実際に英語を使う機会がある方は、自分がすぐにでも使えそうなものを優先し、英語を使う機会があまりない方は「印象に残りやすいもの」、「使ってみたいもの」を優先しましょう。

　このスクリーニングはあくまでも自分の感覚を基準にしてください。たとえば、電話の会話で「Please put me through to Mr. Brown.（ブラウンさんにつないでいただけますか？）」という表現があります。覚えておくに越したことは

ないのですが、実際に電話で取次ぎを頼む機会がない方には、この表現を暗記するモチベーションは生まれにくいでしょう。そういうものはどうぞスルーしてください（そう言われた単語や表現に限って忘れられなかったりしますが…）。

· **put away**（片づける）
: Let's put away what we don't need.（必要ないものは片づけましょう）

· **put together**（集める）
: I will put the proposal together.（私が企画書をまとめます）

· **put off**（延期する）
: We have to put off the appointment.（約束を延期せざるをえません）

· **put up with**（我慢する）
: I have a lot to put up with.（我慢しなければならないことがたくさんあります）

· **put down**（書く）
: Please put down your telephone number.（電話番号をお書きください）

· **put**（言う）
: Let me put it this way.（つまりこういうことです）
: I don't know how to put it.（どう説明すればよいかわかりません）

valuable information

コーヒーブレイク：アンバランス学習のススメ

　学習には「バランスよく学ぶべき」「嫌いなものにまったく手をつけないのはよくない」という暗黙の常識があるように思います。

　バランスがよい学習とは、AもやるしBもやるしCもやるということ。しかし現実的には、多忙な学習者はAをやるのに手いっぱいということもあるでしょう。「Aは詳しいけど、BやCには疎い」というのもその人の個性。人間は辞書じゃない。知識に片寄りがあるのは極めて当然です。

　そこで、自分が気になること、自分が興味を持っているものに限定して学ぶことを提唱します。気になるAだけをやる。他のことはいったん忘れてしまうのです。テーマは何でもよいです。基本動詞の go だけを勉強して go のエキスパートになるのもよいでしょう。接頭辞の re に何か親しみを感じるなら、re がつく単語だけを集めてみてもよいでしょう。なんなら「dastardly（ダスタードリー：卑怯な）」など、ネイティブも知らなさそうな「役に立たない単語コレクター」に徹するのも面白いかもしれません。

98

句動詞のたしなみ方❶

▶ 基本動詞のイメージを句動詞で広げる

Q 次の英文のカッコに入るものを下から選び、必要であれば動詞の形を変えて入れましょう。

A) Finally she (　　　　) a good solution to the problem.
B) Let's (　　　　) the work.
C) Don't worry. I'm sure you will (　　　　) the difficulty!
D) He (　　　　) his father in looks.
E) This medicine should (　　　） a cure
F) They will (　　　) the event till next Friday.
G) I have to (　　　　) money for my retirement

get over ／ go ahead with ／ put off ／ bring about ／ come up with ／ put aside
／ take after

A 動詞と副詞や前置詞のセットは一般的に**句動詞**と呼ばれています。句動詞の感覚を磨くために、まずは句動詞以外の単語からおおよその文意を推測したうえで、推測された文意にふさわしい句動詞を当てはめてみます。
実際の英文を読むときも、周囲の単語からおおよその文意を推測してから辞書で句動詞チェックをすると、句動詞センサーが鍛えられます。

A) Finally she (　　　　) a good solution to the problem. →「ついに問題への良い解決を
（　　　　）」という文意から「**come up with** ＝思いつく」を推測
→ Finally she (came up with) a good solution to the problem.
　（ついに彼女はその問題に対する妥当な解決策を思いついた）
　※ come で「解決策が彼女に近づいてくる」、up で「解決策が浮上する」イメージ。

B) Let's (　　　　) the work.　→「仕事を（　　　　）しましょう」という文意から「**go
ahead with** ＝続ける」を推測

→ Let's (go ahead with) the work.（その仕事を続けましょう）

　　※ go で「現在地点から進んでいく」、ahead で「前に向かう」イメージ。

C) Don't worry. I'm sure you will (　　　　　) the difficulty! →「心配しないで。あなたは
きっと困難を（　　　　　）！」という文意から「**get over** ＝乗り越える」を推測

→ Don't worry. I'm sure you will (get over) the difficulty!

　　（心配しないで。あなたならきっと困難を乗り越えられると思う！）

　　※ get で「手に入れる」、over で超えるイメージ。

D) He (　　　　) his father in looks. →「彼は外見的に父親に（　　　　）」という文意
から「**take after** ＝似ている」を推測

→ He (takes after) his father in looks.（彼は外見的に父親に似ている）

　　※take で「持っていく」、after で「〜の後に続く」で、「父親の外見を持って父の後に続く」イメージ。

E) This medicine should (　　　) a cure. →「この薬はきっと治癒を（　　　）だろう」か
ら「**bring about** ＝もたらす」をイメージ

→ This medicine should (bring about) a cure.（この薬できっと治るでしょう）

　　※ bring で「当事者に持ってくる」、about で「当事者の身辺」のイメージ。

F) They will (　　　) the event till next Friday. →「彼らは次の金曜日までイベントを（　　　
）」から「**put off** ＝延期する」を推測

→ They will (put off) the event till next Friday.

　　（彼らは次の金曜日までイベントを延期するだろう）

　　※ put で「ある状態に置く」、off（当初の予定から離れて）をイメージ。

G) I have to (　　　) money for my retirement. →「退職後のためにお金を（　　　）
しなければなりません」という文意から、「**put aside** ＝貯える」を推測

→ I have to (put aside) money for my retirement.

　　（退職後のためにお金を貯えておかなければなりません）

　　※ put から「ある場所に置く」、aside で「脇へ」をイメージ。

句動詞の定義

　句動詞（**phrasal verb**：フレイザルバーブ）とは catch up with（追いつく）、turn down（却下する）のような「動詞と副詞や前置詞」の組み合わせです。

　句動詞は文法用語で分析するよりも１つの表現として覚えてしまう方が実践的です。たとえば **look forward to**（期待する）は常にひと塊で使われ、I'm looking forward to seeing you soon.（またお会いできるのを楽しみにしております）

という定型文で用いられることから、「forward は副詞で、to が前置詞で」と判別するメリットはありません。to のあとには名詞あるいは動名詞がきますが、「look forward to ～ ing」と覚えれば十分です。

　また、I will pick up Mr. Brown.（ブラン氏を迎えに行きます）の up は副詞で He is going up a ladder.（彼ははしごを上っている）の up は前置詞。一見同じ単語に見えても品詞が違うこともあります。

> 厳密に言うと、pick up の up は副詞なので場所に自由度があり、pick up Mr. Brown も pick Mr. Brown up も可能ですが、go up の up は前置詞であるため名詞 a ladder の前にしか置くことはできません。語学の専門家を目指すのならともかく、普通に英語力を高める上では、こうした細かな判別もあまり必要ではないでしょう。

文法的分析はあえて保留して「**pick up** ＝迎えに行く」「**go up** ＝上る」としておけば十分でしょう。

●──句動詞のつき合い方
　句動詞はネイティブにとってはカジュアル寄りの表現です。たとえば日常生活で「続ける」と言いたいときは、ラテン語系の continue よりも **go on** のほうがカジュアルで親しみやすい印象を与えます。しかし私たち非ネイティブにとっては continue なら「継続する」と覚えておけば済むものの、go on にはさまざまな意味があって覚えるのが大変です。句動詞で英語を嫌いになってしまったらもったいない。ここは上手なつき合い方を知っておきましょう。

よく見かけるものに限定する
　実際に英文を読んで、よく登場するものに限定して覚えていきましょう。句動詞は実際の英文で体験しない限りなかなか覚えられませんからね。

put off put together

put about
put ahead
put by　put over
put through....

覚える意味は１つにとどめる
　postpone は実質的に「延期する」という意味しかないのに対して、put off はその何倍もの多様な意味があります。す

put off

延期する
言い逃れをする　眠らせる
妨げる　売りつける
困らせる　ラジオなどを消す
水道などを止める　降ろす

べてを覚えることは難しいので、まずは代表的な意味「延期する」1 つだけ覚えておきましょう。

単独動詞と比較して覚えやすいほうを覚える

一語一義で、記憶に負担をかけたくなければ postpone を優先して覚えましょう。一方、カジュアル寄りの表現を目指したいのであれば put off の方を覚えましょう。

句動詞の後半のほうが意味を推測しやすい

look down on の down（下へ）が「軽蔑する」という意味の推測を助け、**look up to** の up（上へ）が「尊敬する」という意味の推測を助けています。英文中の句動詞の意味を推測するときは、動詞の後に続く単語に特に注目しましょう。

put **together**
一緒・組み立てる

英単語学習法のまとめ 45：句動詞トレーニング】

効　能　句動詞の苦手意識克服
適応タイプ　なるべく最小限の句動詞を合理的に覚えたい人

実施手順　STEP1　英文を読み、句動詞らしきところで目を留める
STEP2　句動詞以外の部分からおおよその文意を推測し、句動詞の意味も推測する
STEP3　自分が推測した句動詞の意味が正しかったかどうかを辞書や和訳で確認する

たとえば以下のような英文であれば、下線部が句動詞として考えられます。
I heard there is a nasty cold going around. You should take the afternoon off and go to a doctor. Make sure you drink plenty of fluids and get some rest.

辞書や和訳を読む前に、go around の「ぐるぐるあちこちへ行く」イメージ、take off の「仕事から離れて行く」イメージ、make sure の「確かな状態を作る」イメージから意味を推測します。仕上げに、辞書や和訳で意味を確認します。ちなみに、go around は「うわさや病気などが広まる」、take off は「休暇を取る」、make sure は「必ず〜する」ですね。

※参考和訳：ひどい風邪がはやっているって聞きました。午後お休みをとって、医者に行くべきです。水分をたくさんとって、体を休めてください。

句動詞のたしなみ方❷

▶ 前置詞のイメージをふくらませる

Q 次の動詞と意味がほぼ同じであるものを下から選びましょう。

A) abandon　B) remove　C) surrender　D) contempt　E) assemble
F) decline　　G) save　　H) exclude　I) supplement　J) suggest

①make up　②put forward　③put aside　④turn down　⑤put together
⑥give up　⑦take out　⑧give in　⑨look down on　⑩keep out

A 正解：A—⑥　B—⑦　C—⑧　D—⑨　E—⑤　F—④　G—③　H—⑩　I—①　J—②

句動詞は同じ意味の１語の動詞(ラテン語系が多い)とセットで覚えることをお勧めします。たとえば take out であれば remove（取り除く）とセットで覚える。さらには句動詞の構成要素からイメージングも。take out は take の「持って行ってしまう感じ」と out の「外のイメージ」から「取り除く」となります。

A) **abandon**（アバンドン：放棄する）→「up ＝終える」→ **give up**（あきらめる）

B) **remove**（リムーブ：取り除く）→「take ＝持って離れて行く」「out ＝外」
　　→ **take out**（取り除く）

C) **surrender**（サレンダー：降参する）→「in ＝相手の中に入る」→ **give in**（降参する）

D) **contempt**（コンテンプト：軽蔑する）→「look（見る）」＋「down（下）」＋「on（接触）」
　　→「見下す」→ **look down on**（軽蔑する）

E) **assemble**（アセンブル：集める）→「together ＝一緒」→ **put together**（集める）

F) **decline**（ディクライン：断る）→「turn ＝向きを変える」「down ＝下へ」
　　→　**turn down**（拒絶する）

G) **save**（セイブ：取っておく）→「put ＝置く」「aside ＝脇へ」→ **put aside**（取っておく）

H) **exclude**（イクスクルード：締め出す）→「out ＝外」→ **keep out**（締め出す）

I) **supplement**（サプレメント：補う）→ **make up**（埋め合わせる）

J) **suggest**（サジェスト：提案する）→「forward ＝前へ」→ **put forward**（提案する）

句動詞の部品イメージ

●——— up と down

upの「上へ向かう」イメージを膨らませてみましょう。The meeting broke up.（会議が終わった）は「終わり」「仕上げ」、She came up to us.（彼女は私たちの方へやってきた）は「接近」。

次に downの「下へ向かう」イメージも膨らませましょう。He wrote down her name.（彼は彼女の名前を書き留めた）は「その場」、Please go down the street.（道なりに行ってください）はこの英文を話している人から聞き手が「離れて行く」イメージですね。

up	in	on	together
接近・仕上げ・終わり ⬆			
down	out	off	away
離れる・その場 ⬇			

	up	down
keep	持続する **keep up** an attack（攻撃を続ける）	抑制する **keep** prices **down**（価格を抑える）
turn	大きくする **turn** the sound **up**（音量を上げる）	小さくする **turn** the sound **down**（音量を下げる）
look	尊敬する **look up** to one's parents（親を尊敬する）	軽蔑する **look down** on him（彼を蔑視する）
get	登る **get up** a tree（木に登る）	降りる **get down** a tree（木から降りる）
go	上がる Prices are **going up**.（物価が上がっている）	下がる Prices are **going down**.（物価が下がっている）

●── in と out

inは「中へ」というイメージです。一方outは「外へ」というイメージから「存在が外へ出る」→「消える」という表現につながることもあります。たとえば go out には「外出する」という意味の他に「(火が)消える」という意味もあります。

	in	out
keep	感情を抑える **keep in** one's feeling (感情を抑える)	中に入らない **Keep out**! (立入禁止)
come	入ってくる Please **come in**. (お入りください)	現れる The results will **come out**. (結果が出るでしょう)
eat	家で食事をする Let's **eat in**. (家で食事をしましょう)	外食する Let's **eat out**. (外食しましょう)
get	入る **get in** a car (車に乗る)	出ていく **Get out**! (出ていけ!)
put	入れる **put** a little more salt **in** (塩をもう少し入れる)	明りを消す **put out** the light (明りを消す)

●── on と off

on duty (勤務中) と off duty (勤務時間外で) という対表現があるように、**on** には何かに接触・継続しているイメージがあり、**off** にはそこから離れるイメージがあります。

	on	off
keep	着たままでいる Please **keep** your coat **on**. (どうぞコートはそのままで)	中に入らない **Keep off** the grass. (芝生に入るな)
come	**Come on**! (さあ急いで) (その調子だ!) (ばかな) (お願い) などの声がけ	去る・はがれる The paint **came off** the wall. (ペンキが壁からはがれた)
go	続ける He **went on** working. (彼は仕事をつづけた)	警報などが鳴る My alarm didn't **go off** this morning. (目覚ましが今朝鳴らなかった)
get	乗る **get on** a bus (バスに乗る)	降りる **get off** a bus (バスから降りる)
put	着る **put on** one's shirt (シャツを着る)	延期する **put off** an appointment (約束を伸ばす)

●── together と away

　先述の off と away の違いを確認しましょう。**off duty**（勤務時間外で）という表現が象徴するように、**off** には単に離れているという意味しかありませんが、away には an away game（遠征試合）のように「距離感」があります。away は together と対で押さえておくと印象に残りやすいでしょう。

	together	away
get	集まる We **get together** twice a year. （私たちは年2回集まる）	離れる **get away** from work （仕事から離れる）
put	組み立てる **put** a machine **together** （機械を組み立てる）	取っておく **put** a little money **away** （少しお金を貯める）

英単語学習法のまとめ 46：句動詞一語化トレーニング

効 能	句動詞が頭の中で浮かばないときに素早く代用が利く
適応タイプ	多義的な句動詞より意味が限定されている一語動詞を覚えたい人

実施手順　STEP1　マスターしたい句動詞を特定する ⑳ turn down（却下する）

STEP2　| turn down　類語　🔍 | とネット検索する

reject（リジェクト：却下する）などにたどりつきます。句動詞 turn down は「音量などを小さくする」「折りたたむ」「下がる」「衰える」など意味は多岐にわたります。一方 reject の意味はどれも「却下・拒絶・放棄する」の領域を出ていません。

英単語学習法のまとめ 47：句動詞逆引きトレーニング

効 能	前置詞や副詞から句動詞をいろいろ推測できるようになる
適応タイプ	句動詞を手当たり次第に覚えたい人
実施手順	句動詞の動詞以外の要素（先述のup/down/in/out/on/off/together/away以外にもover＝超えて、across＝横切って、through＝通過して、between＝間に、to＝に<到達>、for＝に<向かう>、at＝〜に<地点>、aside＝脇に、などがあります）を辞書で調べ、どんな動詞がセットで使われているのか例文や成句などでチェックする

10倍楽しく辞書を使う

▶ 辞書のマークがわかれば英語学習はもっと面白い

いよいよ最終ユニットです。順番に読み進めて来られた方はお疲れ様でした！第3章の冒頭でも触れたように、本書は UNIT 1 から順番に読む必要はまったくありません。ここで辞書の使い方を学んでから他の UNIT に戻ってもまったく構いません。

辞書を使うときの留意点

意味はあくまでも便宜上のものである

compensate（カンペンセイト）を辞書で調べると「償う」「補償する」「賠償する」「埋め合わせする」「相殺する」など似通った意味が掲載されています。これらは絶対的なものではなく、「英文中の compensate をいろいろ調べたところ、このあたりの日本語が想定される」という目安に過ぎません。たとえば They compensated for a lack.（彼らが不足を補填した）のように「補填する」が文脈的にしっくりくるならば、辞書に掲載されていない場合でも、臆することなく使ってみましょう。

※ ate で終わる単語は通常 ate から2つ前の母音にアクセントが置かれます。appropriate（適切な）なら ate から2つ前の o にアクセントが置かれ「アプロプリエイト」と発音されます。このルールを知っておけば、一見どう発音してよいかわからない単語でも、agglomerate（塊にする）は「アグラメレイト」、incommensurate（不相応な）は「インコメンサレイト」と発音できそうですね。

国語辞典と併用すると、英語学習は国語力鍛錬の媒体に変わる

compensate を「補償する」と「補填する」のどちらに訳すかは、国語力の領域。ちなみに補償は「損害」、補填は「不足」を対象とします。「災害による被害を補償する」「店の赤字をポケットマネーで補填する」のように使い分けます。

第1章 第2章 第3章 第4章 第5章 第6章 第7章 第8章

英知をいただくつもりで読もう

　辞書は、編纂した方々の英知の結晶——そう思いながらありがたく拝読しましょう。「**impetuosity**（インペチュオシティ）…せっかち」で終わらず、そこに書かれていろんな意味や用例にも目を通すと、すべてが記憶に残らないとしても、丁寧に調べた分、この単語が印象に残りやすくなります。

さまざまな記号を解明する

　辞書、ボーッと眺めていませんか？いまいちど辞書に載っているさまざまな記号を頭に入れるだけで、読み取れる情報量に差が出て面白くなります。

●──名詞に関する記号

n ＝**名** **noun**（ナウン：名詞）　〜**ヒト・モノ・コト**を表します。例 pianist（ピアニスト：ピアノ演奏家）、piano（ピアノウ：ピアノ）、**performance**（パフォーマンス：演奏）

C **countable**（カウンタブル：可算名詞の）　〜**数えられる名詞**。例 book（ブック：本）、cat（キャット：猫）、hour（アウワ：時間）

U **uncountable**（アンカウンタブル：不可算名詞の）〜**数えられない名詞**。
例 water（ウォーター：水）、rice（ライス：米）、happiness（ハピネス：幸福）

pl ＝**複** **plural**（プルーラル：複数形）〜可算名詞を使う際、**2個以上のときに複数形**にします。一番多いのが名詞の最後にsをつける形（例 apple→apples）で、（sheep→sheep）（man→men）のような複数形もあります。

●──形容詞に関する記号

adj ＝**形** **adjective**（アジェクティブ：形容詞）〜**名詞を修飾**します。これに対して副詞は動詞・形容詞・副詞を修飾します。

pred **predicative adjective**（プレディカティブ アジェクティブ：叙述的な形容詞）〜**述語（V＋〜の部分）として使われる形容詞**の用法。She is asleep.（彼女は眠っている）、He fell asleep.（彼は寝ついた）のように（V＋〜）の形で使われます。叙述的用法でしか使われない形容詞には**afraid**（アフレイド：恐れて）、**alike**（アライク：似ている）、**afoot**（アフット：歩いて）、**alone**（アロウン：ひとりの）→ひとりで、**awake**（アウェイク：起きている）などがあります。

attrib **attributive adjective**（アトリビューティブ アジェクティブ：限定的な形容詞）〜「白い花」のように**名詞の直前に置かれる形容詞**の用法。daily life（デイリーライフ：日常生活）やdaily attendance（デイリーアテンダンス：毎日の出席）のように（〜＋名詞）

の形で使われます。限定的用法でしか使われない形容詞には**daily**（デイリー：日常の）以外に、**elder**（エルダー：年上の）、**favorite**（フェボライト：お気に入りの）、**former**（フォーマー：前の）などがあります。

S **stative adjective**（ステイティブ・アジェクティブ　状態形容詞）〜red,bigなど命令形、進行形にできない形容詞の用法。つまり✕ Be red.や ✕She is being red.と言うことはできません。

D **dynamic adjective**（ダイナミック・アジェクティブ　動作形容詞）〜命令形、進行形にできる形容詞の用法。つまりDon't be rude.（失礼なこと言うな）、She is being rude today.（今日の彼女、失礼ですね）と言うことができます。

●──動詞に関する記号

vt ＝**動** **他** **transitive verb**（トランジティブバーブ；他動詞）〜**目的語「〜に、〜を」をとり、主語と目的語を入れ替えて受動態にできる**動詞。「He moved the table to the center.（彼はテーブルを真ん中へ動かした）のmoveはthe tableを目的語とする他動詞。したがって「The table was moved to the center.（テーブルは真ん中に動かされた）」のように受動態にもできます。

vi ＝**動** **自** **intransitive verb**（イントランジティブバーブ：自動詞）〜**目的語「〜に、〜を」をとらず、受動態にできない**動詞。I cannot move.（私は動けません）のmoveは目的語をとらない自動詞です。実際にはこのmoveのように自動詞・他動詞両方の機能を持つ動詞が多いです。

S **stative verb**（スティティブバーブ：状態動詞）〜**行為ではなく状態を表す動詞**のため,相手に行為を命じる命令形にも進行形にもできません。主なものにknow（ノウ：知っている）、like（ライク：好きである）、remember（リメンバー：覚えている）、belong（ビロング：所属している）、exist（エグジスト：存在している）などがあります。ただ、haveのように意味によって状態動詞（所有している）になったり、下記の動作動詞（食べる）になったりするものも多く、最近はこの区別をしない辞書が多いです。

D **dynamic verb**（ダイナミックバーブ：動作動詞）〜**行為を表す動詞**で、命令形にも進行形にもなります。たとえば、study（スタディ：勉強する）は動作動詞なので、Study English.（英語の勉強をしなさい）という命令形、He is studying English.（彼は英語の勉強をしています）という進行形が作れます。

●──その他

adv ＝**副** **adverb**（アドバーブ：副詞）〜**動詞・形容詞・副詞を修飾**します。これに対し名詞しか修飾しないものは形容詞です。

comb **combining form**（コンバイニングフォーム：連結形）〜**接頭辞・接尾辞よりも意味が具体的で、これだけで独立した単語に近い**意味を持ちます。例えば、接頭辞re（再・反復）や接尾辞tion（動詞の名詞化）は、これだけではまったく意味をなしませんが、連結形biblioは独立した単語には満たないものの「本」という具体的な意味を持っています。※なお連結形・接頭辞・接尾辞は辞書によって扱い方が違いますので、この3つにつ

いては本書ではすべて「部品」と呼称を統一しました。

pp　**past participle**（パスト・パーティシプル：過去分詞）〜 write/wrote/written の written、cook/cooked/cooked の最後の cooked が過去分詞で、**完了・受け身などを表します**。He wrote a lot of books.（彼はたくさんの本を書きました）の wrote は過去形、This book was written by a famous author.（この本は有名な著者の執筆によるものです）や He has written a lot of books.（彼はたくさんの本を書いてきました）の written は過去分詞です。

prep ＝ **前**　**preposition**（プレポジション：前置詞）〜**名詞や名詞句の前に置かれ**、at、about、in、for、to などがあります。He went to the shop.（彼はその店へ行きました）のように動詞と名詞をつなげる場合と、a letter for him（彼宛の手紙）のように名詞と名詞をつなげる機能を持っています。

pref ＝ **接頭**　**prefix**（プリーフィクス：接頭辞）〜 pro（前）や sub（下）のように**単語の頭に着けられる**部品です。

suf ＝ **接尾**　**suffix**（サフィックス：接尾辞）〜 ist（人）や ment（動詞の名詞化）のように**単語の末尾に着けられる**部品です。

conj ＝ **接**　**conjunction**（コンジャンクション：接続詞）〜 and（そして）、but（しかし）、if（もし）、because（なぜならば）のように語・句・節など**さまざまな要素を結びつけ**ます。

英単語学習法のまとめ 48：辞書トレーニング

効　能　英和辞典の使い方に精通する
適応タイプ　辞書をじっくり読むことに抵抗がない人

実施手順　STEP1　「今日調べる単語」を1つ決め、英和辞典でその単語のページを開く
　　　　　　STEP2　読書感覚で、掲載されている情報のすべて（意味、例文、成句、語源など）を味わう

たとえば、accommodate（アコモデイト）なら辞書から以下のような情報が得られます。
・「適応させる」以外にも「収容できる」「融通する」「和解させる」「親切にする」「考慮に入れる」などの意味がある
・文のパターンとしては、SVO1 to O2（O1 を O2 に適応させる）、SVO（O を収容する）、SVO with 〜（O に〜を融通する）がある。また accommodate oneself to 〜で「〜に同化する（自らを〜に同化させる）」という意味になる
・他動詞メインだが自動詞の用法もある
・派生語に **accommodator**（アコモデイター：調停者、臨時雇い）がある

あとがき

　本書の随所に「一生のうちいつ使うの？」と思われる単語が散りばめられています。最後はそうした「報われ率の低い単語」についてフォローしておきます。

　私が外資系医療器械メーカーでプロダクトマネジャーをしていた頃の話。
　私はアメリカから来日したマネジャーとビジネス談義をしていました。医療器械に関する文脈で、私の口から coracoacromial ligament（コラコアクロミアル・リガメント＝烏口肩峰靭帯）という単語がポロリと出たとき、彼女はこの言葉に強く反応しました。それまで中学レベルの英語で話していた私の口から、突然レアな（一般の辞書には掲載されていない）専門用語が飛び出したそのギャップに驚いたのだと思います。いずれにせよ、その日を境にそのマネジャーとの距離感はだいぶ縮まりました。
　これが私の中の「役立たなそうな単語を知ってるメリット」第一号体験でした。

　私たち英語学習者には二面性があるように思います。
　「平易な言葉でわかりやすく伝える」ことを是としつつも、「ためにならなさそうな単語」「ネイティブスピーカーを驚かせる（場合によっては呆れさせる）レアな単語」への興味も眠っているのではないでしょうか？
　また大人の学習者であれば「たった一語で自分を知的に見せられる勝負服ならぬ勝負単語」も持っておきたいと思っても不思議ではありません。

　以前、どこかの親日国で「好きな日本語」を言ってもらうテレビ番組がありました。かつての「フジヤマ・ゲイシャ」とはかけ離れた、「え？どうしてそんな日本語知ってるの？」みたいなものばかりで、どの発言も面白かった記

憶があります。

　英単語もそんな視点で、変な単語、役立たない単語、身の丈に合わない単語を集めてみるのも一興かもしれません。

　王道に疲れたら邪道もいいでしょう。

　従来の常識や王道がガラガラと音を立てて崩れていく今この時代だからこそ、あえて「レア単」の旅、新しい表現探索の旅に出てみるのも一興です。「そんな英語、ネイティブは使いません」という指摘にしょんぼりしていた英語学習者も、これからは「よしっ、一般ネイティブが知らないレア単ゲット！」と面白がれるのではないでしょうか。

　そもそも、これだけいろいろと単語遊びをさせていただけたのも、明日香出版社の藤田知子氏とのご縁によるところが大きいです。氏からの突っ込み、ダメ出し、リクエスト、どれも面白く、納得いくものばかりでしたので、修正作業自体を楽しむことができました。

　英文校正の Stephen Boyd 氏（奇しくも私が愛用している研究社"英和活用大辞典"の編者）からの指摘も、すべて理詰めで納得いくものばかりで、著者としても非常に満足しています。日本人が発する英語に対する尊重と敬意が感じられ、「外国語コミュニケーションとは本来対等で楽しいもの」という原点に立ち返ることができました。

　文字の圧迫感が苦手な私にとって、イラストやレイアウトの役割は大きいものです。本書の内容を的確に再現しつつ、勉強に疲れた読者を癒してくれるイラストを提供してくれた末吉喜美氏、レイアウトなどのデザイン性にも配慮いただいた編集部各位にもこの場を借りてお礼申し上げます。

　英語研修に渋々出たものの、英語なんぞ関心の対象外というビジネスパー

ソン諸氏、何事も理詰めでないと進まない某大学の理系人材諸氏にもずいぶんと鍛えていただきました。他にも己の興味に忠実に突き進む英語学習者諸氏の存在も、この本の執筆をかき立ててくれました。この場を借りて深くお礼申し上げます。

　なお、特に注釈のない演習用英文は、拙著『これならできる TOEIC テスト目標 350 点』（明日香出版社、安達洋・岩崎ゆり子）、『1 日 5 分ビジネス英単語トレーニング』（総合法令出版、安達洋・岩崎ゆり子）から適宜引用してあります。合わせて参考にしていただければ幸いです。

　遊びせんとや生まれけむ

　英単語という 1 つのきっかけから、
　私たちの「言葉の営み」がさらに面白く、楽しくなりますように！
　今このタイミングで本書を世に送り出せたことに、ただただ感謝の思いです。

　令和 3 年 5 月

安達洋

●著者略歴●
安達 洋（あだち ひろし）

英語研修講師・有限会社ラーナーズジム
代表取締役。中央大学法学部法律学科
卒業後、日系企業で働きながら英語の自
学を続け、外資系企業のプロダクトマネ
ジャーになるも、米国現地の早口英語に
玉砕。その後、「多忙なビジネスパーソ
ンでもお手軽に習得できる英語学習法」
の探求を続け、コロンビア大学大学院へ
進学し TESOL（英語教授法）を取得。
同大学院で学んだ指導理論と自らの純国
産ビジネスパーソンの英語奮闘体験を織
り交ぜ、企業や大学などで実践的な英語
を指導している。
英語にまつわる様々なミニレッスンを
「ラーナズジムブログ」（https://www.
learners.co.jp/blog/）や YouTube「安達
洋の英語メモ」で展開中。著書多数。

■校正
Stephen Boyd

本書の内容に関するお問い合わせ
は弊社HPからお願いいたします。

英単語の鬼100則

2021年 5月 31日 初版発行

著 者 安 達 洋
発行者 石 野 栄 一

〒112-0005 東京都文京区水道 2-11-5
電話 (03) 5395-7650（代 表）
(03) 5395-7654（FAX）
郵便振替 00150-6-183481
https://www.asuka-g.co.jp

明日香出版社

■スタッフ■ BP事業部　久松圭祐／藤田知子／藤本さやか／田中裕也／朝倉優梨奈／竹中初音
BS事業部　渡辺久夫／奥本達哉／横尾一樹／関山美保子

印刷 株式会社フクイン
製本 根本製本株式会社
ISBN 978-4-7569-2149-9 C0082

必読！シリーズ本

発売2か月で驚異の5万部突破！
**「目からウロコ」「高校生の頃にこの本が出ていたら、
人生変わっていた」**と多くの支持を得ています！

ピンク

英文法の鬼100則

英文が表す「気持ち」を捉える

時吉秀弥 Hideya Tokiyoshi

丸暗記、禁止。

ネイティブ研究の
文を書ける／操れる
丸暗記しないから、
間違えない
応用が利く、
スラスラ
「使える」

「卓越した英語教師としての経験と認知言語学に基づく
独自の文法観が見事に結びついたユニークな英語指南書。」

東京大学文学部（言語学研究室）教授
西村義樹 推薦

ISBN978-4-7569-2059-1

A5 並製　440 ページ

2019 年 11 月発行

本体価格 1800 円 + 税

英語を学ぶ人が知っていると役立つ英文法の知識を
「認知言語学」を下敷きに 100 項まとめました。
「どうしてここは ing を使うのかな」
「ここは for かな、to だっけ」
「これは過去形で語るといい案件かな」
英文法のルールを丸暗記するだけの詰め込み勉強だ
と、いつまで経っても英語が「使えません」。

「どういう気持ちからこう話すのか」が体感できると
英語で実際に話し、書く力が飛躍的に伸びます。

この本では、「なぜ」そうなるのかを認知言語学的に
解説しているので、英語の気持ちと型が理解でき、
相手にしっかり伝わる英語を使えるようになります。
著者のわかりやすい解説に加え、洗練されたカバー
や本文のデザイン、理解を助けるイラスト等も高評
価。

受験英語から脱皮して
「どう話すか」ではなく
「何を話すか」を身につけましょう！

文法書の新定番が、ここにできました !!